KB236246

창조경영

한올출판사

많은 사람들이 특히 조직과 경영 영역에서 자신의 영향력을 발휘함으로써 직면하고 있는 새로운 현실 세계에 대응하기 위해 전전긍긍하고 있다. 우리가 어디서나 보아온 전통적 조직구조는 무너지거나 혹은 새로운 형태로 변모를 하고 있으며, 한 때 성공했던 기업들은 그들만의 확실한 히트 공식이 이제 더 이상 작동하지 않는다는 사실을 깨닫게 되었다. 사람들, 그리고 심지어는 지역사회 전체가 전통시장과 산업 그리고 고용창출의 근원이 새로운 정보기술과 세계경제 재편의 충격으로 인해 사라짐에 따라, 이제 세상의 변화가 자신들의 일거수일투족에 영향을 미치고 있다는 사실을 깨닫게 된 것이다.

그 결과, 한 때 성공을 거머쥐었던 많은 관리자들이 관료적인 권한체계와 그 동안 친숙했던 경력계획이 사라짐으로써 실직을 하거나 혹은 직장을 찾아 허둥대고 있다. 그나마 운이 좋은 사람들은 자신들의 직업을 유지하기 위한 커다란 도전과 재조정에 맞부딪치고 있다. 그들은 구체제를 유지하려하기 보다는 급변하는 환경에 적응하기 위해 수평적이고 분권화된 조직에서 새로운 경영방식을 찾아내야만 한다.

만일 여러분이 저명한 경영도서를 읽는다면, 빠르게 변화하는 세계 속에서 조직과 사람들이 성공하는데 필요한 것이 무엇인지를 파악하는데 도움을 받을 수 있을 것이다. 그러한 메시지들은 이와 같이 매우 직설적이다.

"유연해져라."
"적응하라."
"자기 조직화하라."
"혼란 속에 번성하라."
"학습하라."
"더욱 창조적이 되어라."
"기업가정신을 키워라."

"직원들에게 권한을 위임하라."
"분권화하라."

어떤 사람은 아마도 정확한 방향이 주어지고, 경영현장의 유행어에 대해 논의하기를 원할지도 모른다. 그러나 여기서 찾아야하는 일관된 주제는 새로운 글로벌 환경에서 구태의연한 스타일의 조직과 경영은 더 이상 그 효과를 기대할 수 없다는 것이다. 이제 우리 모두는 대안을 찾아내야만 하는 것이다.

그러나, 이를 어떻게 해결할 것이며, 어떻게 새로운 조직스타일을 촉진시켜 나갈 것인가? 또한, 새로운 현실에 접근하기 위해 필요한 새로운 경영스타일과 사고방식은 과연 어떻게 개발시켜 나갈 것인가? 이 모든 궁금증에 대한 해답이 바로 이 책안에 있다. 본서는 새로운 조직스타일과 경영에 관한 내용을 담고 있다. 더욱 다행스러운 것은, 살벌하기까지 한 세상 속에서 성공하기를 추구하는 경영자와 사람들이 필요로 하는 내용들이 바로 이 책안에 소개되어 있다는 것이다.

나는 이 책을 도전을 이끌어내는 Imaginization이라고 부른다.

사회적으로, 우리는 우리 주위의 세상을 통제하고 고쳐나가는 방법을 찾는데 몰두해야만 한다. "조직화 한다"는 것은 마치 조직차트를 그리는 것과도 같이 간결하고 명확하게 어떤 형태를 갖추어 나가듯, 지속되는 문제상황에 대한 해결책이나 체제를 모색하는 것을 의미한다. 안정된 시기에는 이러한 조직화가 진척될 수 있지만, 변화의 시기 동안에는 직면한 새로운 도전에 적절히 적응하지 못하기 때문에 이런 기존의 방식으로 조직화된 조직의 대부분은 어려움에 처하게 된다. 바로 이점이 이 같은 조직화 문제를 다룸에 있어서 신선한 사고방식이 요구되는 이유이다.

현재 주어진 과제는 imaginize를 하는 것이다. 즉 관료적 틀을 뛰어넘어 우리에게 상상력과 조직화의 과정을 주입하는 것이다. 우리는 조직과 경영의 창조적 방식이 우리로 하여금 "흐름을 따라가도록" 하고 있음을 깨달아야 한다. 이를 위해 조직화된 방식으로 자신의 활동을 정렬시키려는 사람들 사이에 공감대를 형성시키기 위한 수단으로서 새로운 이미지와 아이디어를 활용해야 하는 것이다.

Imaginization은 사고하는 방식이며, 또한 조직화하는 방식이다. 그것은 관리자에게 있어 중요한 기술이며, 사람들로 하여금 잠재된 창의력을 개발하고 다른 사람들은 이해하는 방법을 제공한다. 또한, 어려운 문제에 대한 혁신적 해법을 찾는 수단을 제공한다. 그리고 무엇보다도 중요한 것은 변화와 유연성이 요구되는 정보화시대에 새로운 역할을 찾고 신뢰를 기반으로 사람들에게 권한을 위임하는 수단을 제공하는 것이다.

이 책을 집필하면서, 나는 다양한 부류의 사람들에게 대화를 시도했는데, 그 첫 번째는 변화 속에서 문제를 다루며 창조적 능력을 발휘하고자 하는 비즈니스, 정부, 교육기관, 노동조합과 비영리 조직에서 일하는 관리자들과 경영컨설턴트 그리고 경영자들 이었다. 따라서 본서의 모든 장은 변화경영과 계획화 그리고 조직설계에 새롭게 접근하여 이를 개발하고, 관리자로서 자신들의 역할을 재고하며, 창조적 능력을 발휘하는 방법을 제시함으로써 imaginization을 설명하고 있다.

이 책 imaginization은 정말 굳은 각오를 하고 무언가 경영을 위한 실제적인 책을 써야겠다는 마음으로부터 저술되고 디자인되었다. 그러나 전통적 대학교육이 제공하는 구조적 한계를 넘어선 조직과 경영이론을 수강하길 원하는 더 많은 경영학전공 학생들과 학계에 있는 사람들에게도 관련성이 있는 것으로 드러났다. 먼저 출간된바 있는 나의 저서 중 '조직의 이미지'에 친숙한 독자들은 연이은 다음 장들을 통해 자기조직화와 유연한 변화를 이끌어낼 수 있는 새로운 유형의 조직이론을 개발하려는 목적에서, 그 책의 연구범위와 시사점을 확장하려 하였음을 알게 될 것이다.

Imaginization은 일상적인 상황에서 사람들이 행동하고 이해에 다다르게 되는 새로운 길을 펼쳐가는 동시에 그들이 당연하게 생각하는 가정에 대해 의문을 던져 조사할 수 있는지에 대한 수단을 제공할 것이다. 나는 이를 통해 조직에 대한 접근과 이론이 구성되는 과정상에 존재하던 신비성을 제거하고 모두에게 자기조직화 할 수 있는 방법을 보여주며 자신들이 맡은 역할과 일을 조직화할 수 있도록 통찰적 시각을 키우게 함으로써 조직화와 관리활동을 위한 새로운 접근방식을 제공하리라 믿어 의심치 않는다.

감사의 글

모두가 알다시피, 본서와 같은 책을 집필하는 것은 길고도 많은 노력을 필요로 하는 작업이다. 그것은 꼬리에 꼬리를 물고 커지는 간단한 아이디어에서 시작되지만, 몇 년이 지난 후에야 최종 결과물을 볼 수 있다. 그러므로 나는 최종 결어를 쓰고 이 프로젝트의 결론을 내리면서 그 동안 나를 도와 준 여러 사람들에게 신뢰를 표시하며 커다란 감사의 마음을 전한다.

우선, 내가 주관한 신경영방식을 소개하는 워크숍과 세미나에 참여했던 수천 명의 사람들과 이 책의 각 장에서 논의된 내용을 확인하고 수정하는 프로젝트에 참여한 각 개인과 단체들에게 진심어린 감사를 전하는 바이다. 실제로, 나는 imaginization이 암시하는 내용을 개발하고 탐구하는 과정에서 그들의 통찰력과 견해를 통해 참으로 많은 것을 배울 수 있었다. 여러분들이 보게 될 것처럼, 연이은 다음 장들에서는 크고 작은 여러 형태의 조직에서 근무하는 다양한 사람들이 관여된 가지각색의 사례와 경험들이 소개된다. 이들 중 몇몇은 잘 알려져 있지만, 나는 완전한 가명을 사용하기로 하였다. 그렇게 함으로써 우리는 관련된 이름보다는 문제 자체에 집중을 할 수 있기 때문이다.

나는 이 책을 집필하는 과정에서 많은 깨우침과 함께 도움을 아끼지 않은 여러 분들께 깊은 감사를 드린다. 나는 또한 유럽과 북미에 있는 학문적 동료들과 참고문헌에 나오는 저자들에게도 감사의 뜻을 전한다. 그들의 이름을 모두 언급하는 것은 불가능하지만, 그들은 이 책이 출간되는데 결정적인 도움이 되었다.

덧붙여, 프로젝트 내내 놀라운 지원을 아끼지 않은 비서 Rhea Copeland의 노고에 감사를 표하고 싶다. 그녀는 끊임없는 격려와 지원을 통해 전 과정을 즐겁게 만들며, 뛰어난 전문성과 열정으로 빈틈없는 원고제작을 준비하였다. 이런 면에서 이 책은 나의 것이자, 또한 그녀의 것이나 다름이 없다.

나는 또한 아티스트 겸 일러스트레이터로 일하는 Sacha Warunkiw의 노고에 감사한다. 우리는 함께 'fax art'의 과정을 진척시키면서 즐거워했고, 이로 인해 내 연구의 결과는 시각적인 형태로 바뀔 수 있었다. 그의 예술적 재능과 우리의 공유된 유머감각은 새로운 경영에 대한 아이디어를 전함에 있어 단어와 작문상의 제약을 제거하려던 나의 시도를 입증해준 결정적 요인으로 작용했다. 나는 그의 끝없는 인내와 독창성에 진심으로 감사를 표하는 바이다.

이 책의 조사에 물심양면으로 도움을 준 동료 Joe Arbuckle, Robert Burns, Alan Engelstad, Lin Ward와 Asaf Zohar에게도 그들의 통찰력과 도움에 깊은 감사를 전한다. 특히, Joe와 Robert는 집필의 초기 단계에서 내가 기본적인 아이디어를 다듬는데 도움을 줌으로써 중요한 역할을 했다. Sage 출판사에 있는 내 친구 역시 원고를 출판하는데 도움을 줌으로써 그가 대단한 파트너임을 입증했다. 이번 출판은 우리가 함께 했던 네 번째 책으로써 언제나처럼 그것이 큰 경험임을 다시금 입증해 주었다.

나는 매우 많은 사람들에게 감사의 말을 전할 수 있어 운이 좋은 사람이지만, 가족의 사랑과 지원이 있어 그 운은 더욱 커질 수 있었다. 내 아내 Karen은 친구이자 동료로서 한없는 지원을 아끼지 않았으며 끊임없는 영감의 원천을 제공하였다. 그녀의 이러한 영향으로 인해 내가 할 수 있는 모든 것을 시도할 수 있었으며, 이러한 우리의 파트너십을 나는 내가 표현할 수 있는 어떤 수식어보다도 훨씬 더 소중하게 평가하고 싶다. 끝으로, 나는 이 책을 내 삶에 진정한 의미를 심어주는 사랑하는 아내와 내 아이들, Evan과 Heather에게 바치는 바이다.

Gareth Morgan

역·자·서·문

"Imaginization을 통한 혁신과 창조경영!" 최근 많은 기업들이 기업의 얼굴이라 할 수 있는 CI를 밝고 감성적인 방향으로 전환하거나, 각 기업 홍보라인의 위상과 비중이 커지고 있는 것은 기업조직의 이미지화 전략이 중대한 영향을 미친 결과로 볼 수 있다. 이제, 이미지화로 평가되는 기업가치의 중요성이 강조되는 시대가 도래한 것이다.

급변하는 경영환경 속에서 기업과 조직의 경영상의 문제를 진단하고 해결하기 위해, 이제 경영자는 과거의 선입견과 관행에서 탈피하여 새로운 환경이 요구하는 새로운 시각과 패러다임을 갖추어야 한다. 그렇다면, 21세기의 변화하는 글로벌 환경에서 과연 우리 기업들이 주도적 경쟁력을 확보하기 위해 경영자들에게 주어진 창조적 경영을 위한 본질적 과제는 무엇일까?

이런 질문에 대한 응답을 찾는 마음으로 역자들은 이 책을 선뜻 선정해 번역에 동참하기로 뜻을 모았다. 이 책을 읽는 독자들은 경영현장에서 부딪히는 다양한 문제를 Morgan이 제한하는 통찰적 이미지화의 실천을 통해 실제로 문제해결을 위한 실마리를 풀어나갈 수 있기를 바란다. 이 책은 그런 면에서 탁월한 지침서로서 유익한 길잡이가 될 수 있을 것이다.

이 책을 번역하기에 앞서 역자들은 각 장들에 대한 토론을 통해 Morgan의 통찰력과 주장을 이해하기 위한 진지한 노력을 하였음을 말하고 싶다. 이를 위해 이번 번역작업에 참여한 역자들은 '조직과학독서회'라는 모임을 통해 원서의 내용을 일차적으로 번역·발표하고 그 발표된 내용을 중심으로 자유토론을 실시함으로써, 내용의 본질을 이해하려고 노력하였다. 그러나 번역된 내용을 글로 옮기는 과정에서 많은 오류와 어려움이 있었음을 고백하지 않을 수 없다. 우선은 여러 사람들이 번역에 참여한 관계로 용어의 통일과 내용의 일관성을 유지하는데 많은 어려움이 있었다. 또한, 원서의 내용이 저자의 통찰적 주장과 주관적 시각에 기초하여 저술된 관계로 저자의 심오한 의도를 번역과정에서 효과적으로 전달하는데 많은 한계가 노출되어 있으며, 그 본질적 의미에 대한 이해는 여전히 숙제로 남아있음을 감출 수 없다.

　이 모든 오류와 한계에 대한 책임은 번역에 참여한 역자들의 몫임을 밝힘과 동시에, 번역의 내용과 질을 높이기 위한 노력을 앞으로도 계속해 나갈 것임을 약속하는 바이다. 따라서 이 책을 읽는 독자들의 건설적 지적과 의견의 개진 그리고 전향적인 조언을 기대한다. 끝으로 많은 어려움 속에서 본서의 출판에 동의해 준 한올출판사에 감사를 표하며, 번역과정에서 교정을 위해 수고를 아끼지 않은 강원대학교 경영대학에 재학 중인 이명진과 한송희 학생에게 고마움의 뜻을 전하는 바이다.

2005년의 뜨거운 여름을 보내며…
김정원, 권중생, 서재현 외 역자 일동

차·례

이미지화(Imaginization)란

이미지화: 창조적 경영의 비결

이 장에서 우리는 새로운 방식으로 조직하고 또 경영하기 위해 이미지와 아이디어를 어떻게 적극적으로 활용시킬 수 있는지를 보이면서 '이미지화'란 개념을 탐구해 보기로 한다.

나는 이미지화가 무엇인지를 "짧게" 요약해달라는 요청을 받으면 다음 다섯 가지를 강조한다.

이미지화는 상황을 새롭게 이해하는 능력을 증진시키는 것이다.

이야기를 시작하기 위해 먼저 3쪽에 있는 그림을 보기로 하자. 그림은 돼지 한 마리가 푸줏간주인, 예술가, 늑대, 농부, 수의사, 철학자, 회교도, 그리고 꼬마에게 둘러싸여 있는 것을 보여 준다.

의문: 여기에서 돼지의 이미지는 무엇일까?

매우 간단한 질문이다. 그러나 이 질문에 대해 간단히 대답하기란 매우 어려운 일이다. 왜냐하면 여기서 돼지는 한꺼번에 많은 것을 의미하고 있기 때문이다. 이것이 바로 내가 다양한 인물들로 둘러싸인 돼지 그림을 제시한 이유이다. 늑대에게 돼지는 음식이고, 회교도에게는 깨끗하지 못한 동물이며, 푸줏간주인과 농부는 고기의 질과 상품적 가치로 보고 있고, 수의사는 돼지의 건강상태를 생각하고 있으며, 꼬마는 세 마리 돼지 얘기를 생각하고 있을 것이다. 이처럼 돼지에 대한 의미와 중요성은 돼지를 보는 준거의 틀에 따라 매우 다양해진다. 각각의 사람들이 가지고 있는 준거의 틀이 어떤 사물에 대해 각기 특이하게 주목하도록 함으로써 이해와 지평을 열어주기도 하고 닫기도 하기 때문이다.

이같은 사실은 조직과 경영의 세계를 이해하는데도 마찬가지다. 우리가 보고있는 것에 대한 이해는 우리의 관점을 담고 있는 준거의 틀이나 이미지에 따라 변하기 때문이다.

예를 들어 "의사소통의 문제"라고 지각하고 있는 어떤 현안을 참모들과 논의하고 있는 경영자를 생각해 보자.

그가 전달하려는 메시지가 참모들 사이에 뿌리를 내리지 못한다면, 이때 그는 자신의

개인적 의사소통스타일을 개선하기 위해 좀더 많은 노력을 기울일 필요를 느낄 것이다.

여기서 의사소통의 문제점은 무엇인가?

직무설계의 결과인가? 아니면 보다 중시해야할 문제가 다른데 있어서 사람들이 전달된 말을 듣지 않고 있는 건가?

사람마다 사고방식이 다르고, 다르게 듣는데서 오는 문제인가?

아니면 사람들이 듣고 싶어하지 않기 때문에 안 듣는 정치적 차원의 문제가 있는 것인가?

그것은 말할 것도 없이 의사소통의 문제이다. 그러면 그 문제란 무엇인가?

이것은 간단한 예이지만 경영자들의 제한된 개념적 틀 속에서는 문제를 해결할 수 없기 때문에 생기는, 많은 조직 이슈들의 핵심을 지적해 주고 있다. 만일 '어려움'을 의사소통의 문제로 본다면 결코 이해의 수준까지 나아갈 수 없게 되고, 강조하여 다루어야 할 숨겨진 요인들을 밝혀낼 수 없게 될 것이다.

이것은 우리가 조직을 좀더 일반적으로 이해하고, 설계하며 경영하려고 할 때도 마찬가지이다.

많은 조직 및 경영의 개념은 기계론적인 뉘앙스를 풍기고 있다. 지난 200년간 경영자들은 조직을 사람기계와 동등한 것으로 보고 이해해 왔으며, 그같은 이해를 바탕으로 조직을 설계하고 경영하려고 노력해왔다. 그래서 복잡한 과업과 활동을 많은 부분들로 쪼개어 각 부서에 업무를 할당하고 직무를 다시 세분하여 정의하고 집단과 개인에게 나누어주고 직무기술서, 계층구조, 그리고 업적감시를 위해 개발한 정교한 시스템을 통하여 업무수행 활동을 조정하고 통제해 왔던 것이다. 그러나 조직은 기계가 아니다. 조직은 때때로 공식적 목표 추구를 거부하고 톱니바퀴처럼 행동하기를 거부하는 살아있는 존재 즉 인간을 고용하고 있는 것이다. 기계같은 조직에서 일한다고 하더라도 사람들은 욕구와 흥미를 가지고 있고 나름대로 성향이 있어서 그들에게 부과된 조직의 요구에 전적으로 순응하지 않을 때도 있다. 그렇기 때문에 이같은 종류의 조직은 집단끼리 맞붙어 싸우는 전쟁터가 되든지, 아니면 사람들이 무관심상태로 위축되어 버리든지 그것도 아니면, 본질적인 것은 아무것도 달성되는 것이 없는 정교한 관료제 게임만을 하는 곳이 되어버리기도 한다.

이전에 출간된 책 "조직의 이미지(Images of Organization)"에서도 이같은 기계론적 사고의 한계를 살펴 보았고, 앞에서 논의한 돼지의 사례처럼 조직에 대한 많은 상이한 이미지들이 어떻게 조직을 각기 다르게 이해하고, 설계하며, 관리하는 틀을 제공하고 있는지를 보여 주었다.

예를 들어, 조직을 살아남기 위해 충족되어야 할 특별한 필요조건들을 가진, 살아있는 유기체로 생각해 보자. 그리고 또 조직을 하나의 문화나 정리시스템 혹은 정신적 감옥이나 지배도구로 생각해 보자.

색다른 이미지는 색다른 통찰을 만들어낸다. 예를 들어 우리가 조직을 문화체계로 보게되면 우리는 그 조직이 공유된 의미, 가치관, 이데올로기, 의식, 그리고 신념체계의 양식을 통해서 어떻게 결합되고 있는가를 이해하기 시작한다. 그리고 또 우리가 조직을 정치시스템으로 보면 이해관계의 갈등과 일상의 현실을 만들어 가는 권력의 역할에 우리의 관심이 모아질 것이다. 그리고 조직을 정신적 감옥으로 보면, 우리는 개인과 집단들이 어떻게 그들의 신념체계의 덫에 갇히게 되는지를 이해하기 시작한다. 또 조직을 지배의 수단으로 보면 우리는 조직의 비인간적이고 사회적으로 파괴적인 특성을 강조하게 될 것이다.

현실적으로, 조직은 이러한 상이한 특성이 섞여있다. 그러나 우리가 조직을 보는 제한된 시각 때문에 조직의 많은 다른 측면들이 걸러지든가 차단되어 버린다. 그래서 우리

가 다루는 문제의 전체적인 성질을 좀처럼 파악하기 어렵게 되었고 이것이 바로 가끔 문제들이 해결되지 못하는 이유이다.

이미지, 가정들, 그리고 준거의 틀 등은 각기 다른 렌즈의 역할을 하여 우리로 하여금 그것이 아니면 보지 못했을 것을 볼 수 있게 만든다. 은유를 바꾸어 보면, 그것은 레이더 시스템 같은 역할을 한다. 즉 그것이 없었으면 우리가 간과했을지도 모르는 상황에서 의미있는 메시지를 끌어낼 수 있게 한다.

다음 여러 장에서 조직생활의 여러 차원을 읽고 파악할 수 있는 우리의 능력을 개선하고 문제가 있는 상황을 감지하기 위해 어떻게 우리의 통찰력을 사용할 수 있는지를 보여주는 많은 예화를 제시하려고 한다. 이들 예화들은 우리가 조직문화의 관점에 사로잡혀있거나, 매우 정치적인 상황속에서, 혹은 그밖의 여러 상황속에서 고도로 기계화된 조직을 다룰 때 어떻게 이를 인식하게 되는지 가르쳐 준다. 그리고 그 예화들은 우리가 "무기력의 늪"에 빠지려 할 때, 우리가 "정치적 풋볼"을 넘겨받게 될 때, 혹은 "끓어 말라버리는" 위험한 상황을 다루려고 할 때 그 문제를 인식하는데 도움이 될 것이다.

사실 이렇게 하는 목적은 우리가 우리의 삶 속에서 이미 하고 있는 것을 조직과 연관지어 파악하도록 고무시켜 보는 것이다. 우리는 매일매일 우리가 처해 있는 상황을 잘 파악하고 있다. 미묘한 차이도 우리 스스로 감지하고, 문제해결의 열쇠가 되는 시그널을 포착하기도 한다. 우리는 "각도를 보는 것이다(we see the angles)." 그리하여 우리는 사물을 감지하고 거기에서 의미를 찾아내는데 도움이 되는 이미지를 끌어내는 비결을 개발하게 되고, 이렇게 터득한 모든 것을 활용하여 행동을 구체화한다.

이미지화(Imaginization)는 이같은 기술 위에 구축되는 것이고, 효과적인 경영을 위한 기본적 역량으로서 그것이 살아 움직이도록 하는 방법을 찾는 것이다.

이미지화는 조직화의 새로운 방법을 위해 새로운 이미지를 찾는 것이다.

만약 우리가 사물을 옛날 방식으로 보게되면 새로운 방식으로 행동하기 어렵다. 그것은 오늘날 조직과 경영이 안고 있는 중요한 문제점이다. 옛날 사고방식은 우리가 그것에 너무 깊이 젖어 있어서 그것을 털어버린다는 것이 매우 어렵다.

예를 들어 도표나 다이아그램이 조직설계에 관한 우리의 사고를 얼마나 지배하고 있는가를 생각해 보자. 조직도표는 조직에 대한 기계론적 관점이 만들어낸 정태적 이해의 산물이다. 그래서 관리자들은 항상 자기들이 하고 있는 것을 파악하기 위해 공학적인 청

사진 같은 것을 찾게 된다. 그래서 우리도 조직구조를 파악하기 위해 조직도를 만든다. 우리가 너무 계층적이 되거나, 고객들로부터 멀어져 있다면 이것을 뒤집어 보아야 한다. 우리는 능률적이고, 간소한 의사결정을 위해 계층을 허물고 중간계층을 없애야 한다. 원가와 경비를 줄이기 위해 규모를 축소하고 계층의 일부를 잘라내기도 한다. 직능부서와 프로젝트 부서 간의 균형이 필요할 때는 매트릭스의 행과 칸을 이동시키기도 한다. 또 좀더 참여적이고 "종업원이 움직이는" 조직을 만들고 싶을 때는 집단이나 "팀 베이스"의 구조로 옮겨간다. 조직을 어떤 방식으로 재조직화 하든지 간에 거기에는 조직도를 다시 그리고, 계층을 재조정하고, 실선을 점선으로 바꾸는 일이 포함된다.

조직도는 유용한 도구이지만 매우 제한적일 수밖에 없다. 조직이 적절한 성과를 산출해내기 위해서는 구조를 융통성 있게 재구축 할 수 있어야 한다는 생각을 확고히 해야하기 때문이다. 사실 새로운 조직도표가 조직문제의 해결책이 될 수 있다고 생각하는 경우가 흔히 있다. 그러나 조직의 근본적인 문제는 변하지 않고 그대로 남아 있는 경우가 많다. 예를 들어 관료제를 뜯어고치거나, 축소한다고 하면서 좀 더 작은 관료제를 만들어

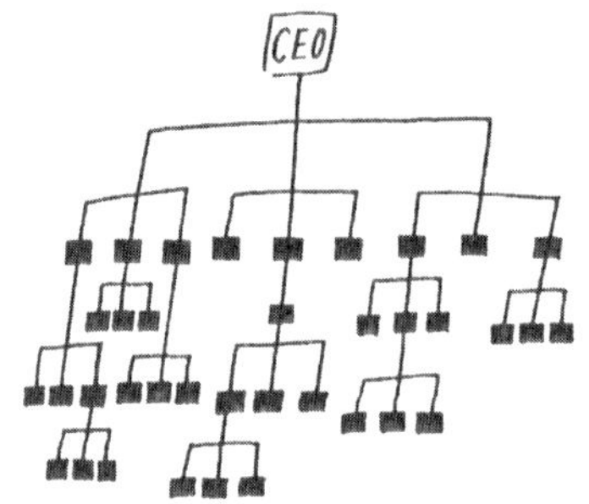

내는 것으로 끝나버리는 경우와 같다!

그리고 매트릭스조직으로의 변화를 시도할 때에도 끝에 가서는 다른 형태의 관료제적 경영시스템으로 둔갑시켜버린다. 그렇다고 해서 당면한 변화에 따라 자체적으로 자기 조직화가 가능한 조직을 반드시 만들 필요는 없다.

조직은 장소이고 물체이다. 그리고 조직은 장시간에 걸쳐 지속적으로 달성해야 할 분명한 목표이고 또 기계론적인 방식으로 설계되고 관리될 수 있는 객체이기도 하다.

따라서 명료하게 정의된 시스템, 흐름도, 그밖의 공학적 청사진들이 조직활동을 시스템화 하는데 효과적인 모델을 제공하고 있다. 이들은 일상적이고 예측 가능한 과업을 조직화하는 경우 아직도 효과적이다.

그러나 정보기술이 우리를 아인슈타인류의 세계—즉 낡은 구조와 조직형태가 해체되고 때때로 거의 보이지도 않는 세계—로 몰아 부치고 있음으로 인하여 옛날식 접근법은 더 이상 먹혀들지 않게 된 것이다. 전

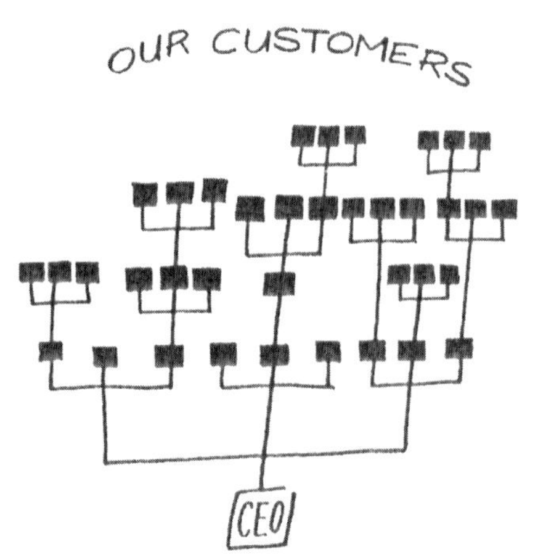

화, 팩스, 전자메일, 컴퓨터, 비디오, 그 외 다른 정보기술의 사용으로 인하여 인간과 인간의 조직은 해체되어 가고 있다. 우리들은 개별적으로 멀리 떨어져 있는 동안에도 완전히 연결되어 연락관계를 유지할 수 있게 되었다. 그래서 우리들은 세계의 어느 곳에 있든지 순간순간 상호간에 연결이 가능하게 된 것이다. 우리들은 시간과 공간의 전통적 장벽을 초월하여 "실시간"커뮤니케이션에 바탕을 둔 상호연결의 네트워크를 통하여 지속적으로 스스로를 만들어가고 있으며 재창조할 수 있는 것이다. 하나의 네트워크가 나타나면 다른 것들은 소멸된다. 임시적인 연대가 고정된 구조를 대체하고 있다. 우리가 아인슈타인류의 세계를 살고 있는 현실은 종종 조직들이 더 이상 조직일 필요가 없다는 것을 의미한다.

이 세상에서 기계론적 사고는 해체되어 없어지고 경영자들은 그들이 하고 있는 것을

이해하고 구체화하기 위해 새롭고 신선한 이미지를 찾아야 한다.

그래서 다음 여러 장에 걸쳐, 나는 조직을 마치 "거미식물"이나 바람에 날려 다니는 민들레 씨앗처럼 설계하는 것이 어떻게 가능한가에 대해 주목해 보려 한다. 그리고 집을 짓고있는 불개미들의 이미지가 변화를 계획하고 관리하는데 어떻게 신선한 시각을 제공하고 있는지를 말해 보려고 한다. 그리고 아인슈타인의 상대성이론 이미지가 어떻게 제품과 서비스의 재설계를 위해 흥미로운 통찰을 가능케 하는지를 설명해 보려고 한다. 그리고 많은 임시변통적 이미지들이 조직문제의 해결을 위한 돌파구를 어떻게 만들어내며 또 어려운 상황에서 새로운 주도권을 찾아낼 수 있게 하는지를 이야기해 보려고 한다.

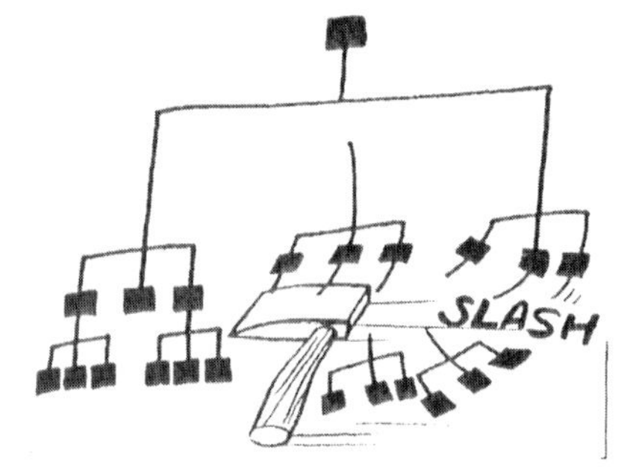

이미지화의 과정은 창조성을 요구한다. 그것이 우리로 하여금 신선한 관점으로 조직적 상황을 보고 "읽도록" 고무시키는 것과 마찬가지로 우리로 하여금 새로운 방식으로 우리의 조직을 "작성해 보게(write)"도 한다.

무엇이 가능한지에 대한 간단한 예화를 보여주기 위해 혹시 당신은 당신의 조직을 홀로그래픽 설계하고 관리하는 것에 대해 생각해 본적이 있는가? 홀로그램은 레이저기술이 만들어 내는 경이로운 현상이다. 일반적인 예로서 크레디트 카드의 반짝이는 이미지나 윤택이 나는 잡지표지에서 발견할 수 있는데 그것은 색깔과 모양이 다른 각도에서 보면 다르게 보인다. 현대미술관 같은데서 볼 수 있는 좀더 복잡한 홀로그램은 빛 속에서의 조각품처럼 다차원적 이미지를 보여준다. 그 "조각품" 둘레를 걸으면서 위치를 바꾸면 바로 당신 눈앞에서 그 모양이 다르게 바뀐다!

이러한 홀로그래피 이미지는 레이저가 광선을 흩음으로써 전체 이미지와 관련된 정보가 각각의 모든 부분에 내포되도록 만들어낸다. 엉뚱한 소리같이 들릴지 모르지만 그것은 사실이다. 이미지가 부호화되어 새겨진 홀로그래픽 판은 사진의 음화와 같은 것으로서 수백 가지의 다른 조각들로 쪼개질 수 있다. 그러한 조각들의 어떤 것 하나라도 전체상을 적절하게 새로 만드는데 쓰이게 되는데 이는 전체 이미지가 모든 부분에 들어있기 때문이다. 모든 것은 다른 모든 것을 감싸안고 있는 것이다. 그것은 마치 연못에 조약

돌을 하나 던졌을 때 물장구로 생겨난 물방울 하나하나 속에서 못 전체와 주위 풍경을 볼 수 있는 것과 같다.

이 홀로 그래픽 이미지는 전체를 부분들로 쪼개어 꿰 맞추는 방법을 찾도록 만든다. 그것은 역설적으로 보일지도 모른다. 특히 전통적 논리 즉 쪼개진 부분들로부터 전체를 만들어가는 조직 상황에서 더욱 더 그렇다. 그러나 그것은 분명히 실현 가능한 아이디어이다.

예를 들면 문화는 기본적으로 홀로그래픽이다. 그것은 태도, 성향, 역량, 가치관, 신념, 그리고 "전체적" 특성이 부분들 안에 잠재되어 있는 사회적 관행 시스템이다. 문화는 드러나는 것이다. 그것은 사람들이 그 특성을 활성화시킬 때 드러나고 "살아난다".

정보기술 또한 그 안에 홀로그래픽 특성을 가지고 있다. 그것은 시스템을 통하여 정보와 지능을 확산시키는 능력을 가지고 있으며 그것으로 사람들이 비록 멀리 떨어져 있더라도 완전하게 통합될 수 있고, 또한 전체를 위해 활용할 지식과 지능을 공유할 수 있도록 한다.

이 두 가지 아이디어를 함께 모으면 어떻게 우리가 완전히 통일된 분권화 조직을 만들고 경영할 수 있는지에 대한 기발하고 새로운 사고방식을 얻게 된다. 왜냐하면 사람들은 같은 "파장"에 속해 있으며 자연스럽고 자발적으로 그들 조직의 특성과 스타일을 재생해 낼 수 있는 역량을 가지고 있기 때문이다. 이러한 방식으로 설계 관리되는 조직들은 옛날의 관료제보다 민들레 씨앗과 거미식물들과의 공통점을 훨씬 더 많이 가지고 있다.

요컨대 옛날 방식으로는 새로운 조직형태의 창조를 바랄 수 없다는 것이다. 우리는 현존의 조직을 땜질하는 방식을 뛰어넘어야 한다. 우리는 우리가 어떻게 조직하고 경영하는지에 대해 새로운 역사의 장을 추가할 수 있는 창조적 가능성을 이미지화하고 탐구해야 하는 것이다.

이미지화는 공유된 이해를 만들어가는 것이다.

조직은 항상 새로운 의미의 창조와 이해를 공유함으로써 그에 따라 움직인다. 왜냐하면 조직화된 방식으로 그들의 활동을 다듬고 정돈하려면 공통적인 준거점을 가지고 있어야 하기 때문이다.

모든 조직활동에서 그 진행과정을 관찰 할 수 있다. 예를 들면, 리더십의 중요한 기능 중의 하나는 비전과 가치를 공유하게 하는 것인데 그같은 공유된 비전과 가치는 조직 성원들로 하여금 같은 방향으로 노력하고 힘을 결집시키는데 도움을 준다. 이것은 기업 문화에서도 마찬가지다. 그리고 조직에서 조차 강력한 의미를 만들어낸다. 조직도는 사람들이 그들의 위치를 이해하게 해주며 서열의 의미를 전달하는데 있어서 매우 큰 상징적 가치를 지니고 있다. 관료제적 구조, 규칙, 규제, 직무기술서, 보상시스템 그밖의 다른 통제시스템들은 같은 목표를 추구한다. 이

때 분명한 틀(윤곽)을 정의해 줌으로써 사람들이 그 안에서 어떻게 움직이기를 기대하고 있는가를 알게 해 준다. 조직화 과정조차 궁극적으로는 공유된 의미를 만드는 것이다. 달리 말해서 적절하게 행동하지 않으면 결과는 파멸적일 수 있다는 것이다.

변화의 시대에 도전은 공유 의미를 찾는 것이다. 비록 그 공유 의미가 끊임없이 변하는 것이기는 하지만. 그래서 사람들은 그들을 둘러싸고 있는 세상 안에서 지성적인 장소를 찾으려고 한다. 예를 들어 어떤 대규모의 성공적인 회사의 사장이 사업 경영 방식에서 어떻게 주요한 변화를 이룩해가고 있는가를 생각해보자. 그 회사는 중앙집권적 경영 방식에서 사업부에 좀더 많은 자율권을 부여하는 쪽으로 바뀌어 가고 있다. 막강한 직능부서가 결국에는 새로운 정보의 흐름으로 연결된 분권화된 의사결정단위로 대체된다. 그러나 그같은 변화가 하루아침에 일어나는 것은 아니다. 그리고 그 회사가 변화의 과정에서 기존 사업의 경쟁력을 훼손시킬 수는 없는 일이다. 새로운 구조나 스타일은 그 회사가 사업을 계속하는 과정에서 만들어줘야 하고, 한편으로는 기존 사업이 계속 성공해야한다.

이같은 도전적 상황에 대한 스텝들의 이해를 돕기 위해 사장은 참모들에게 "우리는 우리의 집안에서 계속 살면서 우리의 집을 새로 건축하는 것"이라고 독려한다. 그는 변화란 단순히 집의 개축이 아니라 결국에는 모든 것이 변형된 완전한 재건축이라는 것을 강조하려고 애쓴다. 여기에서의 이미지는 참모들이 기존 사업의 "인내의 벽(bearing wall)"을 확인할 필요성을 말하고 있고, 이런 인내의 벽이 너무 빨리 허물어져서는 안되고 만일 그렇게 되면 모든 사업이 망한다는 것을 알아야 한다. 그들은 현재의 지원들을 점검해봐야 하고 미래 조직에 필요하게 될 벽(walls)을 개발하는 것을 생각해 보아야 한다. 결국 모든 낡은 벽들은 허물어지게 될 것이다. 그러나 그 동안에도 참모들은 조심스러운 해체와 동시에 재건축 과정에 관여하게 된다. 여기에서 이미지는 그들이 그들 주위로 떨어질 위험에 처한 주위환경의 의미와 편리한 준거점을 찾는데 도움이 된다. 그리고 여기에서의 은유는 그들이 결국에 짓게 되는 새로운 "집"을 향해 가는 동안 그들이 겪고 있는 현재 상황의 불편하고 잠재적인 위험에 대처해 나가는 방법을 찾는데 도움이 된다.

이같은 능력, 즉 당면한 도전에 대해 반향을 불러일으킬 수 있는 이미지나 이야기를

만들어 낼 수 있는 능력, 그리고 사람들을 동원하고, 동기를 유발하여 바람직한 목표를 달성할 수 있는 능력, 그리고 미지의 것들에 대처해 갈 수 있는 능력은 하나의 핵심적인 경영기법이 되고 있다. 이것이 이미지화 과정의 중심이다. 다음 장들에서 좀더 많은 예를 들어 설명하려고 한다.

지난 20여 년간 대부분의 고위 경영자들은 그들의 참모들을 적절한 방향으로 이끌어 가는데 도움이 될 강력한 비전과 기업의 가치관 개발의 중요성을 인식하게 되었다. 그들은 실무에서 비전과 가치관을 지원 해 줄 수 있는 강력한 기업문화와 통제 시스템의 중요성을 인식하고 있다. 그러나 강력한 리더들, 원대한 비전, 통제시스템에 의해 전달된 강력한 시그널들도 역시 덫을 만들 수 있다. 그것은 잘못된 이해를 갖게해서 변화에 자발적으로 대처해 가기보다 복종과 순응에 길들여지게 한다.

모호성, 불확실성, 질문, 불안정성, 위험, 기회포착, 위기, 공개성, 탐색, 도전: 이러한 것들은 혁신이 일어나고 있는 상황의 특성들이고 혁신을 지원하기 위해 필요한 공유된 의미 시스템의 특성들이다. 학습조직을 만들려면 계속해서 다음과 같은 의문 제기를 가능케 하는 비전을 개발할 필요가 있다. 조직이 새로운 통찰력을 받아들일 수 있게 하고 당면한 도전에 적절한 이해와 관행을 개발하도록 구성원을 독려할 수있는 가치관을 만들 필요가 있다.

간단히 말해서 학습능력과 지속적으로 자기조직화를 할 수 있고, 위기와 기회를 긍정적으로 다룰줄 아는 능력을만들드록 이해력을 증대시킬 필요가 있다. 이미지화를 위한 우리 재능은 유동적이고 창조적인 방법으로 공유된 이해력을 높여가는데 도움이 된다.

이미지화는 개인적 임파워먼트에 관한 것이다.

사람들은 어딘가 눈길을 돌릴만한 다른 곳이 있다고 느끼지 않으면 현실에 안주하는 것을 싫어한다.

그것이 바로 그 많은 조직변화프로그램이 그토록 위협적인 이유이다. 사람은 자신의 역할이 도전을 받게 되면 그 사람 자신도 도전을 받는다고 느끼게 되며, 새로운 가능성을 포착하지 않는 한 그 같은 도전에 대응할 아무런 이유도 없다.

이미지화의 과정은 사람들로 하여금 자신이 처한 상황에서 새로운 관점을 포착할 수 있게 도와주고 발전을 위한 새로운 가능성을 열어 놓는데 크게 기여할 수 있다.

이것에 대하여는 2장에서 좀더 상세하게 논의하려고 한다. 그러나 그같은 도전을 예를 들어 설명하기 위해 나는 독자들이 옛날 전투 장면을 상상해 보기를 바란다. 한 로마 장군이 그의 최고 라이벌과 싸우고 있다. 그와 그의 부대가 전장에 먼저 도착하였다. 장군은 가장 높은 언덕에 지휘부를 차렸다. 그는 모든 전투현장을 둘러보고 예하부대에 적절한 명령을 내릴 수 있다. 그리고 전선으로부터는 상세한 정보를 받고 있다.

현대적 언어로 말하면, 그는 감독을 하고 우수한 감독자로서 행동하고 있는 것이다. 불행하게도 언덕 위에서 치르는 전투에서는 완벽하게 들어맞는 이 군대의 상명하달식 통제 모형이 조직 상황에서는 마지못해 하는 것으로 바뀌었고 이제는 많은 경영자들에게 문제를 야기 시키고 있다. 왜냐하면 실제 이루어지고 있는 일에 대하여 경영자들보다 부하들이 훨씬 더 많은 지식과 통찰력을 가지고 있는 상황에서 감독 책임을 지고 있기 때문이다. 그들은 "책임을 지고" 있기 때문에 감독하려고 애는 쓰지만 그 감독행동이 그들 자신들에게 방해가 되는 것으로 귀결되고 만다. 이같은 문제를 극복하기 위해서 경영자들은 자신들의 공식적 역할이 하나의 시대착오적인 것이라는 사실을 인정할 필요가 있다. 그리고 자신이 참모들에게는 "자원"으로서, 또 특별한 문제를 해결할 "문제해결사"로서, 조직의 여타부분과 그들의 부서를 통합시키는 것을 주 업무로 하고 또 조직주변에 무엇이 일어나고 있는가를 살피는 "경계감시자(boundary spanners)"로서, 혹은 그들이 해야할 필요가 있는 것을 파악하게 하는 그밖의 공감하는 이미지를 통하여, 스스

로를 이미지화하는 새로운 방법을 찾아야 할 필요가 있다.

그것은 간단한 예이지만 이미지화가 도대체 무엇인가에 대해 정곡을 찌르고 있는 예이다. 한 개인으로서 우리는 종종 우리 자신과 우리 역할에 대한 이미지 때문에 덫에 걸리고 그 결과 부적절한 행동방식으로 빠져들어 그 속에 갇히게 된다.

이같은 사실을 인식함으로써, 또 적절할 때 우리의 이미지에 도전하는 것을 배움으로 우리는 돌파구를 찾을 수 있게 된다. 사실 우리는 경영사상사에서 면면이 이어온 경영이미지가 다른 것에 자리를 내 준 과정을 본다. 예를 들어 경영의 개념 그 자체를 생각해 보자. 역사의 궤적을 따라가면 승마의 기술, 즉 마술(馬術)로까지 거슬러 올라가게 된다. 원래 '경영한다' 는 것은 말로 하여금 제 속도로 제 갈 길을 가게 하는 것을 의미하였다.

이제 우리는 사람을 다루는 것에 대해 자유롭게 얘기한다. 얼마나 대단한 이미지화의 행동인가!

당신은 인간관리 역사의 초기에 수많은 조련술이 있었다는 것을 발견하게 될 것이다. 예를 들어 우리가 "권력의 고삐"에 대해 얘기한다는 것은 전혀 우연한 것이 아니다. 초기 경영자들은 종업원들을 그들의 보조에 맞추도록 하는데 전문화되어 있었다. 물론 이제는 사람관리가 훨씬 더 복잡하게 되었다. 우리는 사람관리에 관하여 이야기 할 때 참가, 동기부여, 협동, 임파워먼트, 동반자관계 등등과 같은 새로운 형태의 이미지화를 하게 된다. 이러한 새로운 형태의 탐구는 "말들"로 취급되던 사람들이 노동조합을 결성하여 단합하면서부터 시작되었다. 우리가 물리적으로 존재할 수 없거나 무슨 일이 진행되고 있는지 알 기회를 갖지 못한 상황을 다루는 문제들과 씨름하고 있을 때, 이러한 단합은 교육받은 근로자를 고용하고 있는 풍요롭고, 민주적인 서구사회 속에서 더 많은 지지를 받았고 지금도 계속되고 있다. 예를 들어 최근의 인기 있는 경영조언 몇 가지를 생각해 보자. 작업현장 경영, "일분 경영자"가 되라. 비전을 가진 사람이 되라. "섬기는 리더"가 되라 등등. 본질적으로 이런 이미지는 우리 스스로를 새로운 방식으로 이미지화하게 한다.

우리는 우리들 자신의 이미지와 우리들이 처한 상황, 그리고 우리가 하고 있는 행위들간의 중심적 관계를 파악함으로써 유동적인 방법으로 이미지화의 힘(the power of imaginization)을 정돈할 수 있게 된다. 그리고 또 우리는 우리가 부적절한 행동을 하도록 유도하는 아이디어와 가정들에 대한 비판적인 분석가가 될 수 있고 새로운 통찰력을 활성화하고 새로운 역량을 개발할 수 있게 된다.

기본적 아이디어의 힘은 칼 와익이 쓴 이야기에 생생하게 묘사되어 있다. 스위스 알프스에서 사나운 폭풍을 만나 길을 잃은 사람들은 어찌할 바를 몰라 희망을 포기하려 할 때쯤 한 대원의 호주머니에서 지도를 발견하게 되었다. 새로운 가능성에 용기를 얻어 그들은 힘을 모으고 결국 문명세계로 돌아오는 길을 찾게 되었다는 것이다. 그들이 집에 돌아오고 난 뒤에 그 지도는 알프스의 지도가 아니라 피레네산맥 지도였다는 것이 밝혀졌을 때 그들의 놀라움이 어떠했을까를 상상해 보라!

이 모험은 새로운 이미지와 상황에 대한 새로운 이해가 어떻게 새로운 행동과 새로운 진취성이 나타날 수 있는 여유를 만들어 내는지를 예시해 주고 있다. 지도가 없었다면 그 대원들은 아마도 죽었을 것이다. 그러나 새로운 결과를 가능케 한 자기조직화의 진취성을 만들어 준 것은 그 지도가 아니라 그보다 더한, 그들이 지도를 가지고 있다는 이미지였다. 앞에서 언급한 바와 같이 사람들의 행동은 그들이 가지고 있는 그들 자신과 주변상황에 대한 이미지에 의해 제약을 받는 경향이 있다. 새로운 이미지와 새로운 자기 정체성에 대해 열린 사고를 함으로써 현 상태의 한계를 뛰어 넘게하며 새로운 가능성이 떠오르게 할 수 있는 것이다.

가장 기초적인 의미로 이미지화는 어떤 사고방식을 끌어온다. 그리고 그것은 우리들로 하여금 스스로 자기 나름의 이론가가 되게 하고 우리가 통찰력에 근거하여 행동하는 것을 용이하게 해 준다. 내가 보기에, 비록 우리가 바로 이것이 그 경우라는 것을 알아차리지 못할지라도, 이미지화는 우리모두가 가지고 있는 하나의 숙달된 기술을 개발하게 한다. 이점을 인식함으로써 그리고 우리들 자신과 우리가 처한 상황에 대하여 창조적이고 지성적으로 생각함으로써, 우리는 우리들의 실체를 덮어 싸고 있는 "겉껍데기를 밀쳐내고" 그들을 긍정적인 새로운 형태로 만들 수 있게 된다.

이미지화는 지속적인 자기조직화를 위한 능력을 개발하는 것이다.

과거의 도전이 "조직화되는" 것이었다면 미래의 도전은 우리가 지속적인 자기조직화에 대해 개방적이 되는 방법을 찾는 것이다. 그렇게 함으로써 우리는 환경이 적응할 수 있고 발전해 갈 수 있는 것이다. 이것이 곧 궁극적으로 이미지화가 우리에게 도움이 되는 것인데, 왜냐하면 그 속에 우리가 어디에 있으며 어디로 가고 싶어 하는가를 해석하고 또 재해석하는 과정을 내포하고 있기 때문이다. 그것은 새로운 통찰력의 자기 조직화 저장고를 만들 수 있는 개인적 이론화의 형태에 대하여 길을 터 놓는 데 이 통찰력은 새롭게 수정되거나 더 나은 것이 떠오르면 대체될 수 있다.

현대 경영자에 대한 나의 이미지는 복잡한 레이더시스템이 장착되어 있어서 지금 무엇이 일어나고 있는지를 "감지하거나" "읽고" 그 읽은 것을 활용하여 도전에 대한 적절한 반응을 하는 사람이다. 이같은 이미지는 항상 당면한 도전에 대처하기 위해 신선한 통찰력과 이해력, 그리고 행동을 개발할 수 있는 창조적 경영자 이미지이다. 그것은 관료적 사고방식의 제약을 부수고 지속적인 학습능력과 자기조직화의 규범이 만들어지기 쉬운 아인슈타인류의 세상으로 우리 조직을 진입시키는 강력한 수단을 제공한다.

관료제 조직시스템은 다양성을 감소시키는 경향성을 가지고 있다. 관료제조직은 복잡하고 불확실한 양태의 정보를 취하고, 규칙이나 프로그램 및 해석의 표준화된 틀로 차이를 걸러내고 획일성을 만들려고 노력한다. 관료제 조직은 기업 안팎의 세계를 고착시키고 구조화함으로써 경직성과 인위적인 안전성을 만들어내는데 이것은 모두 변화에 대한 장애물이 된다.

한편, 자기조직화 시스템은 새로운 것을 잘 수용하려 한다. 그리고 자기 조직화시스템은 무작위성, 모호성, 모순성의 상황에서 더욱 번창하고 딜레마와 문제의 상황을 이용하여 창조적인 결과를 만들어 낸다. 이미지화의 과정은 새로운 통찰력을 만들고 새로운 문제를 제기하며 혁신적 조치들을 만들어내기 위해 개인적이고 집합적인 상상력을 발동시킴으로써 이 과정을 강화한다. 그리고 자기조직화 시스템은 직면하게 되는 도전들을 신선하고 생동감있게 볼 수 있도록 하나의 시스템 안에서 다양성을 증대시키는 기반을 만들어 준다. 그것은 유동적이고 역동적인 해석 과정에 기반을 두고 있기 때문에 시스템의 학습능력, 대화능력, 그리고 변화를 위한 시스템의 능력을 개선시켜 준다. 이슈화 된 문제들에 대하여 조직적인 폐쇄성을 모색하는 관료 시스템과는 대조적으로 자기조직화 시스템은 활력과 생명의 원천이 되는 개방성을 지향한다. 개인이나 집단이 자유롭게 자신을 갱생하고 활력을 불어넣을 수 있도록 이미지화는 창조적 에너지원을 개발·제공하여 자기조직화의 능력을 키우고 유지하게 한다.

이것은 우리 접근법의 희망사항이며 다음 장에서 실례를 들어 명확히 설명하려고 한다. 이제까지 얘기 해온 바와 같이 분명히 이미지화의 과정이 단순한 비법 수준으로 평가 절하될 수는 없다. 왜냐하면 그렇게 되면 그것은 성장토양이 되는 다양성을 획일화하고 파괴해버리기 때문이다. 이미지화는 다음과 같은 여러 분야에 초청장을 발송한다. 사고 방식, 보는 방식, 실행방식에 대한 권유이다. 그것은 기교라기 보다는 그 이상인 마음자세와 능력인 것이다.

거의 대부분의 장에서 사용되는 접근법은 나의 개인적 경험에 의존하고 있으며, 사실 나는 여러분을 나의 프로젝트에 합류하도록 초청을 하고 있는 것이다. 그렇게 하는 목적은 그렇게 함으로써 여러분들이 될 수 있는 한 직접적으로 경험할 수 있게 하며 그것을 여러분 자신의 것으로 만드는 방법을 찾도록 하려는 데 있다. 다음 장들에서 서술된 사례나 담화를 제시하면서 나는 권위적으로 "이것이 그 방법이다" 라는 식의 관점을 제시하려 하지 않는다는 것을 강조해 두고 싶다. 그래서 여러분이 읽어 가다보면 내가 보고 있는 것과 거기에 대한 해석에 대해 의심하고 있는 자신을 발견하게 될 것이다. 따라서 여러분은 자신만의 통찰이나 특별한 시각을 가지게 될 것이다. 여러분은 내가 제시하는 몇 가지 사례에 나오는 특별한 사람들과 같은 관점을 가질 수도 있으며 그들의 관점으로부터 이미지화 할 수도 있다. 만일 그렇다면 합류해서 당신 자신의 "읽기"를 만들어내고 눈앞의 상황과 대화를 하기 바란다. 왜냐하면 이것이 이미지화가 무엇인가를 나타내는 전부이기 때문이다.

이와같은 관점으로 나는 많은 다양한 종류의 조직에 관한 사례들을 혼합하여 논의하려고 한다. 이 사례들은 대부분 아주 짧은 우연한 만남에 기초한 것인데 내가 진퇴 양난의 상황에서 새로운 운동력을 만들어 주는 단기 전략 개입을 전문으로 하기 때문이다. 나는 의도적으로 성공적인 것과 덜 성공적인 프로젝트를 섞어 포함시켰다. 왜냐하면 모든 개입이 헐리우드식 결말이 나는 것은 아니기 때문이다. 이 같은 혼합은 경험으로부터 최대한 배울 수 있게 하면서 실무에서 이미지화의 강점과 한계를 보여주는데 도움이 될 것이다.

나는 실무에서 이미지화를 보여주는 책을 쓰려고 했기 때문에 이론적이고 방법론적인 이슈는 부록으로 미루었다. 이 책을 읽어 가면 알게 되겠지만 그 접근법은 사람들이 자기들의 현재 모습을 어떻게 만들어 가고 또 자기들의 활동무대에서 그 현재 모습에 따라 어떻게 활동하는가에 관한 흥미로운 이론에 의거하고 있고, 또 자기조직화와 변화의 과정에서 이미지와 자기정체성의 역할에 근거하고 있다. 독자들은 언제든지 필요할 때마다 이 자료들을 펴보기 바란다. 이 책의 다른 장들과 마찬가지로 나는 이 책의 어디에서나 그 메시지 내용의 전달이 가능하도록 독립적인 에세이 방식으로 이 책을 기술하였다.

그러니까, 더 이상 야단법석을 떨 것 없이 이미지화의 여행에 함께 나서보기로 하자. 그리고, 원하는 대로 자유롭게 노닐어 보기로 하자.

2

거울에 비춰보기

　　조직이 수평적으로 되고 분권화가 이루어지는 등 급격한 변화를 맞이함에 따라 관리자들은 종종 자기자신과 자신의 역할에 대하여 근본적으로 다시 생각해 봐야만 하게 되었다. 그러나 이는 관리자에게 매우 도전적인 일이라 할 수 있다. 왜냐하면 우리는 스스로를 새롭게 볼 수 있는 방법을 배워야 할 것이고, 새롭게 생각하고 행동하며 그리고 함께 일하는 사람들과 새롭게 의사소통할 수 있는 방법을 찾아내야 하기 때문이다.

　　본 장에 서술된 이러한 도전적 과제는 관리자의 역할을 이미지화와 재이미지화하기 위한 방법을 제시하는데 있다. 이 같은 접근은 당신의 관리스타일에 대해 개인적 조명의 기회를 몇 차례 제공함으로써 자기자신에 대한 이해를 촉진시키고 미래의 행동양식에 대한 새로운 가능성을 열어줄 수 있을 것이다.

➜ 관리스타일의 이미지화와 재이미지화를 통한 상관에 대한 시각

Martha: 우리 상관말이야? 어떤 사람이랄까?

짐승중에? 아니면 이야기책에 나오는 인물중에?

글쎄… 추측컨데 그는 여우일거야.

Beatrix Potter가 쓴 Jemima Puddle-Duck 이야기에 나오는 바로 그 여우말이야…

당신 그 이야기 알아?

Jemima는 둥지를 만들 장소를 찾다가 친절하고 잘 차려 입은 여우를 만났데. 그 여우는 아주 예의 바르고 친절해서 나무헛간 안에 머물 수 있는 장소를 Jemima에게 마련해 주었는데. 최소한 Jemima와 그녀의 알을 잡아먹으려던 여우의 계획이 발각될 때까지 심지어 그녀는 그들 좋은 친구로 알았데. 더군다나 여우는 그녀가 다음 번에 농장을 방문할 때는 살비아 풀과 양파를 가지고 오도록 청할 만큼 완벽함을 보였지!

내 상관이 바로 그런 사람이야.

흠잡을 데 없는 사람이지.

아주 완벽하고, 책임감도 강하고.

항상 친절하고.

항상 마음속으로 당신을 생각하고 있는 것처럼 느끼게 하지.

하지만 그는 믿을 수 없지. 늘 친절하고 상냥하게 이야기하지만 결국은 자기 일만 생각하는 사람이라는 것을 내가 알지.

나는 예전엔 그렇게 생각하지 않았는데, 그가 Jemima Puddle-Duck에 나오는 바로 그 여우야!

. . . .

➜ 본사에 있는 관리자들에 대한 시각

Jack: 그들은 남의 둥지에 자기 알을 낳는 뻐꾸기야. 뻐꾸기들은 남이 힘들게 둥지 짓는 것을 지켜만 보지. 그리고는 날아가 그 둥지에 있는 알들을 모두 밀쳐내 버리고 자기 알을 낳거든… 우리는 여느 다른 새들일 뿐이야. 우리의 둥지를 짓고 우리의 둥지를 지키려고 애쓰는… 하지만 본사는 계속 끼어들어 자기들의 알들을 낳고있지.

George: 그들은 시골에 작은 별장을 갖고 있는 도시거주자인 척 한다. 우리는 그 별장을 지키는 계약자이고… 하지만 우리는 그들을 위해서 아주 열심히 일했고, 건축가들이 자신이 지은 건물을 사랑하듯이 우리도 그들을 사랑하고 있잖아. 하지만 도시거주자들은 자신이 소유자라고 생각하고, 모든 일에 간섭하고 지시를 내리지. 예산을 세우고, 일에 필요한 모든 것을 결정하고, 기준을 세운다구.
그러면서 동시에 그들은 우리가 마치 주인이라는 인상을 우리에게 주려고 노력하지!

Mario: 그들은 애완견이야. 고립된 세상에 사는 애완용 푸들말이야. 우리야말로 험난한 황야에서 길들여진 들개와 같지. 우리는 황야에서 살아남는 법도 알지… 푸들은그들만의 정원에서만 놀고, 그곳 밖에 펼쳐진 황야에서의 삶이 어떠하리라는 것을 안다고 생각하겠지만, 실제로 그들은 결코 견뎌낼 수 없어.
본사에 있는 관리자들은 교활하고 간교하기가 마치 여우와 같아. 우리야 독일산 양치기 개라고 할 수 있지… 근면하고, 충실한 개말이야. 우리는 지성적이긴 하지만 여우들에 비하면 순진하지. 불행히도 그들은 대개 우리보다 한 수 위야.

· · · · · · · · · ·

➡ 제품개발에서 우리가 다루어야 하는 관리자에 대한 시각은…

그들은 융통성이라고는 없는 고집 센 노새와 같다. 잡아당기려고 하면 밀고, 밀면 잡아당기는. 그들은 정말이지 앞뒤가 막혔다.

그들은 좁은 시야를 가진 낙타와 같다. 항상 옳은 길로 가고 있다고 생각하며, 새로운 길을 선택하여 탐험해보려고 생각조차 않는다.

그들은 아주 영리한 올빼미와 같다. 그들은 모든 정보와 데이터를 가지고 있지만 책상 앞에 앉아 품위를 지키는 것 외에는 사실 특별히 하는 일도 없다.

➡ 마케팅에서 우리가 다루어야 하는 관리자에 대한 시각은…

그들은 실제 알맹이는 아무 것도 없으면서 과시하는데 만 힘쓰는 공작과 같다. 겉보기는 훌륭해서 사람들이 쳐다보기 좋아하지만, 유익한 목적으로는 쓸모가 없다.

그들은 펭귄과 같다. 아주 세련되고 항상 훌륭한 옷차림을 하고 있지만, 사실은 지성적이지 못한 사람들이다.

그들은 아일랜드 사냥개와 같다. 겉보기에는 아주 훌륭해 보이지만 결코 지성적이지도 않고, 학식도 없는 사람들이다.

. . . .

관리유형에 관련된 중요한 이슈들을 제기하기 위해 이러한 세 가지 상징적 예문을 골라 보았다. 이 예문들은 모두 그들의 상관에 대해 이야기하거나 또는 그들이 함께 일하는 다른 관리자들에 대해 이야기한다.

소설 Jemima Puddle-Duck이야기에 있는 예문에서 Martha는 그녀의 상관을 동물이나 이야기책에 나오는 인물에 비유하거나, 또는 마음에서 느끼는 이미지를 가지고 설명하려고 했다. 그녀는 상관에 대해 가지는 느낌이 무엇이고, 왜 그의 스타일이 그녀에게 불쾌감을 주었는지를 생생하게 묘사해 주었다.

　두 번째 예는, 지방에서 근무하는 공장 관리자들에게 본사에 있는 그들의 상관에 대한 견해를 물었다. 그들이 비유했던 무감각한 도시거주자, 뻐꾸기, 애완용 푸들과 영리한 여우란 표현 사이에 공통점이 있음을 주목하자. 지방계약자와 둥지에서 쫓겨 난 새들의 경험 그리고 열심히 일하지만 그들의 가치를 인정받지 못하는 들개사이에도 일관된 점이 있음에 주목하자. 이러한 이미지들은 현지에서의 경험과 통찰력 그리고 지식 따위는 무시해 버리는 멀리 있어 만날 수도 없는 관리자들을 위해 일해야만 하는 현지 근무자들의 주된 감정을 전달하고 있다.

　세 번째 예문에서 우리는 매우 다양한 이미지를 볼 수가 있는데, 하나는 제품개발에 관여하는 마케팅 관리자들로 이루어진 그룹이고, 다른 하나는 제품개발 관리자들로 이루어진 그룹인데 이들은 마케팅에도 참여한다. 여기서 이들에 대한 이미지의 일관성에 주목할 필요가 있다. 제품개발 관리자들은 노새, 낙타, 그리고 현명하지만 움직이지 않는 올빼미라 했다. 마케팅 관리자들은 공작, 펭귄, 그리고 모든 것을 드러내 보이는 아일랜드 사냥개로 비유했다.

　우리는 위의 세 유형의 이미지들이 무엇을 의미하는지, 그들이 이러한 묘사의 다른 편에 있는 사람들은 올바르게 설명하고 있는지에 대하여 장시간 토론할 수 있다. 하지만 내가 이러한 비유적 묘사들을 썼던 것은 관리자와 관리스타일의 본질과 그 영향에 대한 보다 종합적인 논의를 시작하기 위한 기틀을 마련하기 위해서 이다.

　소설 Jemima Puddle-Duck은 자기 상관에 대해 불만을 갖고 있는 한 사람의 마음을 적나라하게 묘사하였다. 다른 두 이미지들은 다른 두 조직속에서 겪은 중요한 경험들을 담고 있다. 이러한 견해들은 본질적으로 주관적이고 편견을 내재하고 있음에 틀림없을 것이다. 그들은 대개 관리자들의 스타일에서 어떤 부분만을 강조해 과장하고 다른 것들은 중시하지 않는다. 그럼에도 불구하고, 그들은 자신의 영향력을 키우려는데 만 관심이 있는 관리자들에게 건설적이고 막대한 영향력을 제공할 수 있는 본질적 측면들을 함축하고 있다.

　다시 본론으로 들어가서, 만약 당신의 상관이 당신에게 이러한 말투로 얘기한다면 기분이 어떻겠는가?

결과에 만족해?

놀랐어?

불공평한 성격묘사를 합리화하고 설명하는데 중점을 둬야 하는 거 아냐?

그렇지 않으면 뭐?

당신은 뭘 하자는 거야?

당신이 우연히 대화 중에 엿듣게 되었거나 또는 친한 친구에게서 소문을 듣고 알게된 한 정보가 있다고 가정해 보자.

당신은 아무 일 없었던 것처럼 행동하겠는가?

아니면 그런 인식을 갖게 한 문제점을 찾아내기 위해 당신의 행동을 진지하게 되돌아보고 어떻게 대처 할 것인지를 곰곰이 생각해보겠는가?

여기에 제시된 세 가지 이미지들은 이미지화 과정이 실제로 적용된 사람에 대해 상당히 부정적인 시각을 보이고 있다. 나는 이러한 부정적인 견해들은 우리 자신을 진지하게 되돌아보게 해준다는 생각으로 그 이미지들을 선택하였고, 이것이 본 장의 근본적 목적이라 하겠다.

사람은 누구나 다, 나는 누구이고 또 무엇인가에 대한 상상을 종종 하게된다. 우리 모두는 대부분 부정적인 측면과 긍정적인 측면의 이미지를 다 떠올리는데, 만일 우리가 이 두 가지 측면을 모두 이해하여, 어떻게 일치되고 상충되는지를 알게된다면 우리 행동의 영향을 개선시킬 수 있는 엄청난 재원을 갖게되는 것이다.

따라서 이 장의 제목인 "거울에 비춰보기"처럼 우리가 우리 자신을 보는 시각과 남이 우리를 보는 시각 모두로 우리자신을 본다면, 강력한 새로운 가능성을 이미지화 할 수 있는 기회를 갖게 되는 것이다.

한층 더 그 점을 강조하면서, 당신의 상관이나 아니면 다른 중요한 관리자나 동료에 대해서 생각해 보자.

마음에 두고 있는 사람이 있는가?

만일 그렇다면, 당신 머리에 떠오르는 이미지로 그 사람을 표현해 보자. 새도 좋고, 식물, 동물, TV나 이야기 속의 인물 등 어떤 것도 좋다. 다음 페이지에 그려진 그림군(collage)을 보면 어떤 생각들이 떠오를 것이다.

잠시동안 마음속에 떠오르는 것을 지켜보도록 하자.

그리고 나서, 당신이 선택한 이미지나 이미지들을 잘 생각해보자.

왜 그것들을 선택하였는가?

당신이 선택한 사람의 성격, 외모, 행동들을 보고 이런 이미지를 마음속에 떠올리게 되었는가?

긍정적인 이미지들인가?

아니면 부정적인 의미도 함축되어있는가?

아주 강한가?

미약한가?

그 사람의 영향력과 행동의 본질을 담고 있는가?

아니면 다른 상황에서 그 사람에게 접근하기 위해 다른 이미지가 필요한가? 만일 그렇다면, 그것은 무엇인가?

지금부터 당신의 생각이 어떻게 논의 대상에게 도움이 되어질 수 있는지 검토해 보도록 하자. 만약 당신의 상관이 실제로 관리하고 있는 방법에 대해 당신의 의견을 주장하고, 당신의 의도대로 변화시키며 강화시킬 수 있는 기회가 주어진다면 당신은 무슨 말을 하겠는가? 당신은 관련된 사람에게 가치있는 피드백을 제공할 수 있는 몇 가지 중요한 아이디어 또는 진술을 구체적으로 표현할 수 있겠는가?

내가 실수하는 것이 아니라면, 당신은 아마도 나눌 수 있는 몇 가지 매우 흥미로운 견해를 가지고 있을 것이다.

그러므로 이 사실을 마음에 새겨 두고서 일찍이 제시했던 "거울에 비춰보기"를 통해 얻을 수 있는 유익에 대한 논점으로 돌아 가보자.

만약 우리가 상관이나 다른 중요한 인물이 그들의 존재와 스타일을 보다 잘 이해할 수 있는 방법을 찾는데 도움을 줄 수 있다면, 그것은 또한 우리자신의 존재와 스타일에 대한 흥미로운 통찰을 할 수 있는 기반이 될수도 있지 않을까?

하지만 문제는 다른 사람들의 개성, 영향, 강점과 약점을 보고 느끼기가 항상 더 쉽다는 것이다.

Yogurt
MOBY DICK
M.D.

이 문제점을 제기하기 위한 한 가지 방법은 당신의 관리스타일에 대한 통찰적 묘사를제
공할 수 있는 동료나 다른 사람들과 함께 이 문제를 탐색하기 위한 적절한 방법을 찾는 것
이다. 예를 들어, 친구와 상의를 하거나 또는 연습에 기꺼이 참여하려는 사람들을 소집단
으로 모은 후 그들이 당신이 필요로 하는 피드백을 당신에게 자유스럽게 줄 수 있는 우호
적인 환경을 만들어 보라. 아마도 당신이 그 자리에 나타나지 않는다면 당신은 보다 정확
한 피드백을 얻을 수 있을 것이다. 그러기 위해 당신이 나타나서 그들이 주고받는 이야기
를 직접 들어도 될 만큼 아마 그들과의 관계가 충분히 개방적이어야 하겠다. 또한 당신은
아무래도 이런 과정을 중재해주고 결과를 종합할 수 있는 제 3자가 필요할 것이다.

이런 과정을 거쳐 드러날 수 있는 몇 가지 통찰적 묘사를 설명하기 위해 다음 사례는
핵심 참모진들로부터 피드백을 얻으려 했던 한 관리자의 경험을 들어 보겠다. 그는 많은
다양하고 분권화된 프로젝트를 책임지고 있는데 세세한 적용에 있어서 동료관리자와 실
무진들의 전문적 기술에 의존하고 있었다. 그와 그의 동료 각자는 앞에 제시된 그림군에
있는 이미지를 사용하거나 혹은 생각나는 다른 이미지를 사용해 관리자가 지닌 스타일
의 본질과 영향력을 규명짓도록 요구받았다. 관리자들의 이미지들 선택하고 설명한 다
음, 그들은 이미지들이 가지고 있는 유사점, 차이점, 강점 및 약점 그리고 배울 점 등 "핵
심 메시지"를 평가했다.

그 관리자는 기린, 거대한 선풍, 양념 그리고 셀록 홈스를 선택하였고, 그의 동료는
개미, 사자, 회오리, 믹서, 로빈훗 그리고 "작은 셋째 돼지"를 골랐다.

➡ 관리자의 이미지

기린은 다음과 같은 의미를 상징하기 위해 선택되었다. "내가 얼마
나 상황에 대한 전반적인 시각을 파악하려고 얼마나 노력하고 있고, 다
른 이들이 보기 전에 무엇이 다가오는지 살펴 보기 위해 모든 방면에서
멀리 내다보려고 얼마나 애쓰고 있는지… 기린은 강인하고, 필요할 때
에는 진정 이동할 수 있다. 하지만 만약 앉아 있거나 힘든 상황에 놓여
있을 때에는 당장 많은 어려움을 겪게된다."

선풍은 "그가 어떻게 문제를 파악하고 신속하게 그 문제에 파고드는지…" "그가 어떻게 한 이슈에서 다른 이슈로, 그리고 한 장소에서 다른 장소로 이동하는지…" 그리고, 그가 기존의 모든 것을 붕괴시킨다는 때론 부정적인 면을 가지면서 어떻게 초 강력한 힘을 상징하는 것인지."하는 것을의미하기 위해 선택되었다.

그림군에 나와 있는 소금과 후추의 이미지가 자극제 역할을 한 양념은 "그가 관여하고 있는 활동에 특성과 흥미를 보태기 위해 얼마나 애쓰고 있는지", "내가 무언가 색다른 것을 이루는 존재가 되려고 힘쓰는 가운데… 내가 많은 조미료를 넣을 수는 있지만 너무 많이 넣으면, 지나치게 강해져서 다른 성분을 파괴한다"는 것을 상징하기 위해 뽑혔다.

셜록 홈즈의 이미지는 사물의 본질을 캐보려고 하는 관리자의 흥미를 내포하고있다. 즉 "내가 얼마나 근본적으로 문제에 접근하려고 하며, 아직은 Watson 같은 권력층에 의지할 필요가 없다는 것과 뜻밖의 사건이나 미스테리 그리고 도전적인 것에 또한 얼마나 관심이 많은지 보여준다."

➜ 동료의 이미지

개미는 직무를 수행하는 관리자의 근면성을 상징하고, 어떻게 관리자가 자기 몸집보다 훨씬 큰 거대한 짐을 운반할 수 있는지를 암시한다. 이러한 이미지는 또한 개미탑을 짓는데 있어 협력적 활동의 절대적 필요성과 얼마나 다른 개미 들의 지원에 의존하는가를 보여준다. 개미 이 미지는 또 다른 이유로 선정되었는데, 그것은 바로

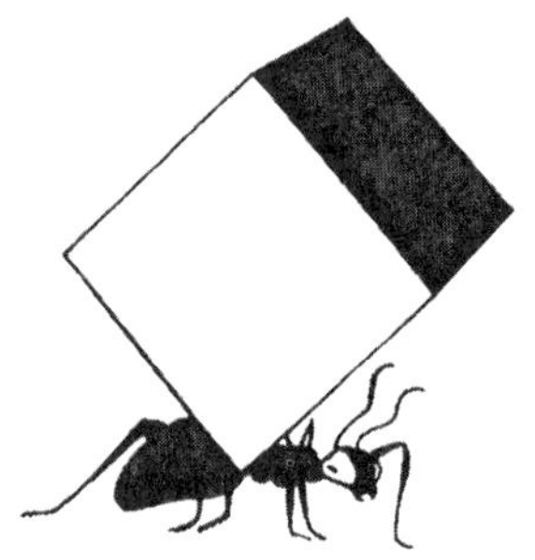

"사람들로 하여금 성과를 얻도록 졸라대어 괴롭게 만든다"는 의미에서 "기생하는 벌레(bug)"의 이미지이다. 더불어, 개미들은 사방으로 흩어졌다가도 항상 마지막에는 반듯이 자신의 개미탑으로 돌아가야 한다는 사실도 그 이유이다.

사자의 이미지는 관리자들이 주는 "위협적인 존재"의 뜻을 시사한다. 그는 상대를 겁먹게 만들며, 두드러진 존재이고, 종종 불쾌감도 준다.

소용돌이는 지속적인 "중앙에서의 힘"으로 상징되어 진다. 그것은 강력한 힘을 갖고 있어 모든 것을 자기 쪽으로 쓸어 넣는다. 바라볼땐 인상적이고 대단해 보이지만 만약 너무 가까이 가면 빨려 들어가 버린다.

부엌에서 쓰는 믹서기는 모든 내용물들을 단일제품으로 혼합해 버리는 "중앙의 힘"을 상징한다.

그림군에서 바로 선택된 로빈훗의 이미지는 관대하고, 현명하며, 믿음직스러운 리더의 이미지를 불러일으킨다. 그러나 누군가가 그의 노선에 일단 들어만 오면 누구든 자기의 목적달성에 동참하도록 강요할 뿐만 아니라 참을성 또한 없다.

돼지 삼 형제 중의 셋째는 벽돌을 쌓아 집을 짓고, 늑대를 골탕먹이는 아주 명석한 관리자로서의 이미지를 의미한다. 그러나 자기 일에는 다른 돼지들을 참여시키지 않는 관리자의 이미지도 함께 가지고 있다. 그는 다른 이들을 각기 제 방식대로 하도록 놔두고, 지푸라기와 나무로 집을 짓게 내버려둔다. 그는 똑똑하고, 유능하며, 성공적이며, 늑대의 도전도 겁내지 않았지만, 항시 타인의 욕구에 민감하지 못하다.

관리자의 자신에 대한 이미지들

I take an overall view of things. I try to look a long way in all directions **BUT** I get into awkward situations

I move quickly in tackling emerging problems **BUT** I have a tendency to demolish everything in my path

I am able to add spice and flavor **BUT** I can overwhelm other ingredients

I'm ingenious and like to get to the bottom of things **BUT** I tend to take my Watsons for granted

동료의 시각

you're incredibly industrious **BUT** you bug people and want everything your own way

you're strong and impressive **BUT** you intimidate and create discomfort

you're powerful **BUT** you overwhelm

you are a generous and trustworthy leader **BUT** It's always YOUR cause

you are clever, resourceful and bold **BUT** you're insensitive to the needs of others

은유는 정직하고 명확한 메시지를 전달할 수 있다!

➜ 반영과 평가

두 분류의 이미지들은 많은 중요한 시사점을 함축하고 있으며, 관리자의 스타일에 있어서 강점과 약점 모두를 표출시킨다. 몇 가지 중요한 아이디어들이 옆 테이블에 도형화되어 졌다.

관리자에게 그에 대한 이미지 모음에서 찾을 수 있는 핵심적 테마가 무엇지를 알아보도록 요구했을 때, 그는 어떻게 그것들이 사물의 전체를 조망하려는 욕구와 능력을 어떻게 묘사했는지(기린과 선풍) 그리고 부각되는 문제에 대한 흥미와 대처능력을 어떻게 묘사했는지에 초점을 맞추었다 (선풍과 셜록 홈즈).

또한 그의 동료는 얼마나 허다하게 관리자가 다른 사람들의 노력에 힘입어 자신만의 성공을 이루어 나가는 경향이 강하며, 이런 것이 얼마나 그녀에 대한 이미지를 통해 반영이 되었는지를 설명하였다. 그녀는 이러한 점을 개미와 개미언덕, 무서운 호랑이, 회오리와 믹서의 휩쓸어 버릴 듯한 힘, 그리고 로빈훗과 "작은 셋째 돼지"의 강력하고 외골수적인 측면을 하나로 묶는 본질적 특성으로 보았다.

이러한 그들의 분석에서 한 가지 흥미로운 양상은 유사한 강점들과 약점들로부터 끌어 낼 수 있는 다른 이미지들이 발견된다는 것이다. 예를 들어, 선풍, 소용돌이, 믹서간의 놀라운 유사성에 주목해 보라. 그리고 그들이 모든 것을 삼켜 버리고 상황을 독점하려고 하는 강압적 현실에 대한 아이디어를 어떻게 함축하고 있는지 주목하라. 또한 모든 이미지들이 어떻게 권력과 근면성 그리고 지나칠 정도의 외골수적 기질을 종종 수반하는 결단력에 대한 느낌을 어떻게 전달하고 있는지 주목하라.

이러한 변화는 관리자에게 엄청난 경험을 제공한다. 그가 가진 대단한 자존심과 자신감이 장애가 되었다는 사실과 그와 그의 동료들이 보다 진실한 모습을 회복하고, 자신들의 능력을 최대한 발휘하여 일할 수 있는 협조적인 환경을 마련하기 위해 무엇인가를 해야할 필요가 있다는 것을 그는 알게 되었다. 지금껏 그가 배운것을 요약해 말해보면 다음과 같다. "나는 모든 사람들이 나의 소용돌이 안으로 빨려 들어오는 것을 원하지 않는다는 것과 수많은 참신한 기회를 인식해야만 하는 것 뿐 만 아니라 다른 사람들의 의욕이, 너무 서둘러 행동하고 과정과 결과를 지나치게 통제하려는 나의 경향 때문에 희석되고 억눌리게 된다는 것을 알아야 한다.”

이런 연습은 관리자가 그의 개인적 영향력을 개선하기 위한 방법을 모색하고 찾는데 있어 안전하고 건설적인 여건을 마련해 준다.

각 각의 이미지들은 다소 다른 방법으로 같은 메시지를 전달하고 있는 것 같아 보이지만, 이미지들 사이에 있는 일관성은 파격적인 힘을 가진다. 이미지들은 관리자가 처해 있는 상황의 본질을 포착하였으며, 무시해 버리기 힘든 방법으로 이미지들이 가진 메시지를 전달하였다. 만약 관리자가 진행과정에서 더욱 많은 집단의 사람들을 개입시킬 준비가 되어 있었다면, 분명히 연습은 심지어 더 큰 효과를 나타냈을 것이다. 왜냐하면 포함 가능한 다른 사람들이 이미지를 더욱 풍부하게 더해줄 수 있었기 때문이다. 그러나 그렇다 하더라도 관리자는 그의 행동이 가지는 핵심적 양상을 점검해 보고, 그 과정을 통해 가치있는 교훈을 얻을 수 있었을 것이다.

➜ 다른 상황에서 연습 활용하기

완전히 기술적인 관점에서 보면, 당신이 활용할 수 잇는 다양한 기본적 연습 방법들이 있다. 예를 들어서, 자기자신의 이미지 개발을 쌍을 이루어 혹은 소그룹 형식으로 운영 한 다음, 보다 많은 사람들과 개발된 자신의 이미지를 나누어 본다. 그들의 개인적 이미지와 상관이나 다른 중요한 인물에 대한 관점을 드러내 보이는 것을 꺼려하는 사람에 대한 “안전 요소”는 개인적인 이미지보다는 집단을 통한 집단 이미지 형식을 사용함으로써 증대시킬 수 있다. (집단 이미지 과정의 예는 9장에서 참고하시오)

앞에 나와 있는 이미지들의 그림군은 다양한 방법으로 활용되어질 수 있다. 위의 예에서 보았듯이 그림군은 매우 평범한 방법으로 형상화를 시작하기 위해 사용되어질 수 있는데, 이는 사람들이 출발점을 찾는데 도움이 된다. 그것은 또한 사람들로 하여금 동물, 가정용품, 이야기책의 인물 등과 같은 다른 종류의 이미지를 얻는데 도움이 되는 일종의 시각적 일람표로서 사용되어질 수 있다. 얼핏 보아선 이미지화 과정의 이러한 출발은 사람들이 관계가 있을 듯 싶은 이미지들을 제시함으로써 그들에 대한 선입관의 정도를 소개하는 것 같이 보일 수도 있다. 그러나 내 경험에 비추어 보면, 그 과정은 일종의

"Rorschach"의 특성을 갖고 있다. 사람들은 그 이미지에서 그들이 보고 싶고 말하고 싶은 것을 읽는다. 만약 그 이미지가 적합하다면, 사람들은 그것을 특정한 방법으로 끼워 맞춘다. 그러므로 소, 새 또는 로빈훗 등의 이미지는 지금 수행중인 과업과의 공명성에 따라서 특별한 유의성과 의미를 가지게 된다.

연습을 활용하는데 있어서 한 가지 중요한 점은 사람들이 당면한 문제에 대한 그들의 감정과 시각을 안심하고 탐색하여 표현할 수 있는 여건을 만들어 주는 것이다. 만약 이 것이 이루어진다면, 그 과정은 자체적으로 영향력을 확보할 것이며, 그와 관련된 통찰력, 경험, 그리고 창의적 능력 등이 흥미로운 결과들을 낳을 것이다.

새로운 관리 스타일의 이미지화

위의 사례에서 나타났듯이, 나는 이미지화 과정이 어떻게 관리자가 가지고 있는 기존 행동양식의 강점과 약점을 꼬집어내는지를 보여주는 데에 초점을 맞추었다. 그러나 이 미지화의 기본적 접근방식은 관리자의 역할을 정립하기 위한 새로운 이미지를 찾아내는 데도 또한 사용되어질 수 있다.

이 점은 상당부분 이미 진술된 내용속에 은연중에 내포되어있다. 왜냐하면 사람의 강점과 약점을 이해해 나가는 가운데, 어떻게 하면 사람이 효과적으로 될 수 있는가에 대한 몇 가지 지침이 주어지기 때문이다. 따라서 "선풍"은 다른 사람들의 욕구와 공헌에 대해 보다 민감해지는 것이 요구되어지고, 노새와 낙타 그리고 움직이지 않는 올빼미는 보다 개방적이고 유연해지는 것이 필요할 것이다. 또한, 공작과 펭귄 그리고 아일랜드 사냥개는 그들이 극히 남을 의식하는 겉치레적인 측면을 보완할 필요가 있을 것이다.

그러나, 이밖에도 보다 많은 것이 이루어질 수 있다.

이를 설명하기 위해 앞의 1장에서 논의되었던 비록 감독권도 없으면서 감독을 하려고 노력하였던 감독자의 딜레마로 돌아가 보자. 이는 오늘날 많은 관리자들이 직면하고 있 는 공통된 문제라고 할 수 있다. 감독자들은 평상시에는 모든 사람들에 의해 잘 인식되 어 있으며, 관료적 권한체계내에 명확히 구분되어진 역할을 통해 구성원들에게 지시할 수 있었다. 그들의 높아진 직위는 종종 다른 어느 누구보다도 잘 보여질 수 있도록 하였고, 명확한 의사소통라인을 구축할 수 있도록 하여 감독자들이 마음먹은 대로 다른 사람들의 작업을 감독할 수 있도록 했다. 그러나, 변화의 시기를 맞게되면 이 같은 관료주의 체계는 깨지고, 어느 누구도 문제의 해결책을 찾는데 나서려 하지 않는 문제가 발생한다. 그리하여 업무수행을 위해 필요한 모든 정보를 계속해서 개별적으로 통제하는 것은 불가능하게 된다. 만약 관리자가 명령과 경직된 통제에 계속 의존하게 되면, 병목현상이 나타나게 된다. 안정과 권한의 원천이었던 감독과 관리자가 오히려 문제의 일부가 되는 것이다. 이것이 바로 조직체계가 수평화와 분권화되고 최소한의 직접적 통제를 통해 운영될 수 있는 자율적 조직팀으로 작업이 이전되어 짐에 따라 많은 감독자들이 물러나게 되는 이유이다. 그런 상황에서의 문제점은 아마도 부적절한 형태의 행동을 하는 관리자들이 그들이 느끼고 생각하기에 그들이 하기로 되어 있는 것을 한다는 것이다. 관리자들은 보통 그들 자신을 "감독자"나 "의사결정자" 또는 기존의 명령사슬에서의 "연결고리"로 보고, 이에 상응하는 형태의 행동으로 자기자신의 이미지를 해석하려 한다. 관리자들은 심적으로는 그들이 비효율적인 존재임을 지각하고 조직이 가지고 있는 문제의 일부라는 사실을 알고 있을 지도 모른다. 하지만 그들은 이를 인정하고 받아들일 수 있는 여지를 갖지 못한다. 그렇다면 이에 대해 관리자들은 무엇을 해야만 할 것인가? 만약 관리

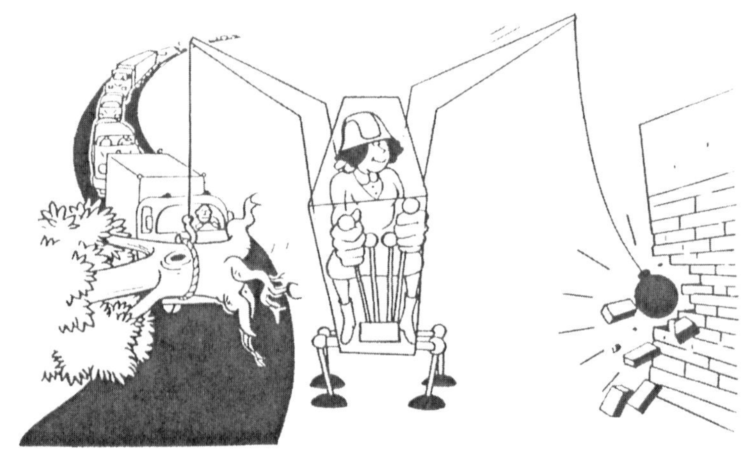

YEAST

자들이 근본적인 차원에서 그들의 역할을 재이미지화하지 않는 한 "체계조정 (delayering)"이나 "다운사이징(downsizing)" 등과 같은 일종의 재조직화를 통해 제거 될 때까지 그들은 낡은 틀 안에 안주하며 머물려고 할 것이다.

아마도 이 같은 상황이나 다른 어려운 상황을 맞게 되었을 때 창조적으로 "거울에 비춰보기"는 굉장한 도움이 될 수 있을 것이다. 예를 들어 36-38 페이지에 나와있는 일련 의 이미지를 생각해 보라. 나는 종종 사람들로 하여금 이 이미지들을 관리자로서 그들이 지닌 잠재력에 대한 생생한 가능성을 갖도록 도와주거나, 변화를 관리하는 방법에 대한 새로운 사고방식을 가지도록 하기 위해 사용하고 있다. 각각의 이미지는 관리자의 역할 이 실질적으로 무엇을 의미하는가 하는 측면을 담고 있고 또한 관리자가 어떻게 그들의 기본적 행동양식을 형성할 수 있는 지를 시사하고 있다. 이 중 몇몇 이미지들은 부정적인 내용을 전달하고, 다른 것들은 긍정적인 내용을 전하며, 일부는 양 측면을 모두 전달하고 있다. 이러한 이미지들은 관리자와 변화담당자가 그들의 역할에서 보다 효율성을 얻기 위 해 무엇을 할 수 있는지에 대한 대화를 이끌어 내는데 있어 훌륭한 발판이 되고 있다.

그러므로 이러한 접근을 통해 우리 주위의 감독자는 그의 진정한 가치와 잠재적 공헌 은 앞의 36페이지에 있는 건설근로자에 버금간다는 것을 발견할 지 모르고, 혹은 아래 에 있는 이미지에서처럼 아마도 다리와 같은 기능을 수행하는 것에 둘 지도 모른다. 그

들은 조직의 가치를 향상시키기 위해 무엇이 되어질 수 있고 또 되어져야 하는지에 대한 완전히 새로운 이미지를 창조하려고 할지도 모른다.

이러한 방법으로 관리자의 역할에 대한 기초적 측면을 재고해 봄으로써 관리자는 완전히 새로운 경영접근 방식을 형상화할 수 있다는 것이 핵심적 요지이다.

완전히 새로운 경영접근의 구현은 오늘날 관리자들이 직면하고 있는 해결해야 할 주된 과제들 가운데 하나라고 생각된다. 조직이 구조조정이 되고, 보다 많은 유연성과 분권화된 운영형태를 채용함에 따라 구태의연한 관리스타일로는 이제 더 이상의 성과를 기대할 수 없게 되었다. 이에 따라 관련 구성원들은 다가오고 있는 새로운 여건에 효과적으로 적응하기 위해 그들의 스타일을 다시 이미지화하는 방법을 찾아야만 할 것이다.

조직 내에서 새로운 위치를 찾는데 관심을 갖고 있는 관리자들과 변화 담당자들과 함께 하는 나의 작업은 관리자와 변화 담당자들이 그들의 스타일을 재이미지화하려는 노력을 통해 수많은 이미지를 만들어 낸다. 재이미지화의 범위는 엇갈리는데, 몇몇은 4장에서 논의된 "탯줄"이나 "조직의 호박벌(bumblebees)"과 같은 관리자가 되려하고, 다른 이들은 "전략적 흰개미"의 역할을 채용하려 한다(3장 참조). 몇몇은 탐정이나 등대가 될 것을 결정하는 반면, 다른 사람들은 외부 세상에서 일어나는 일들을 조직의 다른 구성원들이 보다 명확히 지켜볼 수 있도록 도와주는 창문 청소원으로 그들 자신을 간주하기도 한다.

이어질 본서의 다른 장들을 통해 보다 많은 가능성들이 제기되어질 것이다.

지금 중요한 것은 1장에서 논의되어졌던 것처럼 많은 관리자들이 그들의 역할에 대한 그들 자신의 이미지에 의해 사로잡혀있는 경향을 보인다는 것이다. 특히 만약 자율적 조직화와 변화의 역량을 촉진시키는 것이 지향하는 방향이라면, 사실상 관리자라는 존재에 대한 이미지는 더 이상은 관련성도 없고 믿을 수도 없다.

이것이 바로 격변하는 시기에 경영진이 직면하고 있는 도전인 것이다. 이러한 도전은 지금껏 당연시되었던 이미지와 가정에서 벗어나 새로운 대안을 모색함으로써 완전히 변화된 사고방식과 행동양식을 개발하는 능력을 요구하고 있다.

본 장에서 논의된 아이디어와 방법은 우리에게 요구되는 이러한 것들을 실천하기 위한 강력한 수단을 제공하고 있다. "거울에 비춰보기"를 하고 우리의 영향을 점검함으로써 우리의 강점을 파악하며 우리의 약점을 이해하는 수단을 가지게 되는 것이다. 또한 동일한 방법을 사용하여 새로운 역할과 새로운 가능성을 이미지화시킴으로써 우리 자신은 물론 우리의 행동을 재 이미지화하고 재형성하는 기회를 가지게 되어 우리의 개인적 그리고 조직적 효율성을 지속적으로 향상시켜 나갈 수 있게 된다.

이 접근법이 주는 약속이 바로 이런 것이다. 따라서 만약 이러한 가능성에 흥미를 갖고 있다면 이미지화의 이런 면을 한번 시도해 보도록 하자!

3

전략적 흰개미(strategic termites)

변화를 관리하는 과정을 상세히 살펴보자!

변화의 시기에는 계획과 계획수립이 경직성을 유발할 수 있기 때문에 종종 비효과적일 수 있다. 특히 정치화된 상황에서 계획과 계획수립은, 계획된 방향으로 나아가기를 원하지 않는 사람들의 의견을 촉발시키고 이를 구체화 시키면서 종종 정치적인 반대를 이끌어내는 자석과 같은 역할을 한다. 이것은 리더나 관리자라고 하는 사람들을 커다란 딜레마에 빠지게 한다. 왜냐하면 그들은 계획도 없이 계획수립화의 방법을 찾거나 혹은, 적어도 주어진 상황적 요구에 따라 점진적으로 진화하거나 적응해 나갈 수 있는 일종의 가공적인 체제(framework)를 구축하는 방법을 찾아야 하기 때문이다.

이 장은 필자가 이와 같은 상황하에서 관리자들에게 자신들의 리더십 역할을 재이미지화 하는데 특히 커다란 도움이 될 수 있을 것으로 파악한 몇 가지 아이디어에 대해 탐색해보고자 한다. 이 아이디어들은 "전략적 흰개미"의 이미지에 근거를 두고 있다. 이것은 소박한 은유이고 또한 많은 사람들에 있어서는 실로 있는 그대로의 은유이다. 하기야 자신이 흰개미로 보여지기를 원하는 사람이 누가 있겠는가? 그러나 이러한 흰개미 이미지는 어려운 상황에서 안전하게, 그러나 효과적으로 중대한 변화를 이끌어내기를 원하는 리더들에게는 커다란 힘이 될 것이다. 이것은 또한 새로운 학문 분야인 인공두뇌학(cybernetics)과 혼돈이론(chaos theory)으로부터 나온 많은 통찰력을 사람들의 관심을 유발하면서 실제적인 방식으로 개발하는 방법을 제공한다.

흰개미와 자율적 조직의 출현(Termites and Emergent Self-Organization)

흰개미! 작고, 앞을 못 보는 이 생명체는 바퀴벌레와 관련이 있다. 느릿느릿 기어다니는 이 흰개미는 나무를 갉아먹어 집을 점차 허물어지게 한다. 내가 이러한 "전략적 흰개미"가 될 수 있다는 가능성을 언급할 때마다 대부분의 관리자들은 부정적으로 받아들인다.

"당신은 우리한테 관료제를 갉아 먹어치우라는 말입니까?"

"당신은 우리한테 파괴자라도 되라는 겁니까?"

처음에, 이 은유는 사람들로 하여금 언뜻 부정적인 연상을 하도록 한다. 그러나 내가 여기서 강조하고자 하는 것은 이러한 부정적인 측면이 아니다. 조직에서의 파괴적 행동은 저항세력을 끌어드리는 경향이 있다. 이 때문에 기존의 정책이나 구조를 직접 헐어냄으로써 변화를 모색하는 사람은 종종 어려움에 봉착하기도 한다. 첫 주에 관료적 기능에 구멍하나를 내면, 다음 주에는 오히려 관료의 기본적 구조가 전보다 두 배나 더 강화되는 것을 볼 수 있다.

그런고로, 흰개미 행동의 일부 긍정적인 측면에 우리의 관심을 돌려보자. 특히 흰개미들이 자신들의 보금자리를 만들고 서로 도와 나가는 활동적 과정을 사례로 들어 설명해 보자.

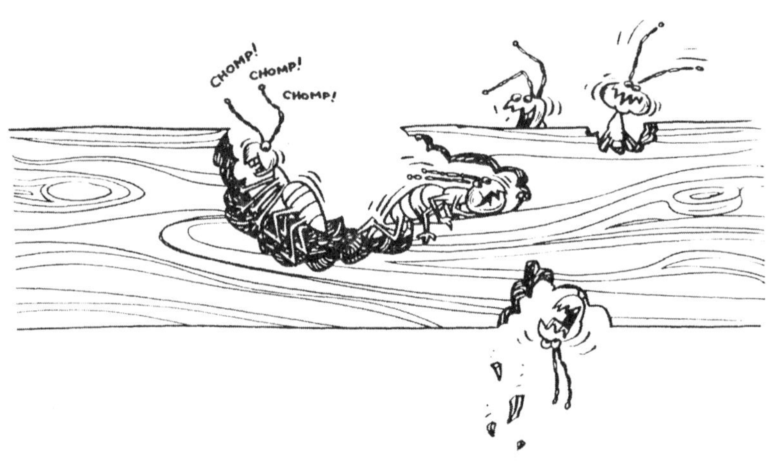

열대지방에 있는 흰개미 주거지를 상상해 보라. 수많은 흰개미들이 떼를 지어 주위를 정처없이 돌아다니고 있다.

그들이 보금자리를 짓기 시작하는 땅은 아주 평평한 곳이다. 흰개미들은 계획없이 닥치는 대로 흙을 옮김으로써 그들의 작업을 시작한다.

〈흰개미의 보금자리는 닥치는 대로 만들어진 자율적 조직활동의 산물로서, 그 구조는 여기저기서 조금씩 무계획적으로 펼쳐지면서 형태를 갖추게 된다. 흰개미들은 사전에 결정된 계획을 실행하려고 노력함으로써 생기는 제약과 문제점들을 만들지 않으면서, 전략적 관리와 변화에 능동적으로 접근할 수 있는 방법을 개발하기 위한 영감을 제공한다.〉

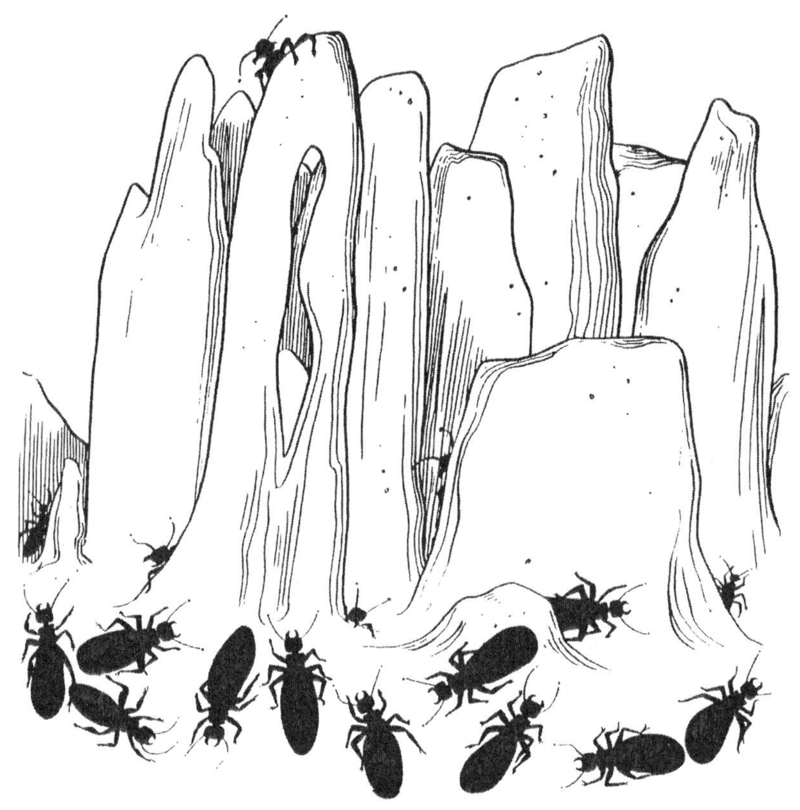

■ 그림

흰개미는 일류 건축가다!

점점 상당한 흙더미들이 쌓여 형태를 드러내기 시작한다. 그런 다음, 이 흙더미들은 지속적인 건축활동의 초점이 되면서, 다소 무작위적인 위치에 둥근 기둥들이 생성된다. 일정한 높이가 되면 쌓아올리는 작업은 중단된다. 둥근 기둥들이 충분히 서로 가까이 위치하게 되면, 꼭대기 부분에서 둥근 아치형태가 되도록 이들을 결합하는 건축활동이 다시 계속된다. 이러한 방법으로 흰개미들의 보금자리는 아치형을 기본단위로 하여 점점 복잡한 모양이 되어간다. 이러한 접근법이 결국에는 통풍이 잘되고 습도를 조절할 수 있는 아름다운 모양을 갖춘 서로 연결된 동굴들과 터널들로 구성된 자유로운 형태의 구조물을 만들어낸다. 아프리카의 흰개미집들은 높이가 12피트, 길이가 100피트에 이른다. 이 집에는 수 백만 마리의 흰개미가 살 수 있다. 규모 면에서 보면, 인간이 1마일 이상 높이의 건물을 짓는 것과 맞먹는다.

이러한 놀라운 성과 때문에 많은 과학자들이 관심을 가지는 것은 당연하다. 이처럼 앞도 못 보는 생명체가 어떻게 이러한 건축물의 걸작을 만들 수 있을까? 이에 대해 아무도 확실히 알지 못한다.

여왕 흰개미는 이 흙더미 언덕의 중앙에 있는 로얄 방을 차지한다. 여왕개미는 이 주거지내에서 커뮤니케이션과정의 중요한 역할을 한다고 짐작된다. 그런데 만약 이들에게도 계획이나 청사진이 있다면, 이는 어디에서 만들어지는 것일까?

흰개미들은 어떻게 자신들의 활동을 지휘하고 통제하는가?

흰개미들은 자신들의 작업을 어떻게 조정하는가?

집이 부서졌을 때, 부서진 부분을 수리해서 새것과 같은 상태로 복원시킬 수 있는 능력을 어떻게 가질 수 있는가?

여기에는 여러 가지 풀리지 않는 의문들이 있다. 본능, 습관, 그리고 다양한 형태의 커뮤니케이션이 중요한 역할을 할 것이다. 예를 들면, 흰개미의 타액 저장소가 이들의 커뮤니케이션 시스템의 중요한 일부를 구성하는 것으로 보인다. 그러나 한가지 분명한 것은, 흰개미들은 그들의 보금자리를 사람들의 집이나 고층건물처럼 짓지는 않는다. 그들은 미리 정해진 계획에 따라 행동하지는 않는다는 것이다.

흰개미의 행동에 대한 연구를 통해 알 수 있는 한 가지 흥미있는 이론은 흰개미집단의 작업은 질서가 "무질서(chaos)로부터" 생기는 자율적 조직화 과정(self-organizing process)의 형태를 띠고 있다는 것이다. 주거지는 항시 흔한 양식으로 이루어져 있지만, 형태를 자세히 살펴보면 대단히 다양하다. 이는 물어다 옮겨놓은 것들의 흩어진 모양의 결과로 만들어지기 때문에 미리 세부적인 구조를 예측한다는 것은 불가능하다. 이러한 점이 인간의 건축과정과는 아주 다른 차이점이다. 이 걸작품은 개방적인 방식이지만 전체적인 목적과 방향감각에 의해 이루어지는 무작위적이고, 무질서적인 활동으로부터 점진적으로 만들어진다.

흰개미의 행동을 살펴봄으로써, 우리는 인간조직에서 리더십과정의 여러 가지 측면을 재고해보기 위한 더할 나위 없는 이미지를 찾을 수 있다. 예를 들어, 효과적인 리더십이나 변화관리는 상세한 전략적 계획에 근거하지 않을 수도 있다는 것을 들 수 있다. 효과적인 리더십이나 변화관리는 강제되어져야 하는 어떤 것이 아니라, 자율적 조직화나 진화적인 방법으로 나타나거나 형태를 띠는 어떤 것일 수 있다.

변화관리에 대한 나의 연구에서, 필자는 성공적인 '전략적 흰개미'들을 자주 접할 수 있었다. 그들은 자신들이 성취하기를 원하는 바에 대해 명확한 열망을 가지고 있는 관리자들이다. 그러나 그들은 자신들의 비전을 강요하거나, 자신들이 보길 원하는 결과를 얻기 위해 상황을 지휘하고 통제하려고 하기보다는, 점진적으로 변화하는 직면한 상황으로부터 나타나는 바람직한 독창성(initiatives)을 허용하고 북돋우는 훨씬 더 개방적인 방법으로 관리하고 있었다. '전략적 흰개미'는 변화를 위한 접근방법에 있어서 점진적이고 기회주의적이다. 그들은 자신들이 먼저 시작했거나 또는 우연히 그들 앞에 생긴 사건, 활동 그리고 아이디어를 바탕으로 건축을 한다. 그들은 자신들의 활동이 언제 다가올 줄 모르는 기회에 의해 영향을 받기가 쉬운 반면, 의사결정과 행동은 항상 자신들이 궁극적으로 성취하려는 것에 대한 강한 감각에 의해서 결정되고 진행된다는 의미에서 전략적이다. 그들은 "계획"을 가지고 있지만, 계획을 따를 필요가 없고 또한 계획에 의해 제약을 받지도 않는다. 그들은 자신들이 가고 싶어하는 곳을 알고 있는 사람들이다. 그러나 그들은 자신들이 도착하고자 하는 곳에 이르는 길을 항상 알고 있는 것은 아니다.

흰개미 행동에 대한 이러한 긍정적이고 다각적이며 폭넓은 해석을 통해, 필자는 급변하는 시대에 리더의 역할을 떠맡기 원하는 사람들에게 의미있는 메시지를 전한다고 믿는다. 이제, 실질적으로 은유의 다른 측면을 보여주는 몇 가지 이야기를 들어보자.

모닥불을 피울 수 없을 때는(when you can't build a bonfire…)

George Terry는 천연자원업계에서 매출액 80억 달러 규모의 매우 분권화된 기업에서 훈련 및 인력개발 업무를 담당하는 이사이다. 그의 임무는 기업내 모든 계층의 관리자와 종업원이 변화하는 세계시장으로부터의 도전에 맞설 수 있는 능력과 기술을 개발하는데 도움을 주는 것이다. 그런데, 대체로 인적자원관리에 대한 관심은 높지가 않다. 이 업계는 실제적이며 실리적인 접근법을 취하는 것으로 유명하다. 수년간은 번창하다가, 갑자기 깊은 불황이 따르는 이 업계의 주기적인 성향은 체계적인 인적자원의 개발을 극히 어렵게 하고 있다. 그러나 George는 이러한 어려움에도 불구하고 주목할 만한 진전을 거두었다. 그의 접근법은 특정한 훈련과 개발의 필요성을 충족시키기 위한 기회를 예측하고 찾아내려는 아이디어와 그 자신을 조직에 없어서는 안될 매우 가치 있는 공헌자로 만드는 성공의 기록을 쌓아가려는데 바탕을 두고 있다.

그의 접근법을 전개해 나가는데 있어서, 그는 몇 가지 대단히 중요한 의사결정을 해야했다. 첫째, 그는 훈련부서를 만들지 않기로 했다. 그는 다른 관리자들과 함께 보조원과 비서를 활용함으로써, 업무를 과업별로 나뉘어 고용된 약 20여명의 훈련교관과 컨설턴트들의 네트워크의 도움으로 수행한다. 이것은 그의 간접비를 최저로 유지시키고, 경기순환의 흐름에 따라 그의 업무를 확장하고 보조를 맞출 수 있게 해준다. 그의 이러한 네트워크를 이용한 방법은 그에게 언제든지 과업에 적합한 사람을 정확히 활용할 수 있게 하고, 아주 경제적으로 서비스를 제공할 수 있도록 해 준다. 대부분의 비용이 서비스를 이용하는 일선관리자에게 직접 부과되어, George의 업무규모에 비하여 예산규모는 아주 적은 편이다. 그래서 예산이 삭감될 때에도 그의 서비스에 관련된 예산은 삭감된 일이 없다. 실제로 어떠한 태만함이나 낭비적 요소를 찾아볼 수 없으며, 그가 추가적으로 창출한 가치는 누가 보아도 분명한 것이다.

자신의 포괄적 전략과 접근법을 개발하고 자신의 업무에 새로운 정보나 신선한 아이디어를 불어넣기 위해서, 그는 조직외부와 상당한 네트워크를 구축했다. 1년 혹은 2년 넘게, 그는 자신의 사고력과 특정한 문제를 접근하는데 있어서 옵션을 확장하기 위해서 도움이 된다고 여겨진 5-6명의 컨설턴트를 신중히 선발하여 구성한 소집단의 도움을 받는다. 컨설턴트들은 필요할 때마다 개별적으로 하루씩 혹은 그때그때 활용된다. 그래서 소위 그의 "부서"는 활용 가능한 최고의 인재들을 가진 유연한 외부 네트워크이며, 업무수행에 실질적 도움을 줄 수 있는 능력이 그의 네트워크 부서의 구성원으로 계속 남을 수 있는 기본적인 조건이 된다.

내부적으로, George는 그의 서비스를 이용할 수 있는 공장과 일선관리자를 목표로 삼고 그의 접근을 거기서부터 점차 전개한다. 기업내의 인적자원개발에 대한 공식적인 관심의 부족으로 인해 자신이 원한다고 해도 조직내에서 그의 아이디어나 프로그램을 밀어붙일 수만은 없다. 그래서 그는 성공이 성공을 끌어내는 점진적인 접근법을 취하지 않을 수 없다.

그는 다음과 같이 말한다. "당신이 모닥불을 피울 수가 없다는 것을 알기 때문에, 열정의 불씨를 찾아내서 그것에 부채질을 해야 한다. 당신은 모든 열정의 씨앗을 찾아내고 조그마한 부분에서 성공할 수 있도록 노력해야 한다… 만약 당신이 당신의 아이디어에 공감하고 성공을 가져다줄 4-5명의 관리자를 얻을 수 있다면, 그들은 다른 사람들에게 이야기할 것이고 그래서 이들 아이디어는 자연스럽게 퍼져나갈 것이다. 이 과정은 하나의 로프를 테이블의 한쪽 끝에서 다른쪽 끝으로 끌어당기는 것이 아니라 미는 것과 같다. 이 방법은 느리며, 어렵고, 인내를 필요로 한다. 다른 쪽으로 달려가 그것을 끌어 다니고 싶지만, 당신은 그렇게 할 수가 없다."

그의 인내와 끈기는 성과를 거두었다. 그의 많은 프로그램들은 성공과 가치가 증명됨으로써 그 필요성이 커져 확대되어 나갔다. 예를 들면, 처음에는 기업내의 상위 100명의 관리자들의 기술과 능력에 영향을 미치는데 목표를 두고 시작되었는데, 참여자들이 자신들의 동료나 스텝도 참여하도록 권장함에 따라 300명 이상이 참여하는 프로그램으로 확대되었다. 원래 이 프로젝트는 특정공장의 관리상 문제를 해결하기 위해 설계되었지만, 그의 프로젝트는 회사전체로 확산되어졌다. 또한 George의 프로그램 활동으로부터 혜택을 경험한 관리자들로부터 다른 서비스와 프로그램 활동에 대한 요구도 많아지게 되었다. 따라서 그의 접근법은 완전히 '고객 지향적' 이라고 할 수 있다. 만약 어떤 부서의 관리자가 프로그램 참가비를 준비하였더라도, 이 프로그램이 그 관리자의 특정한 요구를 충족시켜 줄 수 없다고 판단되면 실시하지 않는다. 왜냐하면, George는 자기 자신만의 아이디어를 갖고 있고, 관리자들도 그들 자신의 아이디어를 갖고 있으며, 프로그램을 통해 제공되어지는 서비스는 보통 이들 양자의 산물이기 때문이다.

이런 모든 것들은 어떠한 전략적 계획도 없이 일어난다. George의 비전은 조직내에서 자신이 할 수 있는 어느 곳에서나 가치를 추가시킴으로써 인적자원관리에 공헌하는 것이다. 그는 자신이 바라는 결과들이 어떤 것인지는 알고 있으나, 주어진 시간에 이것을 궁극적으로 성취하기 위한 자세한 방법에 대해서는 알지 못한다. 그가 말하는 것처럼, 당신은 스스로 모닥불을 피울 수 없고, 모든 사람들이 참여할 것을 기대할 수도 없다. 조직의 문화는 보다 비공식적인 접근법을 필요로 하는 것이다. 그는 자신이 효과를 거둘 수 있는 유일한 방법은 자신의 솔선수범적 행동으로 인해 도움을 받을 수 있는 일선관리자, 감독자, 그리고 시간급근로자들로부터 존경을 얻어내고 이를 쌓아가는 방법으로 점진적으로 추진해 나가야 된다는 것을 알고 있다.

그는 자신이 얻은 프로그램 시행결과가 실제적인 산업에서 "미약한 결과"라는 것과, 만약 몰아 부칠 경우, 인적자원관련 지출에 대한 구체적인 재무수익을 증명하기가 어려울 것이라는 것을 알고 있다. 따라서 그는 자신의 활동효과를 모니터하고 평가하는데 많은 비용이 요구되는 하부구조를 구축하기보다는 평가와 관련한 모든 이슈에 개입을 하지 않고 있다. 그는 기업경영진들의 많은 논의와 승인이 요구되는 거대한 계획이나 엄청난 비용이 요구되는 제안들을 개발하지 않는다. 대신에, 그는 자신의 프로그램들이 효과가 있다고 알고 있으며 또한 이 프로그램에 참여하기 위한 경비가 준비되어 있는 내부고객들의 욕구를 충족시켜 주는 자신이 직접 검증한 방법을 활용한다. 그의 기업에 대한 전략적 공헌은 거기서부터 이루어지는 것이다!

George는 그의 기본적인 관리스타일을 설명하는 방법으로써 흰개미 이미지를 사용하는 것에 대해 완전히 만족해하지는 않는다. 그는 말하기를 "이는 오히려 떠들만한 훌륭한 예가 되지 않는다"라고 한다.

그러나 흰개미 이미지는 그가 하는 행동의 본질을 잘 설명한다고 하겠다. 그는 인적자원관리 계획이나 대규모 부서가 온갖 유형의 반대를 이끌어낼 수 있다는 것을 잘 알고 있다. 그는 조직의 최고위층으로부터 거의 지원을 받지 않고 있으며, 또한 어떠한 변화도 중간관리층으로부터 비롯되어야한다는 것을 알고 있다. 그래서 그는 자신이 갖고 있는 전체적인 비전의 범위내에서 지속적이지만 유연하고 창조적인 형태로 조용히 일을 추진해 나가는 것이다.

그는 잠재적 고객들의 관심을 끌 수 있는 독창성이 어떠한 것인지에 기초해서 일을 추진한다.

그는 자신의 아이디어들을 '퍼트린다.' 그리고 난 후에 그는 고객들로부터 들려오는 반향적인 욕구들을 탐지해 낸다.

그는 할 수 있는 어느 곳에서나 행동으로 옮길 수 있는 모든 기회를 잡는다.

그가 성공적일 때, 그의 '흰개미 집'은 그의 서비스에 관심을 지닌 다른 관리자들의 주의를 끌어드림으로써 점점 더 높아진다. 일선관리자들은 이러한 말에 대해서 이야기하고 말을 퍼트린다. 그는 자신의 노력의 대부분을 진정으로 무엇을 하길 원하는 관리자들을 돕는데 집중한다.

그는 자신의 아이디어와 프로그램을 원하지 않는 관리자들에게 팔기 위해 자신의 에너지를 낭비하지 않는다.

그가 짓고 있는 대건축물은 점진적이지만 매우 효과적으로 그 모양을 들어낸다. 그가 말하기를 "우리가 어떤 것을 시도하고, 그것이 만약 잘 되어가지 못한다면 우리는 그것을 잊어버린다. 그러나 만약 그것이 잘 되어간다면, 우리는 그것을 깃대위로 끌어올려 다른 사람들에게 무엇이 이루어질 수 있는가를 볼 수 있는 기회를 제공한다… 많은 상위계층의 관리자들은 변화를 보기 원하지만, 그것을 어떻게 추진해야하는지 또는 어떻게 행동해야 하는지… 등을 모르고 있다. 그들은 변화를 위협으로 간주한다. 그러나 만약 우리가 이들 상위계층의 관리자들과 라인관리자들에게 도움이 되는 바를 행하고 사람들이 그것이 좋다고 말한다면, 그들은 그 변화를 지원할 것이다. 만약 당신이 공식적인 계획안에서 무언가를 행하기 위하여 허가를 받으려면, 당신 자신이 점점 조직의 상위계층으로 올라가야 한다는 것을 발견할 것이다. 그러나 만약 당신이 관심을 가지고 있는 한사람의 일선관리자를 발견하고 그에게 원만한 제안을 해줄 수 있다면, 그는 대개 'yes' 라고 대답할 것이다. 이것이 바로 변화를 추구할 때 사람을 개입시키는 하나의 과정이다. 많은 인적자원관리자들은 최초의 위험을 감수하려는 준비가 되어 있지 않다. 그들은 허가받기를 좋아하며, 보고서의 안전성을 좋아한다. 나는 메모를 하지 않고, 제안서를 쓰지도 않는다. 나는 그것을 구두로 행한다. 나는 관리자에게 워크샵이 열리면 열 사람을 보내라고 부탁한다. 만약 그것이 좋다면 그들은 당신에게 말할 것이고, 만약 그렇지 않으면 당신은 다른 어떤 것을 시도해야 할 것이다. 그러면서 변화는 점진적으로 시작되는 것이다."

George는 급변하는 환경에서 성공적인 관리자가 된다는 것이 어떠한 것인가를 상당 부분 보여주며 생활하고 있다. 그는 어려움을 아주 성공적으로 극복하고 있고 그의 조직에 커다란 공헌을 하고 있다. 만약 인적자원관리 이슈에 대한 변화가 최고 관리층에 의해 추진되어지기를 기다렸다면, 그는 "영원히 기다려야" 했을 것이다. 대신, 그는 자발적으로 주도권을 잡고 적절하면서도 의미있는 진전들을 통해 믿음과 신뢰성을 구축함으로써, 이전의 어떤 공식적인 전략이나 거대한 계획을 통해 기대되었던 것 보다 더 큰 일을 해내고 있다.

그냥 작은 것을 행하라(just do the small stuff)

여기에 흰개미 전략과 일맥상통한 방법으로 중간관리자의 직위로부터 변화를 주도해 나가는 또 다른 성공적 관리자에 대한 짧막한 이야기가 있다.

Peter Fulgoni는 30억 달러의 예산을 가진 대규모 정부부처의 재무계획 · 관리부서의 책임자이다. 이 부서는 500명 이상의 스텝을 고용하고 있는데, 이들 중 400명은 여러 곳에 흩어져 있는 지역 사무실에서 근무하고 있다. 그는 책임자의 직위에 오른 지가 2년밖에 되지 않았다. 이 기간동안 그와 그의 동료들은 자신들이 일하는 부서의 업무수행 방법에 커다란 변화를 일으켜 보려고 노력해 왔다. 자연퇴직으로 인해 인원수는 현저히 줄어들었고, 부서의 업무는 강력한 고객지향성으로 활력이 주어졌다. 구성원들간의 사기는 항상 충천해 있다.

변화의 시발점은 Peter가 공식적으로 부임하기 일주일전에 열린, 핵심분야 구성원들의 회의에 의해서 시작되었다. 이 회의는 Peter에게 부서와 그 자신의 앞으로의 역할에 대한 정보를 얻을 수 있었던 좋은 기회였기에 그는 회의에 참석하도록 초대되었다. 이 회의는 일반적인 관리상의 이슈뿐만 아니라, 업무수행에서 보다 더 고객지향적이 될 수 있는 방법을 개발할 필요성에 주안점을 둔 정기적으로 개최되는 회의였다. 메시지는 다음과 같다: 부서는 "레드 테이프(red tape; 繁文縟禮)"를 "그린 테이프(green tape; 형식이나 절차에 얽매이지 않는)"정신으로 바꾸고, 사람을 제약하기보다는 도와주고, 사람들에게 더욱 위험을 감수하고, 앞을 내다보게 하는 것이 필요하다.

피터는 말하기를 "이는 일상적인 것이었다… 경영학 책에서 늘 볼 수 있는 그러한 내용이었다… 그러나 이러한 회의는 우리를 흥분시킨다. 우리는 반드시 변화해야만 한다는 실로 좋은 느낌을 갖게 하였다… 문제는 이런 종류의 회의가 끝난 후에, 모든 이들이 자신의 자리로 돌아가면 업무는 종전과 다름없이 일상적으로 행해진다는 것이다. 자신들의 일상적인 업무인 수표를 작성하고, 업무절차에 따라 일을 처리하며, 아무도 그러한 변화를 위한 기세를 유지하지 않는다."고 했다.

그래서 피터는 말로만 그치는 것이 아니라 행동을 하기로 하고, "논의된 사항을 철저히 실행에 옮기도록" 하였다. 그 부서에서 이를 시작한지 얼마 지나지 않아서 그는 협력자들을 모았으며, 레드 테이프(비능률적인 사안들)을 제거하기 위하여 시작할 수 있는 "주요목록표"를 작성하였다.

그는 "레드 테이프, 그린 테이프의 의미는…" 하고 다음과 같이 설명했다. 레드 테이프는 당신이 누군가에게 "당신은 그렇게 할 수 없습니다. 그게 규칙입니다. 미안하지만,

돌아가서 당신의 프로그램을 다시 생각해 보세요."라고 말하는 것이다.

"그린 테이프는 누군가가 일을 행해나가는데 도움을 주는 것을 의미한다. … '만약 당신이 그렇게 하고싶다면, 당신이 우리의 요구에 부합되게 규칙을 해석할 수 있는 방법이 여기 있습니다.' …"

"이것이 고객들로 하여금 그들이 원하는 바에 도달할 수 있게 도와주는 것이다."

개발된 "주요목록표"에 대해 질의를 함으로써, 집단은 그들의 업무를 지배하는 기본적인 가치와 기존의 방법과는 다르게 업무를 수행해 나가는 방법에 대해서 이야기를 나누기 시작했다. 그들은 달성가능한 현실적인 목표들을 스스로 설정하기 시작했고, 이로써 변화의 과정은 추진력을 얻기 시작했다. 하나는 또 다른 하나로 이어지고, 다른 집단들이 자신들의 영역에 있는 이슈들을 파악하기 위해 구성됨으로써 이 변화의 과정은 점차 확산되어 나갔다.

Peter는 모든 부문에서 부하직원들이 행하는 것에 대하여 "그린 테이프"가 되도록 격려했다. 그는 부하직원들에게 그들이 업무를 수행하고 있는 상황보다 더 광범위한 전후 상황에 대한 정보를 제공했다. 그는 그들에게 "큰 그림에 맞추어" 일할 것을 독려했다.

질의하는 과정이 스스로의 추진력을 점차 가지기 시작했다.

뒤에서 이루어지고 있는 조직의 다운사이징(downsizing)에 따라, 사람들은 자신들의 업무와 관련된 기본적인 이슈, 그리고 자신들과 자신들의 부서가 나아가고 있는 방향에 대해 언급하기 시작했다. 그들은 수년동안 직장에서 행해져온 과정 및 절차와, 이것들이 합리적인지에 대해 의문을 가지기 시작하였다. 예를 들면, "왜 부서의 선임관리자 대부분이 출장비지급 신청서류에 결제를 해야 하는가?… 왜 전체과정을 비용에 직접적인 책임이 있는 실무자들에게 위양할 수 없는가?" 만약 관리자들이 자금조달 상태나 혹은 지출의 적절성여부 조차 알지 못한다면, 관리자로서의 자격이 없지 않는가! 라며 의문을 갖기 시작했다.

기존의 책임과 통제 과정이 이런 식으로 문제시됨에 따라, 점차 조직의 하위계층에서 일하는 이들이 새로운 일을 하도록 권한을 위양받게 되었다. 사람들이 자신이 일하는 조직과 관련된 문제들을 거론하기 시작함에 따라 예기치 못한 파급효과가 나타났다. 그들은 저개발된 자질에 대해 훈련을 요구했다. 그들은 서로간에 그리고 그들의 고객들과 새로운 파트너십을 형성해 나갔다.

Peter의 주된 역할은 "그냥 공이 굴러가게만" 하고, "그 과정을 전반적으로 지원해 주는" 것이었다. 부서의 권한위양 프로그램을 소개하는 번들번들한 소책자도 없었고 Peter와 그의 동료들이 부서가 나아가기를 바라는 방향에 대해 팡파레(fanfare)도 없었으며 고객서비스나 의사결정을 개선하기 위한 대규모 이벤트나 대규모 행사 또는 프로그램도 없었다. 그들은 단지 행동과 전술의 구체적인 과정을 밝히면서 그린 테이프 환경을 실현시키는 과정을 만들뿐이었다.

과정에 대해서 이야기할 때, Peter는 여러 가지 은유를 사용하는데, 그가 즐겨 쓰는 은유는 자신이 "거창한 과학적인 것이 아니라 작은 것"을 행하는데 중점을 둔다는 것이다. 그는 또한 하나의 재료에 의존하지 않고 다양하고 많은 재료들이 투입되어 만들어지는 "스튜요리(stew)"에 대해 이야기하는 것을 좋아한다. 그는 부하직원들이 자신들의 업무에 대해 의문을 갖도록 하는 단순한 일을 행하는데 초점을 둠으로써, 조직이 새로운 길로 들어서는데 도움을 주었다.

그는 전과정을 통하여 거쳐야할 구체적인 이정표나, 경로가 가야 할 장소에 대한 구체적인 견해를 가지고 있지 않았다. 오히려, 그는 부원직원들이 구체적인 방법을 스스로 안출해 내도록 허락해주고 격려하면서 그의 에너지를 그린 테이프 환경을 창조하는 비전의 밑거름으로 삼았다. 그는 누적되어서 영향을 미치는 작은 변화들을 만들어 내는데 중점을 두었다. 즉, "모든 곳에서 1%의 개선을 이루어, 1,000%의 개선을 달성하도록 하자"는 것이다. Peter는 "1000%의 개선을 위해 어느 한가지를 하려고자 할 경우, 당신은 조직을 억지로 떠밀어넣어 중대한 프로젝트를 시행하려는 것이다. 담당자들이 그것을 통해 뭔가를 배우는 것은 아니며, 어떠한 소유권이 주어지는 것도 아니다. … 그러나 당신이 부하직원들로 하여금 모든 곳에서 1%씩 개선하도록 한다면, 그들의 사고방식을 바꿀 수 있다. 이는 변화과정에서 아주 강력한 한 가지 요소이다. … 거기서 당신은 각기 다른 관점으로 사물을 보는 수많은 사람들을 발견해낼 수 있을 것이다. … 내게는, 이거야말로 어떤 일이 일어나도록 만드는 재료가 되는 것이다."라고 말했다.

Peter와 그의 동료들은 참가자들의 관심과 주의를 끄는 작고 의미심장한 변화의 실현을 통해서 조직에 실질적인 변화를 만들어 냈고, 새로운 조직의 "골격"과 특성이 나타나도록 했다. 이들은 비전을 실현시키는데 필요한 에너지, 끈기, 인내력 그리고 창의성에 의해 뒷받침되는 전략적 비전에 대한 강력한 감각을 갖고 활동하는 전략적 흰개미들인 것이다.

먼저 시도하고 나서 보자("Try it and see…")

나의 세 번째 전략적 흰개미의 이야기는 신선한 식품업계에서 아주 성공한 소기업인 스피디(Speedy)사에 관한 것이다. 거의 20년 동안 가족기업으로 운영되어진 이 회사는 2년 전에 "신선식품" 분야에서 새 시장을 구축하려는 한 거대한 식품복합기업(conglomerate)에 매각되었다. 계약상의 일부조건에 따라 핵심가족구성원들은 상위관리자의 역할을 계속하기로 하였다. 그러나 대기업 고위층에서의 경영상의 변화는 신선식품에 대한 그들의 초반의 관심에 예기치 못한 표류를 만들었으며, 결국 젊고 유능한 가족 구성원인 Rick을 위하여 스피디사의 최고책임자가 조기 퇴직하는 결과를 초래했다. Rick은 자신과 같은 생각을 가진 John을 채용해 경영에 참가시켰고, 이들은 지난 18개월 동안 훌륭한 직무통합을 수행하고 스피디사의 성공적인 발전을 거듭해냈다.

스피디사는 항상 "먼저 시도하고 나서 보자"라는 철학을 갖고, 이를 행동에 옮겨왔다. 제품의 특성상 "판매하든지, 아니면 냄새를 맡아보든지" 해야하는 짧은 시간적 한계와 빡빡한 제품유효기한은 자연스럽게 행동지향성을 촉진시켰다. 사람들은 새로운 제품이나 과정의 혁신에 대한 기회를 찾게되고, 이를 시험하게된다. 만약 이 일이 잘되면, 혁신은 표준화된 현장업무로 자리잡게 된다. 하지만 만약 실패로 끝나면, 이는 포기되고, 다른 곳으로 관심이 주어지게 된다. 혁신은 대부분 지속적인 개선의 철학에 바탕을 두고 있다. 완전히 새로운 상품의 도입은 여지가 그리 크지 않고, 이러한 혁신이 성공하더라도 경쟁업체들이 이를 아주 빨리 모방할 수 있을 것으로 기대되어진다. 그래서 Rick과 John은 사업확장의 핵심수단으로서 가능한 모든 방법을 동원하여 스피드, 품질, 서비스 그리고 부가가치를 크게 강조하고 있다. 이는 그들로 하여금 최고의 공급업자들을 유인하도록 하고, 그들이 고객에게 업무수행의 모든 면에서 보다 나은 서비스를 제공하도록 해준다. 일상적 업무를 관리하기 위해 잘 짜여진 업무상의 절차와 체계가 있지만, 이들은 실험과 혁신이 항상 이루어질 수 있도록 개방된 범위 이내에서만 적용한다.

Rick과 John은 기본적인 업무수행 방식의 측면에서 보면 두 사람 모두 전략적 흰개미들이다. 그들은 자신들의 사업과 선결 사안들을 명확히 이해하고, 자신들이 할 수 있는 어느 부문에서나 스피드와 부가가치에 초점을 두는 것을 철칙으로 삼았다. 이러한 Rick과 John의 접근법은 신선 식품의 급변하는 환경에 더할 나위 없이 적합하다.

그러나 그들의 이러한 접근은 모회사와의 관계에 있어서 여러 가지 문제점을 야기한다. 스피디사에서 취급하는 상하기 쉬운 생선, 고기, 야채와 파스터(pasta) 그리고 기타 신선을 요하는 제품들과는 달리, 모기업은 오랜 진열기간과 긴 회수기간이 가능한 고가 제품을 주종품목으로 두고 있다. 모기업은 경쟁력이 있고, 운영상태가 양호한 매우 전문화된 회사이다. 그들의 핵심사업의 본질에 맞게 신중한 시장조사와 시험적 마케팅 그리고 계획을 요구하는 신제품제안서의 개발에 주안점을 두고 있다. 기업문화는 또한 매우 공식화된 통제과정에 의해 주도되어지는 경향이 있다.

한편, 스피디사는 현재 활동이 매우 활발하다. 이와 함께 메모, 계획, 통제 그리고 공식적인 전략의 합리화가 이미 이루어지고 있는 활동을 뒤따른다.

이러한 차이점은 많은 문제점들을 초래할 수 있다. 왜냐하면 모기업은 어느때든 자회사인 스피디사에 대해 자신들의 방식대로 따라올 것을 강요하는데 혈안이 되어있기 때문이다. Rick과 John은 스피디사의 우선 사안들과 운영방식을 지켜줄 방패막이를 만들 수만 있다면 무엇이든 하여 이에 저항해야만 한다. 간혹 잘 의도되어진 조직구조의 강화와 사전적 계획수립을 위한 모기업의 요구로 인해, 스피디사의 실무진들은 핵심적 우선 사안들로부터 관심을 다른데로 돌리게 된다. 이들은 부가가치를 지닌 부분에 중점을 두지 못하게 하는 것은 물론, 스피디사의 성공에 관건이 되는 환경 변화에도 긴밀히 대응치 못하게 한다.

스피디사와 모기업간의 부분적 차이점에 대한 John의 의견은 기본적인 문제를 명확하게 보여준다. "우리를 둘러싸고 있는 환경으로부터 일어날 수 있는 변화의 정도는 아주 엄청난 것이다. 이는 기업수준에서 일어날 수 있는 변화와는 극적으로 다르다.… 대기업의 경우 새로운 사업영역에 뛰어 들어 이를 개발하는데 보통 5-6주가 걸리지만, 우리는 단 이틀이면 해낼 수 있다!"

"본부에서는 다소 신경과민적인 반응을 나타냈다. 왜냐하면, '수용하든지 아니면 내버려 두라' 는 식의 제안에 대한 생소한 느낌 때문이다."

"만약 이를 수용하면, 이틀만에 된다"

Rick은 덧붙이기를 "실제로… 모든 것은 우리가 그것에 대한 전략서류를 쓰고, 말하기도 전에 이루어질 것이다. 우리는 기본적으로 '그런데, x, y, 그리고 z점이 이미 찍혀졌다고 주석을 달아줄 뿐이다. 고맙습니다. 우린 지금 계속해가고 있습니다.' … 이는 여러 결제계층을 필요로 하는 회사들과 경쟁하는데 있어서 우리에게 엄청난 이점을 가져다주는 것이다."라고 하였다.

모기업의 관점에서 보면, 스피디사는 오히려 혼돈상태인 것으로 보인다. 그러나 Rick과 John의 관점에서 보면, 모든 것이 착착 멋지게 되어가고 있는 것이다. 이들은 실무진의 일상적 능력을 제고시키기 위한 엄청난 작업을 해왔다. 따라서 부하직원들은 자신들이 상대하는 사람과 사고 파는 방법 그리고 문제가 생겼을 때 해결하는 방법 등과 같이 사업의 안팎을 잘 파악하고 있다.

John은 "[우리의 실천을 통해] 원리와 과정들이 사람들에게 스며들게 하고, 그들이 일하는 방식은 통제하지 않는다. … 우리는 기업에서 행해지고 있는 바를 그들에게 알려주고… 그들이 바라 볼 이상한 나무를 그들에게 제시하는 것이 아니라, 전체적인 숲을 볼 수 있도록 그들에게 제시한다. … 그러나 이러한 것이 [모기업을] 아주 초조하게 만든다."고 말한다.

스피디사에서의 활동 지향성은 활동기회에 대한 끊임없는 추구를 이끌어낸다. 계획이나 제안, 그리고 대안의 탐색은 우선사안이 아니다. 초점은 항상 어떤 방법이 효과적인지에 대한 통찰력과 본능에 의존해서, 사업을 이해하고 활력에 넘치도록 하는데 주어진다. 보다 계획지향적인 접근에서 장려되는 선택적 과정에 대한 합리적 탐색방법은 이러한 스타일에 맞지 않는다. 스피디사는 공식적인 의미에서 계획수립을 위해 정해진 시간이 없다. 지속적인 관심은 오직 행동하는 것에 주어진다. 왜냐하면 Rick이 지적한 바와 같이, "이 분야의 사업에서는, 행하지 않으면 반드시 망하기 때문이다!. 당신은 망하기 전에 그것을 해야하기" 때문이다.

스피디사와 모기업간의 관계는 전략적 개발에 대한 '흰개미' 접근법과 변화에 대한 보다 공식적이고 "계획화된" 접근법간의 중요한 차이점을 잘 나타낸다고 하겠다. 스피디사에서 전략은 핵심적인 기회를 토대로 사업을 구축하기 위한 수단으로 자연스럽게 발전되어 왔으며, 이는 아주 효과적인 전략이라 하겠다. 왜냐하면 급변하는 환경 가운데서 일년 후에 어디에 있을지 정확히 예측할 수 있는 점쟁이의 수정구슬을 어느 누구도 가지고 있지 않기 때문이다. 이 문제에 대한 스피디사의 해결책은 사업을 개발하는데 필요한 것들은 계속하여 집중지원하고, 장애가 될만한 것들은 그 영향력을 최소화해 나가는 것이다. 그 결과, 구성원들이 어디서나 가치창출의 일상적 과정을 열심히 해나감으로써, 기업을 세우기 위한 "주춧돌"은 거의 무의식적으로 만들어진다.

흰개미전략의 관점(the termite strategy in perspective)

만약 당신이 1년 후에 새로운 공장을 가동시키는 책임을 맡고 있는 관리자라면, 또는 다음해 봄에 중요한 신제품의 전국적인 출시를 책임지고있는 마케팅관리자라면, 흰개미전략을 분명 사용하지 않아야 한다. 운영상의 복잡한 문제들은 세심한 계획화와 잘 조직화된 "핵심적인 경로"의 선택을 요구할 것이다. 그러나, 만약 당신이 급변하는 환경과 보조를 맞추려고 하거나, 새로운 전략적 독창성을 시도하려고 하거나, 또는 전혀 변화를 원하지 않는 조직의 나태한 기업문화를 활성화하려고 한다면, 흰개미전략은 아주 적절한 선택이다.

비록 계획과 핵심적인 경로 선택이 운영상의 중요한 수단으로 사용되지만, 이것들은 끊임없는 변화속에서 관리하거나, 또는 중대한 전략적 변화를 주도해 나가는데는 아주 효과적이지 못하다. 이에 대한 증거는 많은 조직들이, 전반적인 변화를 위해 꼼꼼히 설계된 계획들을 실행에 옮기는데 어려움을 겪음에 따라 그 수가 증가하고 있다. 그러한 변화를 위한 계획들은 개발하는데 종종 몇 년씩 걸리고 또한 곧 시대에 뒤쳐지게 된다. 변화를 위한 계획들은 정치적 및 기타 연합단체를 만들어내어, 종종 자신들을 움직이지 못하게 꽁꽁 묶어버리는 포승줄의 역할을 하게 된다. 변화를 위한 계획들은 종종 비유연적이고, 이들의 실행은 종종 여러 부서들로부터 냉소와 저항을 불러일으키기도 한다. 수립된 계획들은 너무 자주 그 자체가 목적이 되고 대대적인 선전과 함께 연간보고서에 언급되지만, 그들의 모든 에너지를 계획 그 자체를 수립하는데 쏟아버렸기 때문에 계획의 실행은 용두사미로 끝나버린다.

이러한 견해가 다소 냉소적이라고 생각될지 모르지만 실제경험은 모두가 사실이다. 특히 대규모의 아주 전문화된 조직들, 즉 그들의 전반적인 조직 체계와 통제의 질에 대해 나름대로의 자부심을 가지고 있는 조직의 경우엔 더욱 그렇다. 변화를 시도하는 경로로서, 계획을 수립하는데 견실한 능력을 확립해온 많은 조직들은 자신들의 관료조직에 새로운 계층이나 부서를 추가하는 것 이외에는 별로 해온 것이 없음을 종종 발견하게 된다. 그들은 계획수립 그 자체가 정치활동과 통제를 위한 투기장이 된다는 것을 발견한다. 의도는 좋았음에도 불구하고, 하나하나 계획을 수립하는 것이 기업성공에 방해가 될 수 있다. 이는 스피디사의 실화가 전하는 메시지 중의 하나이다.

이러한 환경에서, 흰개미전략은 혁신적 변화를 추구하는 최고관리자와 변화에 대한 저항에 봉착한 중간 관리층 모두에게 흥미있는 선택거리라고 할 수 있다.

세 가지 흰개미 이야기를 통해 나타나있는 분명한 패턴을 보라. 피상적으로 보면, 많은 관리자들의 활동은 기회주의적이고, 체계가 서있지 않으며, 비전략적인 것으로 보인다. 그러나 자세히 살펴보면, 업무상의 명확한 철학과 접근방법을 찾아볼 수 있다.

George Terry가 자신의 조직이 직면한 어려운 상황속에서 조직의 인적자원 관리자로서 행한 바를 살펴 보라.

· 그는 새로은 관리 능력을 구축하는데 있어서 그가 달성하기를 바라는 것에 대한 아주 강한 감각을 가지고 있다.

· 그는 세심하게 가치를 높이는데 초점을 둔다. 이는 세부적인 일을 추진하고, 그는 가능한 한 가치의 창출에 초점을 둔다.

- 관리자들은 서로 성공에 대해 말한다. 성공담은 퍼져나간다. 체계적인 프로그램들이 나타나기 시작한다.
- George의 전략은 그가 일을 수행해나가면서 나타나고 형태를 갖추어간다.
- 그는 관심과 열정을 가진 곳을 찾고 그곳에서부터 일을 시작한다.
- 그는 성공을 쌓는다. 그는 사소한 실패에 주저하지 않는다. 일이 잘되면 그는 거것을 다시 수행한다.
- 기업의 인적자원전략은 밑바닥에서부터 만들어진다. 조직적으로, George는 거의 밖으로 드러나지 않는다. 그는 기회주의적이고 점진적이며, 흐름에 따라가고, 그리고 의견이 다른 반대자들과 대항해서 싸우지 않는다.
- 그는 그가 어디로 가고 있는지를 알고 있다. 그러나 그는 그곳으로 가는 길은 결코 알지 못한다.

Peter Fulgoni가 전통적으로 정적이고 변화에 저항하는 환경을 가진 정부의 재무서비스 부처에서 행한 바를 살펴 보라.

- 그는 고객서비스를 중시하는 기업문화를 만나기 위하여 "레드 테이프"를 "그린 테이프"로 바꾸는 가능성에 관한 강력한 비전을 갖고 있다.
- 그는 1000% 변화를 한 번에 얻는 것이 아니라, 천 번에 걸쳐 1%씩의 변화를 만드는 것에 관심을 둔다.
- 그는 로케트과학과 같은 거창한 것이 아닌, 작은 것부터 조금씩 해나가는 것이 중요하다고 믿는다.
- 그는 현실적인 목표를 가진 그린 테이프이슈들의 간단한 '주요목록표'를 개발하고 또한 집단의 노력을 동원해서 이것들을 공략한다.
- 한가지가 다른 하나를 끌어내고, 작은 이슈가 큰 이슈를 끌어낸다. "그린 테이프" 문제는 그 결과로 진상이 밝혀진다.
- 과정이 보다 널리 알려지게 됨에 따라 추진력이 커진다. 성공이 성공을 불러온다.
- 출장에 대한 결제권한과 같이 상부의 허락을 받는 시스템은 실무진들의 관리, 책임, 권한위양과 관련하여 더 많은 일반적인 문제를 만들어 낸다.

· Peter는 눈에 띄게 드러나지 않는다. 그는 집단의 노력을 동원하는 것에 의존한다. 추진될 필요가 있는 것들에 대한 자세한 아이디어와 전술들은 그가 일을 해 가면서 들어난다.

John과 Rick이 스피디사의 급변하는 환경에 어떻게 대응하는지를 살펴 보라.

· 그들은 자신들이 할 수 있는 곳은 어디서나 핵심사업활동에 가치를 높여간다는 강력한 비전을 가지고 있다.

· 만약 업무수행 활동(방법)이 효과가 있다고 판단되면, 그들은 다시 이를 행한다. 만약 이것이 실패하면, 다른 곳으로 초점을 빠르게 옮긴다.

· 그들의 스피드, 품질, 그리고 서비스를 통한 가치증대에 대한 지속적인 관심은 그들이 사업을 지탱하고 구축하는데 핵심적인 역할을 한다.

· 그들은 사업상 직면한 핵심과업을 처리하는데 역량을 집중한다.

· 계획도 없고, 공식적인 제안서도 없고, 대안들을 찾기 위한 체계적인 탐색도 없다. 전략은 성공적인 활동으로부터 나온다.

· 그들은 계획을 수립하기보다는 행동하고 실험하고 혁신하고 곧바로 그것을 행하는 것을 중시한다.

· 성공은 누적적이고 작은 성과들로부터 이루어진다.

· 작은 것을 올바르게 행함으로서, 그들은 최고으 공급자들과 고객들의 관심을 끌어 내는 큰 약진(breakthroughs)을 이룩한다.

· 그들은 본부로 인해 자신들의 관심을 다른곳으로 돌리게 되는 것을 방지하려고 노력한다.

· John과 Rick은 자신들이 지향하는 바를 알고 있다. 그러나 그들은 그곳을 도달하기 위한 방법에 대해서는 알지 못한다.

이 상의 세 가지 사례를 나타난 바와 흰개미들의 집짓기를 바교해 보면 유사한 점들이 많다. 핵심 담당자들 중 어느 누구도 실제로 자신들을 전략적 흰개미라고 보지 않는다. 이들은 어느 누구도 자신들이 흰개미의 주거지, 둥근 기둥, 아치, 집단이주와 같은 조직을 만든다고 명쾌하게 생각하지는 않는다. 그러나 흰개미 전략은 그들이 무엇을 행하고 있는 가에 대해 생각하게 하는 하나의 유용한 방법이다.

의식적으로나 무의식적으로, 주요 담당자들 각자는 그들이 일하고 있는 시스템의 자율적 조직화능력을 촉진하고 개발하는 방법에 대해 아주 잘 파악하고 있다. 전략적 흰개미에 대한 나의 이미지에서와 같이, 흰개미들은 자신들이 성취하려고 노력하는 것에 대한 분명한 감각에 의해 움직여지고, 그들은 자신들의 에너지를 시스템을 자극하고 적절한 방향으로 나아가도록 하는데 활용한다.

질서는 혼돈으로부터 나올 수 있다
(order can emerge from chaos)

관리이론은 훌륭한 관리자들은 무엇을 해야 하는 가에 대한 고도로 합리적인 관점을 찾는데 오랫동안 사로잡혀 있었다. 이는 신중한 계획수립, 조정, 그리고 통제의 중요성에 기초를 둔 선형(線型)적인 사고패턴을 반영하는 견해이다.

그러나 헨리 민츠버그(Henry Mintzberg)가 관리자들의 업무수행활동에 대한 관찰을 통해 우리들에게 보여준 바와같이, 이것이 관리자가 실제 행하는 바는 아니다. 관리자의 행동은 종종 훨씬 임의적이며, 우발적이고, 비계획적이다. 오늘날의 전형적인 관리상황은 최선의 계획을 뒤엎는 예상치 못한 여러 종류의 영향력에 의하여 시달리면서 바뀌어 간다.

유능한 관리자는 그러한 끊임없는 변화에 대처하는 방법을 배워야 한다. 그들은 변화에 편승하는 창조적인 방법을 찾아야 하며, 그들 주변의 동적이고 예측할 수 없는 사건들로부터 일관적이고 적절한 이니시어티브(initiatives)가 나올 수 있도록 도움을 주어야 한다. 그들은 무질서를 관리하고 또한 자신들의 조직이 적절하고 개방적인 방법으로 자율적인 조직화를 이루고 발전할 수 있도록 도움을 주는 능력을 보유해야 한다.

이러한 새로운 상황은 합리적인 계획수립과 통제의 중요성에대한 종래의 많은 주장에 도전장을 던졌다.

많은 성공적인 조직들은 합리적인 것처럼 보이는데, 특히 기업이 시작한 출발점에서 종점까지를 일직선으로 긋거나, 이벤트를 위한 20-20비전이 실현되도록 하기 위해 뒤늦은 지혜를 사용하려할 때 더욱 그러하다. 그러나 좀 더 자세히 살펴보면, 이러한 경로는 흔히 다수의 출발점과 우회 그리고 잘못된 전환점을 가지고 있으며, 그 과정에서 부딪히게 되는 많은 변화와 우연한 기회에 의존해 왔다.

Honda가 오토바이산업에서 자신들의 영향력을 성취하는 과정에서 좋은 사례를 찾을 수 있다. Richard Pascale의 이야기에서처럼, 1959년 Honda는 미국 오토바이시장을 "장악하기"위해 미국에 세사람을 보냈다. 이것이 전략적 비전이라고 할 수 있다.

그들은 현금 10만 달러와 15만 달러 상당의 재고품을 가지고 있었다. 1966년이 되던 해, 그들은 63%의 시장점유율을 이룩했다. 그들은 대형 오토바이를 팔기 위해 갔지만, 결국엔 소형 오토바이를 대신 판매하게 되었다.

그들의 성공은 자신들의 경험의 성공적 측면을 바탕으로 얻은 행동학습의 형태에 의해 이루어진 것이었다. 그들은 자신들이 사용하기 위해 미국으로 가져간 소형 50cc 오토바이가 그들이 가는 곳마다 대중들의 관심을 끌고 있음을 알았다. 그들은 현금유동성 문제와 대형 오토바이 생산에서 다소간의 품질문제에 봉착했다. 이로 인해 그들은 소형 오토바이를 팔기 시작하게 된 것이다. 그런데 이러한 일련의 행동은 자신들의 회사에 유리한 기회라고 판단한 씨어스(Sears)사의 구매자와의 몇 차례 우연한 미팅에서 이루어 졌으며, 이로부터 오토바이시장에 대한 엄청난 파장이 일어나게 되었다.

이 이야기는 세부적 전략이 마치 흰개미의 기둥과도 같이, 어떻게 아주 우연한 사건을 통해 나타날 수 있는 가를 설명해 준다. 미리 정해진 계획에 대한 집착을 통해 성공이 강요될 필요는 없는 것이다.

질서의 감각이 혼돈으로부터 나타나는 과정을 이해함으로써 작동되는 "전략적 흰개미"의 이미지는 격동의 시대를 살아가고 있는 우리에게 경영에 대한 많은 것을 가르쳐 준다. 이것이 바로 내가 은유를 사용하는 이유이며, 또한 제시된 세 가지 짧은 사례연구를 통해 전달하려는 메시지에 대해, 여러분이 한번쯤 생각해보기를 기대하는 이유이다.

본 장에서는 "전략적 흰개미"가 되는 것이 적절할 수도 있는 상황을 알아보고, 흰개미 집단을 움직이게 하는 전술을 고찰해 왔다.

만약 전심전력을 다해 전략적 계획을 이행하려했으나 실패로 끝났다면, 혹은 조직의 모든 사람들을 전사적으로 움직이려고 할려면, '흰개미를 생각하라!'.

당신은 전략적이어야 할 필요가 있으며, 성취하고자하는 전체적인 방향과 결과에 대한 명확한 감각을 개발할 필요가 있다.

그러나 억지로 맞추려고 하거나 계획을 강요하는 것은 피해야할 것이다.

전략적 흰개미들은 항상 비전에 대한 폭넓은 감각에 의해 움직인다. 그러나 그들은 비전에 얽매이지 않도록 주의를 기울인다. 그들은 자신들의 조직에서 일어나는 상황과 긴밀한 관계를 유지하면서 작은 부분부터 하나씩 해 나간다. 그들은 자신들이 추구하는 전반적인 꿈(목표)과 일치되는 활동과 아이디어를 촉발하고 격려하며 지원하고, 또한 자신들로 하여금 이러한 꿈을 기름지게 하고 개혁을 할 수 있도록 함으로써, 변화무상한 도전에 자신들이 잘 대처 해 나아갈 수 있도록 한다.

그들은 산발적으로 여기서는 하나의 프로젝트를 수행하거나 혹은 제휴를 맺고, 또 저기서는 다른 프로젝트를 수행하든지 하는 것처럼 자시들이 추구하는 방향과 일치되는 여러 "작은 언덕(활동)(mounds)들을 만들어 낼 수 있는 기회를 찾는다."

전략적 흰개미들은 이러한 "작은 활동들"이 다른 사람들의 관심을 끌고 더 큰 발전을 위한 중심점을 제공해 주기를 기대한다.

전략적 흰개미들은 사람들로 하여금 자신들만의 작은 활동들을 구축하게끔 격려해준다. 그들은 넓은 영역으로 퍼질 수 있는 추진력을 구축하기 위해 자신들이 할 수 있는 모든 방법으로 사람들을 지원한다.

그들은 항상 새로운 기회를 찾는다. 다시 말해, 조직이 바람직한 변화를 지원하는 활동을 구축하는데 도움을 줄 수 있도록 활동들을 자극하고 추진하고 촉진시킨다.

그러나 그들은 그 과정을 강압적으로 하거나, 혹은 지나치게 통제하려고 하지는 않는다.

그들은 자신들이 단지 자율적 조직의 일부이라는 것을 인식하고 있다. 그들은 전략적이고, 기회주의적이며, 학습과 혁신에 개방적이며 또한 어떻게 하는 것이 현명한지, 현명하지 않는지, 무엇이 가능성이 있는지 또는 없는지에 대한 정치적인 감각에 의해 활동하는 업무수행자들이다.

전략적 흰개미는 바람직한 미래로 갈 수 있는 길은 하나가 아니라 여러 길이 있다는 것을 인식하고 있고, 적절한 길이 나타나도록 열심히 일한다. 이러한 일들은 강요된 행군이 아니라 자연스럽게 전개되는 여행인 것이다.

흰개미 은유는 대규모의 변화가 작고 점진적인 이니시어티브를 통해 어떻게 이루어지는가에 대해 생각하게 하는 한가지 방법을 제공한다. 그래서, 만약 당신 자신이 현재 추구하고 있는 변화의 이니시어티브가 장벽에 부딪쳐있다면, 당신이 현재 하고 있는 방법에 흰개미전략의 요소들을 끌어들여 사용하는 것을 생각해 보라. 별로 손해볼 것은 없지 않은가! 당신이 최고관리자든 혹은 중간관리자든, 회사에서 일을 하든 혹은 노조를 위해서 일을 하든, 봉사단체이든 혹은 정보 관료조직이든 간에, 당신들의 목적을 달성하기 위한 추진력을 구축하는 여러 가지 방안을 찾아내는 것은 평소에 가능하다.

어쩌면 당신 혼자 시작해야 될지도 모른다. 그러나 시작하고 보면, 아마도 다른 흰개미들도 당신에게 동참하는 것을 발견하게 될 것이다. 흰개미는 흰개미를 불러모은다. 당신이 시작하거나 지원하는 여러 가지 작은 활동들이 종종 비슷한 생각을 가진 다른 사람들에게 활기를 불어 넣고, 방향을 제시하며, 그들의 힘을 결집시킬 것이다. 그들은 또한 다른 사람들이 그들 자신의 상황에 맞는 새로운 관점과 수단을 만들어내는데 도움을 줄 것이고, 그렇게 함으로써 추진력을 증대시킬 것이다. 이러한 방법으로 작은 변화가 결국 큰 변화를 이끌어 낼 수 잇는데, 그것은 이러한 과정이 중요한 변환을 가져오기 위해 필요한 "핵심적인 다수집단"과 추진력을 개발할수 있기 때문이다.

4

거미식물에 대하여

계속해 낡은 방식대로 생각하면서 조직과 관리의 새로운 스타일을 개발한다는 것은 불가능하다.

내가 제안했듯이, 지금 수많은 조직들이 보다 유연하고, 적응력 있는 형태를 발견해야 하는 도전에 직면하고 있다. 특히 분권화와 계층의 수평화는 최우선 과제일 것이다. 그러나 오래된 사고방식의 영향력은 종종 이러한 일들이 일어날 수 있는 범주를 제약하고 있다.

본 장에서, 나는 유연성과 운영형식의 분권화를 증진시키기 위한 조직설계와 관리스타일을 다시 생각해 볼 수 있는 수단으로서 거미식물의 이미지를 제공하고 있다. 이러한 시작에서 당신의 조직에 대하여 생각하도록 만드는 연습문제를 중심으로 나의 논지를 체계화하였다. 본 장을 조직을 설계하기 위하여 기계적으로 사용하고 있는 "설계도"에 대한 대안을 어떻게 상상할 수 있는가를 보여주는 한가지 예로 삼기 바라며, 본 장을 통해 통제는 되지만 자율조직화하는 방식으로 분권화된 다수의 팀, 프로젝트, 그리고 조직의 다른 부서들을 관리하는 방법을 찾기 바란다.

우리들 중 많은 사람들은 새로운 조직을 설계하는 과정이 백지를 꺼내서 조직도표를 스케치하는 것이라고 여긴다. 조직의 구조를 알기 전에 우리는 사람들이 실행할 것으로 기대되는 행동들을 연결하는 사각형과 직선을 긋고 있는 우리를 발견하게 된다. 이러한 지도를 그리는 것은 매우 유용할 수 있다. 그러나 직선과 사각형의 사용은 직선적이며 비교적 축소된 사고 형태에 우리를 가두게 되는 제한된 결과를 낳을 수도 있다. 우리가 스케치를 함에 따라, 우리의 조직화 과정은 기계적이고 관료적인 형식의 조직화 과정을 거치며 복잡한 행동들을 작고 깔끔한 부분들로 나누어서 형태를 만든다.

자유롭기 위해서, 우리는 새로운 형태들을 이미지화할 수 있도록 우리를 도와줄 수 있는 조직의 새로운 이미지를 발전시킬 필요가 있다. 이것은 급변하는 시대에 특히 중요한데, 이러한 시대에는 전형적인 조직도표에서 발견할 수 있는 정적인 청사진보다는 자유롭게 떠돌아다니는 유기적인 이미지와 더욱 유사한 두뇌, 거미줄, 세포, 풍선, 비누방울, 그리고 탯줄 등이 보다 적합할 수 있을 것이다.

설명하자면, 당신은 자신의 조직을 거미식물로서 생각해본 적이 있는가〈그림 4.1〉? 만일 생각해 본 적이 없다면, 당신은 그렇게 생각해 봄으로써 많은 교훈을 얻을 수 있음을 알게 될 것이다. 나는 다음 몇 쪽에 걸쳐서 당신이 이러한 은유를 이용한 간단한 연습문제를

■ 그림 4.1
거미식물

풀도록 할 것이다. 그 다음, 관리자들이 이러한 은유를 이용하여 관리하고, 자신들의 조직 설계에 대한 신선한 시각을 습득하려고 할 때 갖게 되는 많은 직관들에 대하여 설명하고자 한다. 만일 당신이 연습문제를 풀려고 한다면, 나는 연이어 제공되는 설명을 읽기 전에 연습문제를 풀 것을 제안한다. 그렇게 함으로써 훨씬 더 많은 의미를 갖게 될 것이다.

거미식물 연습문제

➡ 제 1부

(a) 본 연습문제를 위하여 하나의 조직을 선택하시오. 자신이 현재 가장 많은 참여를 하고 있는 조직이 가장 좋을 수 있습니다. 만일 당신이 원한다면, 당신은 좀 더 큰 조직 또는 조직들의 네트웍에서 하나의 하부단위 또는 한 부서에 초점을 맞출 수 있습니다.

____

(b) 이제, 그 조직 또는 그 단위를 거미식물로서 묘사하시오. 자유로운 날개를 펴십시오. 당신은 〈그림 4.1〉에 제시되고 있는 이미지와 유사한 무엇을 발견할 수 있습니까?

거미식물의 특성들	나의 조직 내 유사점

(c) 이미지가 어느 정도 잘 일치합니까? 이것이 당신 조직의 성격을 잘 나타내고 있습니까? 이것이 어떤 새로운 통찰력을 만들어 내고 있습니까?

____

➜ 제 2부

(a) 이제, 당신의 조직 또는 조직의 하부 단위가 어떻게 변할 수 있는가에 대하여 생각하는데 거미식물을 사용하시오.

다시 말해, 당신이 원하는 어떤 방식으로 해석된 이미지를 새로운 조직설계의 기초로 사용하시오. 만일 당신이 조직 (또는 하부단위)을 거미식물로 설계하는 기회를 갖는다면 어떻게 하겠습니까? 당신의 설계를 개발하는 수단으로 거미식물의 이미지와 새로운 조직 특성들 사이의 유사점을 생각하는 방법을 사용하시오.

거미식물의 특성들	새로운 조직설계내 유사점

(b) 새로운 조직과 본 연습문제의 제 1부에서 당신이 설명하고 있는 것과의 차이가 무엇입니까?

관리과정을 구축하는데 어떤 새로운 통찰력이 나타났습니까?

나는 수많은 조직변화 프로젝트와 관리자들을 위한 세미나에서 위에서 언급한 연습문제를 변형하여 사용하였다.

69-70쪽에 있는 "낙서 판"은 가능성을 탐색할 때 나타나는 몇몇 전형적인 반응과 창조적으로 수용된 이미지를 보여주고 있다.

본 연습문제에 대한 반응은 개인이 염두에 두고 있는 조직 또는 상황에 따라 다양하게 나타나고 있다. 만일 꽉 짜여지고 집중화된 권위주의하에서 관리를 하고 있다면, 거미식물의 이미지는 타당성이 없어 보일 것이다. 이런 사람은 자신의 이미지화를 "확대하여" 자신이 커다란 "화분"에서 일하고 있다는 것을 알게 될 것이며, 거미식물의 줄기 또는 촉수를 일련의 통제와 자원의 흐름을 정하는 권한체계의 한 형태로 재해석 할 것이며, 어떻게 전체 체계가 "화분에 있는" 권력에 의존하고 있는가를 알게 될 것이다. 그러나, 전체적으로, 본 연습문제는 종종 속이 비었거나 또는 미리 계획된 것처럼 보인다. 말하자면, 현재 존재하고 있는 권한체계를 재해석하는 것에 지나지 않는 것이다.

반면에, 만일 보다 분권화된 상황에서 또는 보다 분권화된 형태로 새로운 변화를 시도하는 집중화된 조직에서 일하고 있다면, 이러한 은유는 더욱 쉽게 반향을 일으키게 된다. "낙서 판"의 이미지와 인용문들에 반영되었듯이, 많은 재미있는 질문들이 마음속에 떠오르게 된다.

가운데 있는 화분의 역할은 무엇인가?

그것은 얼마나 커야하나?

어떻게 "옆가지" 사업 또는 부서들이 화분에 연결되어야만 되는가?

어떻게 줄기 또는 "탯줄"이 정의 되어야 하나?

시스템 전체에 대한 통일성과 책임감을 갖는 반면에, 분권화되고 자율조직화 하는 단위 (파생물)를 위한 자율성을 창조하기 위해 이러한 탯줄들을 어떻게 이용할 수 있을까?

다수의 프로젝트 또는 분권화된 팀을 간섭하지 않는 방법으로 관리하기 위한 모델로서 거미식물을 어떻게 이용할 수 있을까?

그리고 등등!

만일 당신이 다음 쪽에 제시되어 있는 이미지와 인용구 등을 검토한다면, 나는 당신이 거미식물이 분권화된 조직을 설계하고 관리하는 문제에 대해 어떻게 신선한 의사소통과 통찰력을 창조할 수 있는가에 대한 답을 제공하는 아이디어의 보고라는 사실을 발견하게 될 것으로 생각한다.

여기서 사용된 은유에 흥미를 갖고 있는 관리자들이 흔히 갖게 되는 네 개의 중요한 아이디어를 제시하면 다음과 같다.

현재의 우리 조직…
이봐 당신 성장해!

화분이 중앙이 본부이다…

현재의 우리 조직…

화분의 중앙이 본부이다…

● **아이디어 1.** 우리는 "중앙에 있는 화분"이 만든 제약조건들을 파기해야만 한다.

거미식물들은 담겨져 있는 화분보다 크게 자라난 촉수와 옆가지를 뻗어낸다. 이것은 성장을 위한 새로운 기초를 찾기 위한 시도의 일부이다.

그러나 그들이 성장하기를 원할 때 우리의 조직들은 무엇을 하는가?

보통 그들은 더 큰 화분을 찾는다!

이것이 수많은 조직들이 직면하고 있는 핵심적인 딜레마이다. 그들은 성장하기 원한다, 그러나 그들은 그들이 통합된 조직이라는 생각을 자유롭게 떨쳐버릴 수 없다. 따라서 작은 사무실이 건물의 한 층 전체를 다 사용하는 커다란 사무실로 성장한다. 그리고, 그들은 세 개의 층에 걸쳐 분산된다. 그리고, 회사는 전체 건물을 인수하게 된다. 결국, 건물은 너무 비좁게 되고, 따라서 그들은 더 큰 건물로 이주하게 된다. 그러면 성장은 옆 사무실로 흘러가게 된다. 회사는 긍극적으로 "산업화 단지"를 점유하고 그리고 등등.

조직들은 성장한다. 그리고 크기는 유연성의 장애물이 된다.

거미식물의 메시지는 다음과 같다. 왜 이런 방식으로 성장하는가?

왜냐하면 당신은 작게 유지하며 성장할 수 있기 때문이다!

당신은 자신을 분권화된 형태로 복제함으로써 성장할 수 있다. 프랜차이즈와 소매체

계는 이러한 기법을 정복하고 있다. 그러나, 기본원리는 다른 상황에도 응용될 수 있다.

급변하는 시기에는, 커다란 "중앙의 화분들"은 오히려 짐이 될 수 있다. 그것들은 비용이 많이 들고, 느리고, 유연하지 못한 경향이 있다. 아마도 이질적인 사업의 요소들은 분사(spinning off)를 시켜, 그들을 준-자율적 단위들로 떼어냄으로써 "화분을 줄이는" 방법이 있을 수 있다.

이것에서:

이것으로:

아마도 5년 이내에 인적자원개발, MIS 그리고 여타 다른 기능을 수행하는 부서들의 각부서 소득의 75%를 기존조직의 밖에서 의무적으로 창출해야 하는 분리된 사업으로 "분사"할 수 있다.

아마도 다양한 지역 또는 다양한 사업에서 작고, 매우 분화되어 있는 화분을 중심으로 활동들을 진척시키는 방법 또는 낙서판에 제시된 이미지와 아이디어의 모자이크가 나타내고 있는 많은 다른 아이디어들을 추구하는 방법이 있을 것이다.

그것에 관해 생각하고 이해하도록 해 보자!

● **아이디어 2.** 성공적인 분권화는 좋은 "탯줄"을 발전시키는 것에 달려있다.

탯줄은 생명선이다. 거미식물이 성장하여 새로운 기초를 찾게 됨에 따라, 어미식물로부터 영양분을 공급받게 된다. "뿌리를 내리고," 그리고 스스로를 유지할 수 있게 될 때 탯줄은 더 이상 필요가 없게 된다.

여기에 우리 조직들을 위한 메시지가 있다.

많은 조직들은 분권화를 이루고, 새로운 기업가적 독창성을 찾기 위하여 노력하고 있다. 그들은 더욱 유연하고 혁신적인 단위의 창조를 간절히 원하고 있는 것이다. 그러나, 그들은 통제와 책임 그리고 이와 관련된 전통적 사고방식이란 취약점을 갖고 있다. 그 결과, 새로운 단위들은 중앙집권적 관료주의의 연장이라 할 수 있는 보고서 작성이나 규칙준수에 대한 요구 그리고 기타 계층적 요구사항 등에 의해 곤경에 빠져있다.

아직도, 중앙의 권위주의적인 "화분"에 있는 사람들이 "거미식물"에서와 같이 "탯줄"이란 용어를 생각할 수 있다면, 그들은 통제와 책임을 유지하면서 동시에 분권화를 이루려는 모순적인 요구사항을 조정할 수 있는 수단을 갖게 되는 것이다.

분권화는 기본적으로 탯줄과 관련된 행동이다.

조직들은 왜 분권화를 원하는 것인가? 왜냐하면 그들이 중앙에서부터 관리할 수가 없기 때문이며, 그들이 현지화를 원하기 때문이다. 또한 그들은 자신들이 현지의 틈새시장에서 번성할 수 있도록 권력과 통제권 그리고 자율권을 지역단위에 주길 원하기 때문이다. 왜냐하면, 그들은 몇 가지 자율적 조직화 활동을 위한 공간의 제공을 원하기 때문이다. 분권화의 이면에 있는 완벽한 추진력은 현지의 자원을 사용하고, 지역 고객의 욕구를 만족시키며, 지방 환경의 변화에 적응하는 등에 의해서 번성할 수 있는 지역적 행동 거점을 창조하는 것이다.

문제는 분권화가 무정부 상태가 되는 과정이 되지 않도록 중앙 통제수단을 소유하고 실행하는 것이다. 지역단위들은 어떤 방식으로든지 중앙에 대한 책임감을 갖고 있어야 한다. 만일 당신이 똑같은 피자나 햄버거를 생산하거나, 또는 자동차의 머풀러를 교환하는 프랜차이즈에 종사하고 있다면, 거의 모든 상황에서 "탯줄"을 정의하는데 규칙, 설명서, 그리고 통제력을 사용하여 관료주의적으로 정의할 수 있다. 그러나, 만일 당신이 보다 현지의 독특성과 창의성을 요구하는 사업이나 여타 활동에 종사하고 있다면, 탯줄은 보다 더 유연하게 정의될 필요가 있다.

이번에는 좀 다른 상황에 대한 생각을 시도해 보자. 예를 들어, 당신은 자율적 작업집단으로 운영되는 생산단위를 책임지고 있는 공장의 관리자이다. 당신은 자율과 움직일 수 있는 공간을 작업집단에게 주기를 원한다. 당신은 자신이 밀착통제를 하는 "간섭하는" 관리자가 될 수 없다는 것을 알고 있다. 그렇다면 당신은 당신자신과 작업집단 사이의 탯줄을 어떻게 설계해야만 되겠는가? 당신은 일정수준의 획일성을 부여할 것인가? 또는 당신은 각각의 작업집단에 대하여 서로 다른 "탯줄"을 가질 것입니까?

당신은 일곱 개의 서로 다른 프로젝트팀들을 책임지고 있는 프로젝트 관리자이다. 당신은 각 팀과의 관계를 어떻게 정의하겠는가?

당신은 복수의 제품을 생산하고 판매하는 사업 단위의 책임자이다. 당신은 서로 다른 단위를 책임지고 있는 관리자들과 어떤 탯줄관계를 개발해야만 하겠는가?

당신은 다섯 개의 사업부를 갖고 있는 회사의 최고경영자이다. 당신은 각 사업부와의 탯줄을 어떻게 정의하겠는가?

나는 이러한 종류의 탯줄에 대한 생각이 핵심 업무와 핵심 관계에 초점을 맞추는 관리자들의 능력에 순간적인 변혁을 만들어내는 많은 상황을 목격하였다. 관리를 "줄"의 개념으로 생각하는 것보다 쉬운 것은 없을 것이다. 전형적으로, 관리자들은 그들이 권한을 위임하고 그리고 통제하는데 있어서 해야 할 것과 하지 말아야 할 것에 대한 자세한 내용과 아이디어에 압도당하고 만다. 결과적으로, 나무 때문에 숲을 보는 것이 어려워지는 것이다.

이러한 상황에서, 다음과 같은 것은 유용할 것이다:

한 걸음 물러나서 거미식물을 보라.

자신 또는 자신의 사무실을 화분으로 생각해 보라.

자신의 프로젝트, 자신의 팀, 또는 자신의 사업을 옆가지로 생각해 보라.

탯줄들을 연결시키는 것과 그것들이 어떻게 보일지를 생각해 보라.

그것들의 다른 차원들을 생각해 보라.

줄들이 두껍고 단단한 끈입니까? 잘 정의된 통제시스템과도 같은?

혹은 〈그림 4.2〉에서처럼, 여러 가닥으로 되어 있습니까?

당신이 왜 줄을 정의하려하며, 당신이 하려고 하는 것이 무엇인가에 대해 회고해 보시오.

당신은 모든 것의 위에서 통제하며 머물 수 있는 "단단한 고삐"를 얻으려 노력하고 있습니까?

또는 당신은 분권화된 단위에서 사람들이 자신들만의 독창적인 방법으로 자율조직화 할 수 있게 통제된 공간을 창조하기 위한 일련의 원리와 범주를 정의하길 원합니까?

각각의 줄들은 어떻게 정의 될 것입니까?

당신은 그것들을 혼자서 정의하려 합니까?

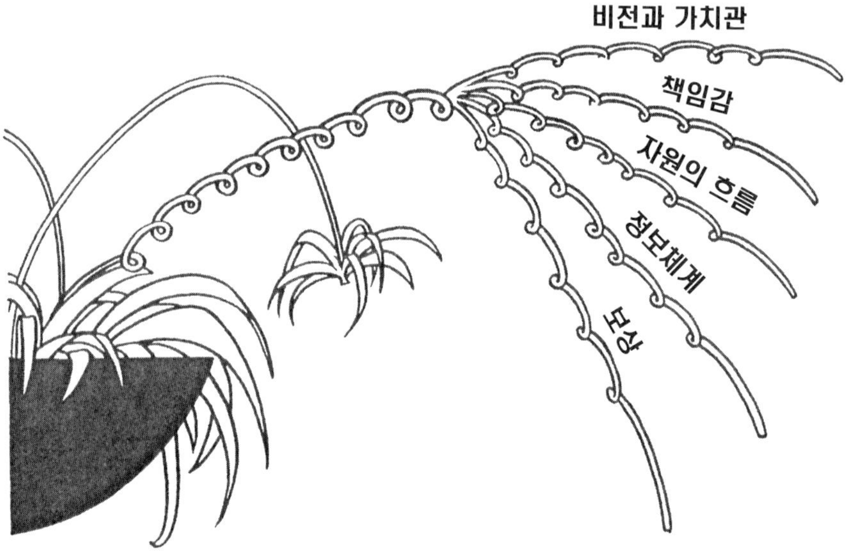

■ 그림 4.2

"탯줄"에서 생성된 다양한 줄기들

혹은 양자 사이의 대화를 통해서 정의하려 합니까?

많은 질문들이 있을 것이며, 질문에 대한 답은 개인이 관리하고 있는 세부상황에 의해 결정된다고 하겠다. 그것은 철저한 통제를 하는 관료주의 형태의 재창조이거나, 혹은 협력을 통한 관리라는 보다 개방적인 형태를 초래할 수 있을 것이다. 그것들은 고정된 특징을 지닌 줄, 혹은 진화하고 시간이 경과됨에 따라 변화하는 줄이 될 수 있을 것이다.

만일 무엇을, 어떻게 할 것인가를 정확히 알고 있는 철저한 프랜차이즈 상황을 다루고 있다면, 보통, 줄은 사전에 설계될 수 있다. 그러나, 만일 좀 더 공개적인 상황을 다루고 있다면, 대화와 학습이 중요한 선결과제들이다.

이러한 상황에서 내가 제일 좋아하는 접근법은 "줄의 양쪽" 당사자들을 한 자리에 모아서 서로간의 요구사항에 대한 결론을 내리는 것이다. 프로젝트, 자율적 작업집단, 또는 옆가지를 대표하는 사업 등을 통해서 "화분의" 관리자는 무엇을 실현하려는가? 옆가지가 번성하기 위해서는 무슨 도움이 필요한가? 전체 식물의 건강과 성장을 유지시키고 발전시키기 위한 서로간의 요구사항은 무엇인가?

〈그림 4.2〉에 보여지는 "줄"의 차원들은 관리자와 새롭게 사업을 시작하려는 사람들이 참여한 "탯줄을 설계하는 회의"의 결과이다. 이러한 회의는 다섯 가닥의 줄을 정의하는 "줄에 관한 합의"를 이끌어 낸다.

➡ 첫째 줄. 전체적인 비전과 가치에 대한 공유감.

우리가 궁극적으로 달성하고자 하는 것은 무엇인가?

해야 할 것과 하지 말아야 할 것을 결정하는 철학과 가치는 무엇인가?

새로운 사업단위가 "화분"의 지지를 받고 있다는 것을 숙지하며 자유롭게 활동할 수 있는 곳은 어떤 영역인가?

이러한 이슈들에 대한 합의는 새로운 사업단위가 치밀한 통제나 혹은 방해를 받지 않고 움직일 수 있는 여지를 창조한다. 시스템 전체가 움직이고자 하는 방향과 공유된 비젼에 대한 이해를 통해, 아직은 통합적 방식이긴 하지만 각양각색의 부문들은 자율적으로 자신들의 행동을 자율조직화 해나갈 수 있다. 그들은 언제 자신들이 합의된 범주 내에서 일하는지, 그리고 언제 자신들이 합의된 범주 밖으로 나오는지 알고 있다. 또한 그들은 언제 추가적 토론과 상담이 필요한지를 알고 있다. 옆가지들은 자율적이지만 여전히 연결되어 있는 것이다!

➡ 둘째 줄. 책임에 대한 합의

자율성은 책임을 요구한다. 그렇다면 양측의 책임에는 어떤 것이 있는가?

사업단위에게는 공간이 주어진다. 그곳에 무엇을 전달할 것인가?

또한, 결과는 어떻게 평가 할 것인가?

"화분"은 현지의 요구에 어떻게 대응할 것인가?

이러한 이슈들에 대한 포괄적 합의는 일상적인 면책활동의 범주와 의무사항들을 분명히 하는데 도움을 준다.

➡ 셋째 줄. 양방향으로 자원이 흘러간다.

교환 될 핵심자원은 무엇인가?

옆가지가 화분으로부터 받게되는 재정적 지원과 기타 지원은 무엇인가?

그 대가로 무엇을 제공할 것인가?

이러한 협정들은 언제 작동될 것인가?

새로운 합의를 요구하게 될 상황들은 무엇인가?

공유된 이해는 프로젝트를 형성하는 재정적 자원과 기타 자원에 대한 현실적 감각을 창조 한다.

➡ 넷째 줄. 정보시스템

"화분"이 옆가지에 어떤 정보와 정보시스템을 제공할 수 있는가?

"화분"이 옆가지로부터 필요로 하는 정보는 무엇인가?

어떻게 이것들을 사용할 수 있도록 할 것인가?

여기서의 합의는 새로운 사업단위가 효과적이 되기 위해 필요한 모든 정보를 받을 수 있도록 하고, 화분으로 하여금 추가적인 대화나 중재가 필요한 시기에 대한 "조기 경보 시스템 구축"과 다른 지표를 개발할 수 있도록 돕는다. 그러한 정보시스템들은 여전히 통제의 수단을 빌리기는 하지만, "직접 손을 대지 않는" 관리형태를 개발하는데 결정적인 역할을 한다.

➡ 다섯째 줄. 보상.

책임이란 고통이 있으며, 적절한 보상의 기쁨이 있어야만 된다.

옆가지와 화분은 새로운 사업의 성공을 어떻게 공유할 것인가?

새로운 사업단위가 이익의 상당부분을 보유할 수 있을 것인가 또는 대부분의 경우와 같이 대부분의 이익이 화분으로 "흘러 들어갈" 것인가?

또한, 새로운 사업단위의 구성원들은 개인 또는 팀 수준에서 어떻게 보상받을 것인가?

어떻게 성공을 인정하고 축하할 것인가?

회사의 새로운 생명력을 지속시키기 위하여 보상은 어떻게 사용될 수 있을 것인가?

이러한 종류의 "줄을 통한 대화"를 통하여 이루어지는 이해와 합의들은 "화분"과 "옆

■ 그림 4.3

줄기 대화

가지"가 직접적인 통제 없이 조화속에서 운영될 수 있도록 공유된 준거의 틀을 만드는데 매우 중요한 역할을 한다. 분권화된 행동을 수행하다 보면, 분권화된 단위가 기업 전체의 이념이나 원칙에서 벗어나는 방향으로 나아갈 수 있는 위험이 항상 존재한다. 관료주의는 계층, 규칙, 상의하달식 관리 등을 통하여 운신의 폭을 최소화함으로써 이러한 위험을 방지하려 한다. 탯줄의 관리자들은 공간, 자율성, 그리고 통제되어지는 단위의 자율조직화 역량 등을 극대화하는 반면, 통합을 끌어내기 위한 수단으로서 공유된 이해를 이용한다. 최대화는 커녕, 차라리 규정과 통제의 최소화가 오늘날의 질서가 되고 있는 것이다.

나는 규정이나 통제를 최소화하는 것에 대한 중요성을 더할 나위 없이 강조한다. 왜냐하면 대부분의 조직에서 흔히 발생하는 병리현상은 과도한 통제이기 때문이다. 중심에 자리잡고 있는 관리자들은 너무 많은 것을 정하고, 너무 많은 요구사항들을 부과하는 경향이 있다. "최소한의 규정"보다는 최대한의 규정이나 규격에 맞춰지고 있는 것이다. 혁신적인 자율 조직의 독창성을 개발하려는 도전은 매우 효과적인 최소한의 통제를 하는 것이며, 가능한 최대한의 공간을 부여하는 것이다. 탯줄을 통한 관리에 대한 아이디어는 이를 행하는데 있어서 아주 좋은 수단을 제공한다.

분명한 것은 탯줄을 정의하는데 보여지는 태도가 매우 중요하다. 만일 분권화되어 있지만 여전히 통제되는 형태의 자율조직을 창조하려 한다면, 학습을 염두에 두면서 유연하게 탯줄에 접근할 필요가 있다. 탯줄을 통한 대화기간은 결말을 내기 위한 타협의 기간이나, 또는 상대방을 꼼짝못할 위치로 밀어 부치기 위한 시도로 여겨져서는 않된다. 이러한 탯줄을 통한 대화는 서로의 욕구를 탐색하고, 이를 충족시키도록 설계된 진정한 대화에 기초를 두어야만 한다. 목표는 조감도(blueprint)로서의 역할보다는 차라리 공유된 이해를 개발시키고, 경험을 통해 진화해 나갈 수 있는 연결고리를 만들어 내고 갈등관리를 돕는 과정을 창조하는 것이다.

초기의 "탯줄에 대한 합의"가 이루어지면, "화분"과 분권화된 옆가지에 있는 관리자들은 최대한의 공간과 자율성을 갖고 운영할 수 있는 입장에 서게 된다. 이들 관리들이 탯줄에 대한 합의가 부적절하고 어떤 방법으로든 고칠 필요가 있다는 것을 암시하는 경고나 이례적인 형태(anomalies)에 주의를 기울이는 한, 그들은 전체 시스템이 최소한의 직접적인 통제와 간섭을 받으며 진화할 수 있는 전후여건을 창조할 수 있을 것이다. 이러한 전후여건에서 이례적인 형태들은 문제가 될 수 없으며, 그들은 진정한 대화와 학습을 위한 절호의 기회를 창조할 것이다.

● **아이디어 3.** 다른 상황을 관리하기 위해서 다른 "줄"을 개발하라.

거미식물의 이미지에 대한 일반적인 반응중 하나는 "너무나 획일적"이라는 것이다. 이것은 "복제된 시스템이다", "맥도날드를 설명하기에는 좋다.… 그러나 우리 조직은 훨씬 더 다양화되어 있다!" 이러한 점들은 아주 뛰어난 지적들이다. 왜냐하면 대부분의 조직들은 다양한 특성들을 지니고 있기 때문이다. 그들은 프랜차이즈나 소매 연쇄점의 획일성을 항상 소유하고 있지 않다.

그렇다면, 왜 그러한 은유에 의해서 제약을 받아야 하는가?

이미지화하라! 잡종을 개발하라 〈그림 4.4〉!

이미지는 중요한 의미를 지닌다. 서로 다른 종류의 "꽃들"은 서로 다른 것을 요구한다. 그들은 서로 다른 환경에서 번성한다. 일부는 빠른 속도로 성장하며, 다른 것들은 자

■ 그림 4.4
잡종의 "거미식물"

■ 그림 4.5
다른 상황을 위한
다른 "줄기들"

■ 그림 4.5
다른 상황을 위한
다른 "줄기들"

라는데 오랜 시간이 걸린다.

우리가 속해 있는 조직도 역시 마찬가지이다. 비록 전형적으로 관료주의적인 "화분"은 "화분"의 이미지를 유지하면서 옆가지를 다시 만드는 방식으로 규칙, 통제 그리고 지배적 문화를 퍼트리는 복제력을 보이는 경향이 있기는 하지만, 서로 다른 옆가지들은 자신들의 지역적 환경에서 살아남기 위하여 고도로 차별화될 필요가 있다.

"잡종"의 이미지는 중요한 설계상의 의미를 갖는다. 왜냐하면, 잡종이미지는 각각의 옆가지를 "화분"에 연결시키는 탯줄이 어떻게 달라야 할 필요가 있는가를 강조해야하기 때문이다〈그림 4.5〉. 이것은 옆가지뿐만 아니라 중앙에 있는 화분의 구체적인 요구사항들을 충족시키는 탯줄과 관련된 합의를 도출하는데 있어 "줄을 통한 대화"의 중요성을 강조하는 것이다.

나는 잡종화된 거미식물이 조직의 분화욕구에 대한 이미지를 잘 포착하고 있다고 생각한다. 그렇게 많은 조직들이 다양한 상황 또는 완전히 적절치 않는 상황에서도 동일한 관리스타일을 강요하려는 "획일성 증후군"에 붙잡혀 있다. 그것이 "큰 화분"이 하고자 의도하는 것이다!

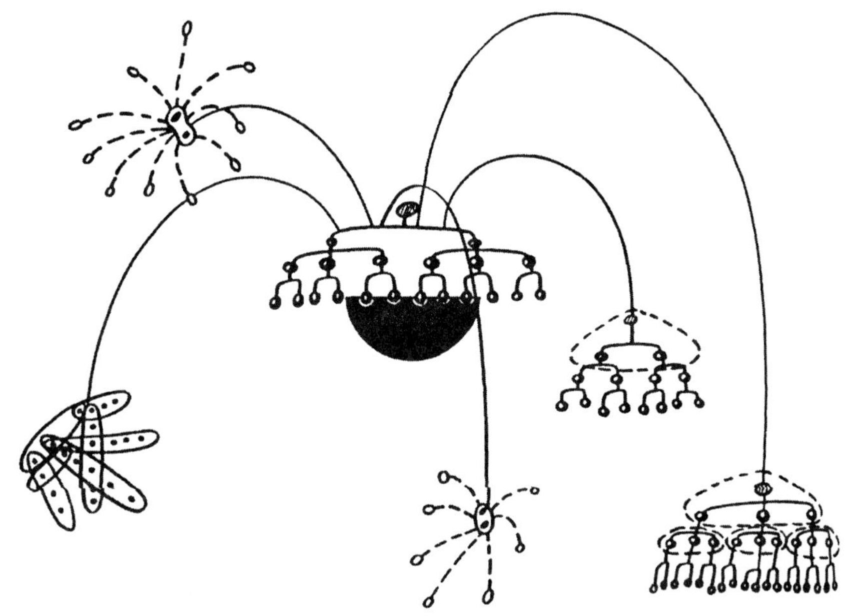

"잡종" 거미식물은 지역적 상황에 적절히 적응하기 위해서 다른 탯줄이 요구된다는 분명한 메시지를 보내고 있다.

또한 나는 "잡종"이라는 이미지가 7장에서 논의되어진 것처럼, 조직들로 하여금 조직에 대한 다른 모델의 필요성과 역할에 대한 이해를 돕는데 있어 유용하다는 것을 인식하게 되었다. 예를 들어, 거기서 토론하고 있는 "여섯가지 모델" 접근법은 〈그림 4.6〉에서 설명하고 있는 것과 같이 새로운 "잡종" 거미식물을 창조하는데 이용될 수 있을 것이다. 이것은 대단히 많은 조직에서 직면하고 있는 도전을 이야기해 준다. 그들은 다른 스타일의 조직을 채택할 필요가 있으며, 미세하지만 중앙 화분의 지배적 모델이 항상 존재하는 복제된 문화의 영향아래에서 차이점을 살릴 수 있는 방법을 찾아내야만 된다.

탯줄이 그러한 구조를 만들어야 할 것이다! 만일 중앙화분에 있는 관리자들이 탯줄이라는 개념을 느끼고 사용할 수 있다면, 그들은 외부와 내부 환경〈그림 7.6〉사이의 관계를 관리하고 새로운 사업에 성공을 위한 공간을 제공하기 위한 범위와 통제수단을 결정하는 새로운 수단을 갖게 된다.

● 아이디어 4. 땅벌을 격려하라.

"잡종"은 거미식물의 획일성이나 "복제" 문제를 극복해 낸다.

그러나 자주 제기되는 또 다른 문제가 있다.

거미식물은 지나치게 분권화된 시스템을 의미하지 않는가?

시너지의 상실과 옆가지들 간의 잠재적인 조정의 문제는 어떠한가?

탯줄들이 옆가지들을 화분에 묶어 주긴 하지만, 그들은 그 외의 어떤 것과도 통합 되어 있지 않다.

이러한 점들은 중요한 지적들이다. 왜냐하면 분권화된 많은 조직에서 각 부문들이 고립된 상태에서 운영됨에 따라 자신들만의 세계를 점령하고 다른 부문들로부터 아무것도 배우려 하지 않기 때문이다.

따라서, 더 이상의 관료화란 함정을 피하면서 잠재적인 이익들을 조정하고 통합하는 방법을 찾기란 어려운 것이다. 왜냐하면, "화분"이 잡고 있는 주도권은 종종 옆가지가 요구하는 자율성을 해치기 때문이다. 전통적인 반응은 옆가지들 사이의 의사소통과 조

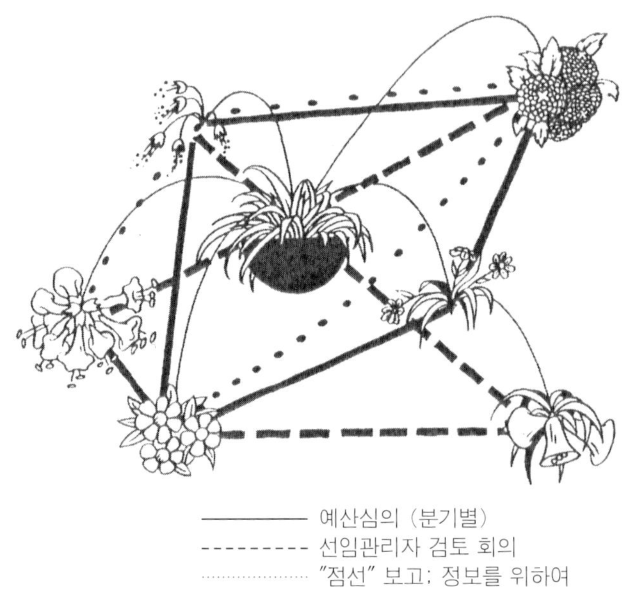

■ 그림 4.7

매듭에 주목하라!

정을 위한 선을 긋는 방법을 찾는 것이다. 그러나, 〈그림 4.7〉에서 설명하고 있듯이, 이 것은 전체 시스템을 매듭들로 묶게되는 위험을 부담해야 한다. 이 그림은 조정의 문제를 처리하는 고급 관리자들의 첫 시도를 반영하는 것이다!

또 다른 방법은 탯줄내부에 조정을 위한 요구사항을 쌓는 것이다. 예를 들어, 옆가지에 근무하는 관리자들에게 전체 시스템과 협력 조정하는 것을 의무로 규정할 수 있으며, 정기적으로 정보나 아이디어 그리고 혁신 등을 전파하도록 독려 할 수 있다. "화분"은 이런 과정을 촉진시킬 수 있으며, 바람직한 결과의 성취를 위해 자금과 "자원"에 관한 회의도 가질 수 있다.

그러나 만일 우리가 우리의 상상력을 확대한다면, 시너지와 통합을 동시에 달성 할 수 있는 또 다른 방법이 있다. 여기저기 날아다니며 요구되는 꽃가루받이를 창조하는 "조직의 땅벌"을 도입하는 것이다 〈그림 4.8〉!

화분에 위치해 있었던 관리자들의 새로운 역할이 여기에 있다. 모든 분권화된 조직은 "공장에서 공장으로" 날아다니며 일어나는 일을 숙지하고, 시너지를 찾아내고, 욕구를

■ 그림 4.8

뒝벌의 조직화

찾아내서 그것을 자원과 연결시키고, "최고의 사업"을 찾아내고, 사람을 연결시켜주고, 학습한 것을 전파하는 좋은 땅벌들을 많이 필요로 한다. 많은 인사 부서, MIS 부서, 그리고 조직개발을 담당하고 있는 기능들은 중앙 화분의 한 부서로서 존재하는 것보다 이렇게 자유롭게 떠다니는 형태에서 훨씬 더 효과적으로 역할을 담당할 수 있을 것이다.

물론, 땅벌의 형태가 매우 중요하다. 어떤 중역은 문제를 다음과 같이 표현했다, "우리는 우리의 조직에 많은 땅벌을 소유하고 있다. 문제는 그들이 살인벌이라는 것이다." 그리고, 다른 중역은 "또한 그들은 떼지어 다닌다!"라고 설명하고 있다.

거미식물 조직의 꽃가루받이에 필요한 벌들은 옆가지에 봉사하는 중재가, 오케스트라의 단원, 그리고 조정자가 되어야만 한다. 그들은 환영받고 "초청받는" 사람이 될 필요가 있다. 강제로 침입해서는 않된다!

이미지화로서의 거미식물

앞의 몇 쪽에 걸쳐, 나는 거미식물을 최대 한계까지 밀어 부쳐 보았다.

얼듯 보면, 조직과 거미식물 사이에는 비길만한 점들이 결코 없는 것처럼 보일 수 있으며, 여기서 사용된 은유가 거의 터무니없는 듯 하다. 그러나, 우리가 "한 걸음만 나아가" 탐색해 보면, 놀랍게도 어떻게 우리의 마음이 의미있는 연결을 만들어 낼 수 있으며, 분권화된 조직들을 관리하는데 있어 "땅벌"의 역할에 관한 토론을 얼마나 즐겁게 끝낼 수 있는가를 깨닫게 된다.

실행 과정에서, 연결선과 아이디어들이 가능한 모든 방식으로 자유롭게 결합될 수 있도록 사용된 은유의 강점과 제한점에 대하여 자유롭게 다루어야 한다. 변화에 대한 개입 또는 새로운 관리 기술에 대한 워크숍에서 내가 거미식물의 이미지에 대한 것을 소개할 때, 특히 내가 〈그림 4.1〉의 평범한 모습에서 〈그림 4.4〉의 잡종의 모습으로 옮겨 갈 때, 많은 관리자들이 즉각적으로 관련성을 알아차린다. 그들은 즉각적으로 "탯줄"에 대해서 생각하며, 그들은 그것을 자신들의 팀, 프로젝트, 또는 새로운 방향의 사업에 어떻게 이용할 수 있는가를 생각한다. 그러나, 다른 사람들에게는 이러한 과정이 긴장을 유발하는데, 그들은 거미식물을 단순히 권위체계를 나타내는 다른 방법으로 간주하거나, 또는 〈그림 4.1〉에 제시되고 있는 이미지가 너무나도 완벽해 "거미식물들은 종종 갈색의 건조하고 시든 잎을 갖고 있다."라고 말할지도 모른다

이러한 유형의 언급이 불러일으킬 수 있는 반응은 아직도 놀랍다. 사람들은 갈색의 시든 잎에 대해서 생각하기 시작하며, 스스로 자신들의 조직에서 그것을 보고 있다는 것을 발견한다. 사람들은 미소를 머금게 되며, 모든 사람들은 누가 또 어디에 갈색의 잎이 있는지 알게 된다. 그들은 자신들이 왜 시들고 있는지 알고 있는 것이다!

이것이 이미지화의 힘이다. 이것은 새로운 사고와 평상적인 대화의 형태에서 벗어날 수 있는 공간을 창조한다. 우리는 거미식물에 대하여 이야기하는 것으로 시작했다. 우리는 이것을 알기 전에 X 또는 Y 부서의 "시들어 가는 잎"에 대하여 이야기하고 있다. 바로 이러한 과정이 엄청난 충격을 줄 수 있는 것이다.

은유의 환기시키는 역할은 결코 과장되어질 수 없다. 이것이 반향을 일으키며 "날아갈 때"면, 은유는 진정으로 날아서 기대하지 않았던 여러 방향으로 발전될 수 있다. 때때로 은유는 아무곳에도 가지 않는다. 그러나, 이것은 종종 홍수 같은 아이디어를 유발시키며, 유발된 아이디어의 일부는 사용되는 반면에 일부는 궁극적으로 잊혀진다.

때때로 은유는 하나의 핵심적 이슈만을 밝혀내기도 한다. 예를 들어, 성장하는 매우 다양화된 회사의 최고 관리팀과 함께 한 "거미식물 회의"에서, 이러한 은유의 적절성이 즉각 인지되었다.

"저게 바로 우리다."

"저것이 우리가 하고 있는 것이다."

"우리가 바로 거미식물이다."

그러나 핵심적인 토론은 "우리가 옆가지를 관리하기 위한 올바른 사람을 어떻게 발견할 수 있을까?"라는 하나의 기본적인 질문으로 돌아왔다.

그것이 중요한 사업상의 문제였다. 올바른 사람을 찾는 것! 중역중 한 사람이 말했다. "우리는 수 백명의 높은 자질을 갖춘 사람을 면접했으나, 아직도 올바른 사람을 찾는 것

은 어려운 일이다.… 거미식물은 이론상으로 훌륭하다. 그러나 이것은 만일 당신이 옆가지를 관리할 올바른 사람을 찾을 수 있을 때만 실행된다!"

기본적으로 이 모델의 유용성에 의문을 제기하는 이러한 관찰의 결과로, 토론은 현행 최고 관리자 선발제도와 최근의 성공과 실패에 관한 이야기에 초점이 맞추어 졌다. 전문적인 면에서 볼 때, 시스템 자체는 아무런 결점이 없었다. 모든 것이 규정대로 행해지고 있었다.

"그러나 당신은 무엇이 빠져있는지 압니까?"라고 선임 부회장중의 한 명이 물었다. "우리는 그들과 포커게임을 하지 않는다."는 거죠.

새로운 은유는 선발의 문제를 새로운 틀에 올려놓았다. 잠재적인 새로운 관리자들은 적성, 인격, 그리고 다른 기술과 관련된 모든 선발 시험을 치러야 하지만, 그들은 결코 소매를 걷어 부치고 극단의 전쟁상태에서 시험을 보는 것은 아니다.

문제: 선발과정에서 "포커게임"의 대용물을 어떻게 만들어 낼까?

거미식물에서 포커게임으로의 진보는 아마도 엇비슷한 사건일 것이다. 이것은 내가 수없이 관찰한 핵심적 사항을 설명하는데 사용된다. 강력한 새로운 이미지는 사람들을 새로운 방식으로 생각하게 한다. 즉, 새로운 통찰력을 창조하거나 또는 오래된 것을 강화하거나 활성화시킨다. 핵심은 진보가 일어나게 해야만 된다는 것이다. 격려하라, 그러나 강요하지는 말라. 그것 스스로가 갈 곳을 향해 이끌어 가도록 하라. 심지어는 사람들이 은유의 제약점과 약점에 초점을 맞추었을 때에도, 필연적으로 이것은 막다른 골목으로 가는 것은 아니다.

본 장을 집필하는데 있어서, 나는 같은 과정을 설명하고 모델화하려 했다. 예를 들어, 우리가 〈그림 4.1〉의 거미식물에서 〈그림 4.4〉의 "잡종"으로, 조직형태의 변형을 설명하기 위한 〈그림 4.6〉으로 옮겨 뛴 방식을 목격하라. 획일적이거나 또는 원래 이미지의 복제성과 같은 본질에 관한 잠재적인 약점이 완벽하게 새로운 방식으로 이미지를 설명하기 위한 도약대로 사용되었다. "줄기" 또는 "촉수"가 어떻게 "탯줄"이 되었으며, 그리고 그 "줄들이" 완전히 새로운 방법으로 〈그림 4.2〉에 설명되고 있는 여러 가닥의 줄들을 통하여 새로운 통찰력을 만들어 내기 위해 어떻게 잘 가다듬어 질 수 있는가를 주목하라. 이것은 탯줄이라는 개념의 왜곡이지만, 새로운 개념의 개발로 이어진다. 거미식물의 옆가지들 사이의 시너지 부재와 관리의 관점에서 본 은유의 또 다른 잠재적 제약점이 어떻게 땅벌의 아이디어를 창조하는데 사용되었는가에 주목하라.

나에게는 이것이 이미지화 과정의 모든 것이다. 이것은 새로운 방식으로 우리가 조직화하는 것을 도와줄 수 있는 새로운 통찰력을 개발하기위해 반향되는 이미지나 혹은 은유가 가지는 의미를 추구하는 것에 관한 것이다. 이것은 우리가 전통적인 사고의 제약들을 타파하고, 우리가 하고 있는 일의 새로운 이미지에 뿌리를 둔 새로운 행동양식을 위한 기회를 창조하도록 만드는 과정이다.

새로운 행동과 활동을 관찰하고, 합리화하고, 이해하는 것을 통해 새로운 이미지를 개발하는 것은 근본적인 변화를 확립시키는데 매우 중요하다. 바람직한 결과를 생산하지 못하는 상황에서도 관료주의적인 사고방식이 여전히 강력하게 지속되는 이유중의 하나는 관리자들이 자신들의 행동을 재고하고 고치기 위해 사용할 수 있는 대안적인 모델이 없기 때문이다. 더 빠를 것, 더 유연할 것, 더 혁신적일 것, 그리고 더 창조적일 것을 요구하는 일방적 지시는 얼음을 깨뜨릴 수 없다. 왜냐하면 당신이 낡은 방식에 얽매여 있는 한, 당신은 이런 모든 것을 할 수 없기 때문이다. 우리는 거미식물과 같은 새로운 반향적인 이미지를 통해서 우리가 행할 필요가 있는 것이 무엇인가에 대한 새로운 개념을 창조할 수 있는 것이다.

내가 보여주려 했던 것과 같이, 거미식물은 우리가 얼마나 자주 중앙에 있는 커다란 화분이라는 개념과 조직이 커다란 관리의 위계적 형태라는 "갈구리에 걸려" 있는가를 이해하도록 하며, 이를 통해 조직의 문제에 대해 완전히 새롭게 생각하는 방식을 우리에게 제시한다. 거미식물은 어떻게 조직이 작게 유지하며 크게 성장하는 가를 보여주었으며, 매우 잘 설계된 탯줄을 통하여 공간을 제공하는 반면에 통제와 책임감을 창출할 수 있다는 것을 보여주었고, 무질서한 개발을 피하는 반면에 지역적인 자율조직화의 과정들을 통하여 유기적인 성장을 달성할 수 있다는 것을 보여주었다, 또한, 여전히 많은 지역적 환경의 요구를 충족시키면서 조직의 규모를 키울 수 있다는 것도 보여주었다. 이것은 "밀착된" 관리와 "느슨한" 관리의 형태를 복합적으로 사용하면서 팀과 프로젝트 집단에 권위를 위임하고자 하는 관리자들에게 생명선을 공급한다.

여기서 사용된 은유는 정부조직과 사기업의 분권화를 설명하기에 매우 적합하다고 할 수 있다. 이것은 교육기관과 기타 사회적 서비스 기관들이 지역적 수준뿐만 아니라 중앙수준에서도 "운영되고" 관리될 수 있도록 새로운 형태로 만드는 방법을 제시한다. 이것은 또한 가족과 이웃 그리고 지역사회의 욕구를 중심으로 확립되어있어도, 환경 및 사회적 문제에 대하여 "기본개념 (grass-roots)"을 변화시키는 방법을 제시한다. 여기 소개된 모델은 전체조직의 구조에 대해 생각하는 대표이사의 욕구를 충족시키는데 사용될 수 있으며, 이것은 자율적 작업집단의 자율조직화 능력을 유지하기 위해 탯줄을 사용하기 원하는 공장 관리자를 도와줄 수도 있을 것이다.

그러나, 모든 것이 언급되고 행해졌을 때, 우리는 거미식물이 단지 은유라는 것을 기억해야만 한다. 그와 같이, 거미식물은 모든 상황보다는 특정한 상황에서 더욱 잘 반향될 것이다. 모든 은유들처럼 이것은 강점이 있으며, 우리가 본 것과 같이 이것은 또한 한계점을 갖고 있다.

관리기법으로서 이미지화의 핵심이자 꼭 기억해야 할 중요한 사실은 우리가 조직과 관리에 대한 새로운 통찰력을 창조하기 위하여 은유로 사용할 수 있는 수많은 방법 중에서 이것은 단지 하나의 사례를 제공하고 있다는 것이다.

이 책의 다른 장에서 보여졌듯이, 이러한 과정에는 말 그대로 한계가 없다. 따라서, 본 장의 목표는 모든 사람들이 그들의 사무실로 돌아가서 거미식물과 같이 프로젝트를 관리하거나 또는 그들의 조직을 설계하라는 것이 아니다. 차라리, 목표는 우리가 다양한 다른 방식으로 낡은 사고방식과 낡은 관리스타일 그리고 낡은 조직설계를 새롭게 고치는데 도움이 되는 기본적이고 잠재적인 요소들을 모델화하고 설명하는 것이라고 하겠다. 이것은 종종 우리가 하는 것을 새롭게 고치기 위하여 적절한 은유를 찾을 수 있느냐는 문제를 제기한다.

단순히 구조를 바꾸는 것만으로는 결코 조직을 변화시킬 수 없다. 조직은 사고의 방식을 변화시킴으로써 변화되며, 이러한 변화를 위해서 이미지화가 도움이 될 수 있다. 우리가 속한 조직들은 관료주의를 지탱하고 있는 기계적인 사고방식에 의해서 지배되어

왔다. 아마도 지금이 좀 더 혁신적이며, 유연하며, 인간적인 거미식물이나 또는 다른 유기적이고 성숙한 비유적 묘사에 우리 자신을 개방시켜야 할 시기이다.

따라서, 조직의 새로운 이미지에 당신 스스로를 개방해 보라.

"옳은 것"과 "틀린 것"발견을 위해 너무 걱정하지 말라.

출발점에도 얽매이지 말라.

오로지 과정이 되풀이 되도록 만들어라. 자유롭게 반향되는 통찰력을 이해하고, 갈고 다듬으며, 그리고 형상화하라. 현재 가지고 있는 욕구에 대한 새로운 대화의 기초를 창조하는데 그것을 사용하라. 적당한 때에 은유들을 자유롭게 변화시키고, 수정하고, 개발하고, 그리고 왜곡시켜 보라. 창조적인 과정에 대한 개방성과 수용성이 중요하다! 궁극적으로, 이미지화는 우리가 직면하고 있는 문제들, 도전, 그리고 어려움 등을 처리하는 창조적인 방법을 발견하는 것에 관한 것이다. 아마도 당신의 거미식물과 같은 사고방식은 오직 "포커"를 이끌어 내게 되겠지만, 만일 포커가 결정적인 문제가 된다면, 당신은 모두에게 중요한 해결책을 향한 새로운 길을 찾게 할 것이다.

실질적 접근법에 대한 좀 더 많은 설명은 뒷 장들에 걸쳐 소개될 것이다.

5.

정치적 풋볼게임

우리는 앞장에서 조직설계, 관리스타일, 조직변화에 대한 접근방법을 재조명하는데 이미지화가 어떻게 활용될 수 있는가를 살펴보았다. 5장에서는 경영자나 변화담당자, 전문상담인들이 조직에서 일어나고 있는 상황을 해석하고 조직을 재구성하는 일련의 진단과정에서 이미지화가 어떻게 활용되는가를 설명하려고 한다. 이 장은 저자의 실제 경험을 독자들에게 정확하게 전달하려는 취지에서 운영에 관한 구체적인 방법까지를 기술하고 있기 때문에 다른 장에 비해 약간 길다.

여기에는 관료적 조직인 Teleserve사가 자기조직화를 위한 접근을 통해 현장관리를 실험하는 내용을 담고 있다. 이 회사에서는 노사간의 대립적 관계를 협력적 관계로 이끌어내기 위한 고도로 정치화된 상황 속에서 바람직한 방향으로 변화가 일어났다. 즉, 새롭게 대두되는 기본적 문제에 대해 경영자가 새로운 이해의 틀을 갖고 새로운 아이디어가 생성될 수 있는 여지를 마련했을 때, 조직은 어려운 난관을 극복하고 성공적인 결론을 이끌어 낼 수 있었다는 사실이다.

이 장에 있는 이야기는 이미지화를 설명하는 실제사례로서, "상황에 대한 은유"를 통해 어떻게 문제자체를 깔끔하게 재구성할 수 있는가를 효과적으로 보여주고 있다. 아울러 이 장에서는 최소한의 외부도움만으로 성공적인 변화 전략이 어떻게 진척되면서 자기조직화를 이루어 가는지를 보여주고 있다.

6월의 어느 화창한 날이었다. 회의관계로 막 사무실을 나서려는데 전화벨이 울렸다. Teleserve사에서 인적자원관리 부분의 자문을 맡고 있는 Graham Tompson으로부터의 전화였다. 그는 간단히 자기를 소개하면서, 자신이 몸담고 있는 조직의 관리자들을 대상으로 세미나를 열어 줄 수 있는지에 대해 알고 싶어했다.

나는 당시 나의 상황을 설명하면서, 지금 전화상으로 간단히 이야기하든지, 아니면 다음 기회에 보다 상세히 얘기해 줄 수 없겠느냐고 하였다.

그는 "글쎄요, 사정은 이렇습니다."라고 답변하면서 다음과 같이 말했다.

"사실은 당신이 저술한 조직의 이미지(Images of Organization)를 읽었습니다. 현재는 우리회사가 기계적 관료조직체(본서의 제 2장에 기술되어 있음)와 같으나, 책에서 당신이 말한 자기조직적 두뇌(본서의 제 4장에 기술되어 있음)와 같이 되기를 원합니다. 아마 당신은 틀림없이 우리에게 도움을 줄 수 있으리라고 믿습니다."

Graham이 용기를 내어 자신이 처한 상황을 흥미롭게 설명하는 것에 나는 감명을 받았다.

그래서 나는 물었다. "그런데 도대체 왜 변화에 관심을 갖고 있습니까?"

"좀 장황한 이야기입니다만, 간략히 말씀드리면 다음과 같은 상황이…"라고 그는 대답했다.

그는 고도의 관료적인 형태로 운영되고 있는 정보처리센터에서 발생한 문제를 나에게 설명했다. 18개월 전의 일이었다. 천둥번개로 정전이 되었다. 그 당시 야간근무자 7명 중 5명이 컴퓨터 단말기로부터 이상한 기분을 느낀다고 호소해 왔다. 손도 따끔따끔 아프다고 말했다. 다음날이 되자, 다른 사람들도 이와 비슷한 이야기를 하면서, 신경마비와 두통 등을 호소해 왔다. 3주일 동안 '전기쇼크'와 관련된 보고가 100여건에 달했다. 노동조합 대표는 경영진에게 이 문제에 대한 즉각적인 조치를 요구했다. Teleserve사의 작업현장에서 발생한 이러한 건강 및 안전에 대한 문제는 지역 언론에서도 크게 다루어지게 되었다. 이로 인해 여러 기관의 보건관련 담당자가 이 문제에 개입하게 되었고, 결국 정부관계자도 관여하게 되었다.

그후 전기쇼크와 유사한 사건에 관한 보고는 간헐적으로 계속되었다. 12주 동안 또 다른 100여개의 사건이 보고되었다. 그 후 6개월 동안 보고건수는 기하급수로 늘어났다. 정보처리센터 이외의 부서에서도 보고되기 시작했으며, 3일간 파업에 돌입하면서 전기쇼크에 대한 문제는 절정에 달했다. 아울러 파업에 따른 수입손실액만도 75만 달러에 달하는 것으로 추산되었다.

이어서 Graham은 이러한 사태에 대해 회사가 어떻게 대응했는지를 설명하였다. 먼저 작업현장에서 인체공학과 건강에 대한 갖가지 연구를 수행하였다. 그러나 어느 누구도 작업장이 안전하지 않다는 증거를 제시하지는 못했다. 종업원이 경험한 증상은 신체적으로 또한 의학적으로 설명할 수 없는 문제였다. 이에 종업원이 겪고 있는 것은 "스트레스와 관련된 것"이라는 이야기가 나왔다. 그러자 노동자와 노동조합이 강력하게 반발하고 나섰다.

건강과 안전에 관련된 문제를 다루기 위해 노사 모두가 참여한 각종 위원회가 법에 따라 구성되었다. 위원회가 구성되자 현장관리자와 중간관리자는 문제의 해결과정에서 제외되었다. 이에 따라, 그들은 자신의 부서에서 무슨 일이 일어나고 있는지를 전혀 알지 못하게 되었고 의사결정과정에서도 제외되었다. 그들은 문제해결과정에서 자신들이 제외되었다는 사실에 분개했으며, 직무처리에 있어서 권한을 상실했다고 느끼게 되었다. 그들은 이러한 문제에 대해 적절한 조치를 취해줄 것을 요구하고 나섰다.

이 문제에 대응하기 위해 Graham과 그의 동료들은 관리자들과 만나서 이들이 장·단기적 실행계획을 수립할 수 있도록 도와주기로 했다. 관리자들은 필요한 정보를 제공받고, 당면한 문제를 다룰 수 있는 기술과 역량을 개발할 수 있기를 원했다. 현장 실무진에 관련된 문제를 가능한 한 빨리 처리해야 될 상황에서 관리자들은 최고경영자의 개입이 이루어지지 않는다면, 어떠한 일도 할 수 없다고 주장하였다.

관리자들은 자신들의 요구를 상급관리자들에게 보고하고 지원을 받기로 했다. 그런 후, Graham은 작업을 조직화하는데 필요한 새로운 접근방법을 개발하고 급변하는 경영환경속에서 살아남기 위한 경영기술을 습득하는데 도움이 될 수 있도록 자신들을 위한 세미나를 개최해 줄 의향이 없는지를 알아보기 위해 나에게 전화를 걸어온 것이었다. 그는 Images라는 책을 읽었으며, 자기조직적 작업팀에 대한 여러 가지 성공적인 실험에 대해서도 익숙하게 알고 있었다. Graham은 일선 관리자들이 경영에 대한 새로운 접근방법을 보다 많이 배워서 앞으로 나갈 수 있는 역량을 그들이 갖출 수 있기를 원했다.

나는 전화기에 귀를 기울이고 있었다!

전화통화는 단지 몇 분밖에 되지 않았으나, 그 대화는 너무나 많은 것을 나에게 말해 주었다.

나는 다음과 같이 응답했다 . "아주 흥미롭군요. 그러나 세미나 이상의 것을 원하는 것 같이 들리는데요!"

우리는 서로 웃으면서 다음에 다시 얘기를 계속하기로 했다.

상황에 대한 첫 파악

회의참석을 위해 운전을 하면서도, 나의 머리는 Teleserve사의 총체적 상황을 파악하려는 생각으로 가득 차 있었다. 상황을 이해하려면, Images라는 책에서 논의된 최소한 5가지의 은유가 관련되어 있는 듯 했다. 그것은 기계에 대한 은유, 유기체에 대한 은유, 두뇌에 대한 은유, 정치에 대한 은유, 그리고 지배수단에 대한 은유이다(〈그림 5.1〉 참조).

Graham이 진술한 Teleserve사에 대한 기계적 은유의 측면은 조직에서 일선 실무진의 작업이 세세한 부문까지는 아니지만 컴퓨터 기술에 의해 얼마나 밀접하게 감시되고 통제되고 있느냐는 것이다. 한편 '유기체'적 은유의 관점에서 보면, 종업원의 인간적 욕구와 작업을 통제하는 기술간에는 부조화가 존재한다는 것이다. 또한 Graham은 기존의 관료적 조직구조를 자기조직적 시스템으로 재구성하는데는 두뇌에 대한 은유가 유용하게 활용될 수 있다는 점도 언급했다.

정치에 대한 은유로 조직을 바라보면, 조직내의 모든 문제가 명확하게 드러난다. 조직의 모든 부문에서 갈등이 상존하고 있었으며, 일선관리자로부터 현장근로자들에게로 가시적인 권력관계의 이동이 진행되고 있었다.

　마지막으로 지배수단에 대한 은유로 조직을 보면, 작업장에서는 통제를 위한 투쟁으로 표현될 수 있을 만큼 심각한 구조적 문제점을 드러내고 있었다. 위기국면을 야기한 천둥과 폭풍우와 같은 일련의 사태들은 단지 하나의 시발점에 불과했다. 의문의 꼬리는 사라지지 않았다. 현재의 조업중단은 작업자를 감시하고 통제하기 위해 사용된 주도적인 기술의 본질에 대항하는 근본적인 반응으로 발생한 것인가? 철두철미한 통제에 대한 직접적 결과로 스트레스가 생겨났는가? 이러한 상황은 조립라인의 생산직 근로자들에게도 나타나겠는가? Graham은 이러한 의문들에 대한 응답은 일선관리자들의 관리범위를 벗어난 것이라고 말했다. 실제로, 현장에서 일하는 작업자들이 작업현장의 주도권

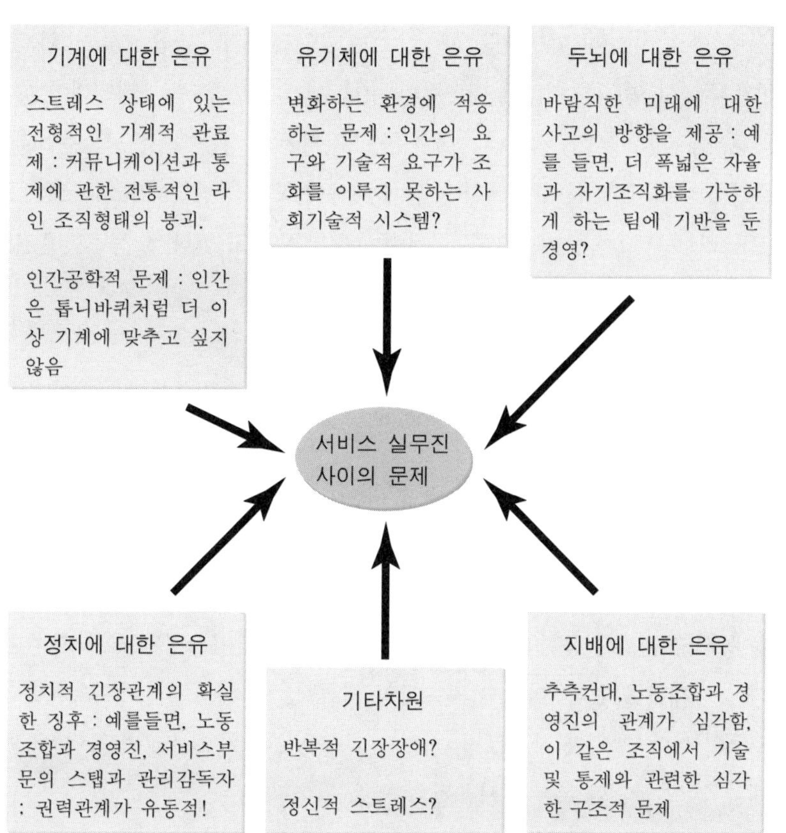

■ 그림 5.1

Teleserve사에 대한 나의 최초의 파악

을 잡고있는 것은 확실했다. 일반적인 노사관계의 장래를 생각해 볼 때, 현재의 분쟁은 어떻게 결말이 지어질 것인가? 나는 이러한 문제에 대해 전혀 정보를 갖고 있지 않았다. 그러나 분명한 것은 이들 사안들이 중요한 문제라는 사실이었다.

주요 논점: 경영자들과 그들의 실무진에 대한 실제적 권한부여가 이루어지도록 하기 위한 어떠한 세미나라도 기업을 보다 자기조직적 모형으로 전환시킬 수 있는 과정과 연결되어야만 할 것이다. 그러나 현재 상황을 정치적 은유의 관점에서 보면 그것은 가능하지 않는 듯 하다.

신체 및 건강에 관련된 Teleserve사의 문제는 특히 나의 관심을 끌었다. 통증, 쇼크, 신경마비, 두통, 멀미 등 작업현장에서 나타나는 증상과 유행병과 같이 퍼져 가는 문제의 본질들을 Graham이 설명했을 때, 오스트레일리아의 Fred Emery와 Trevor Williams가 수행한 연구가 머리에 떠올랐다. 1980년대 중반, 오스트레일리아 통신회사(Telecom Australia)에서도 컴퓨터 키보드를 조작하는 상당수의 정규직 종업원들에게 유사한 증상이 나타났다. 당시 이러한 증상에 대해 반복적 긴장장애(Repetition Strain Injury: RSI)라는 병명이 붙여졌으며, 정치적 문제가 되기도 했다. 노동조합은 RSI문제에 대해 즉각적인 조치를 요구했으며, 정부는 키보드 조작업무의 전일제 근무를 제한하는 고용정책을 제시하고 이 정책의 입법화를 추진했다.

Emery와 Williams의 연구에 따르면, RSI는 시스템적인 문제라는 사실이 밝혀졌다. 즉, 신기술의 요구조건과 인간의 생체학적 능력사이에 발생하는 부조화의 결과로 RSI라는 증상이 나타난다는 것이다. Emery와 Williams는 반복적 작업을 강요하는 새로운 기술은 인간의 신체와 정신에 영향을 미쳐, RSI와 같은 증상을 종종 야기하게 된다고 주장하였다. 또한 그들은 이 같은 문제를 해결하기 위해 장비의 개선이나 규칙적인 휴식시간의 설정 등과 같은 인간공학적인 측면에서의 점진적인 적응을 유도해 나가는 것은 한계가 있다는 견해를 밝혔다. 아마도 지속적인 해결책은 작업자체의 설계내용을 근본적으로 바꾸는 것이다. 그렇게 함으로써, 키보드 기술은 종업원 스스로가 작업속도를 조정하고 통제할 수 있는 상황 속에서 사용될 수 있을 것이다.

이 같은 배경을 고려했을 때, Teleserve사는 종업원들에게 보다 많은 자율권을 위임하는 자기조직적 시스템으로 바꿔나갈 필요가 있다는 Graham의 직관은 매우 의미가 있는 듯 하다. 따라서 조직과 경영의 접근방식에 대해 세미나를 개최하는 것은 조직구성원들에게 이러한 생각을 주지시키고 지원할 수 있도록 하는 첫걸음이 될 것이다. 그러나 보다 더 중요한 것은 현재 조직이 처해 있는 전후상황이라고 할 것이다. 조직은 작업설계의 새로운 접근법에 대해 개방적인가? 경영진과 실무진들은 전향적으로 변화를 시도하려는 의도와 능력이 있는가? 아울러 그들은 필요한 경영기술과 잠재력을 개발할 수 있는가? 하는 등의 문제인 것이다.

일차적으로 당면한 문제들은 널리 알려진 사회기술적 시스템 이론을 통해 개념화될 수 있을 것이다. 예를 들어, Teleserve사는 인적 필요와 기술적 필요의 새로운 통합이 요구되는, 분명히 균형이 깨어진 조직이다. 그러나, 여기서 더 중요한 것은 이 조직이 극히 복잡한 정치적 문제를 안고 있다는 점이다. 설령 최고경영자가 기술과 직무 그리고 조직의 재설계에 관한 조치를 포함하는 해결책을 마련한다고 하더라도, 특히 노사관계와 같은 정치적 문제의 동태성은 이와 같은 해결책이 실행되기에는 불가능하도록 만들고 있는 것이다.

Graham이 안고 있는 과제는 간단한 것 같이 보였다. 그러나 누군가 진정으로 의미 있는 결론을 이끌어내려 한다면, 아마도 정치적 힘과 문제가 얽혀 있는 주어진 상황을 정확하게 인식할 필요가 있으며, 이러한 문제에 대한 해답은 쉽게 나오지 않을 듯 하다.

멀리서 날아온 정보

Graham과 그가 소속된 조직은 멀리 떨어진 다른 도시에 있었다. 그래서 다음 미팅은 1주일이나 지난 후에 이루어 졌으며, Graham은 서로간의 정보교환을 위해 회합기간동안에 간담회를 갖자고 요청해 왔다. Graham은 그 간담회에 동료인 Jenny McDonald를 참석시켰다. 나도 자기조직 작업팀을 만들어 관리하는데 유용한 정보를 제공해 줄 수 있는 평소 알고 지내던 한 사람을 동석시켰다. 이와 같이 새로운 구성원들이 토론에 참가하면서 이미 나눈 이야기를 재론할 기회가 마련되었고, 나는 처음에 이해한 내용을 검토할 수 있도록 토론의 방향을 이끌고 나갔다.

그 자리에서 Graham은 전에 들려주었던 것보다 더 상세한 이야기를 하기 시작했다. 그는 '쇼크' 사건과 인체공학 및 건강에 대해 자신들이 수행한 연구와 관련하여 추가적인 자료를 제공했다. 그 연구결과들은 지속적으로 발생하는 전기적 쇼크는 아무런 문제가 되지 않는다는 한결같은 견해를 보였으며, 수십만 달러의 비용을 들여 외부전문가들에게 위탁하여 수행한 연구에서도 작업장이 불안전하다고 말할 수 있는 증거는 제시되지 않았다.

Graham은 또한 일선관리자가 겪고 있는 문제에 대해서도 좀더 상세한 이야기를 들려주었다. 이야기의 주된 내용은 권력이 노동조합으로 이동해 가는 것에 대해 건강위원회와 안전위원회는 어떻게 인식하고 있었는가, 작업성과의 통제에 대해 직접적으로 책임을 지는 일선관리자가 참여를 하지 않은 상태에서 어떻게 고용계약과 고용조건의 변화가 이루어지게 되었는가 하는 문제에 관련된 것이었다. 그는 또한 일선관리자들이 얼마나 분노했으며, 최근 그들 중 일부가 왜 일선관리직을 그만두게 되었는지에 대해서도 언급했다.

일선관리자들이 처한 어려운 상황의 일례로, 그는 다음과 같은 이야기를 들려주었다. 교대 조에 속한 현장근무자의 반 수 이상이 예기치 않은 스트레스로 동시에 작업중단 상태에 들어가 교대근무가 불가능하게 되었다. 이 같은 스트레스로 인한 작업의 중단은 건강위원회에 의해 결정되었다. 그러나 어느 누구도 이러한 사실을 일선관리자에게 보고하지 않았다. 조직내부의 의사소통은 혼란상태에 있었으며, 일선관리자는 이러한 사태에 대해 매우 걱정하였다. 그들은 자신들이 소외되었으며, 이러지도 저러지도 못할 처지에 놓이게 되었다고 느끼고 있었다. 이러한 문제는 스트레스를 겪고있는 관리자들을 돕기 위해 만들어진 내부 컨설팅 부문 인원이 삭감되자 더욱 악화되었다. 일선관리자들은 내부로부터의 지원이 줄어들고 외부로부터의 요구가 가중되면서 "허둥대기" 시작했다.

Jenny는 보다 자세한 내용을 추가하면서 감독자 및 일선관리자들과 함께 수행한 작업에서 내부 컨설팅 부문 사람들이 어떻게 근무자들로 하여금 그들의 불만을 드러내게 하고, 기본적 문제를 평가하며, 몇가지 기회를 찾아내게 했는지 이야기하였다. 이 과정에서, 내부 컨설팅 부문의 사람들은 대부분의 관리자들이 보인 능력과 잠재력 그리고 그들이 제시한 행동계획에 대해 깊은 인상을 받았다는 얘기를 들려주었다.

아울러 Graham과 Jenny는 서비스부문 실무진들 사이에 발생한 일종의 집단스트레스 현상에 관해 회사 최고경영자의 의견도 들려주었다. 그들은 스트레스의 원인이 반복적이고 매우 통제된 작업에서 비롯되었다는 인식을 하고 있었다. 예를 들면, 내부의 통제시스템은 매 15분마다 컴퓨터를 통해 개인별 또는 작업단위별로 성과를 측정하고 지속적으로 성과를 감시할 수 있는 역량을 갖추고 있었다. 이러한 감시체제가 사람들에게 스트레스를 유발한다는 것은 말할 나위도 없을 것이다. 이러한 상황을 생각해 보면 어떻게 해서 긴장이 생겨나고 그것이 폭발하는지에 대해 쉽게 알 수 있었다. 더욱이, 서비스부문 실무진들의 대부분은 작업상황 외적인 요인에서도 압박을 받고 있는 상태였다. 그들은 주로 주부였으며, 육아문제, 결혼문제, 가족문제 등으로 고민하고 있었다. 어떤 주부는 가계에 보탬이 되기 위해 야간근무에 나왔는데 남편의 퇴근시간에 맞춰 일을 멈추는 경우도 있었다. 그들에게는 생활 그 자체가 스트레스의 근원이었다.

이러한 이야기를 하고 있는 동안에 Graham은 오스트레일리아 통신회사에서 일어난 문제를 언급했다. 그것은 3800명의 종업원에게 일종의 수족마비 증상이 발생했다는 보고였다. 그는 RSI에 대해 알고 있었으며, 자신의 회사도 그와 유사한 상황이며, 일 자체가 문제의 근원이라는 견해를 밝혔다. 또한 천둥번개로 인한 작업중단이 직접적인 계기가 되었고, 작업장 내외의 복합적 요인이 작용하여 스트레스를 일으켰을 것이라는 자신의 견해를 이야기했다.

이어서 Graham과 Jenny는 다양한 차원에서 문제의 근원을 찾기 위해 조직내에서 취한 행동에 대해 설명하기 시작했다. 그것은 비품의 형태, 의자의 높이, 공조 설계, 온도와 습도의 통제시스템 등을 바꾸기 위한 인체공학적 실험에 관한 것이었다. 정전기 현상을 없애기 위해 종업원들에게 금속형 팔찌가 제공되었고, 의자다리 밑 부분에도 금속판을 부착시켰다. 심지어 건물도 바꾸었으며, 이로 인해 몇몇 종업원들은 새로운 건물에서 근무하게 되었다. 이러한 실험들은 소집단별로 노동력을 조직화하는 방향에서 이루어졌다.

그러나 문제는 여전히 남아 있었다. 노동조합은 조합의 힘을 분산시키려는 의도가 있다는 이유에서 반대를 하였고, 인체공학적 변화 역시 기대할 만한 성과를 가져오지 못했다. 새로운 건물은 불편했으며, 또 다른 스트레스만 야기했을 뿐이었다. 문제들이 작업태만 때문에 생긴 것이라는 소문도 나돌았다. 또한, 서른 명이나 되는 서비스부문 실무진들은 기술자들이 전기쇼크를 일으키는 충격장치를 만들었다는 문서에 서명하기도 했다. 하여튼 모든 상황이 믿을 수 없을 만큼 미묘했고 복잡했다.

이 같은 상황을 맞아, 우리들은 경영자들이 구체적으로 무엇을 요구하고 있는지에 대해 계속 논의했다. 그리고 Graham과 Jenny는 자신들이 세운 실천계획을 정리하였다. 그 계획은 조직내부에 보다 효과적인 정보시스템을 구축하고(이들 중의 일부는 이미 운영되고 있었다), 작업조직의 대체 시스템 구축을 통해 보다 많은 지식과 경영관리 기술을 획득하는데 초점이 맞추어져 있었다. 이야기가 진행됨에 따라, Graham과 Jenny가 파악한 일선관리자들의 요구가 전체상황을 해결할 수 있는 수단이 된다는 사실이 명확해졌다. 그들은 만약 일선관리자들에게 작업관행을 변경시킬 수 있는 권한을 부여할 수 있다면, 그것은 조직 전체의 변화를 무리 없이 끌어낼 수 있는 발판이 될 수 있다고 판단했다.

이러한 과정의 첫 번째 단계로서 Graham과 Jenny는 세미나를 통해 관리자들에게 자기조직적인 모델로 변화시킬 수 있는 아이디어를 어떻게 제시하고 설계하며 실행할 것인가에 대해 계속 설명했다. 그들은 혁신적인 방법보다는 일종의 시험적 프로젝트를 통해 단계적으로 이루어지는 점진적인 변화가 바람직하며, 이를 위해서는 최고경영자의 관심은 물론이고 관리자, 서비스부문 실무진, 그리고 노동조합의 적극적인 참여가 필요하다는 것을 인식하고 있었다.

한 시간 여에 걸친 대화를 통해 Graham과 Jenny는 조직에서 벌어지고 있는 상황의 대부분을 들려주었다. 그들은 조직의 변화를 시도하기 위해 프로젝트를 구상하고 있었으며, 우리 역시 분명히 같은 방향으로 조언을 하리라고 믿고 있었다.

한편, 나는 Teleserve사의 극히 정치적인 상황에 대해 여전히 불안한 마음을 떨칠 수 없었다. 프로젝트가 확정되고 그것이 만족할 만한 결과를 얻기 위해서는 정치적 상황이 대단히 중요한 역할을 수행하기 때문이다. 그러나 물론 긍정적인 측면도 있었다. 예를 들어, Graham과 Jenny는 관리자들에 대한 상황을 설명하면서 관리자들이 뛰어난 능력을 갖고 있으며, 그들 스스로가 "무엇인가를 해낼 수 있는 현실"을 절감하고 있다고 말했다. 그들 중 두 명의 관리자는 변화를 위한 어떠한 프로젝트도 노동조합이 참여함으로써 적극적인 지원을 기대할 수 있다는 것을 인정하고 있었으며, 또한 변화가 어떻게 조직문화를 바꿀 것인가에 대해서도 상당히 이해하고 있었다. 또한 그 두 명의 관리자는 노령의 관리자들과 서비스부문 실무진에서 자연스러운 퇴직에 의한 인원감소가 이루어지게 되면 이러한 변화를 원활히 진행시키는데 도움이 될 것이라는 점도 지적하였다.

이러한 배경을 듣고 난 후, 나와 내 동료는 이번 일에 좀더 깊숙이 관여를 해도 괜찮겠다고 판단하고, 선임관리자에게 고려해 주도록 요구하는 공식제안서 제출에 동의했다. 이에 따라, 만약 관리자를 위해 제시된 금번 세미나가 바람직한 결과를 얻게 된다면 선임관리자들과 실무진 대표들을 포함시켜 참여자를 확대할 수 있는 훌륭한 아이디어가 될 수 있으며, 적어도 이들 집단에 대해 자극제가 될 것이라는 제안을 하기로 하고 회의를 마쳤다. 이를 통해 그들은 기본적인 사고에 대해 이해를 공유할 수 있으며, 폭넓은 조직문화를 관리할 수 있게 될 것이다. 아울러 이러한 시도가 변화프로젝트를 성공적으로 이끌 수 있는 상황을 만드는데 도움을 줄 것이다. 이는 또한 일선관리자들이 "워크샵을 통해 자신들의 실무경험을 나누겠다"는 조건하에서 손쉽게 수용될 것이다. 우리는 공식제안서를 작성한 후에 다시 만나 이야기하기로 했다.

공식 제안서

내가 미팅을 요청한 것은 내가 상황을 제대로 알고 있는지 알아보자는 것이었다. 또한 이를 통해 쉽게 전체를 분석할 수 있을 것으로 생각했다. 그러나 여전히 이해하기 어렵고 해답을 찾을 수 없는 사항도 있었다. 그것은 상급관리자가 가지고 있는 기존의 "문화"와 조직의 복잡한 정치적 문제에 관련된 것이었다. 이런 것이 심각한 문제이긴 하나

쉽게 해결될 것이라고 생각했다. 프로젝트는 조직재설계의 가능성에 초점이 맞추어졌다. 예를 들면, 이미 사용하고 있는 기술을 바꾸어 조직구성원들에게 좀더 자율성을 부여하여 자기 조직이 될 수 있도록 하자는 것이었다. 이러한 프로젝트는 단기적으로 위기에 놓인 조직을 구해낼 수 있으며, 심각한 조직의 구조적 문제에 대해서도 해결의 실마리를 제공할 수 있을 것이다. 그러나 이러한 노력이 순조롭게 이루어지기 위해서는 경영층과 노동조합으로부터의 호응이 절대적이라고 생각했다.

3주일 후 두 단계로 구성된 제안서가 제출되었다.

첫 번째 단계는 현안과 관련이 있는 주요 이해관계자(상급관리자, 라인관리자, 서비스요원, 노동조합대표)들을 상대로 세미나를 개최하는 것이었다. 아울러 다음 사항을 탐색하기 위해 워크샵이 마련되었다. (a) 새로운 조직화와 관리 스타일, 특히 자기조직 작업집단에 관련된 것, (b) 조직 설계시의 가치, 권력, 그리고 통제의 적용과 관련된 사항, (c) 주어진 상황에서 관리에 필요한 태도, 기술(skill), 역량에 관련된 사항, 특히 실무진에게 권한과 동기를 부여하는 방식에 관련된 사항, (d) 어느 한 조직유형에서 다른 조직유형으로의 전환을 관리하는데 필요한 기술(skill)에 관련된 사항.

두 번째 단계는 조직의 어느 선택된 영역에서 이러한 원리를 시험적으로 실행하는 것으로 구성되었다. 특히 이 단계는 외부컨설턴트의 자문을 받아 내부의 '설계위원회'에 의해 운영되어야 하며, 평가는 외부컨설턴트와 내부설계위원회에서 독립적으로 이루어져야 한다는 것을 제안하고 있다.

제안서를 제출하고 몇 일이 지나, Graham과 Jenny는 다시 전화를 걸어왔다. 그들은 제안서의 내용에 흡족해 했다. 그러나 그들은 워크샵에서 조직이 직면하고 있는 현안들에 대해 충분히 토론할 수 있는 시간적 여유를 보장해 주고, 근로자들에게 현상파악과 해결방안에 대한 선택권이 있다는 사실을 이해시킬 수 있는 기회를 마련해 주기를 원했다. 물론 워크샵이 시험적 프로젝트를 위한 위원회로 발전한다면 가장 이상적일 것이다. 그렇게 되면 자연스럽게 1단계에서 2단계로 넘어가게 되는 것이다. 그들은 또한 서로의 이해가 상충하는 여러 관계자들 사이에서 적절한 균형을 유지하기 위해 누가 워크샵에 관여해야 하는지에 대한 지침도 제시해 주기를 원했다.

조직변화에 대한 그들의 열정은 대단했고, 이를 위한 역량 또한 스스로 만들어 가고 있었다. 그들은 추가적인 정보를 보강하여 빠른 시일 내에 제안서를 최고경영진에 가져 갈 계획을 수립하였다.

"통제문화"가 진실을 말한다

4주일이 지나서 Graham으로부터 전화를 받았다. 제안서가 최고경영진에게 제출되었으며, 반응은 긍정적이었다는 내용이었다. 그러나 부사장중의 한사람이 시험적 프로젝트에 대해 회의적이며, 이 문제를 어떻게 처리해야 할지 걱정스럽다고 말했다. 프로젝트를 진행시키기 위해서는 사전에 정확한 결과를 명시하는 것이 필요하다. 성공으로 이끌기 위한 기준이 무엇인가를 명확하게 설정해야 하는 것이다. Graham과 Jenny는 좀 더 심도 있게 논의하기 위해 내가 이끌고 있는 팀과 만나고 싶어했다.

우리는 9월 셋째 주에 캐나다의 토론토에 위치해 있는 로얄요크호텔 스위트룸에서 다시 만났다. 모두 여섯 사람이 모였다. Graham과 Jenny는 그들 일선관리자들 중의 한사람을 데려왔고, 나는 이 프로젝트에 참여시킬 두 사람을 데리고 갔다.

새로운 사람이 참여함으로써 우리들은 기본적인 내용에 대해 다시 한번 이야기할 수 있는 기회를 갖게 되었다. 새로운 정보를 소개하는 방식으로 하나씩 사실들을 밝혀 나갔다. 우리들은 전기쇼크와 관련된 사건, 의학 및 인체공학에 관한 최근의 보고, 일선관리자의 업무에 관한 추가적인 정보, 서비스부문 실무진들이 매일같이 통제되는 방법 등에 대해 더 많은 정보를 얻게 되었다. 또한 우리들은 각 작업수준에서 경험하고 있는 스트레스의 명확한 징후에 관한 정보도 얻게 되었다.

그러나 우리가 추가적으로 얻은 정보 중에서 가장 충격적인 것은 일년 전에 사장과 몇 명의 부사장이 다른 상급관리자와 함께 해고되었다는 사실이었다. 해고의 이유는 백만 달러 이상을 투자한 해외사업의 실패에 있었다. 어째든 이러한 사실은 지금까지의 대화에서는 언급된 적이 없었다. 해외사업이 실패하자 그것은 곧바로 정치적인 문제로 발전되고 논란의 대상이 되었다. 왜냐하면, 그 기업은 지역적으로 중요한 위치를 차지하고 있었으며, 해외사업을 추진하면서 정부보조금까지 받고 있었기 때문이었다. 주민들의 압력으로 이 문제에 대해 정부가 개입하게 되었다. 주민들은 공공자금을 오용하고 낭비했으며, 최고경영자가 주요 사업과는 동떨어진 분야에 투자한 사실에 대해 분노하고 있었다. 주민들은 최고경영자가 해외사업에 참여하기보다는 치열한 국내경쟁에 대응하기 위해 사업을 재조정하는데 애썼어야 했다고 생각했다. 정부의 행동은 불을 보듯 뻔했다. 정치인들이 영향력을 행사하기 시작했으며, 회사수뇌부는 흔들리기 시작했다. 몇몇 핵심 정치인들이 관심을 나타내게 된 것은 부분적으로 노동운동과 밀접하게 관련됨으로써 긴박성과 행동의 가시성이 가속화되기 때문이다. 정치인들은 건강과 안정에 관한 현재의 위기상황에 대해 신속한 해결을 요구하는 노동자측의 요구를 지지하고 있었다.

이 모든 것으로 인해, 결과적으로 이 대중이 사랑하는 회사는 '증오하는 기업' 으로 낙인찍히게 되었고, 언론매체의 비난을 받는 대표적인 표적이 되어 버렸다. 이로 인해 회사에서 일어난 아무리 사소한 실책도 신문이나 TV를 통해 대대적으로 보도되었으며, 일부 종업원은 이를 피해 멀리 달아나기도 했다. 매스컴에서 떠들게 되자 조직의 하위계층에 있는 사람들은 점차 힘을 얻게 되었던 것이다.

이러한 정치적 문제에 대한 나의 판단은 동요되기 시작했다. 문제는 내가 처음 생각한 것 이상으로 심각했다. 나는 어떠한 프로젝트도 통제 불가능한 위기에 처할 것이라고 생각했다.

우리가 최근 회사 안에서 이루어졌던 조직변화 시도들을 탐색하던 중에 이런 이야기를 듣게 되자 나의 걱정은 더욱 커져만 갔다. 일년 전에는 의사결정과정에 '종업원참가제도' 를 도입하려다 실패한 적도 있었다. 처음에는 이 제도에 대한 참여를 촉진하기 위해 회사의 효율성제고 프로그램의 일부로써 컨설팅 회사까지 참여시켰었다. 그러나 두 번째 모임에서 회의안건은 시간관리와 생산성에 관련된 문제로 넘어가 버렸다. 그러자, 종업원과 노동조합은 완전히 등을 돌렸으며, '참여제도' 에 대한 경영진의 관심을 다른 안건들을 숨기기 위한 가식적 수단으로 보고 극히 냉소적이 되어 버렸다.

우리의 프로젝트는 여기 또 다른 잠재적 함정이 있었다. 이미 종업원참가제도와 같은 참여적 실험은 조직의 다른 영역에서 수행되고 있었다. 우리가 하고 있는 작업도 그와 꼭 같은 방식 그대로 운영될지 모른다는 위험적 생각이 들었다.

이 같은 상황에서, 우리는 실질 안건에 대해 회의를 계속했다. 그것은 제안된 프로젝트에 대해 최고경영진이 제기한 걱정이었다. Graham과 Jenny는 이야기를 계속했다. 가장 중요한 사실은 부사장들 중에서도 가장 중요한 위치에 있는 부사장이 이 프로젝트를 잘 승인하지 않으려 한다는 것이었다. 그는 이 프로젝트를 통해 관리자의 관리능력을 향상시킬 것이라고 막연히 주장하기에 앞서 고객서비스의 개선, 경비의 감소, 고충처리건수, 결근율, 동맹파업과 스트레스 감소 등 일선현장에서 기대되는 가시적 효과를 제시할 수 있어야 한다는 것이었다. 사실상, 부사장은 Graham과 그의 동료에게 상세한 수익-비용분석을 수행하고 프로젝트에 대한 정확한 평가방법을 만들 것을 요구한 것이다.

Graham이 이러한 이야기를 했을 때, 나는 조직 내의 통제 지향적 문화가 우리의 프로젝트를 완전히 에워싸고 있다는 사실을 확인할 수 있었다. 설상가상으로 Graham은 어떤 시험적 프로젝트라도 비용과 서비스 측면에서 현재수준의 효율성은 보장할 수 있다는 사실을 보여주기를 원했다. 그것은 정상적인 운영상태의 95% 수준에서 평가가 이루어진다는 것이었다. 나는 나의 귀를 의심하지 않을 수 없었다. 일선에서 온갖 위기를 겪으면서도 95%의 효율성을 유지한다고 믿는 최고 경영진을 가진 조직이 있다니! 나는 화를 참을 수 없어서, 근로자들이 몇 일간만 동맹파업을 해도 매일 75만 달러의 손실을 가져와 95%는 도저히 달성할 수 없는 수치가 아닌가 라고 물어 보았다.

나의 관점은 정리되었다. 비용은 계산에 넣지 않기로 했다. 그러나 문제는 여전히 남아 있었다. 그것은 이 프로젝트가 수행할 만한 가치가 있다는 사실을 상급관리자들이 확신할 수 있는 자료를 Graham과 그의 팀이 어떻게 획득할 것이냐 하는 문제였다. Graham과 그의 팀은 보다 자율적인 경영으로 전환함으로써 얻어진 성과에 대해 다른 조직의 경험으로부터 그 증거를 얻을 수 없겠느냐고 물어왔다.

나의 동료들은 몇 가지 사례를 제시했다. 그러나 나는 여전히 불안한 마음을 떨칠 수가 없었다. 이야기가 계속되어가면서 나는 기업문화와 가치관이 프로젝트를 좌우하고 있다는 사실을 느낄 수 있었다. 만약 우리들이 이러한 방향으로 계속 사고를 해나간다면, Graham과 Jenny의 전체 프로젝트는 무산될지도 모르는 일이었다. 우리는 경영참여와 관련하여 실시한 과거의 실험을 바탕으로 최고경영진을 설득하기로 했다. 그러나 노동조합이 문제였다. 아마 노동조합은 결코 제시된 프로젝트에 참가하지 않을 것이며 정당성을 인정하지도 않을 것이다. 나는 프로젝트를 성공적으로 이끌기 위해 내가 개입할 수 있는 여지가 갑자기 사라지고 있다는 사실을 느꼈다. 현재의 문제에 대해 조직문화가 해결책을 가로막고 있다는 사실을 느끼기 시작한 것이다. 우리는 Graham과 그의 팀이 요구해서가 아니라 근본적으로 비용과 수익, 성공과 실패, 성과의 측정방법 등에 대해 다시 한번 논의하는 것이 바람직하다고 판단했다.

이때 "정치적인 풋볼게임"이라는 이미지가 나의 뇌리를 스쳐갔다. 우리들은 게임에 초대된 것이다. 그리고 내 생각이 틀리지 않았다면, 우리들은 경영진과 노동조합 심지어 언론기관들 사이에 놓인 미식축구공이 되고 있는 것이다. Graham과 그의 동료들은 작업조직을 재설계해 나가는 과정에서 자신들의 새로운 프로젝트를 가장 중요한 단계로 여기고 있었다. 그러나 나는 좀더 정치화된 렌즈를 통해 그것을 보고 싶었다.

그래서 나는 도중에 회의방향을 정치적 실체를 이야기할 수 있는 쪽으로 돌렸다.

나는 곧바로 다음과 같이 질문했다. "프로젝트를 이러한 방향으로 이끌고 가는데 노동조합으로부터의 지원은 있었습니까?"

다음과 같은 대답이 돌아왔다. "지원은 불투명합니다. 그러나 협력에 관한 기대는 하고 있습니다."

나는 내 질문 속에 숨어 있는 본질적인 문제가 실제로 전달되지 않았다는 것을 느끼면서, 스트레스 연구와 관련문제에 대한 노동조합의 태도를 알아볼 수 있는 방향으로 다시 논의를 계속했다. 이를 위해 나는 좀더 직접적인 방법으로 문제를 제기했다.

"오늘 아침에 내가 설명들은 내용을 토대로 생각을 해보면, 지금 여러분은 고도로 정치화된 상황 속에서 움직이고 있습니다. 여러분이 해결하려는 문제에 대해 언론기관, 정치인, 노동조합, 불만에 찬 노동자, 일선관리자, 현장에서의 성과에 관심을 갖고 있는 최고경영진 등 모든 사람들이 이해관계를 갖고 있습니다."

"내가 잘못 보지 않았다면, 여러분의 프로젝트는 정치적 풋볼게임으로 끝날 것입니다. 그것은 미식축구공이 어디로 굴러갈진 아무도 모른다는 것입니다."

"당신들은 그 프로젝트에 대해 부사장으로부터 현장에서의 정당성을 설명해 달라는 요청을 받았습니다. 그러나 당신들이 해야할 진정한 일은 모든 이해당사자들을 끌어들일 수 있는 프로젝트를 설정해야 한다는 것입니다."

"당신들은 이 프로젝트가 정치적 풋볼이 되는 것은 막아야 합니다."

"이 프로젝트에 있어서 일선라인은 대단히 중요합니다. 그러나 더욱 근본적인 문제가 있습니다. 그것은 측정이나 투자에 대한 수익의 문제가 아닙니다. 그것은 회사의 미래에 관한 문제입니다. 그리고 주요 이해관계자를 이 프로젝트에 참가시키느냐 마느냐 하는 문제는 사업을 조직화하는데 있어서 실질적인 차이를 가져올 것입니다."

"만약 현장라인에서의 효율성 관점에서 프로젝트를 정당화시킨다면 여러분이 참가하고 있는 프로젝트는 끝장이라고 생각합니다."

방안에 침묵이 흐르는 것으로 보아 나의 이야기가 정곡을 찔렀다는 것을 알았다. 우리는 다른 의제로 옮겼다.

요점은 이러했다.

문제는 최고경영진의 요구를 충족시키는데 있는 것이 아니다. 회사전체의 작업관계를 새로운 방향으로 나아가게 하는 수단으로써 프로젝트의 중요성을 이해시키기 위해 다른 이해관계자와 함께 최고경영진을 끌어들이는데 있는 것이었다. 실질적인 목적은 발생한 위기와 관련하여 현재 진행되고 있는 문제해결방법에서 그 한계점을 논의하고 이해시키는 것이어야 한다.

이러한 관점에서 우리는 프로젝트에 대해 다른 이해관계자들은 어떠한 인식을 갖고 있는가에 대해 이야기를 나누기 시작했다. 아울러 어느 누구라도 '미식축구공을 옮길 수 있도록' 할 수 있는 방법이 무엇인가에 대해서도 논의했다. 그 프로젝트를 진행하는 데 있어 미식축구공과 같이 어디로 굴러갈지 모른다라고 생각하지 않도록 하는 유일한 길은 모든 사람이 실질적인 이해관계자라는 사실을 확신시키는 일이었다.

실제로 이것은 아무리 실행가능한 프로젝트라도 경영자와 노동조합의 상호이해와 승인이 없이는 그 시행 자체가 불가능하다는 것을 의미하고 있었다. 내가 잘못 알고 있는 것이 아니라면, 그 프로젝트는 회사의 기존 통제시스템내에서는 살아남을 수 없는 것이었다. 따라서, 새로운 장(space)이 마련되어야 했다.

상급관리자들은 이 새로운 프로젝트를 새로운 관리체제로 전환할 수 있는 기회로 생각해야 한다. 그들은 95%의 효율성을 가져다주는 과거의 조직형태가 다시금 성공을 가져다주지는 않는다고 생각해야 하는 것이다.

노동조합 대표는 이 프로젝트가 단순히 효율과 통제를 강화하고 노동조합의 힘을 약화시키는 또 다른 참여프로젝트가 아니라는 사실을 이해해야 한다.

일선관리자와 서비스부문 실무진들은 이 프로젝트가 자신들이 관심을 갖고 있는 스트레스에 관련된 모든 문제와 경영문제를 논의할 수 있는 진정한 시도라고 이해해야 한다.

나는 Graham과 그의 팀이 관심을 갖고 있는 문제에 대해 새로운 틀을 구상했다

■ 그림 5.2

Teleserve에 대한 나의
두번째 견해 : 핵심적 틀

〈이해에 대한 변화〉

From

정치적 – 문화적 – 지배에 대한 은유의 강조

"이 프로젝트는 작업조직의 재설계에 관한 것이다"

TO

정치적 – 문화적 – 지배에 대한 은유의 강조

이 프로젝트는 성공에 장애요인이 될 수 잇는 통제 및 지배의 기업문화속에서 정치적으로 매우 조심스럽게 개입해야할 성질의 것이다. 이 프로젝트가 성공하기 위해서는 폭넓은 지지를 얻어내야 한다. 또한 이 프로젝트는 조직문화와 관리스타일을 바꿀 수 있는 기회를 제공해야 한다. 그러나 가장 먼저 해야 할 작업은 프로젝트 자체에 대한 정치적 상황을 새롭게 정의하는 일이다.

(〈그림 5.2〉를 참조). 그들은 처음부터 노동조합과 상담을 하고 어떠한 변화계획에도 노동조합을 참가시켰어야 했다는 사실은 인정하고 있었다. 그러나 이제야 그 중요성의 실체가 드러난 것이다. Graham과 그의 팀은 노동조합도 역시 어디로 굴러갈지 모르는 정치적 미식축구공을 갖고 있다고 생각하게 된 것이다. 이것은 단순히 작업의 재설계나 경영관리기술의 개선에 대한 프로젝트는 아닌 것이다. 그것은 고도로 정치화된 프로젝트이며, 성공은 정치적 문제를 관리하고 재정립하는 것에 달려있는 것이다. 정치적으로 효율적인 해결책을 얻기 위해 정치적 전략이 필요한 상황이며, 작업조직의 재설계는 단지 그 일부분에 지나지 않는 것이다.

결과적으로, 앞으로 나아갈 방향은 명확해졌다. 우리에게는 다음 사항이 필요했다. (a) 핵심 프로젝트를 정의하는 다른 방법을 찾아볼 것, (b) 주요 이해관계자의 입장에서 소유와 지원의 문제에 초점을 맞출 것, (c) 프로젝트를 진척시킬 구체적인 계획을 개발할 것.

틀의 재구성이 새로운 동력을 만든다

충분한 휴식을 취한 뒤 우리는 새 힘을 얻어 회의를 속개했다. 우리 모두는 처음부터 정치적으로 얽혀있는 프로젝트를 다루고 있다는 사실을 인식하고 있었다. 그러나 지금까지 이런 식의 이해가 드러난 것은 아니었다. 조직 재설계를 통해 핵심문제를 해결할 수 있다는 사고가 지배적이었다. 따라서 조직 재설계 문제가 전면에 드러나 있었으나, 정치적 문제는 배후에 잠복해 있었다. 그러나 나의 개입을 통해 상황이 역전되었다. 이제 정치적 문제해결이 분명히 전면에 나타나게 된 것이다. 회의에서의 화제 역시 정치적 문제가 주가 되었으며, 신선한 감각을 가지고 직접적으로 이러한 문제를 다룰 수 있게 되었다. 효과가 나타나고 있었다.

주 : 정치적이라는 표현은 프로젝트를 둘러싼 이해관계자의 이해갈등관계를 전달하기 위해 사용된 용어이며 (Images of Organization의 제 6장의 논의를 참조), 결코 정당이나 이념과 관련된 의미는 아니다.

이와 같이 회의를 통해 서로의 입장이 다른 이해관계자들이 상이한 인식을 갖고 있다는 점이 논의됨에 따라, 우리가 다루고 있는 상황이 밀고 당기는 전쟁과 같은 특성을 지니고 있다는 사실이 점차 명확해지게 되었다. 모든 곳에서 역설적 특성이 판을 치고 있었던 것이다.

최고경영진은 현재 일어나고 있는 스텝관련 문제가 해결되기를 원했다. 그러면서 그들은 작업현장에서의 성과목표를 또한 그대로 유지하고 싶어 했다. 그들은 현장의 작업성과를 좌우하는 과도한 통제시스템이 기초적 문제의 발단이 되고 있다는 사실을 인식하고 있는 것일까?

노동조합은 의심할 여지없이 종업원의 건강과 복지에 대한 문제에 관심을 갖고 있었다. 그러나 단체협상 조건들이 스트레스를 덜 주는 작업조직 형태를 용인할 수 있는가? 노동조합은 현재 일어나고 있는 문제에 대해 경영진, 정부, 그리고 언론매체와 협상을 하는 과정에서 엄청난 힘과 영향력을 갖게 되었다. 그들은 이러한 힘을 어디로 유도해 나갈 것인가? 그들은 경영진이 과도하게 통제와 효율에 초점을 맞추고 있다는 사실과 새로운 형태의 조직화가 단순히 노동력에 대한 관리상의 통제를 더욱 강화하는 방향으로 진척되어 나갈 수 있다는 점에 대해 분명하고도 합법적인 관심을 표명하고 있었다. 노동조합의 입장에서 보면, 작업집단을 자기조직화하는 방향으로 바꾸는 것이 장차 노동력의 결속력과 노동조합의 장기적 힘을 잠식할 수 있다고 생각할 수 있다. 그렇다면, 이러한 문제에 대한 해결책을 쉽사리 찾을 수 있겠는가? 그리고 그들에게 있어 무엇이 더 중요한 것인가? 심한 통제하의 작업환경에서 일어나고 있는 건강문제의 개선에 대한 관심인가, 아니면 경영과정에 참가함으로써 생겨나는 권력의 상실에 대한 두려움인가?

일선관리자의 입장에서 살펴보자. 그들은 자신들의 직접적인 관심을 그들의 실무진이 가지고 있는 관심과 연결시킬 수 있겠는가, 그리고 서로 의기투합해서 해결책을 찾을 수 있겠는가? '우리만의 문제' 또는 '그들의 문제'라고 여기기보다는 쌍방이 함께 안고 있는 문제라고 생각할 수 있겠는가? 만약 그렇다면, 일선관리자들은 자신들이 습득한 작업현장에 대한 정보를 다른 이해관계자들과 공유할 용의가 있겠는가? 실제로, 일선관리자들은 노동조합이 계속해서 힘을 얻고 영향력을 행사하는데 대해 매우 분노하고 있었다. 이러한 그들이 과연 잠재적 해결책을 모색하는데 있어 모든 문제들을 초월하여 동반자가 되려고 하겠는가?

이 같은 상황들을 정리하고 나니, 해야 할 일이 확연히 드러났다. 문제는 우리가 설계한 프로젝트를 그대로 진행시키는데 있는 것이 아니다. 오히려 현재의 제안을 검토하고, 필요하다면 수정을 해나가며, 또한 서로간에 수용할 수 있는 방향으로 프로젝트를 끌고 나아가는데 있었다. 따라서 다양한 이해관계자가 하나의 팀을 구성할 수 있도록 하는 중심장치로써 이 프로젝트를 활용하는 것이 무엇보다 중요했다. 한마디로, 우리가 해야할 진정한 일은 관리상의 통제나 노동조합의 합의와는 상관없는 '안전지대'를 만들어 다같이 문제의 해결방안을 찾을 수 있도록 하는 것이었다. 이를 통해 변화에 필요한 진정한 참여와 활기를 유도해 나가자는 것이었다.

이러한 문제들이 회의를 통해 논의되어 나감에 따라, 회의에 참석한 사람들간에 인식 상의 엄청난 비약이 존재한다는 것은 명확해 보였다. 모든 사람들이 이해관계자의 인식에 대한 논의에 한마디씩 거들고 있었다. 논의의 초점은 어떻게 지배권이 생성될 수 있고, 누가 관여해야 하는가에 대한 논제로 옮겨지면서, Graham과 그의 팀이 새로운 프로젝트의 설계를 떠맡는 것은 어렵지 않게 흘러갔다. 나는 지배구조의 문제를 검토하는 한가지 방법으로 누가 그리고 어떠한 방법으로 관여해야 하는가에 초점을 맞추면 된다는 것을 제안했다. 그래서 우리는 〈그림 5.3〉에 제시된 매트릭스를 개발하게 되었고, 특정인을 선택해서 매트릭스 상에서 누가 어느 유형에 해당되는지를 확인해 갔다.

프로젝트에 대한 전반적인 지원에는 참여해야 하지만 구체적인 부분에는 참여할 필요가 없는 사람도 있었다. 예들 들면, 신임사장(다음 달에 취임하기로 되어있다), 노동조합의 간부, 핵심 부사장, 노동조합원 중에서 영향력이 있는 사람, 서비스 부분의 실무진은 너무나 분명히 전반적 지원에 참여해야 하는 사람들이다. 이 사람들은 작업을 재구성하기 위한 단계로서 프로젝트의 중요성과 잠재력을 파악하지 않으면 안된다. 또한 지배권을 갖고 성공에 이르도록 적극적으로 참여하지 않으면 안 된다. 그들의 직위는 그 자리만큼 그것이 가지는 상징성도 중요한 것이다.

또 다른 그룹의 사람들도 있다. 이들은 프로젝트의 개발에 적극적으로 참여하더라도 프로젝트가 진행되면서 발생하는 전략적 문제에는 관여하지 않는 사람들이다. 또한 이들은 정상적인 활동에 대해 정보를 알려주고 수집해야 하는 사람들이다. 프로젝트 설계팀은 궁극적으로 이 그룹에서 선택된다. 이들 프로젝트 설계팀의 사람들은 다양한 집단의 의견을 수용하고 대표할 수 있는 사람들로 구성하는 것이 필요하다.

논의를 시작한지 10분이 지나지 않아, 매트릭스의 처음 2개의 유형에 해당되는 사람들은 선정되었다. 문제는 핵심이 되는 설계팀을 찾아내는 일이었다. 이들 팀의 발굴은 조직내에서 협의과정을 통해 이루어져야 된다고 생각하고 있었다. 누가 좋은지에 대해 아이디어를 얻고 다양한 구상을 해가면서 찾아내는 방법이 유용하다고 생각했다.

이 작업이 끝나자, 세 번째 과제는 프로젝트를 수행할 실행계획 요소들을 개발하는 것이었다. 프로젝트에 대해 노동조합과 경영진의 지지를 동시에 받아내는 방법은 무엇인가? 합의와 공동의 지지를 얻어내는 것이 '미식축구공'을 아무데로나 굴러가지 않도록 하는 유일한 방법이었다. 프로젝트가 성공하기 위해서는 새로운 기획안의 잠재력을 이해할 수 있는 노동조합과 경영진을 동시에 끌어들이지 않으면 안 된다. 이와 동시에 다같이 미식축구공을 잡고 있을 때의 가치를 이해할 수 있는 노동조합과 경영진을 끌어들여야만 했다. 우리가 이런 문제를 제기했을 때, 선택할 전략은 명백해졌다. 이 전략을 수행할 수 있는 사람은 Graham과 Jenny였다.

우선, "프로젝트의 통제와 평가에 대해 특별한 관심을 갖고 있는 부사장에게 돌아가서, 회의에서 논의되었던 사항과, 왜 회사의 통제시스템과 평가시스템을 완화시키는 것이 타당한지를 그에게 설명하시오."

이 일은 Graham과 그의 팀이 할 수 있으며, 필요하면 나도 독자적으로 회의에 참석해서 나의 견해를 설명하기로 의견을 모았다.

다음으로, "신임 사장을 이사회 구성원으로 참여시키시오."

Graham은 신임사장을 이사회 구성원으로 참여시키는 일을 낙관적으로 생각했다. 왜냐하면 신임사장이 문제를 빨리 해결할 수 있는 이러한 새로운 프로젝트안에 호의적일 것이며, 또한 합리적인 사람이라고 생각했기 때문이다.

그 다음으로, "노동조합 간부를 참여시키시오."

이해관계자의 이름														
	1	2	3	4	5	6	7	8	9	10	11	12	13	14	**
참여의 유형															
1. 새프로젝트안 작성 과정에 대해 명시적으로 지원하며 참여한다.	*	*			*	*				*		*			
2. 상세 설계 과정에 참여하고, 새 프로젝트안을 지원한다 (향휴 설계팀은 이 그룹에서 선발한다).			*	*	*		*	*		*		*	*	*	
3. 상세 실행 과정에 참여한다.															

■ 그림 5.3

이해관계자의 참여와 관련된 사항을 설계하기 위한 틀

"안됩니다"라고 Graham은 대답했다.

그런 다음, 그와 그의 동료는 선수를 쳤다.

"신임사장과 수석부사장은 Williams의원(지역의 거물 정치인)의 사무실로 가게 해야 합니다. 그들은 서로 잘 아는 사이입니다. 경영진이 제안서를 설명하기에 앞서 먼저 Williams의원이 노동조합과 이야기해서 분위기를 조성해야 합니다."

"노동조합간부가 참여해도 좋겠다고 생각하게 되었을 때, 프로젝트에 대해 상세히 설명하고 공식적인 절차에 들어가는 것이 타당하다고 생각합니다. 그런 다음, 프로젝트를 운영할 수 있는 설계팀을 구성하면 됩니다."

기본적인 아이디어는 참여한 사람들에게 안전지대를 만들어 주기 위해 기존의 정치적 관계를 이용하는 것이었다 우리는 사장과 부사장만 새 프로젝트 기획안에 대해 승인하고 지지한다면 모든 것이 순조롭게 진행될 것이라고 내다봤다.

우리는 Graham과 Jenny로 하여금 회사로 돌아가 회의결과를 보고하도록 하였다. 그렇게 함으로써, 무슨 일이 일어났는가에 대해 알고 싶어하는 모든 사람들이 주어진 상

주 : 상기 그림에서 나타낸 숫자는 참여하고 있는 사람의 이름 대신에 사용했다. 최소한 20명 이상은 참여하고 있다.

황을 이해하고 새로운 프로젝트 기획안에 대해 음으로 양으로 도움을 주게 되기를 바랐다. Graham과 Jenny에게 부여된 과제는 관계되는 모든 사람을 이사회 구성원으로 참여토록 설득하는 일이었다. 나는 필요하다면 수석부사장이나 사장, 그리고 어느 누구든 만나 이야기할 수 있다고 말했다. 그러나 나는 Graham과 그의 팀이 이 일을 잘 처리해 줄 것이라고 믿었다.

회의를 통해 모든 사람들이 활력을 찾게 되었다. 또한 우리는 상황을 새롭게 이해할 수 있었다. 실행계획에 관한 사항도 명확해 졌다. 물론 도중에 장애물이나 함정이 있을 수 있으나, 이러한 문제들이 나타난다해도 우리는 이를 잘 극복할 수 있을 것이다.

점심때가 되어 식사를 마치자, Graham과 Jenny에게 계획에 없던 일이 생겼다. 지역의 다른 기업을 방문하게 된 것이다. 시간이 허락되어 우리도 Teleserve사와 유사한 기술을 사용하고 있는 그 기업을 방문할 기회를 갖게 되었다. 그곳에서 우리 팀들은 작업상황에 대해 보다 직접적으로 관찰하고 이해를 할 수 있었다. 이 방문은 서비스 부문 실무진과 일선관리자들이 어떠한 상황에서 작업을 하고 있는지에 대해 보다 더 세밀하게 살펴볼 수 있는 값진 기회였다. 회사를 둘러보면서, 나는 종래와는 다른 이번 프로젝트에 대해 생각했다. 그리고 이번 방문을 통해 내가 소위 고객의 조직에 대해 얼마나 배웠는가에 대해 회상해 보았다. 나는 지리적 문제가 현실적으로 중요한 문제라는 것을 깨달았다. 사실 이 프로젝트는 멀리 떨어져 있는 사람들을 서로 묶는 것이었다. 서로 묶어 놓음으로써 제기된 문제와 정보에 대한 인식의 차는 대부분 조기에 수정되고 조정되었으며, 놀랍게도 모든 일은 순조롭게 진행될 것처럼 보였다.

주요 이해관계자를 이사회의 구성원으로

이제 Graham과 그의 팀은 프로젝트에 대해 완전히 장악하고 있었다. 초기의 제안서도 그들 나름대로 만들어 가고 있었다. 아울러, 변화에 대한 첫 번째 단계로서 폭넓은 지지를 받아내야 한다는 기본적인 사고도 구축되었다. 또한 프로젝트에 대한 통제권한을 어떻게 설계팀으로 이전시킬 것인가에 대한 논의를 시작해야할 시기가 되었다는 것도 숙지하고 있었다. 그들은 설계팀을 'Make It Happen Team: MIHT' 라고 부르기 시작했다. 그리고 이 팀이 프로젝트를 성공시킬 수 있는 잠재력을 가진 사람들로 구성되어야 한다는 사실도 알고 있었다. 아울러 Graham과 그의 팀은 당초 관리자와 서비스부문 실무진을 위해 설정해 두었던 세미나를 MIHT가 형성되면 곧바로 실시해야 된다고 생각했다. 세미나는 프로젝트의 시작을 알리고 모든 사람의 입장을 꼭 같게 만들어 줄 수 있는 이상적인 수단이었다. Graham과 그의 팀은 프로젝트를 진행하는 과정에서 주요이해관계자가 합심하여 지지를 보낼 수 있도록 치밀한 전술도 진척시키기 시작했다.

지역기업방문 후 일주일이 채 되지 않아서, Graham과 그의 팀은 고객서비스담당 부사장을 만났다. Graham이 보고를 마쳤을 때, 부사장은 약간 흥분하면서 계획에 대한 전폭적인 지지와 수용의사를 밝혔다. 고객서비스담당 부사장은 현장부분과 프로젝트 평가에 대해 비관적이면서 말도 제일 많은 핵심부사장과의 미팅을 위해 우리를 그에게로 데리고 갔다. 이를 통해, 이 프로젝트는 종전의 프로젝트들과는 완전히 다른 것으로 통상적으로 미리 정해진 목표를 세우는 것은 의미가 없다는 원칙을 세웠다. 통상적인 것과는 성질이 다른 이번 프로젝트는 의사결정에 있어서도 정상적인 지휘계통을 밟기보다는 독특한 방법으로 이루어져야 한다는 사실에도 동의했다. 결국, 신임사장과 회장이 이번 프로젝트를 지원하도록 설득하겠다는 동의를 미팅에 참석했던 두 부사장들로부터 얻어 냈다.

회의는 그 다음 주에 이루어졌다. Graham과 Jenny는 두 부사장의 지원을 받으며 보고를 하고 있었다. 보고는 무사히 잘 마쳤으며, 그들은 지금껏 '지옥 같은 일' 을 해왔노라고 자신들의 마음을 피력했다. 이에, 사장은 지역의 정치가인 Williams의원과 미팅을 갖고, 이번 프로젝트 기획안에 대한 지원과 조언을 요청하겠다고 말했다. Williams의원의 지원이 이루어지면 노동조합도 현장에서 일어난 일을 일일이 의원에게 물어보지 않고도, 프로젝트에 참여하게 될 것이라고 부언했다.

그로부터 Williams의원과는 두 차례 만났다. 첫 번째는 10월 말이었으며, 두 번째는 11월 초였다. 미팅은 성공적이었다. 구체적인 지원방향은 의원에게 맡겨졌지만 포괄적인 지원을 얻어내는 데는 성공했다. 노동조합의 지원을 얻어내는데 Williams의원의 도움은 결정적이었다. 그래서 이제 모든 사람들이 무엇인가 새로운 것이 열린다는 가능성을 제시해 줄 수 있는 새로운 전후상황을 맞이하게 되었다.

이러한 상황에서, 사장은 노조간부와 첫 번째 회의를 가졌다. 여기서 Graham과 Jenny는 간부들과 만나 앞으로 일어날 수 있는 문제에 대해 상세하게 논의할 기회를 갖게 되었다. 12월에 들어 비공식적인 미팅을 다시 가졌다. 노동조합 의료부분 자문관의 도움으로 경영진이 먼저 실질적 참여를 해야 한다는 조건이기는 하지만 프로젝트 기획안에 참여하겠다는 동의를 노조로부터 받아냈다. 특히 노동조합 간부들은 먼저 설계팀의 구성을 경영진에게 맡길 것을 요청했다. 이렇게 구성된 설계팀에는 아이디어나 방향이 새로이 설정될 때마다 상부에 승인을 받을 필요가 없도록 실질적인 자율권을 보장하라고 요구했다. 그렇게 한다면, 노조는 새로운 설계팀의 구성에 관련된 사항은 기존에 해왔던 노사협의의 대상으로 삼지 않을 용의가 있다는 점을 밝혔다.

이 과정에서 나는 Graham과 Jenny에게 도움을 주기 위해 단지 외부조언자로서의 역할만을 수행했다. 그들 팀은 모든 장애물을 스스로 극복했다. 현장의 요구를 충족시켜 줄 수 있는 전략을 수정해 감으로써, 조금 느리기는 했지만 실행가능한 새로운 기획안이 만들어질 수 있는 '안전지대'를 확실하게 구축해 갔다. 문제에 대한 이러한 접근방법은 9월에 열렸던 토론토 회의에서 얻어진 재구상안에 바탕을 두었다. 그것은 노동조합과 경영진이 합심해서 상세한 사항을 결정할 수 있도록 허용하자는 것이었다.

이듬해 2월 노동조합과 경영진이 함께 참여하는 프로젝트가 공식적으로 가동되었다. 노동조합 대표 3명과 일선관리자 3명 등 총 6명으로 이루어진 '신생 설계팀'이 구성되었다. 이 설계팀은, (a) 프로젝트에 관한 상세 사항을 결정하는 일, (b) 설계팀을 도울 수 있는 컨설턴트를 채용하는 일, 그리고 (c) 프로젝트 전반에 관한 계획과 실행에 관련 된 사항을 위임받았다. Graham과 Jenny는 순수하게 자문역할만 수행하는 내부의 조력자가 되었다.

새 프로젝트 기획안에 대한 나의 직접적인 개입은 이때부터 시작되었다. 종합적으로 판단한 결과, 세미나를 개최키로 한 당초의 계획을 연기시켰다. 프로젝트가 현재 자체적인 추진력을 가지게 되었기 때문이었다. 신생설계팀은 노사 양쪽 모두가 수용할 수 있는 컨설턴트를 받아들여 새롭게 출발했다. 모든 것은 신생설계팀이 장악하게 되었다. 그들은 광범위한 조사를 통해 선발기준을 마련했으며, 새로운 조직유형과 관리형태로 이행하는데 필요한 정밀설계업무와 그 실행을 담당할 우수한 실무진도 찾아내었다. 작업은 즉각적으로 진행되기 시작했다.

조금 느리기는 했지만, 2년여의 기간동안에 프로젝트는 확실한 기반을 잡아가고 있었다. 초기상태에서의 성과는 일시적인 것이었다. 왜냐하면 지금껏 설명된 바와 같이, 프로젝트가 정말 현실성이 있는지, 또는 결정적인 순간에 핵심 당사자들로부터 지원을 얻어낼 수 있을 것인지에 대해 너무도 많은 의구심이 가로놓여 있었기 때문이다. 또한 이번 게임에서는 모든 사람이 신참이었다. 조직 또한 지금껏 이 같은 일을 겪은 적이 없으며, 프로젝트를 운영하고 있는 팀 역시 극복해야할 장애물이 너무나도 많았다. 아울러 노동조합과 경영자 대표간에 신뢰관계는 거의 형성되어 있지 않았고, 노사가 함께 일한다는 새로운 역할관계는 과거에 해왔던 노사간의 역할과는 전혀 다른 시각이었다.

이러한 상황에서도, 노사간의 합의에 의해 처음부터 설계팀에 실질적인 권한을 부여한 것이 결정적인 성공요인이었다. 실제로, 설계팀은 25만 달러의 예산을 관리할 수 있도록 해달라고 최고경영자에게 제안하였고, 이것이 받아들여 졌다. 이 25만 달러라는 예산은 상징적인 의미를 지녔다. 왜냐하면, 그것은 경영진이 실질적으로 이번 프로젝트에 관심을 보이고 있으며 그들을 신뢰하고 있다는 점을 나타내고 있기 때문이다. 아울러 이러한 예산규모는 같은 계층의 지위에 있는 어떠한 그룹도 과거에 그 같은 큰돈을 받아 본적이 없었다는 점에서 파워의 상징이 되었다. 그뿐만 아니라, 프로젝트가 예산통제 수단을 통해 결국은 경영진의 손에 의해 좌지우지될 것이라는 노조의 걱정도 해소해 주는 것이었다.

한편, 자금획득의 과정도 이 팀이 권한을 부여받고 활기를 얻는데 중요한 역할을 했다. 제안서 작성에 이어서, 설계팀은 최고경영진에서 제기한 문제에 대해 공식적인 보고발표회를 갖지 않으면 안되었다. 최고경영자를 대상으로 한 이러한 보고발표회는 설계팀에 참여하고 있는 사람 모두에게 생전 처음의 경험이었다. 수십만 달러의 자금요청에 대한 근거를 설명하기는커녕, 팀원 중 몇 사람은 공식석상에서 이야기조차 해본 적이 없는 사람들이었다. 그러나 그들은 무사히 보고발표회를 마쳤으며, Graham은 다음과 같은 견해를 피력했다. "성실하고 훌륭하게 일을 처리해냈습니다. 이번 경험을 통해 최고경영진에게는 물론, 팀원들간에도 커다란 신뢰관계가 형성되었습니다. 그들은 최고경영진으로부터 지원을 받아냈으며, 최고경영진도 감탄해마지 않았습니다. 아울러 그들 스스로도 경영능력을 조금씩 익혀가고 있습니다."보고발표회를 통한 이번 최고경영진과의 미팅은 획기적인 사건이었다. 특히, 최고경영진과도 직접 이야기할 수 있는 기회가 주어졌었다는 사실은 설계팀의 능력을 드러내는 상징적인 의미를 지니게 되었다. 최고경영진과의 이번 회합에 관련된 이야기는 팀 문화 형성의 전환점이 되었고, 사내에서 화제가 되고 있었다.

이러한 성공으로 인해 설계팀은 조직을 움직일만한 확고한 자리를 잡아가고 있었다. 그들은 자문을 받는 형식으로 프로젝트 전체의 추진방향에 관한 사항은 물론이고 구체적인 사항까지도 이해관계자들로부터 정보를 수집하게 되었다. 그들은 자신들의 작업현장에서 뿐만 아니라 다른 조직에서 이루어진 자기조직화에 대한 경험으로부터 많은 것을 배워와서, 스스로 학습하고 다른 사람들도 교육시키게 되었다. 그들은 사내에서 '드림 팀(Dream Team)' 이라고 불려질 정도로 높은 지위를 쌓아갔으며, 아울러 이러한 그들의 열정이 점차 사내에 전파되어 나갔다.

시험사무실에서는 작업과정의 재설계에 대한 시험이 시작되었다. 통상적인 사무실은 150명의 실무진으로 구성되나, 시험사무실은 40명으로 구성되었다. 진정한 혁신의 가능성을 창조해내는데 필요한 운영공간을 보장하는 협정서가 노사간에 체결되었으며, 사실상 이것 자체가 획기적인 사건이었다. 시험사무실의 인원은 통상적으로 서비스 업무에 종사하는 종업원들로부터 프로젝트에 자발적으로 참여하는 형태로 충원되었다. 참가를 희망하여 신청한 사람이 예상인원의 3배나 되었기에 결국 추첨으로 선발하였다. 컨설틴트와 설계팀은 실험이 잘 이루어질 수 있도록 전체적인 형태를 구성하는데 힘을 기울였다. 아울러, '자기조직화' 에 대한 세부적인 형태는 40명의 실무진이 통제권을 갖도록 했다. 또한 5명으로 된 '사무실위원회' 를 구성하였으며, 위원회의 위원은 일선관리자들 가운데 순번에 따라 민주적으로 선출됐다. 이 위원회에서는 의사결정, 예산, 자원관리, 의사소통, 실무진의 개발에 관한 행동규칙을 개발했다. 그들은 업무성과 측정과 동료에 대한 평가 업무도 수행했다. 또한 그들은 기능을 향상시키기 위한 방법과 자체교육을 위한 방법도 개발했다. 위계적 조직구조 철폐, 탄력적 근로시간제 도입, 작업일정 협의, 감시제도 철폐 등과 같은 경영혁신이 일어났다. 고객의 요구를 충족시키기 위해 서비스부문 실무진에게 적당한 자율권을 부여함으로서 고객과 함께하는 새로운 작업절차도 만들어졌다. 즉, 이 시험사무실은 다양한 업무수행 및 숙련도의 개발과 관련하여 사람의 참여를 강조하는 자기조직화의 철학에 기초하여 운영되었다. 사무와 경영관리, 그리고 서비스 기능은 자연적으로 이러한 철학에 녹아 들어갔다.

이 프로젝트는 8개월이 지난 후에 설계팀에 의해 평가를 받았으며, 만족할 만한 성과를 얻었다. 설계팀은 20여 개의 항목으로 된 건의사항을 만들어, 프로젝트의 다음단계로의 이행 여부를 결정하기 위해 구성된 위원회에 보고했다. 이 위원회는 최고경영진 3명과 노동조합대표 3명으로 구성되었다. 위원회에서 20개의 건의사항 중 9개는 수용됐고, 나머지 건의안은 공식적인 협상테이블에서 논의하기로 결정했다. 건의안은 위에서 언급된 아이디어를 담고 있었으며, 대부분 논란의 여지가 있을만한 것들이었다. 왜냐하면, 이들 건의안은 작업에 관한 기본적인 형태와 노사간의 업무영역에 대해 도전적인 내용을 담고 있기 때문이었다. 그러나 기본적인 사항에 대해서는 합의가 이루어졌다. 노동조합과 경영진이 합심하여 이들 대부분의 건의안을 도입하고, 서비스 부문 실무진들에게 설명하였다. 이러한 노력들이 바탕이 되어 시험사무실에서 이루어진 작업형태가 점차 회사내의 다른 작업조직에도 전파되게 되었다.

'정치적 풋볼'은 아직도 상당부분이 정치적이기는 하나, 조직의 모든 분야에 확실하게 전달되고 있었다. 새로운 분야에서 협력적 관계가 나타나기 시작하고, 많은 부문에서 성공을 감지할 수 있는 성과가 뒤따랐다. 전통적인 성과측정에 준하여 평가해 보면 새로운 작업시스템 하에서 괄목할만한 개선이 나타나고 있음을 알 수 있었다. 고객의 불평소리와 종업원들의 결근율이 현격하게 감소하였고, 고객들의 만족도가 극도로 높아갔다. 그러나 아마 가장 중요한 사실은 공식적으로 제기된 종업원고충처리건수가 프로젝트 시작하기전의 3% 수준으로 낮아졌다는 것과 건강과 안전에 관한 불평이 완전히 사라진 점이다.

이러한 성공에도 불구하고 변화의 전체과정을 통해 문제가 없었던 것은 아니다. 예들 들면, 많은 일선관리자들은 자신들의 직무가 사라져 가는 현실을 바라보고 새로운 프로젝트 기획안에 대해 저항 하였다. 시험사무실은 중요한 사안에 대해 관심을 끌고 비판을 받게되는 '유리어항 효과(fish-bowl effect)'를 경험하게 되었다. 조직내의 뜬소문도 많이 나돌았다. 따라서 '소문보다는 사실'에 기초하여 효율적인 의사소통체제를 확립시켜 나가는 것도 여전히 남아 있는 문제였다. 설계팀에 소속되지 않은 사람으로서 새로운 기획안에 대해 지대한 공헌을 남긴 챔피언을 뽑는 과정에서도 때때로 어려움이 있었다. 설계팀은 회사내의 기술자와 외부전문가로부터의 지원을 얻기 위해 현장의 실제문제에 뛰어들어야했던 경우도 종종 있었다. 그러나 대부분 노조원들과 경영진들은 작업설계를 돕기 위해 협력적 태도를 보여 주었다. 제기되었던 문제들 중에는 남녀성별에 관한 사항도 있었다. 예를 들어, 시험사무실에 있었던 설계팀에는 여성도 포함되어 있었다. 이는 회사 창립이래 처음 있었던 일로 남성들만에 의해 지배되고 관리되어왔던 그 동안의 경영관행이 바뀌어져 가고 있었다.

Graham과 Jenny는 이번 프로젝트를 전반적으로 회고해 보았는데, 그들은 천둥번개가 치는 폭풍우가 계기가 되어 여러 가지 사실들이 점차 밝혀지게 되었고 그것이 결국 성공으로 이어졌던 프로젝트의 결과에 대해 긍지를 갖고 있었다. 이번 프로젝트는 당초 예상보다 훨씬 많은 시간이 소비되었다. 그러나 프로젝트로부터 얻어진 변화는 생각보다 훨씬 광범위했다. 이번 경험을 돌아 보았을 때, 그들은 "주요 이해관계자가 누구인지 파악하고, 그들로부터 지지와 지원 그리고 참여를 이끌어냄으로써" 얻어진 권력에 초점을 두고 있었다.

Graham은 자신이 관찰한 사실을 다음과 같이 이야기했다. "주요 이해관계자를 파악해서 이를 바탕으로 조직개발을 해나간다는 개념과 아래에서 위로의 상향식 변화를 추진해간다는 발상은 우리들이 갖고 있던 기존의 사고의 틀을 완전히 바꾸어 놓았습니다. 지원을 획득하는 것이 힘을 얻는 수단이 되었습니다. 우리는 많은 사람들과 대화를 했고, 그들을 참여시켰습니다. 우리는 그들로 하여금 스스로 문제를 바라볼 수 있도록 하였습니다. 논란이 되는 문제를 명확하게 정립하고 가능한 해결법을 개발하도록 하였습니다. 또한 그들을 보고발표회에도 참석시켰습니다. 이러한 과정이 오너십을 획득하는데 매우 능률적이었으며, 작업현장에서 인간적 문제를 해결하는 유일한 방법이라고 믿습니다.… 과거의 방법은 권력을 행사하는데 있었습니다. 그러한 접근방법은 이제 더 이상 유지될 수 없습니다. 우리는 이제 이해와 참여를 형성할 수 있는 또 다른 방법을 시작하지 않으면 안됩니다.… 또한 이것은 지속적인 과정으로 이루어져야 합니다. 참여도 일 과성에 그치는 것이 아니라 지속적으로 이루어지도록 해야 합니다. 모든 사람들이 자기들의 관심을 계속적으로 이야기할 수 있어야 합니다.… 하지만 가끔 시간적 제약 때문에 이렇게 하지 못하는 경우도 있을 것입니다."

"변화를 시도함에 있어서 지금까지의 이러한 접근방법에 익숙하지 않은 사람들에게 이 방법이 장기적으로 볼 때 최선이라는 사실을 확신시킨다는 것은 어려운 일입니다. 그러나 지금부터 나는 내가 하는 모든 일에 이 방법을 사용할 것입니다.… 여러분도 앞으로 변화를 시도할 때는 모든 이해당사자를 참여시켜 문제를 같이 풀어나가야 합니다. 여러분은 젊은 층과 연장자 층 모두를 이사회에 참여시켜야 합니다. 그리고 그들의 아이디어를 상급자에게 보고해서 받아들이도록 해야 합니다. 그러면, 그 사람들은 이러한 시도를 다시금 다른 사람들에게 이야기 할 것입니다. 이러한 과정이 관련된 사람들과의 관계를 변화시킬 것입니다. 이를 통해 진정한 오너십이 형성되는 것입니다."

이미지화 사례로서의 프로젝트

위에 소개된 Teleserve사의 프로젝트는 실제로 조직에서 경험한 이미지화의 일례를 극명하게 보여준다고 하겠다. 나는 이 사례를 통해 모든 것을 숨김없이 이야기하는 개방적인 조직상황이 인간행동의 새로운 틀을 형성함에 있어서 어떠한 도움을 주었는지에 대해 알 수 있었다. 회사내에서 일어나고 있는 상황에 대한 다양한 해석과 상호 보완적인 해석(〈그림 5.1〉과 〈그림 5.2〉를 참조)을 통해, 통제 지향적 기업문화를 가진 조직에서는 조직이 지닌 영향력을 행사하는데 보다 많은 힘을 쏟고 있다는 '정치적 해석'이라는 개념이 나타났다. 그리고 이를 바탕으로 정치적 풋볼이라는 은유가 사용되었다. 또한 이를 통해 프로젝트를 운영할 수 있는 개입의 틀을 구축하게 되었고, 완전히 새로운 방식으로 모든 사항을 진술하게 논의할 수 있는 계기가 마련되었다.

지금껏 내가 보여주려고 애를 썼듯이, Graham과 Jenny는 스스로 프로젝트를 운영할 수 있는 모든 능력과 정보, 그리고 직관력을 갖고 있었다. 그러나 그들은 토론토에서 회의를 갖기 이전까지는 너무나 근시적으로 문제를 파악하려고 하였기 때문에 새로운 시각으로 문제에 접근할 수 없었다. 대부분의 사람들과 같이, 그들은 일상적으로 일어나는 현실적 문제에 쫓기고 있었던 것이다. 이번 프로젝트를 시행하는데 있어서, 가장 결정적인 돌파구는 그들이 고도로 정치화된 상황 속에서 일하고 있다는 사실을 깨우쳐줌으로써 자신들이 처한 상황을 약간 다른 각도에서 바라볼 수 있게 했기 때문에 가능했다.

그렇게 사고의 틀을 재구성함으로써 그들은 새로운 방향으로 나아갈 수 있었던 것이다. 그들은 단기적 요구 ─특히, 부사장이 요구한 통상적인 사업문제나 다른 한편으로 종업원의 교육강화를 주장한 일선관리자의 요구─에 의해 형성된 프로젝트를 단순히 장기적으로 질질 끌고 가기보다는, 초기 기획안을 통해 조직에 지속적인 영향을 미치는 프로젝트를 어떻게 재형성할 수 있을 것인가에 대해 재빨리 파악하였다. 이와 같이, 정치적 틀을 갖고 기획안을 구상하며 주요 이해관계자로부터 지원을 끌어내는 프로젝트를 형성함으로써, 그들은 상급관리자가 요구한 프로젝트의 세부사항들을 다른 사람들에게 대화를 통해 설득할 수 있는 대안들을 가질 수 있었던 것이다. 특히 자기들 스스로 프로젝트를 진행시켜나가는데 필요한 정보나 능력을 대부분 갖고 있다고 인식하게되자, 이것은 대단한 힘이 되었던 것이다. 외부조언자로서 나와 나의 동료들은 그들이 모르고 있는 사항에 대해서 한마디의 말도 하지 않았다. 우리는 전개되는 과정에서 단지 전략적인 개입만 했을 뿐이다. 이러한 전략적 개입을 통해 그들은 여태껏 간과되어 왔던 상황을 파악할 수 있게 되었으며, 아울러 열정을 가지고 새로운 관점에서 프로젝트를 이해하고 수행해 나가는데 도움을 받았던 것이다.

내 생각으로는 이점이 조직변화에 대한 접근방법으로서 이미지화가 가지는 가장 중요한 의미라고 여겨진다. 이미지화는 바로 불만족스럽거나 고착화된 상황을 창조적으로 재구성하는 방법을 찾기 위해 직관이나 해석을 바꾸는 능력인 것이다.

Teleserve사의 상황은 〈그림 5.4〉에 나타나 있는 바와 같이 고착되어 있는 상태이다. 왜냐하면, 똑같은 문제에 대해 서로 다른 이해관계자들이 서로 상이한 관점을 갖고 있으

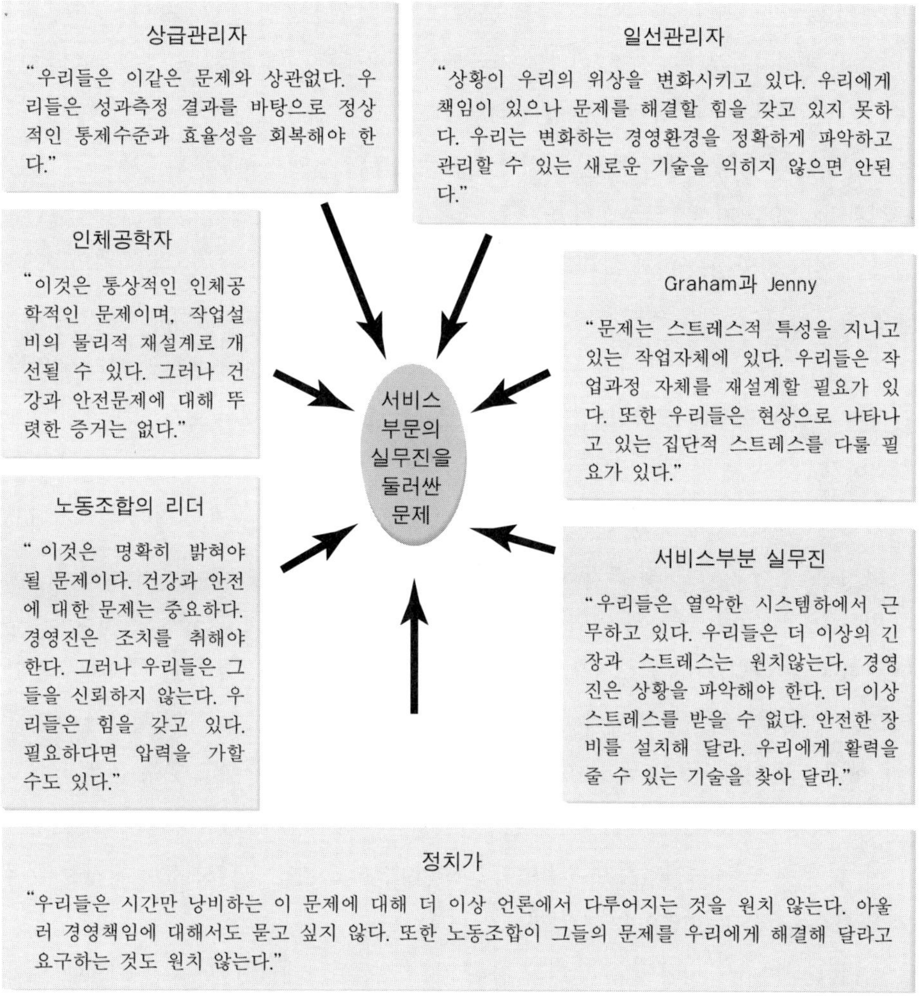

■ 그림 5.4

서로 다른 이해 관계자는 동일한 상황에 대해 종종 서로 상이한 이해를 하고 있다.

상급관리자

"우리들은 이같은 문제와 상관없다. 우리들은 성과측정 결과를 바탕으로 정상적인 통제수준과 효율성을 회복해야 한다."

일선관리자

"상황이 우리의 위상을 변화시키고 있다. 우리에게 책임이 있으나 문제를 해결할 힘을 갖고 있지 못하다. 우리는 변화하는 경영환경을 정확하게 파악하고 관리할 수 있는 새로운 기술을 익히지 않으면 안된다."

인체공학자

"이것은 통상적인 인체공학적인 문제이며, 작업설비의 물리적 재설계로 개선될 수 있다. 그러나 건강과 안전문제에 대해 뚜렷한 증거는 없다."

Graham과 Jenny

"문제는 스트레스적 특성을 지니고 있는 작업자체에 있다. 우리들은 작업과정 자체를 재설계할 필요가 있다. 또한 우리들은 현상으로 나타나고 있는 집단적 스트레스를 다룰 필요가 있다."

서비스 부문의 실무진을 둘러싼 문제

노동조합의 리더

" 이것은 명확히 밝혀야 될 문제이다. 건강과 안전에 대한 문제는 중요하다. 경영진은 조치를 취해야 한다. 그러나 우리들은 그들을 신뢰하지 않는다. 우리들은 힘을 갖고 있다. 필요하다면 압력을 가할 수도 있다."

서비스부분 실무진

"우리들은 열악한 시스템하에서 근무하고 있다. 우리들은 더 이상의 긴장과 스트레스는 원치않는다. 경영진은 상황을 파악해야 한다. 더 이상 스트레스를 받을 수 없다. 안전한 장비를 설치해 달라. 우리에게 활력을 줄 수 있는 기술을 찾아 달라."

정치가

"우리들은 시간만 낭비하는 이 문제에 대해 더 이상 언론에서 다루어지는 것을 원치 않는다. 아울러 경영책임에 대해서도 묻고 싶지 않다. 또한 노동조합이 그들의 문제를 우리에게 해결해 달라고 요구하는 것도 원치 않는다."

며, 서로 자신들에게 유리하도록 행동을 달리하기 때문이다. 이런 상황에서 모두가 승리할 수 있는 해답을 얻어내기란 쉽지 않다. 급격한 조직변화를 겪으며 서로간에 협력하는 과정에서 각각의 이해관계자는 서로 대립적 상황에 놓이기 때문이다.

팀제에 기초한 자율조직화를 지향하는 모든 변화에 대해 최고경영자는 자신의 통제권을 상실할지도 모르는 위협을 받는다. 또한 팀제에 기초한 시스템은 노동조합에게도 그들의 권한을 상실할 수 있는 위협이 되며, 노사간의 영역을 애매모호하게 할 위험성마저 가지고 있다. 왜냐하면, 노동자들은 통제시스템을 전통적인 관리기능이라고 생각하고, 일선 관리자들은 변화가 일어나면 지금까지 유지해왔던 자신들의 권력과 역할을 더 이상 가질 수 없다는 인식을 갖고 있기 때문이다.

노동조합과 경영진간의 불신, 경영참가 프로젝트의 실패, 군대식 관리를 하고 있는 일선관리자, 언론기관으로부터의 비판 등 전체적 상황을 정치적인 입장에서 이해하도록 만드는 여러 상황들을 함께 고려해 볼 때, 어떠한 프로젝트도 진정 새로운 기획안이 만들어질 수 있는 새로운 공간을 창출하지 않으면 안되겠다는 점이 명백해 졌다. 아울러 최고경영진이 요구하는 평가를 위한 기준들로 인해 새로운 공간이 생겨날 여지가 막혀있다는 사실이 명백해 졌다. 또한 어떠한 프로젝트도 궁극적으로는 노사간의 관계를 재정립하지 않고서는 제대로 진행될 수 없다는 사실 역시 분명해 졌다.

따라서 새로운 안정적 공간이 창출되지 않는 한, 우리는 여기저기로 걷어차일 것이고 이는 마치 '정치적 풋볼' 의 이미지라고나 할까!

이 같은 '정치적 풋볼' 의 이미지가 이 회사에 대한 상황을 듣고 문제를 해결하려고 했을 때 바로 나의 뇌리를 스쳐간 것이다. 나는 이 같은 이미지가 현상을 설명하는데 있어 지극히 적절한 듯 했다. 왜냐하면, 정치적 풋볼의 은유는 사고전환의 획기적 전기를 제공했기 때문이다. 즉 Graham과 Jenny로 하여금 자신들이 다루고 있는 문제가 매우 다루기 힘든 정치적 현실이라는 것을 인식하는데 도움을 준 것이다.

사실 '우리 모두는 여기저기로 걷어차일 것이야!' 라고 하는 생각보다 더 환기를 불러 일으키는 적절한 표현이 있을 수 있겠는가.

이러한 이미지는 상황에 꼭 맞는 공감이 가는 표현이었다. 따라서 처음 회의에 도입되었을 때, 회의의 성격과 분위기를 극적으로 바꾸어 갔다. 또한 그 이미지는 Teleserve사 소속팀에게 새로운 해결의 틀을 제공했으며, 프로젝트가 훌륭하게 진행되도록 만드는데 결정적인 역할을 수행했다. 그러나 성공적인 개입이 이루어진 것이 정치적 풋볼이라는 은유 자체에 있다고 보는 것은 잘못된 생각일 것이다. 오히려, 성공은 은유의 생성을 이끌어준 이미지화의 과정과 Teleserve사의 팀구성원들이 직관에 의해 계속적으로 노력한 결과일 것이다. 이와 같이 이미지화는 상상할 수 없을 만큼 문제의 돌파구를 여는데 도움을 주었다. 그러나 결국은 Teleserve사의 팀구성원들이 쏟은 지속적인 노력의 결과로써 구체적인 성과가 나오게된 것이다. 문제에 봉착한 상황에 도움을 주려는 변화담당자로서 나의 주된 관심은 Teleserve사의 프로젝트에 있어서도 이 책에 소개된 다른 사례와 마찬가지로 그들이 처해있는 상황에 대해 정확하게 이해하고 그것을 거울에 비추어 보아 다른 각도에서 바라보는 것이었다. 사실 이것이 기본적으로 이 프로젝트를 통해 내가 수행한 일이었다. 나는 많이 듣고 많이 배웠다. 나는 Images of Organization 이라는 책에서 중요한 신호를 포착하는 방법으로 '레이더' 라는 용어를 사용했으며, 이 프로젝트에 있어서는 '읽기' 라는 개념을 사용해서 모든 것을 조직화했다. 그리고 개입의 시기가 되었을 때, 나는 마음속에서 가장 공감할 수 있는 이미지를 바탕으로 개입에 나섰다. Teleserve사의 상황은 '전쟁하의 투쟁상태' 로 볼 수 있었으며, 이와 같은 상황에서 정치적 풋볼이라는 이미지화가 이루어진 것이다.

방법론에 대한 후기

Teleserve사의 이야기는 우리들에게 많은 것을 보여주었다. 나는 Teleserve사의 사례를 통해 이미지화가 조직의 상황을 파악하는 진단과정에서 어떻게 사용될 수 있고, 또한 우리가 참여한 프로젝트에서 일어난 상황을 재기술하는데 어떠한 도움을 줄 수 있는가를 볼 수 있었다. 앞에서 지적했듯이 나는 여러분들이 내부자의 입장에서 상황을 살펴볼 수 있도록 여러분들을 동참시키려고 노력했다. 그렇게 함으로써 우리는 실제로 일어난 이미지화의 측면을 직접적인 경험을 통해 공유할 수 있었으며, 또한 다음 장 이하에 언급되는 더 많은 사례들을 접할 수 있게 될 것이다.

이야기를 앞으로 진전시키기 전에, 제 1장 말미에서 다룬 내용을 다시 한번 지적하고 싶다. 거기서 나는 이 책과 관련된 이미지화의 이야기들이 나의 경험에 바탕을 두고 있으며, 나의 눈을 통해 본 것이라는 점을 언급했다. 나는 여기에 내려진 해석에 대해 여러분 스스로가 가끔 수긍하지 못할지도 모른다는 사실도 지적했다.

독자를 위해 다음과 같이 생각해보자.

가정컨대 Teleserve사로부터의 맨 처음 전화가 Graham이 아니고 노동조합 간부로부터 걸려왔었다면 어떻게 되었을까? 그리고 그 노동조합 간부가 회사에서 일어나고 있는 문제를 도와주고 문제해결을 위한 전략을 개발해 달라며 나를 초대했다면 어떻게 되었을까?

혹은 Teleserve사의 문제는 다음과 같이 기본적으로 '여성의 문제이다' 라고 생각하는 사람으로부터 내가 자문을 요청받았다고 가정해 보자. 최고경영진은 모두 남자들이며, 조직의 서비스 부분에 있는 실무진들은 거의가 여성들이었다. 대다수 여성 실무진들을 둘러싼 어려운 사회경제적 환경이 스트레스적 상황을 만들고 있는 중요한 요인들이었다. 예를 들자면, 너무나 철저하게 감시되고 평가받는 시스템은 여성들에게 남성지배적 경영의 전형적인 예로 비쳐질 수 있다. 이와 같이 여성의 관점에서 기본적인 문제를 다룰 수 있는 전략의 개발에 있다고 생각해 보자.

이들 중의 어떠한 프로젝트도 아마 완전히 다른 결과를 낳았을 것이다. 기본적인 문제에 대해 내가 다른 입장을 취하고 있는 사람들로부터 요청을 받아 서로 다른 정보를 받았다면, 결과적으로 엉뚱한 해석을 하였을 것이다. 또한 엉뚱한 사람들을 만나, 엉뚱한 이야기를 듣게 되고 이에 따라 엉뚱한 개입으로 끝났을 것이다.

이미지화는 우리들이 갖고 있는 관점이며, 또한 그것은 우리들이 상정하고 있는 가정이나 위임받은 사항에 따라 형성된 매우 제한된 범위 내에서만 모든 것을 밝혀주고 있다는 것이 나의 주장이다. 사례에서 나타난 바와 같이 Teleserve社의 프로젝트는 자기조직화의 원리를 사용해서 작업조직을 혁신적으로 재설계하는 형태로 발전되어 갔으며,

아울러 그 프로젝트는 고도로 정치화된 상황 속에서 수행되고 관리되었다. 비록 그 프로젝트는 노동조합과 경영진의 합작에 의해 형성되기는 하였으나, 기본적으로는 경영자의 관점에서 출발된 것이다.

만약 노동조합 또는 여성문제의 관점에서 맨 처음의 전화가 걸려와서 문제가 제기되었다면 해결이 어떻게 되었을까?

나는 조직 재설계의 과정을 무사히 마칠 수 있었을까?

나는 RSI(반복적 근육상해)에 대해 문제해결의 실마리를 잡을 수 있었으며, 자동화 기술을 사용하고 있는 작업현장에 관련된 노동정책을 수립하는데 조언할 수 있었는가?

프로젝트를 산업안전과 건강이라는 각도로 볼 수 있었는가?

나는 Teleserve社의 상황을 작업현장에서 여성의 지위를 향상시키는 성별문제에 대해 더 많은 관심을 가질 수 있었는가?

그 어느 누구가 모든 것을 알 수 있는가?

누구로부터 위임받았다 하더라도 확실한 것은 문제상황 처리에 대한 창조적인 방법을 찾기 위해서 나는 이미지화의 프로세스를 사용했을 것이라는 점이다. 이미지화란 이미지, 통찰력, 해석 그 자체가 아니라 이러한 것이 형성되어 가는 과정에 있다고 강조하는 이유가 여기에 있는 것이다.

그리고 또한 나는 독자들에게 항상 비판적인 시각으로 문제를 보게 하고 있는 것이다. 왜냐하면, 만약 사람들이 다른 시각이나 관점에서 문제를 접근하면, 반드시 그들 스스로 도전적인 해석이나 통찰력을 갖게 되리라는 사실을 알고 있기 때문이다. 그리고 반드시 그렇게 되는 것이다. 왜냐하면 제 1장에서 설명한 바와 같이 형상화는 개개인의 권한부여에 관한 것이며, 다양한 목적으로 사용될 수 있기 때문이다. 나는 이야기를 나눔에 있어 결코 완전하고 직접인 해석이나 설명을 제공하려고 하지는 않았다. 오히려 나는 모든 사람들이 상황을 창조적이며 폭넓은 방향으로 해석할 수 있도록 자신들의 능력을 개발할 수 있는 일반적인 과정을 제시하려고 노력했다. 이러한 과제들에 대해서는 부록 A에서 더 자세히 논한다.

6.

물 밖을 나온 문어

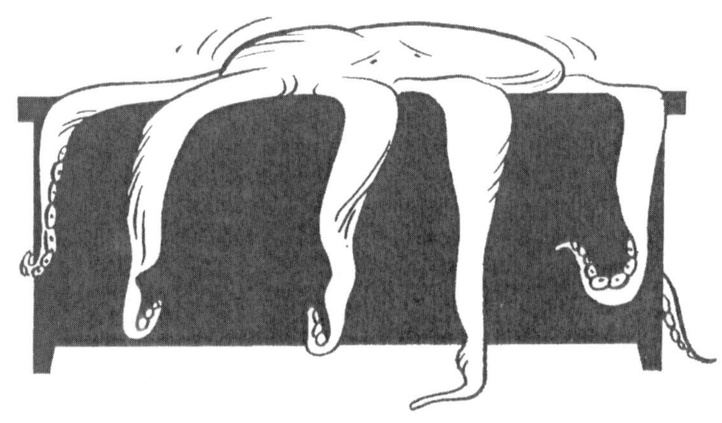

이 장에서는 네트워크조직에 잠시 개입하는 이야기를 하려고 한다. 여기서는 풍부하고 창의적인 비유를 통해 비구조화된 조직의 자기-조직화(self-organization) 특질*(역자주: 민들레씨가 수없이 흩어져서 새로운 민들레를 만드는 것과 같은 특질)을 보여주려고 한다.

4장에서 나는 있을 법하지 않는 거미식물 상상이 분권화 조직을 만드는데 유용한 사고의 발판이 될 수 있음을 보여 준 바 있다. 이 장에서는 문어, 아메바, 거미, 초신성, 민들레씨에 대한 구성원들의 상상이 조직을 구성하는 사고나 원리에 대한 공유인상을 형성하는데 활용될 수 있음을 보여주려고 한다.

이 이야기를 통해 비구조화된 조직에 대한 이해가 부족한곳 그리고 그 조직을 폐쇄하기를 원하는 적대적 세력이 존재하는 정치적 배경하에서는 이와 같은 비구조화된 조직의 참신한 특성을 유지하기는 상당히 어렵다는 것도 보여 줄 것이다.

네트워크조직은 청년들이 지역사회를 구축하는 방안으로 1960년대 중반에 만든 역동적 새로운 조직이다. 네트워크조직의 목적은 강한 사회적 가치로 하여금 개인의 성장발전의 기회를 제공하기 위한 이벤트, 프로그램, 지역사회 주도활동을 개발, 실행하는 것이었다. 네트워크조직은 수명의 팀으로 운영되고, 자기들 주변의 평화와 정의를 증진시키려 노력한다. 구성원들은 보통 20대에서 30대 초반이고 평생 직장으로 옮겨가기 전에 보통 1-2년 봉사하게된다. 팀리더는 4-5년간 계속 봉사한다.

네트워크조직의 영향은 두가지 점에서 찾을 수 있다. 즉 지역사회 활동과 프로그램을 통해서 지역사회에 미치는 영향과, 팀구성원 개인생활에 미치는 영향 등 두가지다. 팀에서 일을 해본 사람들은 일반적으로 경험을 통해 깊은 감명을 받게되고, 자신들의 새로운 직장이나 삶의 현장에서 경험을 확산시키려고 한다. 역사는 짧지만, 네트워크조직은 청년 활동에 크게 공헌 했으며, 청년조직이 어떻게 운영되어야 하는가를 보여주는 전형으로 각계에서 주목받게 되었다. 네트워크조직의 철학과 운영원칙은 다른 여러 곳에서 유사한 집단을 만드는데 활용되곤 하였다.

내가 처음으로 접촉한 것은 팀리더 마이크였다. 마이크는 나에게 "네트워크 조직 팀원들에게 자기 조직의 문제를 찾아 낼 수 있도록 한 두시간 할애해 달라"고 요청했다. 마이크는 임기만료가 얼마남지 않았고, 조직을 떠나기 전에 네트워크조직의 기존 관행에 대해 검토해 볼 기회를 가지고 싶어했다. 나는 네트워크조직의 뛰어난 성과를 알고 있었고, 기꺼이 도와주고 싶었다.

회의모임은 마이크 집에서 열렸다. 한 회사의 회의를 마치고 온 나로서는, 내가 도착했을 때 자기들의 한 주간 업무를 검토하는 팀원들의 자유스런 비공식적 분위기에 대단히 놀랐다. 5명의 팀원 중 1명을 제외한 4명이 참석했고 친절하게 소개한 후, 우리는 일을 시작했다.

나는 간단한 의제를 제시했는데, 즉 나한테 자기들에 대해서 많은 것을 이야기 해 줄 수 있는 기회를 만들어 주고, 자신들이 가지고 있는 문제가 있다면 내가 알 수 있도록 보여달라고 했다. 나는 매우 단도직입적인 방법으로 나아갔는데, "나한테 네트워크조직에 대해 더 많은 것을 이야기해 달라고 하였고, 마이크는 네트워크조직의 지난 역사를 이야기했다. 그러나 나는 좀 더 많은 것을 알고 싶어했다."

팀원들은 자기들의 프로그램이나 활동에 대해 계속 설명하였고, 또 개인들과 청년집단을 상호 네트워크화하고 연결함으로써 "지역사회를 함께 창조"해 나가려는 과정에 대해서도 설명했다. 그들의 목적은 남에게 봉사하는 것이고, "우정의 지역사회를 만들도록 도와주는 것"이었다. 그들의 궁극적 목적은 청소년들이 성장·발전하도록 지원하여 사회에 공헌할 수 있도록 하는 것이었다.

팀원들은 학교와 학생들과 함께 한 일에 대해서 이야기했다. 즉 그들이 함께 만들어낸 "엄청난 규모의 행사"나 프로그램에 대해 이야기했고, 또 사회정의의 메시지를 "실천"하려했던 팀원들의 철학에 대해 이야기했다. 팀에 소속된 모든 팀원은 권한이 부여된 리더 역할을 수행할 수 있고, 집단 전체가 결정하고 행동하는 주인의식을 기초로 "팀 리더십"의 형태를 실천하고 있었다. 급여는 네크워크조직의 주요 자금원인 전국 교회조직으로 부터 팀에 공동으로 지급되고, 필요에 따라 재분배되었다. 마이크는 자녀가 4명이었기 때문에 남들보다 약간 더 많이 받았다. 그러나 그것도 교사의 전문직업으로 벌 수 있는 것에 비하면 아주 보잘 것 없는 것이었다. 모든 팀원들은 네크워크조직에서 봉사하는 동안 금전적 희생을 치르고 있었다.

팀원들은 늘상 존재하는 기본적인 문제가 거론되자, 조직의 일반적인 문제들인 "과잉의욕", "너무 많은 일을 벌리기", 부족한 자원, 프로젝트간의 우선순위 선정의 어려움, 타인에 업무 위양이나 시간 관리 등에서의 어려움을 토로했다.

팀원들은 관리나 결정에 대한 실행의 관점에서 활동의 네트워크를 어떻게 정착시키고, 현실적 목표를 설정하고, "조직을 좀더 체계화" 하는가에 대해 고심하고 있었다. 그들은 어려운 문제를 풀기 위해 반성의 시간을 이용하고, 매주 스뿐 미팅을 가져서 '합의'의 형태로 문제를 해결했다. 팀원들은 특정 주어진 시간에 올바른 결정이나 성공하는 방법은 항상 정답이 있을 것이라 믿었다. 네트워크조직 팀원들은 자신들의 조직이 진정으로 잘 조직된 것은 아니고 모든 것을 잘 통제할 수 있는 더 좋은 방법이 있을 것이라는 강한 정서를 가지고 있었다.

팀원들은 자기들의 관심 영역을 아주 상세하게 그려내는데 약 15분내지 20분정도를 보냈다. 처음에 이들 조직 상황에 대한 나의 해석은 그 집단은 "문화지배적" 조직 〈그림 6.1〉 이라는 것이었다. 그들은 모든 관리자가 알고 있는 일상의 관리적 요구나 문제를 씨름하면서 긴밀하게 결속되었고, 공유비전이나 공유가치로 결속되 있었다. 이들은 자기조직이 좀더 체계화 되기를 원했다. 그와 같이 조직을 체계화하면 갓난 아이가 목욕탕에 방치되듯 위험에 빠질 수 있고 그 같은 방식의 조직화는 집단문화나 집단성과를 깨뜨리는 것이 될 수 있다.

이들의 문제에 좀더 깊은 이해를 얻기 위해서, 나는 2장에서 설명한 '이미지화하는 방법'을 통해 그들의 관심에 접근해 가는 다른 방법을 써 보기로 결정했다. 그 방법은 조직에 대한 자기들의 경험을 나타내 줄 수 있는 일련의 동물이나 다른 상상(이미지)을 통해서 네크워크 조직의 핵심을 파악하는 것이다.

적절한 분위기를 만들기 위해, 나는 새로운 각도에서 자기들의 문제를 탐색해 보는 창의적인 수단을 내보라고 제안하면서 부드러운 분위기로 진행해 갔다. 팀원들은 그와 같은 요구에 마음 편하게 대했으며, 그래서 우리는 곧바로 각자의 설명을 듣기 시작했다.

처음으로 이야기 한 사람은 20대후반 여자 루이스였다. 루이스는 비유를 시작했다. "네크워크 조직은 문어"라고 했다.

"문어는 많은 팔을 가지고 있고-꼭 2개만 아니다. 아마 너무 많은 팔을 가지고 있고

■ 그림 6.1

네트워크조직에 대해
내린 최초의 해석

> **문화적 비유**
>
> 이 조직은 문화에 의해 지배되는 조직
> -공유비전
> -공통의 가치
> -하나의 팀으로 존재한다는 인식
> -합의에 의한 의사결정이라는 독특한 방식
> -대단히 민주적, 개방적, 평등 조직

> 조직의 관료적, 관리적 측명은 뒷전이고: 상황적, 자기-조직화 접근방법이 규칙이 되는 조직: 느슨한 "모델 6형"으로 운영되고, 연도별로 수많은 자원봉사자와 현렵자가 참여하는 네트워크 조직의 중심은 팀이다.

> 팀 내는 정치적 긴장이 없음
> -진정으로 통합된 집단으로 평가됨

–너무 많은 사람이 들어와 있고… 대부분의 시간 네트워크조직은 과업을 잘 수행하나 문어와 같이 물밖으로 나오면 멍청이가되고 무기력해진다. 하나의 요소만 없어도 많은 일을 할 수가 없다. 우리는 우리가 하는 일에 대해서 신뢰를 보여주는 사람들과는 일을 매우 잘 하고 있다. 그러나 우리는 우리에게 자금을 대주는 성직자들을 대하는데는 멍청이다. 우리는 우리와 의견을 같이 하지않는 사람들에게 좀더 잘 대응하는 방법을 찾을 필요가 있다. 우리는 개종자들에게도 전도를 잘 하지 않는가!'

두 번째 비유는 30대 초반 남성인 페드로가 이야기했다. 그는 네트워크조직을 아메바로 묘사했다.: 즉 "작고 끊임없이 형태를 바꾸고, 죽이기가 어렵다. 그것은 세포분열이라 안에서부터 형태가 바뀐다. 그것은 나누어지고, 유연하고, 여러 가지 모양을 갖는다."

페드로는 아메바에 대해 긍정적인 인상과 부정적인 이미지 어느 것인가를 질문받자, 전체적으로 매우 긍정적이라고 말했다. 왜냐하면 네트워크조직은 서로 다른 일을 서로 다른 방식으로 잘 수행하고 있음을 보여주기 때문이라고 했다. 그러나 부정적인 특성도 있다고 했다. 즉, "아메바는 내부에서 통제하기가 매우 어렵고, 외부적인 힘 즉 항생제에 의해서만 억제할 수 있다!'

"그러나 그것은 항상 다시 나타난다."

세번째 사람은 20대 초반 남성인 필이 이야기했다.

"네트워크조직은 나에게는 이야기 속의 거미인, 샬럿,[샬럿의 거미집]의 거미를 생각나게 한다."

"그 이야기를 읽은 적이 있습니까?"

나는 없다고 대답하자, 그가 다음과 같은 요지의 이야기를 계속해 갔다.

샬럿테 거미는 헛간에서 많은 동물들과 함께 사는 매우 특별한 거미였다. 이들 동물 중의 하나가 윌버라는 돼지였다. 샬럿은 윌버의 돼지우리 뒷편에 살았고, 그들은 좋은 친구가 되었다.

어느날 오후, 몇마리 동물들이 "농부가 윌버를 다음날 시장에 끌고 가서 베이컨을 만들어야겠다"고 한 이야기를 들었다고 했다. 당연히 윌버는 매우 충격을 받았다.

샬럿은 윌버를 진정시키고 도울 일을 생각했다. 샬럿은 윌버를 구할 수 있는 특별한 거미집을 만들어야 겠다는 대단한 아이디어를 생각해 냈다. 자신의 아이디어를 실행에 옮기기 위해서는 다른 동물들의 도움, 특히 곡식창고에 사는 이기적인 쥐의 도움이 필요했다.

샬럿은 쥐를 설득해서 쓰레기 더미 앞뒤로 신문지를 찾도록 심부름을 보냈다.

그날 밤새도록 샬럿은 일을 했고, 다음날 아침 농부는 기적을 만날 수 있었다. 윌버의 돼지우리를 가로질러 정 중앙에 "위대한 돼지"라는 말을 새긴 환상적인 거미집을 볼 수 있었다. 농부가 경악을 했고, 이웃사람들을 불러 기적을 보게 했다. 분명히 "기적의 돼지"를 베이컨을 만들 수는 없었다.

윌버는 구조되었다.

그 이야기는 샬럿의 노년의 죽음으로 끝났다. 그러나 샬럿은 알을 낳고 수백 마리의 새로운 샬럿을 태어나게 해서 다시 자기와 비슷한 일을 하도록, 온 세상으로 퍼져나가도록 해 놓은 다음 죽었다고 했다.

이야기를 마친 후 필은 계속해서, 샬럿은 네트워크조직의 핵심인 "다른 사람들을 돌봐주고 도와주는 관심, 젊은 사람들이 실천할 수 있도록 촉매자나 활동가로서 행동하는 능력을 상징한다고 말했다."

샬럿 같이, 네트워크조직은 "사람을 결집시키고 다른 사람에게 관심을 갖고 배려하는 명확한 목표를 갖고 있다. 샬럿 네트워크조직은 화려하지 않으나 매우 교모한 방식으로 운영된다. 그 조직은 소박하고, 교모하고, 강력하며 … 결코 겉치레가 없다."

이 이야기의 끝도 역시 의미가 있었다. "세상으로 나가는 모든 거미들 각각은 모두 똑같은 철학과 똑같은 기술을 갖고 있다. 우리들이 네트워크조직을 떠날때도 같다. … 우리들은 네트워크조직과 직접관계나 끝나게 되나, 또 다른 사람들이 들어오게 된다."

수백 개의 새로운 샬럿이 세상으로 퍼져나간다는 이 같은 상상은 팀리더인 마이크에 의해서 비슷한 상상으로 이어졌다. 마이크의 상상은 초신성과 바람으로 흩날려가는 민들레씨 이야기였다.

"네트워크조직은 초신성과 같다. 즉 수많은 서로 다른 요소가 모여서 만들어진 별이 폭발해서 조각나는 초신성과 같다. 초신성은 오래된 별의 죽음을 의미하나, 새로운 생명을 또 만들게 된다. 같은 방법으로 죽어가는 꽃, 민들레 씨앗이 바람에 의해 모든 방향으로 흩어지나 새로운 민들레, 새로운 시작을 만들어 낸다. 네트워크조직도 똑같다. 그 조직도 역동적이고 수많은 다른 방향으로 펴져나간다."

분위기가 활기를 띄기 시작했다. 사람들은 서로간의 상상을 듣는 것을 즐기고 있었다. 페드로가 또 다른 하나의 이야기를 했다. 그는 앞에서 언급했던 아메바 이야기에서 카멜레온 상상을 더 보탰으면 한다고 했다.

"우리는 여러 학교 옮겨 가면서, 서로 다른 집단에 우리의 이미지를 변화시키고, 서로 다른 애정을 가진 사람들과 대화를 한다. 우리는 우리가 함께 일하는 조직과 대상에 따라 관계를 변화시켜야 한다. 우리는 주위 환경에 맞추어 색깔을 변화시키고, 조화시키고 적응 시켜야 한다. 우리가 하나의 색깔로만 대응하게 되면 우리는 죽기 때문에 우리가 색깔을 변화시키고, 혼합하고, 우리의 환경에 적응하는 것은 매우 중요하다."

팀원들이 제시한 상상은 네트워크조직의 풍부한 특성을 그려내는데 성공하였다. 그들은 열정을 보여 주었고, 팀원들은 자기 조직에 대해 따뜻하고 긍정적인 감정을 가지고 있었음이 분명히 드러났다.

회의가 시작된 후 약 45분이 지나자, 내가 기여해 줄 시간이 된 것이다. 나는 그들이 자기들의 상상력을 통해서 만들어낸 상당한 통찰력과 자기들의 네트워크조직을 파악하는데 있어 내가 생각하는 집단문화의 역할과 중요성을 결합시키는 방법을 찾고 싶었다.

그래서 몇 마디 서두로, 나는 그들이 나에게 이야기했던 것들을 검토해가기 시작했다.

"마이크는 네트워크조직의 현 상태에 대해 여러분들이 돌이켜 보는데 내가 도와줄 수 있는지 회의에 와서 봐 달라고 요청했다."

"앞에서 여러분들은 어떤 구체적 문제들이 있는지를 이야기했다. 즉 과잉의욕, 부족한 자원, 업무위양상의 난점 등에 대해 언급했다. 그러나 여러분들의 상상을 통한 비유와 이야기를 듣고 나서, 나는 네트워크조직이 무엇이고, 어떤 일을 하며, 어떻게 과업을 수행하는가에 대해 대단히 긍정적인 시각을 얻게 되었다."

"여러분들의 시각도 매우 일관성있고 명확하다. 나는 지역사회로 끊임없이 뻗어가는 조직으로서 '샬럿 거미집'에서 거미같은, 바람 속에 흩어지는 민들레씨 같은 네트워크 조직에 대해 들었다. 여러분들의 상상력을 통해서 여러분들은 네트워크조직의 창의성과 재생산적 능력에 대해서, 그리고 서로 다른 관심을 충족시키기 위해 적응 변화시키는 아메바나 카멜레온 같은 능력에 대해서 많은 것을 이야기해 주었다. 무엇보다도 여러분의 상상은 매우 열정적이었고 대단히 긍정적이었다."

"내가 네트워크조직에 대해 들을 수 있었던 유일한 부정적인 측면은 '물밖을 나온 멍청이'라는 것인데, 다시말해 여러분들의 네트워크조직은 너무 많은 팔을 가지고 있다는 것이고 너무 많은 활동에 가담한다는 것이고, 때때로 통제가 안 된다는 것이다. 나는 아메바가 외부적인 힘과 항생제에 의해서만 통제될 수 있다는 점을 지적한 페드로의 생각에 동감한다."

"나의 경험으로 볼 때 여러분들의 조직과 같이 매우 비구조화되고 네트워크화된 조직은 느슨하게 조직되고 통제가 안된다고 생각한다. 그와 같은 조직은 흔히 여러 가지 방법으로 조직을 능률적으로 운영하여 그와 같은 문제가 해소되기를 바라는 경우가 많다. 그러나 이같이 체계화를 갖추려는 시도가 여러분들이 추구하는 조직의 정수(핵심)나 정신을 죽이지 않도록 유의해야 한다."

"조직에 대한, 명백한 규칙, 절차, 체계를 강조하는 관료적 접근은 체계화를 갖추는 하나의 방법이다. 그러나 다른 조직화 방법도 있다. 예컨데, 여러분들이 무엇을 어떻게 하고자 하는가에 대한 공유가치, 공유의미, 공유이해를 중심으로 조직화하는 것도 가능하다."

"내가 보기에는 네트워크조직이 바로 이와 같은 조직인 것 같다. 네트워크조직은 여러분들의 독특한 일체감이나 문화를 바탕으로 한 공유가치나 공유신념으로 조직하는 것이다. 네트워크조직은 유연성, 자율성, 그리고 자기 조직화 능력이, 상당히 증진된 방식으로 조직화된다. 샬럿의 거미집, 초신성, 민들레씨, 아메바, 카멜레온에 대한 여러분들의 상상은 여러분의 네트워크 조직 운영 방식에서 이같은 특성이 있음을 말해준다."

"그래서 여러분들의 현안문제, 특히 여러분들이 네트워크 조직의 무기력·우둔성에 대한 문제, 그리고 능률적이고 보다 효율적으로 운영하고 싶어하는 하는 문제로 되돌아가 보자. 문제는 여러분의 현재 조직 운영방식에서 성취하고 있는 바 다시말해 여러분

부적응과 적응의 비유대상

■ 그림 6.2
임원에 대한 이미지는 핵심적 조직특성을 내재할 수 있다.

조직의 장점을 잃지 않으면서도 체계적으로 조직화하는 방안을 찾는 것이다. 여러분들은 관료적 규칙이나 체계를 도입해서 여러분 구성원들의 열정이나 가치관을 잃어버리는 것을 원치 않을 것이다.”

“그렇다면 여러분들이 조직화할 때 가져야 하는 전제를 생각해보자. 여러분 같은 네트워크조직에 적절한 것은 물 흐르듯 자유자재의 방식으로 여러분을 조직화하는 것이다. 여러분들이 기존수행방식을 파악하고 개선하는 방법을 찾는 것은 실제로 쉬운 일이 아니다. 여러분들은 여러분의 조직에 대해 어려움을 느끼고, 불편하고, 또 어떤 점에서는 여러분의 미래를 위협할 수 잇는 본질적인 문제를 해결하고자 하는 동안 여러분의 상상의 비유대상에서 표현된 바 있는 일체감을 지켜나갈 필요가 있다.

“그럼 여러 조직의 문제점에 대해서 이야기 해 보도록 하자. 물밖을 나온 문어같이 멍청이가 되는 문제에 대해 검토해보자. ”

“어떤 식으로 무기력하고 바보가 되는가?”

팀원들은 ‘언제’, ‘어디서’ 네트워크조직이 무기력했는지, 언제 어디서 어떤 사람들과 관계할 때 가장 어려움을 겪었는가에 대해 논의하기 시작했다. 즉시 관심의 초점은 교회 간부성직자에 맞춰졌다. 교회 성직자들과 현안 문제도 있는 것 같았다. 팀원들은 “교회성직자들이 진정으로 네트워크조직을 이해하지 못하는 것 같다”고 느꼈다. 팀원들은 “우리들의 생각을 귀담아 듣지 않는다”고 생각했다. “사회 정의 문제에 대한 팀원들의 태도는 자금을 지원하고 팀원들의 과업을 관찰하는 성직관료들에게는”, “가끔 짜증나는”일이고, 때로는 매우 귀찮다는 것이다.

팀원들이 문제를 설명하면서, 네트워크조직이 어떻게 “늘” 이 같은 불편한 관계에 빠지게 되었는가를 계속 논의해 갔다. 사람들은 네트워크조직이 얼마나 오래 지속될 수 있으며 결국 해체될 것인가에 대해 오래 동안 아슬아슬하다고 느끼고 있었다. 네트워크 조직은 분명 성공을 거두었음에도 불구하고, 권력을 가진측으로 볼 때는 대단히 귀찮은 존재가 되고 있었다.

이 같은 사실을 깨닫게 되자 자신들의 현안 문제에 새로운 차원이 더 첨가되게 된 것이다. 분명 팀원들을 결속시키고 자기들의 활동을 정열적으로 만든 가치는 자신들의 조

정치적 문제 요점

네트워크 조직과 교회 간부성직자간의 정치적 역학관계
가 매우 심각한 것 같다. 바로 이 정치적 역학관계로 인
해 "무기력"이라는 최고의 골칫거리가 야기된다. 네트워
크조직 성공의 기초가 되는 강한 팀문화는 정치적 역학
관계를 악화시킬 수 있다.

■ 그림 6.3

네트워크조직에 대해
내린 두 번째 해석

직을 없애버리려는 위협이 되는 가치이기도 했다. "초신성"과 "민들레씨"가 공통의 사
명을 가지고 행복하게 폭발하여 사방으로 즐겁게 흩어지고, 온 세상에 자기들의 기본적
인 철학과 메시지를 전파하는 "거미"가 되도록 하는 것이 공유가치이자 핵심 가치이다.
강한 공유의미를 기초로 한 네트워크조직은 "가치–주술 조직"이고 집단을 끈끈하게 결
속시키는 집단문화를 갖게 해 준다. 그와 같은 네트워크조직의 가치는 팀원 자신들이 사
업이나 활동을 창조하고 그 활동을 즐겁게 수행하는 원도력이 되는 가치이었다. 그러나
바로 그것이 과잉의욕을 만들어내고, 그리고 "너무 심하다"는 느낌은 문어의 이미지속
에 내포되어 있는 너무 많은 일이 두서없이 이루어지고 있다는 느낌도 야기시킨다.

자신들의 "어리석음과 무기력"에 대한 이같은 논의에서 드러난 강력한 정치적 역학
관계로 인해 나는 이들의 조직이 가지고 있는 상황에 대해 처음에 내린 해석을 〈그림
6.3〉에 요약된 것과 같은 방향으로 수정했다. 이 조직과 간부 성직자와의 "정치적" 긴장
관계는 내가 처음 생각했던 것 보다 훨씬 깊고 컸다. 실제, 팀 내부의 응집력은 부분적으
로 팀 외부의 긴장 역할을 한다.

우리는 네트워크조직의 가치를 살려서 조직을 지속적으로 활성화하는 방법도 찾아야
하고, 또한 대결하고 있는 정치적 실체에 즉 간부 성직자 집단과의 관계개선 방법도 찾
을 필요가 있다는 것도 분명하였다.

새로운 해결책을 만들어 내기 위해 나는 정치적 문제에 대한 좀더 종합적인 이해를 얻
어야 할 필요를 느꼈다. 그래서 나는 팀으로 하여금 "무기력" 이미지를 좀더 찾아보도록
하고 그들의 핵심 준거집단 즉 그들이 관계를 맺는 관계집단을 규명해 보도록 요청하였다.

네트워크조직의 팀원들이 관계를 맺는 관계집단을 칠판에 기록하고, 계속해서 핵심

■ 그림 6.4
네트워크조직 외부
관계자

적 또는 주변적 관계를 밝혀주고, 그리고 무기력을 느끼는 정도를 규명해 주도록 팀에 요청했다〈그림 6.4〉. 그리고 우리는 네트워트 조직이 각각의 관계 집단과 관계를 개선해가는 전략을 개발할 수 있겠는가를 논의했다. 기본적인 사고의 방향은 무력감에 대처하되 현재의 조직 강점을 유지하고, 특히 함께 일하는 사람들과 조직 자체를 활기있게 해주는 능력을 강화하는 것이다.

그 전략은 앞의 카멜레온 이미지와 관계가 있다.

우리는 다양한 관계집단과 적극적인 방식으로 대응할 수 있는 조직의 능력을 제고시켜야 한다고 생각했다.

이것은 기본적 상황에 대한 나의 정치적 해석에 의해서 도출된 정치적 전략이었다. 네트워크는 하나의 "가치지배적"조직 이나, 장기적으로 생존 하려면 스스로의 정치적 능력을 제고시킬 필요가 있었다. 교회성직자들과 관계를 개선하기 위한 전략이 탐색되고, 교회에 대한 의존성을 줄이기 위해 자금지원 원천을 다양화하는 가능성은도 검토 되었다.

조직의 정신이나 추진력을 저해하지 않는 범위 내에서 조직의 관리 기능을 감축하는데도 관심을 기울였다. 네트워크조직의 스스로의 관리 시스템을 구성하는 관리 담당자도 핵심 관계집단의 하나임이 밝혀지게 되었다. 네트워크조직 관리담당자란 급료를 받는 사람, 유능한 관리 능력을 가지고 네트워크조직에 소속된 사람들을 말한다. 이들도 교회간부성직자들 같이 주의가 필요한 집단이나, 좌지우지하는 정도는 아니었다.

이같은 분석을 통해 외부자 시각에서 도출한 "해석"과 분석모형을 그들이 내부에서

주 : 별표는 해당집단에 "무력감을 느끼는 정도" (***=고, *=저)

만들어낸 이미지와 결합시켰다. 우리는 모든 논의를 통해 문제에 대한 해결책은 두가지라는 결론을 얻었다.

첫째, 교회간부성직자들의 간섭을 줄이고, 네트워크조직이 더 좋은 역할을 수행할 수 있도록 그들과 능동적이고 적극적으로 관계를 맺어 간다. 팀원들은 네트워크조직의 기본적 가치를 잃지 않으면서 교회간부성직자들과의 관계를 원활히 하기 위해 그들이 할 수 있는 모든 일을 하기로 했다. 이 같은 목적을 달성하려면 그들과 의사소통을 개선하는 것이 상당한 도움이 될 수 있을 것 같았다.

둘째, 네트워크조직 관리 담당자들이 간섭하지 않아도 되도록 조직의 기본적인 일을 효율적으로 수행하고 이해관계자들과의 전략적이고, 유연하고, 적응적인 관계를 추구한다. 우리는 네트워크조직이 해야 할 여러가지 과제들을 규명하고, 논의와 동의가 필요치 않는 유형을 명시할 수 없는가에 대해 논의했다. 이같은 생각은 논의와 동의가 필요없는 문제를 상근 관리 담당직원에게 위임할수 있다면 팀원들은 핵심문제에만 자신의 모든 열정을 쏟을 수 있다는 생각에서 비롯되었다.

관리시스템을 간소화 할 수 없는가에 대한 논의에서 내가 특히 강조한 것은 네트워크조직 일상의 실행과 해야 할 과제는 흔히 가치와 내재되어 있기 때문에 궁극적으로 관리문제는 가치의 논의와 규명에 달려 있다는 것이다.

구체적 논의와 동의가 필요할 때가 언제인가와 관련하여 기준을 사전에 합의해 놓으면, 집단 전체가 결정을 해야하는 수많은 문제로부터 팀원들을 해방시켜주고, 대신에 가장 직접적으로 관여해야 할 사람에 의해 좀더 시의 적절하게 결정이 이루어질 수 있다. 만약에 사람들이 매우 중요하고 논쟁거리가 있을 만한 것도 "동일한 잣대만 적용될 수 있다면", 그들은 궁극적으로 동의에 의해서 이루어지는 자율적 행동수단을 갖게 되는 것이다. 그렇게만 되면 사전 조정회의에 모든 문제를 회부하려 하지는 않을 것이다. 왜냐하면 이미 이루어진 결정에 대한 일상의 보고만으로도 많은 상황에서 충분히 만족할 수 있기 때문이다. 대부분의 동의-지향 조직은 이러한 유형의 관리문제로 어려움을 겪는다.

많은 동의 지향 조직들은 동의가 언제 필요에 대한 결정 기준을 명확히 설정하는 노력을 않고 결국에 모든 일에 동의를 구하게 되고 이렇게 되면 관리적 비능률이 초래된다. 핵심가치가 문제되지 않는 곳에서는 조직활동과 의사결정을 간소화 하자는 것이다.

이같은 방식으로 나는 현재의 강점을 유지하면서 좀더 효율적인 형태의 조직운영을 지향하도록 네트워크 팀원에게 주지시키려고 노력했다.

"여러분 조직의 핵심가치를 지키십시요. 그러나 교회간부성직자들과의 관계의 관점에서 여러분들의 행동을 재정립하십시오.", "이것이 메시지의 핵심 요점 입니다."

물 밖을 나온 문어 같은 "무기력", 통제 불가능성 그리고 카멜레온과 아메바에서 표현된 바 있는 조직 변화가 필요한 측면은 모두 같은 방향의 문제들이다. 공식조직 이론에서 우리는 그것을 "분화와 통합"의 문제라고 부르는데 그 용어는 1960년대 후반 로렌스와 로쉬가 만들었다. 분화와 통합문제는 한 조직이 건강한 통합의 상태를 유지하면서 여러 서로 다른 하위 과업환경 요인에 대응하기 위해 각각 다른 유형으로 조직화하는 문제이다. "무기력성"을 극복하기 하기 위한 조직화는 얼핏 비이론적인 그와 같은 "분화와 통합"에서 해결될 수 있었다.

그래서 약 1시간 반동안 계속된 회의는 끝났다.

회의에서 얻은 중요한 소득은 풍부한 자아-정체성 의식을 형성시켜 주었다는데 있었다.

우리는 샬럿이다.
우리는 초신성이다.
우리는 민들레씨이다.
우리는 카멜레온이다.
우리는 아메바이다.
그러나 문어에 대해서는 좀더 개선해야 할 과제가 있다.

새로운 조직화 유형 이미지화

네트워크조직은 구성원들로 하여금 샬롯 거미나 바람 속에 흩날리는 민들레씨 같이 여러 방면으로 진출하게 하고, 그들이 어딜가든지 자신들 조직의 사명과 비전을 수행하게 하는 조직, 또 전체를 부분으로 나누어서 공유의미의 네트워크를 구축하는 조직을 만들 수 있는가 하는 아주 좋은 예가 된다.

구성원들은 이미지나 상상력을 이용하는 방법을 통하여 자신들의 네트워크조직에 대한 정수를 이해하고 있었다. 구성원들은 '샬롯 거미집' 우화의 거미들 같았고, 민들레씨나 초신성 같았고, 서로 다른 환경에서 모양이나 색깔을 변화시키는 아메바나 카멜레온 같았다. 네트워크조직은 다소 느슨하고, 개방적이고 때로는 혼란된 스타일로 운영된다. 그러나 고도로 응집력 있게 결집되었고, 강력한 가치를 기초로 하여 조직되고 있었다. 그리고 그같은 가치주술적인 점이 자신들의 과업 수행에 성공적인 이유가 되는 것이다. 모든 "거미들"이나 "민들레씨" 각각에는 네트워크조직의 정수가 구현되어 있다. 그들은 어디로 가든지 네트워크조직의 가치를 받아들이고 실천하고, 네트워크조직의 정수를 다시 만들어 낼 수 있다. 네트워크조직은 밖에서 보기에는 비체계적, 자유방임, 주먹구구식으로 보일지 모르지만, 실제로는 구성원들이 자율적으로 일사불란하게 행동할 수 있는 강력하고, 유연한 조직, 그러나 눈에 거의 띠지 않는 조직 스타일이었다.

험난하고 변화하는 환경에서도 여전히 능력이 잘 발휘되었으면 하는 수많은 조직을 생각해 보자. 그런 조직들은 위에서 본 유형의 팀워크를 가동하는 방법을 찾으려하고, 어떠한 환경에서도 구성원들이 위에서 본 정신과 기상을 전파할 수 있도록 하는 방법을 찾으려고 할 것이다.

그러나 역설적으로, 네트워크조직 일화 비극은 이같이 매우 성공적인 조직이 점차 폐지되고 있다는데 있다.

내가 팀원들과 회의를 마쳤을 때 나는 우리가 회의기간 중에 함께 이루어낸 통찰력이 참으로 잘 이해되었다고 생각하였다. 그러나 때가 너무 늦었다. 왜냐하면 "무력감"이 이미 그들에게 현실화되기 시작하고 있었다. 이미 이 네트워크조직을 교회간부성직자들이 만든 새로운 청년주도 조직 안으로 흡수하는 조치가 추진되고 있었다. 네트워크조직은 강력하고 효율적인 조직으로 보였다. 그러나 그 조직은 동시에 너무 독립적, 혼돈적, 비체계적 조직이고 그래서 통제가 필요한 조직으로 보였다.

바로 이 일화는 자신들의 조직운영 방식을 진정으로 이해하지 못하는, 매우 관료적인 파트너의 지원 하에서 운영되고 있는 유연하고 "애드혹크라틱(adhocratic: 탄력적, 적응적, 반응적, 혁신적)" 할 조직* 항상 이런일이 되풀이 될 수 있다는 것을 보여준다. (*역자주: 애드혹크라틱한 조직이란 특정한 욕적이나 과제를 해결하기 위해 비교적 이질적인 전문가 집단으로 구성된, 신속히 변화하며 적응적인 조직 형태인데 구체적인 예로서는 매트릭스 조직, 프로젝트 조직, 태스크 포스트 팀, 네트워크 조직 등을 들 수 있다.) 외부인이 보기에는 이들 조직은 혼란스럽고 주먹구구식이다. 그들의 조직원리가 이해되지 않는 것이다. 예컨대 3장에서의 스피디의 이야기를 돌이켜 기억해보라.

그래서 네트워크조직의 경험은 우리에게 두가지 중요한 교훈을 준다. 유연하고 자율적 통제유형, 자기-조직화 유형을 채택하려는 조직이 가져야 할 특질과 또 이 같은 접근방법을 경영층에 이해시키고 실행하는데 필요한 사고의 방법을 우리에게 가르쳐주고 있다.

그러나 동시에 네트워크조직의 경험은 조직의 새로운 조직 유형과 전통적 조직 유형이 충돌할 때 제기될 수 있는 위험에 관해서도 뼈아픈 경고를 하고 있다. 내가 생각하기에, 이 사례는 그러한 문제들이 전형적으로 내포되어 있기 때문에 이 사례를 이 책에 싣은 것이다.

대부분의 대규모 조직에서는 기존의 권력구조와 문화제도적 규범에 도전했기 때문에 성공적인 조직들이 없어진 예가 있다. 결과적으로 성공적인 새로운 조직을 종식시키기로 결정할 때 또는 성공적인 조직에 의해서 초래된 불편, 혼란, 변화 등을 관리해야 할 때, 결정권한을 가진 사람들은 흔히 선임자들이 했던 경로를 뒤따르게 된다. 그것은 조직에 의해서 구현된 세계(현실세계)에서 상상의 나래를 통해 추구되는 세계(이상의 세계)로 이행하는데 직면할 수 있는 어려움의 징후인 것이다.

다음 장에서 이 문제를 좀 더 검토해보자.

7.

미래의 장벽

　많은 조직들이 "변화, 변화, 변화... 하지만 어느 곳에도 도달하지 못하는!" 증후군에 사로잡혀 있다. 사람들은 변화를 위한 열망을 수용한다. 하지만, 현재 조직내에 존재하는 모든 종류의 요인들은 현상유지에 머물러있다. 본 장에서는 이와 같은 "미래의 장벽"과 관련하여 몇 가지 유형들을 살펴 보고자 한다.

　다른 장에서처럼, 나는 변화와 관계된 기본적인 다이내믹을 어떻게 읽고 이해하며 이들을 새로운 방법으로 구성하기 위한 이미지를 고안해 낼 것인가에 대한 포괄적인 예를 제공하고자 한다. 또한 조직으로 하여금 요지부동인 관리패턴을 파괴 하는 데 유익하다고 생각되는 네 가지 은유를 묘사하고자 한다. 나는 이들을 "만 (灣)", "노루사냥", "빙산", 및 "제 3 모형" 으로 명칭하겠다.

➜ 양파껍질을 벗기기

진행함에 따라 여러 부분들이 추가되어지고 형상이 다시 갖추어져 가는 조각 그림 맞추기를 실행해 보기.

이 두가지 이미지는 동일하고, 복잡한 조직의 다이내믹을 이해하는 데 있어 경영자들과 경영상담가들이 직면하게 되는 도전의 주요한 면들을 설명해 주고 있다. 앞의 여러 장들에서 살펴본 바와 같이, 여러 증거들이 쌓이게 되고 결정적인 통찰력이 새로운 유형의 해석을 형성할 때, 우리는 조직의 변화에 대해 더 깊이 이해할 수 있는 수준에 다다르게 된다. 이 과정을 통해, 우리는 계속해서 그 모습을 드러내는 전체적인 그림을 이해하고 파악하기 위해 새로운 정보의 중요성에 대해 항상 열려있어야 하며, 새로운 가능성을 탐구하며 추구할 수 있는 방법은 어떠한 것이든지 탐구해야 한다.

나 자신의 직업적인 관행에서, 나는 이러한 과업을 위한 개념적인 틀을 조직의 이미지에서 발견한다. 왜냐하면 이 책에서 인용된 은유들은 조직의 전반적인 성격을 파악할 수 있는 힘을 제공하기 때문이다. 그러나 나는 어떠한 방법으로든 나 자신을 이러한 은유들에 가두어두지 않고, 종종 더 깊은 통찰력을 제공할 수 있는 새로운 은유들을 만들어 내거나 탐사하는데 몰두하고자 한다.

이 장에서 나는 이러한 이미지화의 측면에 좀 더 상세하게 초점을 맞추고, 조직의 여러 문제들을 진단하는데 특히 유용하다고 생각되는 네 가지 은유들을 함께 생각해 보고자 한다. 이러한 것들을 "만 (灣)", "노루사냥", "빙산," 및 "제3모형" 으로 부르기로 한다.

나는 변화의 시기에 관료제적 조직이 직면하는 중요한 도전들을 파악한 사례연구를 제시함으로써 이러한 은유들을 소개할 것이다. 사례들은 여러 가지 정보원으로부터 취해진 정보들을 수합한 것이며, 중심적인 이슈들에 대한 사실적인 설명을 제공하는 동안 관련된 이들을 보호하는 형식으로 구성된 것이다. 이 사례에 제시된 "미래의 장벽"이란 유형은 아주 일반적이어서 여러분 자신의 조직에서도 이러한 이야기들을 찾아 낼 수 있을 것이다. 여러분들은 아마 그 속성들을 체험적으로 알 것이며 당면하고 있는 상황들에 대한 감정이입을 할 수 있을 것이다. 앞장에서 처럼, 이러한 이야기는 어떠한 일들이 일어나고 있는가를 살피는 외부 변화담당자의 입장에서 전개한다.

"우리들은 위대했고… 우리는 또다시 위대할 것이다."

스테레오타입은 유럽에 있는 미국 다국적 기업의 네 자회사중의 하나이다. 이 회사는 제조과정에 쓰이는 정교한 전기전자 제어를 생산한다. 모회사는 높은 평판을 지닌 Fortune 500 대 기업 중의 한 회사이다. 모회사는 재정적으로 넉넉하며 지난 20여년 동안 여러 관련 산업분야로 다각화를 이루어 왔다. 스테레오타입은 모회사의 핵심산업의 중요한 부분을 담당하고 있다. 하지만, 지난 70년대 말 이래 그 기반이 지속적으로 흔들려져 왔다. 화학, 기계공학, 약학, 및 전신과 같은 다양한 산업에 속한 다른 기업들처럼, 이 회사는 일련의 혁신적인 제품들을 생산하면서 그 성장을 주도해왔다. 1940년대 이래 매 10년 마다 뛰어난 기술적 업적들을 이루어 회사와 유급 종업원들의 재무적 성공을 확보해 주었다. 1970년대를 통해 직무안전을 위한 원칙들이 제정되었으며, 중간층과 상급층이 큰 회사차, 호화스런 사무실, 및 그들이 안주할 수 있는 많은 혜택들을 누릴 수 있는 아주 강력한 "수혜문화 (benefit culture)"가 개발되었다. 그것은 바로 부유하며 어느 정도 국제적 성향을 지닌 회사, 내부승진을 장려하며, 회사에의 충성과 열심히 일하는 종업원들로부터의 몰입 (commitment) 을 요구하는 것이다.

1980년대 초반 산업주기에서의 하락국면에서, 이러한 것들은 바뀌기 시작했다. 스테레오타입은 그 활동들을 합리화시키기 시작했고, 7개의 공장 중 2개를 닫았으며 현장근로자 30% 및 사무근로자 20%를 삭감하였다. 게다가, 미국으로부터의 지시에 따라, 신규고용을 중지하고 "자연감소"를 통한 중간관리자의 여러 계층을 삭제하는 정책을 실행하였다. 이러한 발전들은 조직전반을 통해 특히 중간계층에게 싸늘한 경고를 주었다. 그러나, 대부분의 간부들은 스테레오타입이 이러한 어려움을 잘 감당하리라 확신하고 있었다.

1980년대가 진행됨에 따라, 이러한 확신은 여러 가지 점에 있어 도전을 받게 되었다. 예상되는 기술적 돌파구들은 나타나지 않았고, 이에 따른 스테레오타입의 제품들은 점차적으로 낡은 것이 되어버리고 새로운 기업들과 산업들에 의한 경쟁에 노출되기 시작하였다. 회사의 가장 중요한 제품라인에 대한 판매는 지난 8년 동안 지속적인 하향 추세에 있어 왔고, 이익은 점점 더 많은 적자로 변해갔다. 장부상으로 모회사는 500만불이라는 총 판매수익에 15만 불이상의 적자를 보이고 있다. 하지만, 실제에 있어서는 모그룹내의 자매회사간의 판매 및 기타 거래로부터 발생하는 국제 이전지급과 환율의 변동으로 인해 그 규모를 정확히 알지 못하고 있다. 예를 들자면, 스테레오타입은 미국 모회사에 의해 제공되는 제품, 연구, 및 기타 용역에 대해 고가를 지불하며, 유럽에 있는 자매회사로부터 구매하는 부품에 대해서도 웃돈을 지급한다. 이로 인해 진정한 이익과 회사에의 기여는 파악하기가 거의 불가능하다. 스테레오타입의 상부경영자들은 "실질적인 손실"이 현재 연간 1만 내지 2만 불 정도인 것으로 믿고 있다. 미국 본부에서는 "이익에 좀더 관심을 기울일 것"과 "변동비용 및 판매액 증진을 좀 더 엄격히 통제할 것"을 재촉하고 있다.

하지만 스테레오타입이 이러한 요구를 이행하는 능력에는 많은 제약이 있다. 모(母)회사 정책중 하나는 스테레오타입은 미국에서 연구되고 설계된 제품을 사용하고 판매해야 한다는 것이고 지역연구는 최소한으로 줄인다는 것이다. 그러나, 미국의 제품들은 항상 유럽의 시장에 적합한 것은 아니다. 스테레오타입은 상당한 유망성을 보이는 여러 개의 작고 새로운 모험상품들을 시판함으로써 이러한 제약조건을 따라 수행하려고 노력해왔다. 하지만, 본부는 회사의 적자로 인해 더 이상의 확장을 허용하지 않았다. 따라서 스테레오타입의 고위경영자들은 아주 어려운 궁지에 몰리게 되었다. 지역시장에 점점 더 부적합한 핵심제품에 관심을 한정해야하는 한편 상당한 성공을 가져다 줄 것으로 기대되는 새로운 시도들은 추구하지 못하게 되기 때문이었다.

이와 같이 스테레오타입은 그 속성상 연구와 기술주도형이다. 새로운 시장을 위한 제품의 생산 위에 구축되어졌다. 중간 및 최고간부진은 대부분 고학력이며, 과학적인 오리엔테이션이 상당히 되어 있고, 기술적으로도 상당한 능력이 있다. 대부분, 그들은 현재의 문제들에도 불구하고, 다시 왕성해질 "위대한 회사"를 위해 일하고 있다고 믿고 있다.

"팀웍"을 향한 동인

6년 전까지, 스테레오타입은 국제적으로 매트릭스 구조 (matrix structure)로 이루어진 전형적인 관료제였다. 자회사들은 비록 지역에 대한 책임이 주어져 있으나 미국 모회사의 기능적 구조를 따르도록 되어있어 계층 및 기능조직이 지배적이었다. 스테레오타입은 여러 개로 나누어진 부문에 대해 강력한 개인적 통제가 필요하다고 믿는 CEO (Chief Executive Officer)에 의해 엄격하게 지배되고 있다. CEO만이 전반적인 통제를 실행한다. 세밀히 고안된 보고시스템을 통해, 그는 자회사 정책의 실행을 감시할 수 있으며, 현재 진행되고 있는 업무수행에 대해 계속적인 정보를 받을 수 있다. 여러 면에서, 그는 "본부의 대사"였다. 지역관리에 있어 미국 본사의 상주를 나타내는 것이다. 그는 기본적으로 중앙정책을 따랐고, 지역의 상황에 맞추기 위해서는 최소한의 수정만 감당하며, 분기별로 본부에 상세한 결과를 보고했다. 그는 15년간 CEO로 근무했으며, 첫 10년 동안 회사에 뛰어난 성과를 가져다 주었다. 그 이후로 제품이 노후화되면서 점차적으로 어려움에 직면하게 되었다. 모든 충실한 대사들처럼, 그는 7년 전 좋은 보상을 받고 퇴직하였다.

그의 후계자, 제랄드 울프는 55세의 엔지니어이다. 그는 미국에서 마케팅 담당 수석 부사장으로 4년간 재직한 후 CEO로서 영입되었다. 그는 스테레오타입의 노후화된 제품으로 인해 야기되는 심각한 문제점을 인식했으며 더욱 창업가적 마인드로 지역문제에 접근하였다. 그러나 자신의 이러한 열정은, 동시에 전반적인 회사의 성공이 "연구 및 기술 주도적인" 것에 의해 구축되었다는 본부의 견해에 대한 본인의 동조로 인해 제약받고 있었다.

대규모회사의 자회사를 운영하는 많은 CEO처럼, 그는 지역과 중앙의 요구에 의해 고민하게 되었다. 회사 내에서 자기 미래의 성공은 본부의 정책에 상반되지 않는 가운데 스테레오타입의 재무적 결과를 향상시키는 것에 달려 있다는 것을 누구보다도 잘 알고 있었다. 그는 스테레오타입의 재무적 성공을 달성하는데 몰입되어 있지만, 다시 돌아가서 일할 본부에서의 경력을 지속시키는 데 해를 끼칠수 있기 때문에 이를 수행하는 것에 대해 원치 않았다. 결정적인 순간에는 그는 항상 본부의 사람이었다!

울프는 도착하자마자 곧 스테레오타입의 관료적 관리 스타일에 중요한 변화를 시행하기 시작했다. 그는 더욱 협조적인 관리 스타일의 강화를 도모했으며, 7명의 부장 중 2명이 퇴직함으로 야기되는 기회를 이용하여 최고경영자 팀을 만들었다. 그는 마아케팅 부서와 연구개발 부서를 이끌기 위해 40대 초반의 원기왕성한 두 명을 발탁하여, 생산, 판매, 엔지니어링, 재무, 및 인사부서의 장들에 합류시켰다. 이들은 40대 후반 여성 인사부장을 제외하고는 모두 50대 초반이었다. 그들은 "스테레오타입 2000"에 초점을 맞춘 "팀에 기초한 경영"을 개발하도록 지시를 받았다. 울프가 선언한 목적은 "1990년대를 대비한 수익성있는 조직" 과 "21세기에 탁월한 조직"을 설립하자는 것이었다.

이러한 협동적인 유형에로의 이전은 정규적인 경영 팀 회의를 수반하였다. 그는 팀으로 하여금 결속력을 다지며 상호지원을 강화하기 위해 고안된 외국여행 코스를 택하게 하였으며, 그 다음 해동안 스테레오타입의 미션, 목적, 목표, 및 활동계획을 상세하게 재점검시켰다. 한 구성원이었던 재무부사장은 이러한 이행과정이 어렵다고 여기고 아예 조기퇴직을 해버렸다. 여성인 인사부장은 특히 해외여행에서 팀이 소위 "소년클럽"이 지니는 분위기로 인해 어려움을 경험하였다. 그러나 그녀는 더욱 애썼고 다른 팀 멤버와 함께 새로운 시도를 함으로써 힘은 점점 더 활력을 띄게 되었다. 새로이 합류한 40대 후반의 재무부사장과 함께 그들은 곧 강력한 그룹을 형성하였고, 다양한 주제들에 대해 솔직한 의견을 주고받는 회합으로 특징지워졌다.

하지만, 많은 긴장이 발생하였다. 몇몇 회원들은 울프가 원칙적으로는 팀웍에 대한 확고한 신봉자이지만, 실제에 있어서는 팀 플레이어가 되는 데는 어려움이 있다는 것을 느끼게 되었다. 예를 들면, 그는 스트레스가 있을 때면 권위적인 양태로 되돌아 가곤 하였다. 스테레오타입의 "최종성과"에 관계된 어려움들은 줄곧 팀을 어렵게 만들었으며, 본부에서 부과된 제약으로 말미암은 알력으로 인해 새로운 창업가적 시도들은 종종 아주 높은 수준에 도달하기도 했다. 내부 자원의 사용에 대한 제약과 증가하는 부문의 요구들 또한 부문들 간의 극심한 내부 경쟁을 야기시켰다. 이것은 경영 팀 멤버들로 하여금 종종 전반적인 응집력이나 "팀 정신"을 해쳐가면서까지 해당 부서의 간부와의 연대감을 보여주기 위한 행동을 하게 하는 것이었다.

이런 식으로 조직을 일년 정도 운영한 후, 경영 팀은 이러한 팀웍의 원칙을 조직전반에 확산하도록 하는 결정을 내렸다. 품질을 향상하고 가치를 더하는 구호 아래 조직 전반적인 이슈들, 예를 들면 품질, 조직문화, 혁신, 경쟁력, 및 조직개발 등을 공략하기 위한 일련의 프로젝트 팀들이 만들어 졌다. 각 부문으로부터의 중간 관리자들은 이러한 팀들에 소속되었으며, 모든 이들은 팀웍의 질을 향상시키기 위해 팀빌딩 과정에 파견되었다.

이와 같은 프로젝트 팀에 소속된다는 것은 즉각적으로 "경력에 도움을 주는 것"–즉, 승진을 원하는 이는 필수적으로 가입해야 하는 것으로 조직내에서 인식되어졌다. 경영 팀은 팀구성원을 선발하였으며 대부분 감당해야 할 과업을 뛰어나게 할 수 있는 사람들로 이루어졌다. 몇몇 예외를 제외하고는 팀의 구성원들은 전문적인 자질과 그들의 프로젝트를 그들 자신뿐 아니라 조직을 위해 크게 성공시킬 수 있는 헌신된 남녀들이었다.

첫 해 동안은, 그 열정이 극도로 높았다. 프로젝트들은 정규적인 부서 업무 외에 부수적으로 부과된 것이기 때문에 프로젝트 팀 멤버들은 아주 열심히 일하였다. 그들은 뛰어난 업무를 수행했다. 그러나, 불행하게도, 결과는 결코 예상대로 실행되지 않았다. 경영 팀은 팀구성원들의 노력을 칭찬했으나, 팀들이 기대했던 아이디어나 제언들을 실행하지는 않았다. "제한된 예산," "본부의 정책," "적기가 아니다," 및 "전략적 계획에 일치하지 않는다" 라는 이유로 중요한 제안들이 실행에 옮겨지지 않고 연기됐다. 실행된 것들은 아주 사소하고, 즉각 실행될 수 있는 이슈들에만 한정되어 허용됐다.

공식적으로는, 팀들은 칭찬을 많이 받았으며, 그들의 업무 성과로 상을 받기도 했다. 그러나, 양측에서 곧 냉소적인 입장들이 생겨났으며, 곧 불만들이 불거지기 시작했다.

경영팀은 그들이 예상하는 결과들을 프로젝트 그룹들이 만들어 내지 못하게 되자 "정상적으로 작동되지 않는다"고 우려했다. 그러나 거기에는 그럴만한 이유가 있었다. 프로젝트 팀들은 경영팀이 지니고 있는 모든 정보들을 알고 있었다. 몇 몇 정책적인 이슈들과 아이디어들은 "제한된" 것으로 여겨졌으며, 기껏해야 풍자나 가벼운 힌트로서 회자되고 있을 뿐이었다.

"그것은 모두 시간이 걸려."

"주어진 여건 하에서, 그들은 아주 잘하고 있다."

"그것은 좋은 훈련이다."

"우리는 천천히 새세대의 상위관리자들을 양성하고 있다."

이렇게 정당화시키는 표현들이 경영 팀이 성과에 대해 불만족하게 하였으며, 더 나은 보고와 과정에 대한 밀착 통제를 실행하기 위한 합리화의 수단으로 사용되어졌다. 이들을 시행하기 위해, 몇몇 경영 팀의 멤버들이 핵심 팀 회합에 참석하곤 했다. 그러나 프로젝트 팀 멤버들로서는 점점 더 회의적이었다. 대부분은 경영 팀의 반응이 그들의 작업에 대한 이중적인 메시지를 보내고 있다고 간주하기 시작했다.

"열심히 일하라!"

"그러나 너무 논란의 여지가 있는 것은 가져오지 말라."

사소한 프로포절들이 가장 잘 실행될 가능성을 가진다는 사실은 "할 수 있는 것" 즉 프로젝트의 실용적인 면에만 몰두하게 되는 팀의 문화를 발전시키게 만들었다.

스타일이 속성만큼 중요하게 되었다.

프로젝트 팀들은 본질적인 아이디어와 제안을 개발하는 것 외에 "외관상 보기좋은" 것에도 몰두하기 시작했다.

"경영 팀은 우리가 진정으로 원하는 것은 무엇인가?"

"그들이 무엇을 수락할까?"

"우리가 그것을 어떻게 설득시킬 수 있을까?"

이러한 질문들이 프로젝트 팀 구성원들이 전체적으로 가지고 있는 생각이었다. 프로젝트 팀의 구성원들은 점점 더 냉소적이 되어가며, 헌신이 사라지게 되었다. 또한, 팀 활동에 대해 점점 더 노력을 게을리 하기 시작하였다.

프로젝트 작업은 과중한 부서 업무에 추가된 것이며, 이 모든 것들은 회사의 경영평가계획 (Management Assessment Plan)을 통해 평가되었다. 팀의 성과는 이러한 평가에 있어 핵심요인으로 보여졌다. 그러나 대부분의 간부들은 정규 부서의 의무에 대한 그들의 성과를 프로젝트 팀의 성과를 위해 희생할 정도로 준비되지 않았었다. 단지 프로젝트의 수행이 스테레오타입 내에서나, 나아가 본사 내에서 가시적인 효과를 창출해 낼 수 있는 결정적인 기회를 포착한 몇 몇 팀의 리더들만이 회사에 더욱 헌신적일 뿐이었다. 그러나 그들은 회사 내에서 예외에 해당하였다.

2년간의 불안정한 몰입 후에 팀들은 스테레오타입의 장래를 생각하는 한 어떤 대단한 것도 수행하지 않을 것이라는 것이 명백해졌다. 프로젝트 팀들에게 주요한 주도권(initiatives)이 주어지고 이러한 것들에 대해 창의적이고, 창업가적인 방법으로 접근하는것이 허용된 경우에도, 그 결과들은 별로였다. 예를 들자면, 신제품을 위한 광범위한 기회를 탐사하는 과업을 부여받은 한 팀은 고작 기존제품을 더욱 날씬하게 하고 포장을 새롭게 하는 제안을 만들어 내는 데 주안점을 두었다. 정보기술의 사용과 관계된 결정적인 시도를 파악하는 과업을 부여받은 한 팀은 이와 관련된 개인용 컴퓨터 훈련 프로그램의 파악에만 그들의 최종적인 노력을 경주했다.

경영 팀은 점점 더 실망하게 되었고 이러한 그들의 감정을 각 팀과의 비공식적인 피드백 과정에서 나누었다. 이러한 모임의 목적은 솔직하고 열린 의견교환의 기회를 만들자는 것이었다. 그러나 프로젝트 팀 구성원들로부터의 논의는 봉쇄되어졌다. 그들은 핵심적인 문제를 피해갔다. 경영 팀에 의해 간부들이 좀더 팀의 질의 높이기 위한 공식적인 도움이 필요하다는 전반적인 결론이 내려졌고, 경영 팀은 더 나은 보고와 통제가 필요하다고 생각하게 되었다.

그리고 이러한 방식의 악순환이 지속되어져 갔다.

첫 번째 프로젝트 팀이 설립된 지 5년이 지난 후에도 결과는 여전히 실망적이었다. 경영팀은 여전히 품질과 팀웍을 조직에 부여하는 프로그램에만 몰두하고 있었다. 경영팀은 팀을 기반으로 기술을 개발하는 정교한 프로그램을 가지고 있었고 이것을 스테레오타입의 중관관리자들을 포함시키는 데까지 확산하였다. 공장운영에 있어서는 상당한 성공을 가져다 주었으나 그 밖에는 신통치 못했던 "품질"을 향상시키기 위한 여러 시도들을 감당하였다. 그것은 또한 상당한 양의 재정을 모든 수준의 간부를 위한 "스테레오타입 2000" 워크샵 뿐만 아니라 "간부권한을 강화" 시키고 "조직의 문화를 변화시키도록" 고안된 프로그램에 사용하였다.

경영팀은 안정된 멤버십을 가지게 되었고 운영도 순조롭게 이루어졌다. 공식적으로는 관계들이 호의적이다. 그러나 그 이면에 있어서 그들은 긴장되어 있다. 모든 이들이 입으로는 개방과 팀웍을 부르짓고 있었지만, 울프가 지닌 잠재된 권위주의적 태도와 경영 팀내에서의 경쟁관계는 한번도 실제적으로 해결되지는 못했다. 경영 팀은 조직내에서 팀웍이 무엇을 생산해내어야 하는가에 대한 기대에 있어 점점 더 조심스러워졌다. 그래서 가지게 되는 견해는 팀웍이 "스테레오타입 2000"의 목적을 실현하는데 있어 필수적이지만 "그것은 시간, 시간, 시간이 걸린다는 것이었다."

조직의 실질적인 작업의 대부분은 공식부서를 통해 이루어진다. 프로젝트 팀들은 의사소통을 위해 그리고 경영자 훈련을 위해 가치있는 도구로 여겨졌지만, 그 이상의 것은 아니었다. 스테레오타입의 성공은 여전히 본부로부터 내려오는 "해결책"에 달려있었다. 경영 팀은 계속해서 더욱 성공적인 창업가적인 활동들을 확산할 가능성을 논의하고 있으나, 궁극적으로는 그들이 시간을 한정하고 있다는 것을 알고 있다. 경영 팀의 멤버들은 "그들은 OK가 떨어지면 언제든지 움직일 수 있다"는 생각에 안주하고 있으며, 지속적으로 "수익을 향상할 수 있는", "가능하다면 기존의 작업에 가치와 품질을 더하는", 그리고 "간부들을 동기부여해 모든 것이 필요한 때면 실행될 수 있게 하는" 조그만 변화들에 초점을 맞추고 있다.

스테레오타입의 "흐름을 파악하는 것"

스테레오타입은 많은 관료제적 조직이 변화의 시기에 겪게되는 운명 즉, "곤궁에 처하여 꼼짝못하는 상황(stuckness)"을 동시에 경험하고 있다. 조직의 운영을 변혁하고 활성화시켜야 할 필요성을 명백히 인식하고 있지만, 여러 가지 이유로 인해 느슨한 것을 끊고 실제로 필요한 것을 하는 데 상당한 어려움을 겪고 있다. 이를 타파하기 위해 여러 가지 활동들이 시도되어진다. 새로운 경영구조, 팀웍에 대한 강조, 2000년을 향한 비전, 많은 훈련등이다. 그러나 이러한 변화들은 공허하다. 이들은 성공적인 미래를 형성해내는 활력있는 조직을 만들어 내지 못하고 있다. 간부들은 "일들이 잘 되어 갈 것이라는 기

There are at least three interconnected sets of factors blocking this kind of transformation. They protect the rhinolike qualities!

Stereotype's strong corporate *culture* reinforces the status quo. Here are some manifestations:

At HQ:
—we're a research-technology-driven company
—subsidiary businesses must fit the mold of the parent
—strong control must be exercised from the center

At the local level:
—HQ will produce a breakthrough
—confidentiality is important in the Management Team—don't share restricted information with staff and project teams
—deliver on the key objectives in the Management Assessment Plan

The corporate culture is a *psychic prison,* trapping it's members into dysfunctional beliefs. For example, previous success is seen as promising future success. The idea that a breakthrough *will* happen is blocking new initiatives. The organization is now a victim of earlier success.

There are strong *political* forces reinforcing the status quo. For example:

At HQ:
—HQ wants Stereotype as a dependent company
—the politics of transfer prices and local profits
—HQ appoints loyal ambassadors as CEOs of subsidiaries

At the local level:
—the CEO is an HQ man
—the Management Team, partly because of the CEO, will not champion local initiatives forcefully at HQ
—careers are threatened by going out on a limb
—a "heads down" and "fit in" mentality dominates

■ 그림 7.1

스트레오타임 문제에 대한 전체적 견해

대"와 함께 "시간을 한정하는 감이 있고 회사에 극적인 차이를 가져다 주는 핵심적인 시도들을 위해 다른 곳을 바라보는 감이 있다. 증가된 품질이나 생산에 있어 부가가치 지향과 같은 회사의 주요한 성공들은 전략적이라기 보다는 업무적이며 이러한 것만으로는 스테레오타입에 있어 미래의 성공을 보장해 주지 못할 것이다.

상황은 전형적인 것이다. 스테레오타입과 같은 많은 조직이 있다. 그 구체적인 이야기들은 다르지만, 그 주제들은 본질적으로 같다. 그들은 변화를 위한 필요를 인식하고 있다. 그들은 변화에 변화를 거듭하는 시도들을 있지만, 이러한 변화들은 그들을 어느 곳에도 인도하지 못하고 있다. 그들은 뿌리를 잡지 못하고 있으며 상당한 효과를 얻지 못하고 있다.

스테레오타입의 상황을 이해하는 한 방법이 〈표 7.1〉에 제시되어 있다. 이것은 조직의 이미지에서 제시된 분석방법으로부터 이끌어진 4가지 서로 다른 통찰력을 엮어준다. 유기체, 문화, 심리적 감옥, 및 정치 시스템.

이러한 이미지화의 몇가지 의미에 대해 논의해보자. 스테레오타입은 변화하는 환경 가운데서 생존하려고 하는 조직이다. 회사는 1980년대 초반까지는 제품개발에 대한 연구 및 기술주도적 접근의 상당한 혜택을 즐기며 조직을 살찌웠으며, 조직환경 내에서 효과적이었다. 회사는 여러 개의 히트 상품들을 생산해 냈다. 그러나 새로운 환경에서 회사는 점차 소멸하고 있었다. 회사가 점유하고 있는 틈새시장은 새로운 경쟁자를 맞이하고 있다. 시장점유율을 유지하는 데 어려움을 겪고 있으며, 이러한 쇠퇴하는 자원에 조직의 주수입을 의존하고 있다. 이러한 과정이 지속되는 가운데 새로운 환경과의 적합을 이루어 내지 못하면, 스테레오타입은 점점 더 약해지고, 작아지며, 심지어 사라질지도 모른다. 이러한 위기를 극복하기 위해 회사는 새로운 자원을 가능하게 하는 대규모의 제품 돌파구를 마련할 수 있다. 회사는 또한 기존 틈새시장에서 살아남을 다른 방법 예를 들면, 더 날씬해지고 신속하며, 기회포착에 민감한 방법을 강구할 수도 있다. 또는 아주 다른 새로운 틈새시장을 발견할 수도 있다.

현재, 스테레오타입은 처음 두 전략의 조합에 강조를 두고 있다. 그러나 신제품과 새로운 틈새시장을 지닌 좀 더 창업가적이고 혁신적인 조직을 창조하기 위한 시도는 현존하는 핵심제품에 중점을 둔 지배문화와 방어 전략으로 인해 유산되고 말았다.

스테레오타입이 처한 이와 같은 관점에서의 곤궁은 〈표 7.2〉에서 잘 나타나 있는데 여기서는 현재의 조직환경에 대해 회사가 적합성을 이루지 못하고 있는 것을 나타내고 있다. 지금까지 소개된 많은 변화에도 불구하고 스테레오타입은 여전히 본부에 의해 지

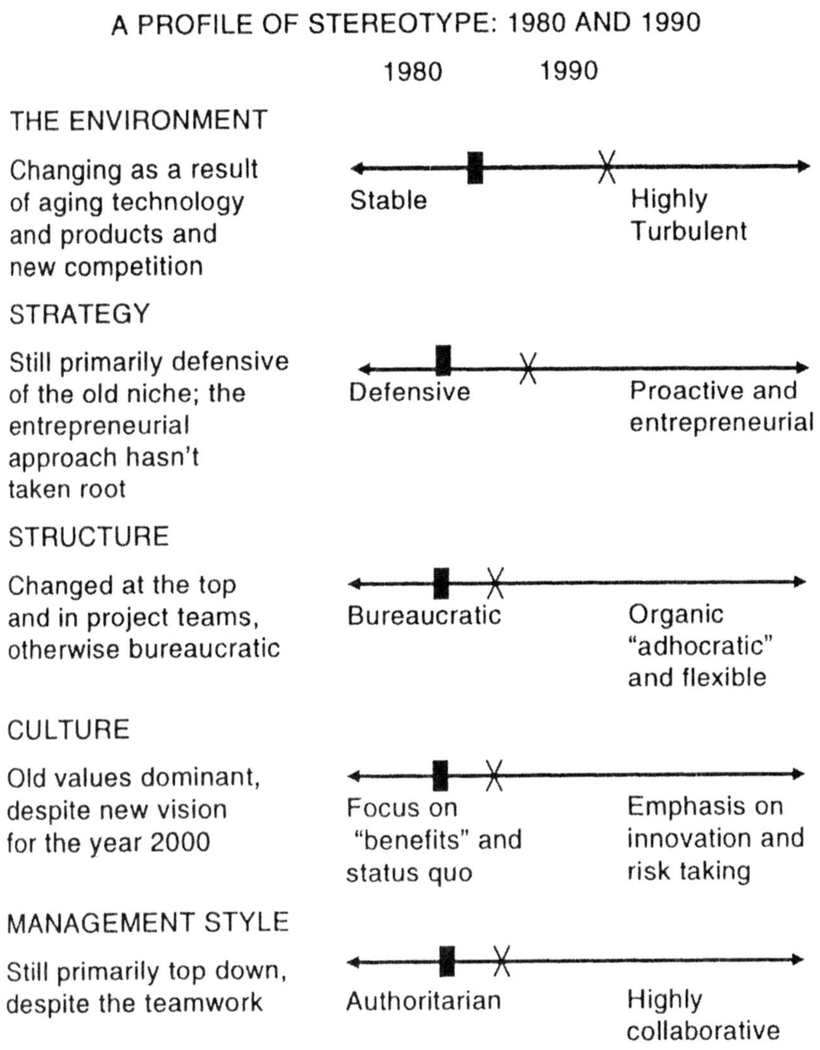

A PROFILE OF STEREOTYPE: 1980 AND 1990

■ 그림 7.2

환경적응을 위한 "유기적 조직"에 대한 스테레오타입.

배되어지는 준관료적인 조직이다. 그것은 외부의 도전에 대해 새로이 맞추어낼 수 있는 좀더 새롭고 유연한 양상을 만들어 낼 수 없는 조직인 것이다.

그 이유를 이해하기 위해서는 우리는 다시 〈표 7.1〉에서 규명한 다른 은유로 다시 돌아가야 한다.

새로운 형식으로 진보하기 위해서는, 스테레오타입은 옛 조직을 묶고 있는 악순환의 고리를 끊어야 한다. 이러한 것들은 구식 조직의 성공을 구축하고 있는 문화적, 정치적, 및 심리학적 힘들에서 발견되어진다. 여러 해 동안, 사치스럽고 이익지향적인 기업문화는 본부의 기술업적에 기초해 자라왔다. "우리는 위대하다"라는 증후군은 변화를 어렵게 하는 모멘툼을 구축해 왔다. 모든 외적인 어려움에도 불구하고, 대부분의 상급 및 중급 경영자들은 회사의 장래에 대해 걱정하는 한편 현 조직이 제공하는 각종 혜택을 향유하고 있다. 그들은 이와 같이 그들을 지탱시키고 있는 도구들에 대해 질문하고 도전하는 것에 대해 꺼려하고 있다.

기업문화는 이와 같이 감옥과 같은 성격을 가지고 있다. 그것은 사람들을 옛 삶의 방식으로 묶어두고 기업정치라는 전반적인 구조에 의해 지원받고 있는데 이러한 것은 본부로부터의 중앙통제를 강화한다. 정치적으로 조직의 방향을 바꾸고자 할 때, 이러한 개인은 조직의 가장자리로 가야한다.

프로젝트 팀 또는 핵심인물들은 이러한 것들을 할 수 있으나, 제랄드 울프나 경영팀의 직접적인 지원이 없이는 이러한 일들은 상당히 위험스러우며, 효과를 미칠 가능성이 상당히 낮다.

따라서 대부분의 핵심 요원들은 뒤로 물러서 "안전위주의 활동" 전략을 구사하게 된다. 울프와 그의 팀은 중요한 변화를 장악하기 시작했다. 그러나 그들은 그들의 사례를 본부 수준에서 실제적으로 확산시키는 데 부족하였다. 왜냐하면, 울프와 다른 이들은 이것을 그들의 경력에 관계하는 한 "아무 상관없는 영역"으로 여겼기 때문이다. 바로 이것이 팀웍과 관련한 노력들이 실패로 끝나버린 중요한 이유중의 하나이다. 관계된 대부분 사람들은 요란한 선전 밑에 평상시와 같은 사업관행이 지배적이다라는 경험을 갖고 있다. 모든 공식적인 팀웍에도 불구하고, 여전히 본부와 경영 팀이 확고하게 통제하고 있다.

　내부 운영의 개선에 초점을 둔 것은 중요한 외부적인 도전에 대한 직접적인 활동을 대체하는 것에 어느 정도 유용하게 사용되어졌다. 어떤 것을 수행함에 있어, 특히 팀빌딩과 같은 점진적인 것을 실행함에 있어 최고경영자들은 거의 무의식적으로 방어적이었다. "시간이 걸린다"는 현상은 회사의 실제적인 재무상태에 대한 정확한 정보가 부족한 것과 마찬가지로 비슷한 역할을 하고 있다. 이전(移轉)가격이 거미줄처럼 얽혀진 것은 회사의 실제적인 상황에 대해 이해를 하지 못하게 하는 막을 치고 있으나, 스테레오타입의 최고경영자들은 이러한 막을 제거하기 위한 노력을 하지 않는다. 왜냐하면 이것은 스테레오타입과 본부와의 연결에 대한 의심과 도전을 가져다 줄 것이기 때문이다. 이것은 다른 기회들을 활용해 단지 지역거점으로서 남아 있는 것에 도전하는 것보다는 차라리 지역거점으로 남아있는 데 더 관심을 두는 충성된 대사에게 있어서는 위험한 영역이다.

　스테레오타입이 직면하고 있는 딜레마는, 본부에 거의 의존함이 없이 그 자체로서 성공을 이끌 수 있는 더욱 창업가적인 방면으로 나아가기 위해 현재 지배하고 있는 회사의 문화와 정치를 깨트려야만 한다. 하지만 이것은 신발 끈을 댕겨 자기 자신의 몸을 공중으로 끌어올리려는 것과 같다. 문제는 울프가 현재 진행되고 있는 변화의 주체이며 핵심임과 동시에 지역사정에 대한 본부 통제의 주체이며 대표자라는 점이다. 그는 변화의 주인공임과 동시에 현상 유지의 주인공이기도 하다. 그가 이러한 형태의 충실한 대사가 아니라면, 그는 스테레로오타입의 최고경영자로서 부임하지 못했을 것이다!

　비록 변화를 향한 명백한 욕구가 있음에도 불구하고 스테레오타입을 현재와 같은 상태의 운영양상을 유지해내는 가장 강력한 요소들은 앞에서 언급한 것과 같은 문화적, 정치적, 및 심리학적인 힘들이다. 이것이 왜 그렇게도 많은 조직변화의 프로젝트들이 곤궁에 처했는가를 설명하는 것이다. 경영상담가들이나 경영자들은 새로운 전략, 구조, 또는 경영 스타일 및 그들의 조직을 위하여 새로운 문화를 강화하는 시도를 개발하고 강조할 수 있다. 그러나, 실행에 이르러서는 기존의 시스템을 통해서 이루어지고자 하며, 모든 것들은 "폐쇄되거나" 또는 "희석되어 버리는" 것이다. 결과는 이와 같이 종종 변화과정이 시작될 때 희망을 가지게 하는 것보다 더욱 실망을 주는 것이거나 시원찮은 것이 되어버리고 만다.

〈표 7.2〉에서 나타난 것과 같이 적응이 잘못된 유형은 비록 그 상세한 내용은 다르지만 오늘날 매우 흔한 형태이다. 어떤 조직에서는 변화란 새로운 기술의 도입에 의해 진행되기도 한다. 다른 조직에서는 "문화를 바꾸려는", "새로운 비전과 미션을 도입하려는", "새로운 조직설계를 도입하려는" 시도에서 추진되거나 또는 "품질과 서비스를 향상하려는" 또는 "종업원을 강화하려는" 프로그램에 의해 변화를 위한 시도가 이루어진다. 하지만, 그 상세한 내용은 거의 동일하다. 조직의 한 차원에 관계된 변화들은 문화적, 정치적, 및 심리적 힘들이 새로이 일어나는 적절한 재정렬을 방해하기 때문에 조직의 다른 부문에서 함께 변화가 일어나지는 않는다.

변화를 위한 장애물을 밝혀내는 것

스테레오타입과 같은 조직으로 하여금 새로운 변화를 위한 구성요소들의 재정렬을 효과적이지 못하게 하는 요소들의 네트웍을 파헤친다는 것은 아주 어려운 일이다. 왜냐하면 장애요소가 실제적으로 무엇인지 거의 확신할 수 없기 때문이다. 예를 들어, 창의성과 "수락할만한 위험선호"에 대해 스테레오타입의 경영 팀과 프로젝트팀간의 문제를 살펴보자. 무엇보다도 먼저 이것은 단순히 의사소통의 문제에 달려있는 것으로 보일 것이다. 그러나 좀더 자세히 살펴보면, 상황은 좀 더 복잡해진다. 예를 들어, 의사소통의 부재는 경영 팀의 속성과 스타일 및 그것에 내재된 갈등에 뿌리박고 있는 것인가? 아니면, 그것이 본부와 스테레오타입간의 충성에 대해 고민하는 울프에 기인하고 있는 것인가?

이것은 "양파의 껍질을 벗기는" 문제이다. 상황에 대해 서로 달리 해석하는 것은 무엇이 행해져야 하는 것인가에 대해 아주 다른 이해를 가져다 주는 것이다. 그러나 현재 무엇이 진행되고 있는 것인가에 대한 본질을 꿰뚫어 보는 데에는 시간이 걸린다. 경영자나 변화담당자는 적절한 통찰력을 갖기 이전에 막다른 골목에 도달할 것이다.

나는 종종 이러한 문제를 진행함에 있어 "어중간한 상태에 끼이게 되는 것"의 핵심적인 요인들을 탐사하고 파악하게 하는 일련의 은유들의 일치점 (resonance)을 검사해 보는 것이 유익하다는 것을 발견한다. 나는 이러한 은유들을 나의 이해를 형성하기 위한 대략적인 틀로서 그리고 핵심적인 이슈들을 탐사하기 위한 출발점으로서 사용한다. 그들은 종종 현 상황을 강화하는 문화적, 정치적, 심리학적 및 다른 세력들의 복잡한 얽힘을 탐사하는 데 도움을 줄 것이다.

나는 이러한 은유들을 "만 (灣)", "노루사냥", "빙산", 및 "제 3 모형" 으로 부르겠다. 이 모든 것들은 활동조사에서 또는 개입을 통한 상담에서 "그 상황에 대한 은유"로서 생겨난 것들이다.

"만 (灣)"

"만"이란 최상부에 강한 경영 팀이 있는 조직에서 흔히 보여지는 현상이다. 이러한 현상은 조직이 당면하고 있는 결정적인 문제들에 대해 최고경영자들이 "접근금지구역 (no go zone)"을 형성할 때 일어난다. 때때로 최고 경영자들은 이러한 이슈들은 토론의 여지가 없다는 것을 명백히 밝히고 있다. 그러나 대개 최고 경영자들이 난처한 문제들을 피해 갊에 따라 이러한 과정들은 자체적으로 발전하게 된다, 중간 경영자들은 그들이 비밀정보망을 "읽으며" 이러한 시도들에 대해 논의하고 대책을 강구하는 것은 환영받지 못하며, 계속 추구하면 경력에 있어 부정적인 의미를 지닐 수 있다는 것을 알고 있다. 그 결과로써, 최고층과 중간층은 조직에 영향을 미치는 핵심적인 도전에 대해 의미있는 방식으로 대화를 하지 못하는 것이다. 진행되고 있는 논의 활동들은 엉뚱한 곳을 향하고 있다. 따라서, 조직문화에 대해 대단히 부정적인 의미를 가지게 되면서 양측간에는 알력과 냉소주의가 발전하게 된다. 궁극적으로는, 상부에 있는 만(灣)은 전염효과를 미쳐 아래층에서도 중간 경영자와 하급 경영자 간에 다시 만들어지게 되는 것이다. 중간에 있는 이들이 상부와 관계된 문제들에 대해 U-턴을 한다면, 그들은 아래층에 대해서도 U-턴을 해야만 한다.

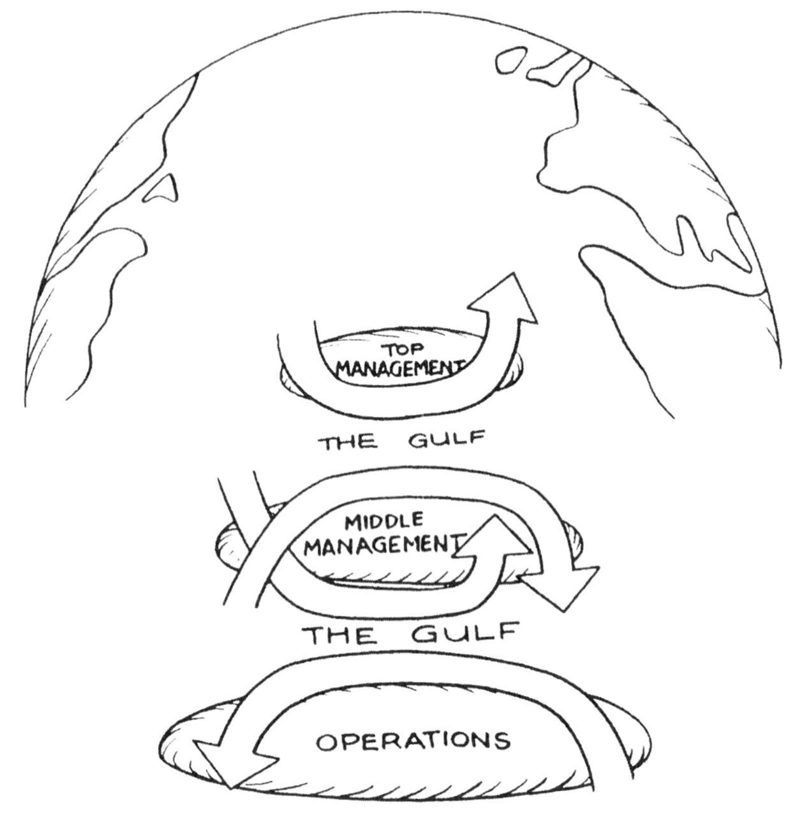

　　우리는 스테레오타입에서도 다양한 방식으로 "만"이 작용하고 있는 것을 볼 수 있다. 예를 들면, 본부와 경영 팀간에 생긴 갭에서, 경영 팀과 조직의 특별 프로젝트팀간의 갭에서, 그리고 심지어는 울프와 경영 팀간에 생기는 갭에서도 '만의 작용'을 볼 수 있다. 울프의 지도력 하에 있는 경영 팀의 멤버들은 본부의 정책에 대해 의당 그들이 해야할 만큼의 비판을 하지 않는데, 이는 본부에 도전하는 것은 "접근금지"이며 그들의 경력에 좋지 않을 것이기 때문이다. 중간 경영자들도 조직 내에서의 계층에 따른 역학게임을 알기 때문에 경영 팀과 관계된 일에 대해 똑같은 방식으로 행한다. 스테레오타입이 공식적으로는 "스테레오타입 2000"을 추구하여 점진적인 발전과 변화를 추구하고 있음에도 불구하고 조직 내에 있는 문화적, 정치적, 및 심리학적인 힘들은 실제에 있어 현상유지를 도모하고 있다.

"만"의 증후군을 직면하게 될 때 나는 종종 이를 만 (灣)으로 "명명 (命名)"하는 것이 유효하다고 생각하는데 이는 변화를 시도하는 많은 조직에서 흔히 볼 수 있는 현상이기 때문이다. 이것은 종종 긴박한 현안들을 비인격화시키며 사람들은 이러한 것들이 당면한 상황을 뛰어넘는 더욱 일반적인 세력들에 의해 형성된다는 것을 지각하기 시작하기 때문에 이들을 부각시키는 것이 훨씬 쉬워진다.

침묵은 현상으로써 나타나는 "만"을 둘러싸고 있거나 유지시키는 중요한 요인들 중의 하나이다. 거의 모든 이들이 이러한 것이 존재하는 것을 경험하였을 것이다. 사람들은 "이런 것이 저기에 있다"는 것을 알고 느낀다. 하지만 그 어느 누구도 드러내어 그렇다고 말하지 않는다. 그러나 이것이 바로 만을 활성화시키는 데 필요한 것이다.

스테레오타입의 제럴드 울프의 경우를 들어보자. 그는 두 가지 전선에 서 싸우고 있다. 즉 본부에서 확고한 점수를 얻고자 하는 것과 실제에 있어서는 순응하는 경영 팀을 형성하고 있는 것이다. 경영 팀의 구성원들이 "그 팀이 실제에 있어서는 어떠한가"라는 것에 대해 신뢰할 수 있는 외부인에게 그들의 감정을 표현할 때는, 그들이 팀의 과정을 신뢰하지 못한다고 말한다. 그들은 "만약 울프가 어느 한 쪽을 택하도록 강요를 받으면, 그는 본부를 택할 것이다"라는 생각을 갖고 있다. 그러나, 그렇게 많은 팀빌딩에 대한 연수에도 불구하고 경영 팀의 구성원들은 이 문제에 대해 울프와 대면해 솔직히 이야기하거나 그들이 당연히 표현해야할 정도의 감정을 나누지 않았다. 오히려, 그들은 물러나 힌트를 없애버리는 것이고, 그 이상은 없다.

그러나 울프의 딜레마는 아주 일반적이다. 그는 "최고경영자"라고 불리우나 실제에 있어서는 "지사"를 운영하고 있는 중간경영자인 수많은 다른 경영자들과 똑같이 경험을 하고있는 것이다. 그들이 한편으로는 지역회사의 요구와 또 한편으로는 본부의 요구사 이에 끼여 있는 운명을 지니고 있는 것이다. 이는 조직의 여러 계층에서 "여러 만 (灣)"을 형성해내는 파생적인 결과를 가져다 준다. 어느 누군가 현상으로서 존재하는 만에 대해 건설적인 대화를 형성해내기 시작하기만 하면, 울프와 그의 경영 팀간의 만, 울프와 본부와의 만, 그리고 경영 팀과 중간경영자들간의 만을 다룰 수 있는 새로운 통찰력과 기회 및 아이디어들이 생겨날 수 있을 것이다.

하지만, 배후에 흐르고 있는 문제들을 공략함에 있어, 안전한 상황을 조성하고 조심스럽게 접근하는 것이 아주 중요하다. 왜냐하면, 앞에서 제시한 바와 같이, 만 (灣)들은 복잡한 정치적·인간적 관계에 기반을 두고 있기 때문이다. 기존에 확립된 권력관계에 도전하는 것에 대한 정치적 결과는 명백하다. 마찬가지로 개인적 갈등을 푸는 것의 위험도 또한 그러하다. 그러나 이 모든 것 뒤에 만 (灣)과 관계된 현상을 탐구하는 것을 잠재적인 지뢰밭이 되게 하는 또 다른 복잡한 심리적인 요인들이 있을 수 있다.

예를 들면, 만과 같은 상황은 비록 체계적이지만 관계되는 사람들의 개성과 심리학적인 측면에 의해 유지되어진다. 지도적 위치에 있는 사람들은 "yes-men" 또는 "yes-women"에 의해 둘러 쌓여 실재에 대한 왜곡된 이해를 할 수 있다. 불행하게도, 그러한 왜곡이 아주 이념화되거나, 그리고 또 지도력과 일치되어 어떠한 도전도 지도자들 자신 대한 공격으로 이해되어진다. 지도자들이 그들 자신에 대한 본질적인 생각들을 유지하기 위해 종종 무의식적으로 속죄양을 찾거나 인지된 비평을 묵살시켜버림으로써 보복적인 징계가 나타나기도 한다. 이러한 만의 문제를 다루는 경영자나 경영상담자는 비록 이러한 문제를 다루도록 특별한 요청을 받았음에도 불구하고 이러한 조직에 있는 사람만큼이나 위험하며 지도자의 노를 싸기도 할 것이며 나쁜 소식을 전하는 예언자처럼 저격을 받을 지도 모른다.

조직의 한 현상으로서, "만"은 거대한 반작용, 침체, 및 조직의 생명력을 퇴락, 잠식시키는 것일 수 있다. 그러나, 공략되고 부각되어졌을 때, 그것은 마치 지뢰밭처럼 폭파되어질 수 있다. 이것이 왜 만 (灣)과 관계된 문제를 다루는 어떠한 과정이든지 관계되는 모든 이에게 고도의 안전을 제공하도록 편성되어져야 하는 이유이다.

따라서 전형적인 유형에 대한 이해를 조성하도록 시도하고, 그 본질을 비인격화시키며, 개인적인 차원에서 울프와 그의 경영 팀의 멤버와 같은 핵심적인 개인들과 함께 이 문제들을 다루고 무엇이 불만족스러운 형태로 그들을 묶어두는가에 대한 이해를 시도하는 것이 종종 좋은 아이디어이다. 그러면, 우리는 이 문제를 좀더 안전한 상황에서 다룰 수가 있다. 조직의 고위 팀이 좀더 쉽게 움직일 수 있을 때, 조직의 다른 부문과의 대화는 종종 더 건설적인 방법으로 전개될 수 있다.

　　조직의 중요한 문제들을 진단하고 해결하는 데 사용되어질 수 있는 이미지로서의 "만 (灣)"은 이전의 장에서 내가 예시하였던 것과 같은 "비쳐주는 (mirroring)" 잠재력을 나눌 수 있다. 그것은 사람들로 하여금 그들의 조직을 새로운 방식으로 볼 수 있게 한다. 이것은 또한 사람들로 하여금 신선한 시각으로 그들 자신을 바라보며 그들이 "만 (灣)과 같은"상황을 지속시키는 데 일익을 담당하고 있는 역할을 이해하게 하기도 한다. 새로운 시도들이 일어나게끔 하는 돌파구를 종종 이끌어 내는 것은 이와 같이 비쳐주는 역량이 있음으로 인해 가능하다. 예를 들면, 이상에서 논의한 것들은 당신 자신과 당신의 조직이 직면하고 있는 문제들을 비쳐주는 기능을 할 수도 있다. 이것이 어떻게 이미지화의 과정이 작동하는 가를 보여주는 것이다. 이것은 새로운 활동들이 전개될 수 있도록 하며 새로운 맥락 (contexts)을 만들어 낼 수 있는 공유된 통찰력과 이해를 조성할 수 있는 가능성을 보여 준다.

"모델 3"

　　"만 (灣)"은 내가 명명하는 "모델 3"조직에 아주 흔한 현상이다. 이러한 조직은 스테레오타입과 마찬가지로 그들이 개혁하고자 하는 구식의 관료제적 힘들에 의해 둘러 쌓여 있기 때문에 변화를 시도하다가 어중간한 상태에 빠진 가운데 있다. 나는 "모델 3"의 개념을 각각 환경변화의 다양한 정도에 적응하고자 하는 조직의 형태를 특성화하고, 한 가지 형태의 조직에서 다른 형태로 옮기고자 노력할 때 직면할 수 있는 어려움을 예시하기 위해 개발하였다.

　　6가지 모형 〈표 7.4〉은 사람들이 그들 자신의 조직 및 조직의 하부단위의 특성을 규명하고 조직의 변화를 관리함에 있어 당면하는 어려움들의 본질적 특성을 이해하기 위해 제시된 개략적인 모델이다. "만 (灣)"의 경우에서처럼 직면하고 있는 문제가 "단지 우리들만의 것이 아니다"는 것에 대한 인식은 우리를 어느 정도 안도하게 하고, 새로운 대화, 이해, 및 활동을 위한 기회를 형성함에 있어 당면한 문제의 맥락을 비인격화할 수 있게 한다.

모델 3은 모델 1과 2의 배경에 대한 이해를 바탕으로 한다.

모델 1은 고전적인 관료제로서, 기능별 부서로 조심스레 설계되어 있으며, 최고경영자에 의해 다양한 구조, 규정, 제약, 직무명세, 및 통제를 통해 상부로부터 운영되고 있다. 그것은 아무 것도 변하지 않는 일종의 기계처럼 작동되며 아주 효과적으로 운영되도록 고안되었다. 기계와 같이 관료제는 수행되어야 할 안정된 기능이 있으며, 상부로부터 조정되는 일련의 분리된 운영으로 분할되어질 수 있을 때 특히 더 잘 운영된다. 그러나, 조직의 과업이 계속해서 변화할 때는 문제가 발생하기 시작한다. 변화는 어느 누구도 해결하도록 명령되어져 있지 않은 많은 문제들을 만들어 낸다. 이러한 문제들은 조직의 계층을 따라 최종적으로 최고경영자의 책상에 놓이게 된다. 그/그녀는 곧 과부하에 걸리게 되고 곧 최고경영자 팀을 형성함으로써 모델 2로 옮기는 것을 시도한다. 집합적으로, 최고경영자 팀이 이제 문제를 대하며, 그 밑에 있는 관료적 기계 (즉 기능부서)는 반복적인 일을 담당하게 된다.

모델 2는 적절한 양의 변화에 적절히 잘 작용한다. 그러나, 그 속도가 급하게 되면, 최고경영자 팀은 과부하를 느끼게 되며, 팀 회합에서 주의를 요하는 많은 운영상의 전략적 의사결정에 직면한다. 점차적으로, 또는 특별한 조직 재설계의 결과로써, 모델 2는 모델 3으로 이행되도록 요구받는다. 부서간 위원회 또는 프로젝트 팀들이 조직체 속에서 설립되어진다. 반복적인 일들은 여전히 부서의 계층을 통해 이루어지며, 특별한 문제 또는 프로젝트는 적절한 활동계획의 탐사와 개발을 위해 프로젝트 팀에게 위양되어 지도록 고안되어 진다.

이러한 시도들은 종종 "프로젝트 조직"으로의 이행으로 알려지고 있는데, 최고경영자로서도 자신의 삶을 영위할 수 있는 여유를 준다. 왜냐하면, 많은 일들이 이제 위양될 수 있기 때문이다. 하지만, 팀들은 관료적 구조라는 상황 하에 자리잡고 있기에 그들은 종종 제대로 작용하지 못한다. 많은 프로젝트와 회합이 있다. 그러나 또한 그저 바퀴만 돌리는 것과 같은 일도 많다. 팀 회합들은 스테레오타입에서와 마찬가지로 의례적이 되어버린다. 팀 멤버들은 보통 그들 부서의 대표가 된다. 이와 같이 그들은 부서의 장과 소속 팀의 장에 대한 이중의 충성을 감당해야 한다. 그러나, 일상활동에 대한 그리고 자신

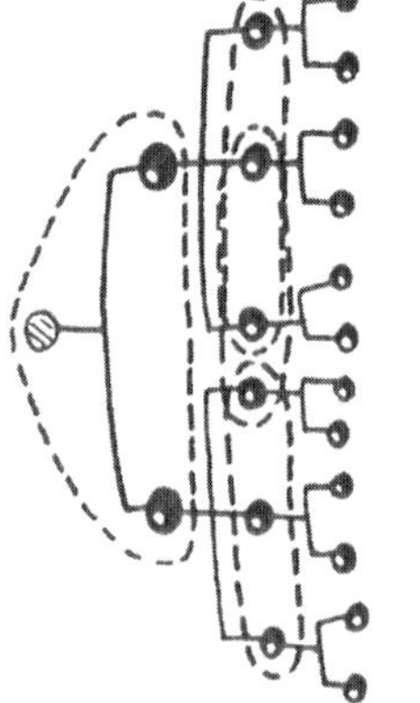

Model 3: The Bureacracy With Project Teams and Task Forces

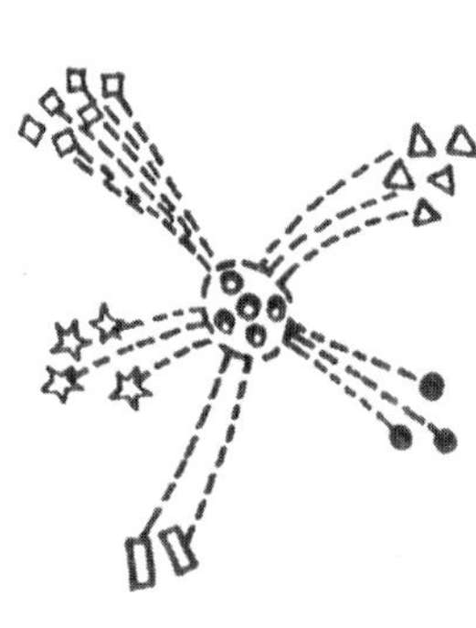

Model 6: The Loosely-Coupled Organic Network

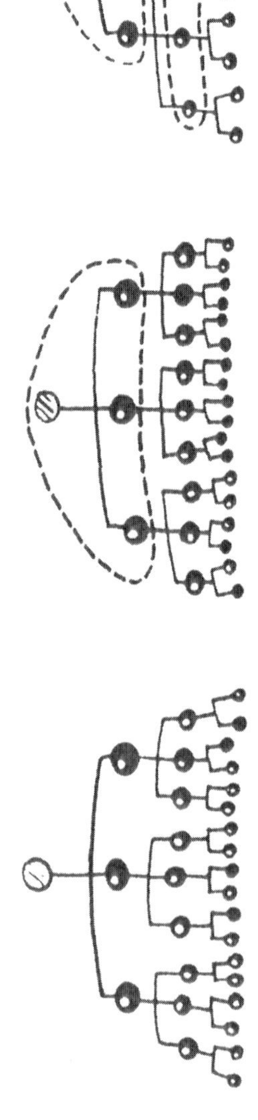

Model 2: The Bureaucracy With a Senior "Management Team"

Model 5: The Project Organization

Model 1: The Rigid Bureaucracy

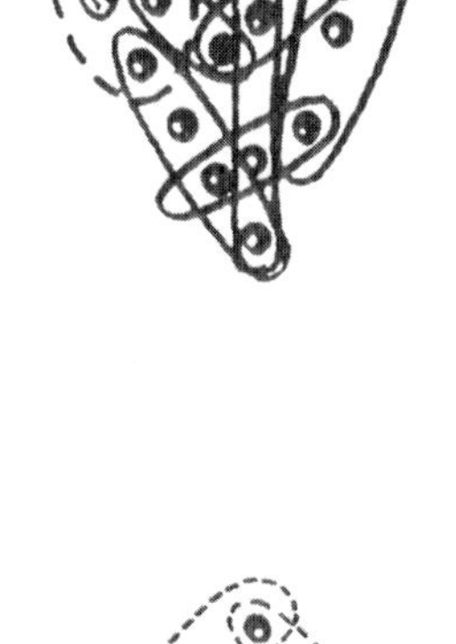

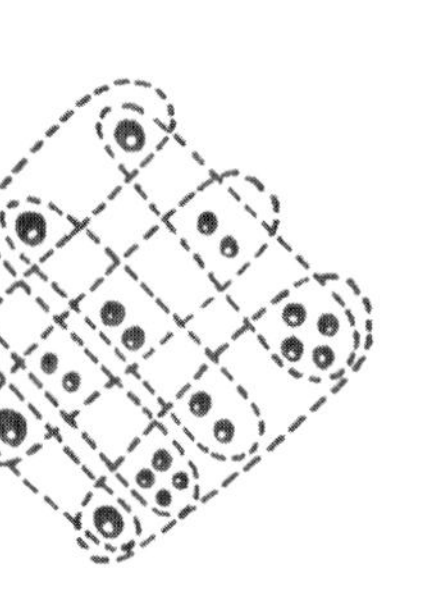

Model 4: The Matrix Organization

들의 경력상의 발전과 관계한 실제적인 힘은 부서장이 쥐고 있기 때문에, 팀 그 자체는 어떠한 실질적인 결정타도 만들어 내지 못한다. 멤버들은 그저 팀 회합에 부서의 대표로서 "듣고 말하는"양식으로 "앉아"있을 뿐이다. 그들은 무엇이 말해지고 있는가에 대해 듣고 있으며, 그들 부서의 관점에서 소리를 낼 뿐이다. 문제가 회합에서 발생하면, 결정은 보통 대표들이 부서로 돌아가 "보고하고" 부서의 반응을 확인할 때까지 지연된다. 만약 문제가 진실로 논란거리가 되면, 그것이 상위 팀에게로 넘겨져 부서장이 자체적으로 해결하게 한다.

이와 같이 모델 3은 상대적으로 사소한 문제들만 취급할 수 있는 준 (準) 팀들에 의해 특징지워지는 조직이다. 실제에 있어서는 모델 2가 여전히 지배하고 있다.

이 세 가지 모델 모두는 모델 1, 2, 및 3으로 변했던 스테레오타입에 있어 나타나고 있다. 그것은 앞에서 언급한 많은 문제점들을 갖고 있다. 프로젝트 팀들에게서 형성되어진 무력감과 냉소적 문화는 동일한 관료적 함정에 빠진 다른 조직에서도 수없이 공유된 전형적인 것이다. 조직의 구조는 변했으나, 문화와 정치는 여전히 옛날 양식으로 확고히 자리잡고 있다.

조직은 종종 모델 1 또는 2에서 모델 3으로 성공적인 이전을 할 수 있다. 그러나 모델 3은 팀에게 위양된 사안들의 수가 적고, 행동보다는 상담을 요구하고, 결과를 생산해내기 위해 넉넉한 시간대를 허용할 때에만 효과적이다. 우리는 〈표 7.2〉에 언급된 스테레오타입과 관계해 또 다시 조직과 경영에 대한 상황적합적 견해를 취한다. 이것은 또한 〈표 7.5〉에서 6가지 모델로 더 상세하게 설명되어진다. 효과적이기 위해서는, 당면하고 있는 외적인 도전들을 다룰 수 있는 모델을 통해 조직이 구조화시킬 필요가 있다. 스테레오타입에서 처럼, 추구하는 바가 중간계층으로부터의 유연하고, 공격적이며, 혁신적인 팀들에 의해 움직여지며 활성화되는 조직구조를 형성하고자 하는 것이면, 그 결과는 항상 실망스러운 것이다. 나의 연구를 통해 나는 고민하고 있는 "모델 3"조직을 계속해서 만나고 있다. 스테레오타입처럼, 그들은 작업에 대해 역동적인 팀에 근거한 접근법의 잠재력을 발현시키고 있다고 생각한다. 그러나, 실제에 있어서 그들은 보통 중간경영자들을 부서간 상담이란 시간을 잡아먹는 과정에 포함되어 있을 뿐이다. 중간계층에서의

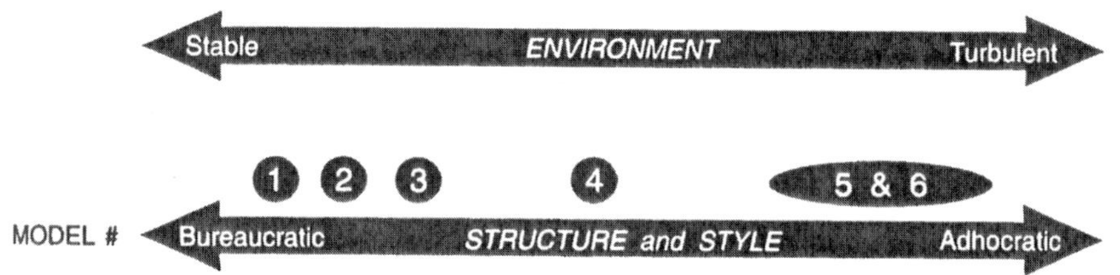

■ 그림 7.5

서로 다른 환경을 위한
상이한 모형들

다이나미즘과 팀에 근거한 에너지는 이상과는 달리, 팀의 전반적인 목적에 아주 헌신된 일군의 경영자들, 즉 그들의 뜻을 이루기 위해 아주 큰 개인적인 위험을 안고 뛰어드는 이들에 의해서만 형성될 수 있다.

현대의 환경에서 발견되어지는 다이나미즘과 변화를 다루기 위해 필요한 유연하고, 혁신적이며, 몰입된 조직을 달성하기 위해서는, 조직이 모델 3의 수준을 넘어야 한다. 〈표 7.5〉에 예시된 바와 같이 모델 4, 5, 및 6 특히 모델 5, 6이 등장하는 이유가 여기에 있다.

매트릭스 조직인 모델 4는 혼합된 관료제 형식이다. 그 독특한 성격은 대체로 재무, 관리, 마케팅, 판매, 생산, 및 연구개발 (매트릭스의 열) 등과 같은 기능부서와 다양한 사업 및 제품 영역 (행)에 동등한 우선권을 부여하도록 결정되어 있다는 점이다. 따라서 조직 내에서 다양한 제품 또는 사업팀에 소속되어 일하는 이들은 이중 초점을 지니고 있다. 그들은 기능적인 기술과 자원을 결합해서 그들에게 부여된 핵심과업을 잘 진행시키도록 지향시키는 두 가지 조망을 염두에 두고 일해야 한다. 이러한 이중지향성은 모델 1,2, 및 3에서 전형적인 관료적 권력이 중요한 프로젝트 또는 일군의 프로젝트들이 전통적인 기능부서의 장만큼 권력을 가지기 때문에 상당히 희석되는 것이다. 이와 같이, 프로젝트 팀들의 구성원이 반드시 전통적인 형태의 책임을 지도록 환원되어지는 것은 아니다. 프로젝트의 장들은 보상과 장래의 경력 경로에 큰 영향을 미치기 때문에 실제적인 팀에의 몰입이 발전될 수 있다. 모델 4의 성공적인 예에서 프로젝트 팀들은 혁신의 배후에 있는 추진력이 되어, 조직으로 하여금 환경으로부터 발생하는 도전들에 대해 변화하고 적응하게끔 하는 능력을 제공한다.

동일한 것이 모델 5에도 해당이 된다. 고도로 혁신적인 중소규모의 조직에서 전형적인 이 모델은 팀을 중심으로 구축되어 있다. 기능부서의 영향은 최소화되어 있다. 사람들은 특정 프로젝트에 일하도록 임명되어 있다. 특정 시점에 한 사람의 에너지는 하나 혹은 두 개의 프로젝트에 몰두되어 있으나, 그 또는 그녀는 또 다른 프로젝트에 기여할 수도 있다. 한 프로젝트에 대한 작업이 끝나 가면, 다른 팀에 대한 몰입이 증가된다. 조직에 있어 이러한 형태의 경력의 진보는 한 프로젝트에서 다른 프로젝트로 옮겨가는 데에 있다.

이러한 형태의 조직은 급격한 변화의 도전들 〈표 7.5〉을 대하는 데 있어 이상적으로 적합하다. 모델 4의 매트릭스와는 달리, 이것은 수행해야 할 막중한 기능 구조를 가지지 않는다. 그 초점은 팀웍, 혁신, 및 수익을 내고, 시의 적절한 모습으로 완수된 성공적인 시도들에 주어진다. 기능 부서들이 존재한다면, 그들의 고객인 팀의 작업을 증진시키는 데 몰입된 지원부서로서 존재한다. 모든 작업은 중앙에 있는 경영 팀에 의해 통제되어진다. 그것은 전략적인 추진에 초점을 맞추어 운영변수의 정의, 자원의 사용과 연계, 결과에 대한 통제, 시스템 전반의 일반적인 관리를 촉진시킨다. 팀들은 4장에서 논의된 거미식물 모형의 특징인 "탯줄"을 통해 관리될 것이다.

조직은 관료적 구조라기 보다는 유동적인 상호작용 네트웍에 훨씬 더 가깝다. 팀들은 강력하고, 흥미진진하며, 역동적인 실체들이다. 잦은 아이디어의 교환으로 인해 더욱 풍성한 아이디어를 가지게 하고, 특히 팀 인도자와 상위 경영자 그룹간에는 정규적인 정보 교환이 있다. 조직의 본질에 대해 공유된 이해와 인식을 자아내도록 노력하나 항상 사업에 대해 개방되고, 발전적이며, 학습지향적인 접근법이 사용된다. 조직은 항상 성공에 기여할 새로운 시도들, 아이디어, 시스템, 및 과정을 찾거나 조성하려고 한다. 그것은 일종의 "애드호크라시"로서 진행해감에 따라 그 형태를 발견하거나 발전시키는 것이라고 할 수 있다.

이것이 스테레오타입이 그 지역환경의 도전들에 대해 대응하기 위해, 적어도 한 부분

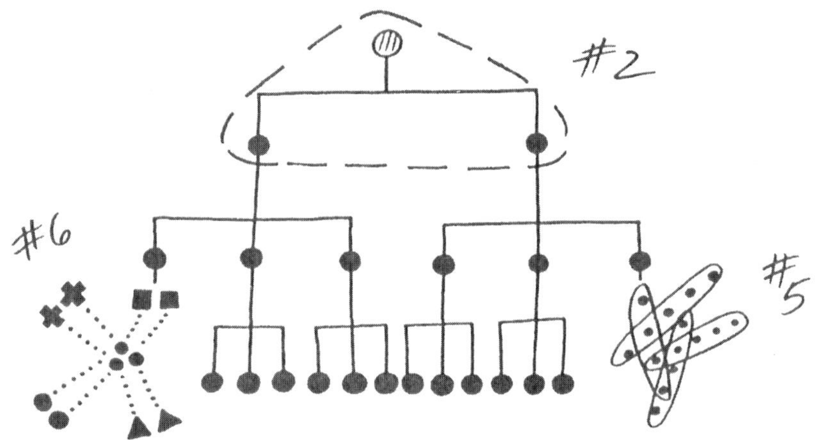

One of the key challenges in managing mixed models of this kind rests in ensuring that the dominant model doesn't impose itself too strongly on the other styles. Dominant cultures often have a cloning influence! An understanding of "umbilical cords" and boundary management play a key role in sustaining required differentiation.

■ 그림 7.6
혼합된 형태의 모형들

에 있어서도, 갖추어야 할 필요가 있는 조직형태이다. 불행하게도 그것은 모델 3에 부적절하게 묶여있다.

모델 6은 유연성, 혁신, 및 변화를 요구하는 상황에 이상적인 조직유형의 또 다른 예를 제공한다. 일면에 있어, 그것은 물리적 실제로서 존재하지 않기 때문에 조직이 아니라고 할 수 있다. 그것은 중앙에 있는 팀이 전 사업을 조정하는 하청 네트웍이라고 할 수 있다.

모델 6의 네트웍이 급격한 변화를 다룰 수 있는 이상적인 방법으로 번성하고 있는 패션산업을 들어보자. 네트웍의 중심에 있는 팀은 시장에서의 틈새를 탐사하기 위해 함께 모였다. "조직"을 구축하기 보다는, 거의 모든 것을 하청계약을 통해 하기로 결정하였다. 상세한 설계, 제조, 마케팅, 분배, 의사소통. 〈표 7.4〉 에 나타난 "위성들"은 하청회사들이다. 그들은 특정한 체결과 해약이 이루어지는 계약을 통해 중앙에 연결된다. 네트웍의 구성원됨은 끊임없이 변하고 있다. 중앙에 있는 팀만이 연속성을 지닌 유일한 것이다. 그것은 전략, 전술, 및 자원의 흐름, 날렵한 조직의 유지, 간접비를 최소화함, 최대한

의 유연성을 지니고 운영하는 것으로서 계획부서가 없으며, 경영정보시스템도 없으며, 인적자원관리 부서도 없다. 모든 것들이 외주된다. 심지어 반복적인 재무작업까지도! 그것은 종종 4장에서 언급된 "거미식물 원칙"에 따라 운영된다.

내가 전체 조직의 단순화된 모형으로 제시했던 이러한 6가지 모형은 종종 혼합된 형식으로 존재한다 (표 7.6을 보라). 이들은 조직의 구성원들로 하여금 어떠한 모델이나 모델들이 그들의 조직에 적용되고 있는지 그리고 유연성과 혁신을 위한 조직화를 위해서는 어떠한 것들이 가능한지 또는 이상적인지를 판단하는데 도움을 준다.

예시하자면, 스테레오타입에 적용된 것들을 생각해 보라. 그 모델들은 스테레오타입의 경영 팀으로 하여금 왜 모델 3에 있어서의 프로젝트 팀들이 "신명나게 활동을 하지" 못하며 진정으로 혁신적이 되지 못하는가를 이해하는데 돕는 강력한 도구가 된다. 이들은 경영진으로 하여금 새로운 관점에서 "만 (灣)"을 이해하도록 하며, 그들이 진정 더욱 유연하고 혁신적인 조직을 형성하고자 한다면, 모델 3의 구조하에서 팀 훈련을 더 시키는 것보다는 아마 모델 4,5, 및 6을 생각해야 한다는 것을 알게 하는 데 도움을 준다. 예를 들어, 그들은 핵심 프로젝트의 우선 순위를 상향시키고 이러한 것을 반영하기 위해 경영 팀의 구성과 지향하는 바를 바꿈으로써 모델 4에 더 가까이 옮기는 방법을 발견할 수 있을 것이다. 또는 〈표 7.6〉에서 예시한 바와 같이 조직의 특정 영역이나 특별한 프로젝트에 대해 모델 5 또는 6의 시도들을 시행하기를 선택할 수도 있다. 이렇게 함으로써 본부에 의해 설정된 제한조건 내에서 여전히 작용하면서도 조직의 특정 부분에 대해서는 창업가 정신과 혁신을 위한 새로운 잠재력을 소개할 수도 있을 것이다. 6가지 모델에 대한 인식과 현상황과 관련해 무엇이 잘못되었는가를 정확하게 알고 명시할 수 있는 능력이 있다면, 변화를 위한 강력한 지렛대를 가지는 것이라 할 수 있다.

유연하게 사용되고 해석되어진다면, 이러한 졸속적 모판 (模板)도 강력한 효과를 미칠 수 있다는 것을 나는 알고 있다. 이러한 것들은 사람들로 하여금 조직이 어느 상태에 있으며 어떠한 상태가 될 수 있는가를 알게 하는 아주 중요한 "거울"을 제공할 수 있다.

"사슴사냥"

비슷한 수단이 때로는 "사슴사냥" 은유를 연상함으로써 형성될 수 있다. 이 은유는 한 프로젝트를 수행 중 나의 동료인 린 워드에 의해 개발되었다. 사슴 사냥군은 숲을 향해 출발하고, 사슴을 향해 쏘고, 그리고는 그것을 가지고 집으로 돌아온다.

이것이 맞는가?

글쎄, 반드시 그렇지많은.

그들은 사슴의 몸체는 가지고 돌아오지만, 살아있는 사슴의 요체는 숲에 그대로 남아 있다.

이와 똑같은 현상이 많은 조직개발 프로젝트 〈표 7.7〉에서 일어나고 있다.

경영자들은 올바른 프로그램 또는 그들의 조직을 변화시킬 바른 개념을 찾기 위해 사

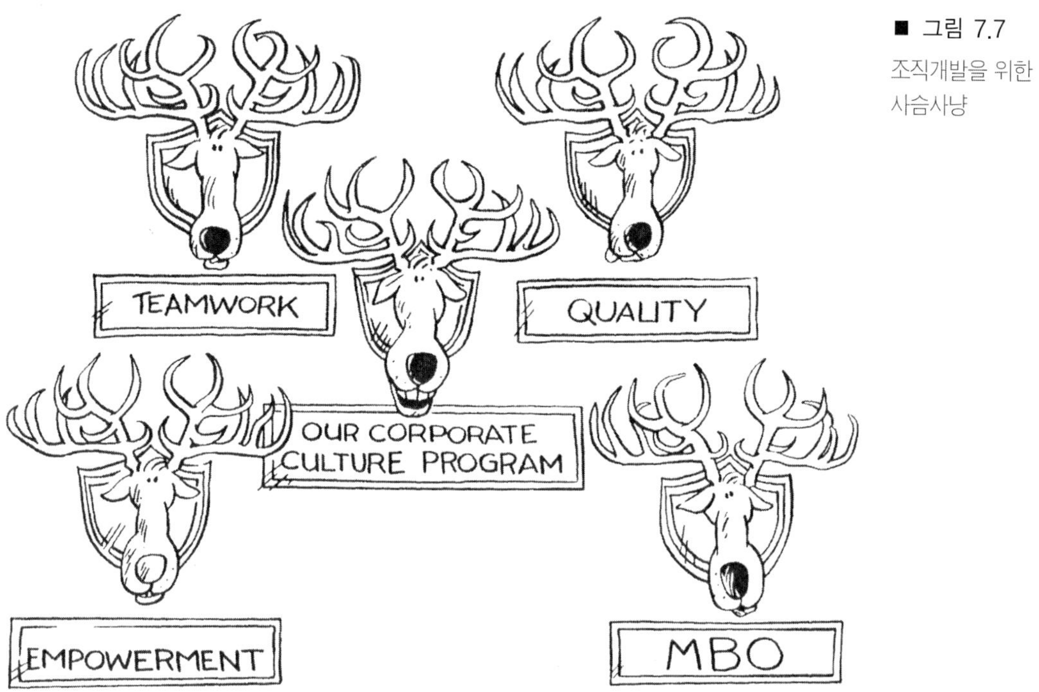

■ 그림 7.7

조직개발을 위한
사슴사냥

냥을 간다. 그러나, "집에서" 적용되어질 때는 일상적인 실제들이 지배하고, 그 결과들이 종종 실망스럽다. 자격증이 벽에 걸려있는 것처럼 우승배가 저기에 있다. 하지만 그 프로그램들이 획득하고자 했던 것들의 본질은 어느 정도 잃어버린 상태이다. 많은 조직들이 "팀웍", "비전과 가치", "임파워먼트" 및 "리더십" 등과 같은 짧은 연수과정과 함께 이러한 현상을 경험하게 된다. 각각의 활동을 통해 무엇인가 배우고 조직은 바른 방향으로 향하게 된다. 그러나 결과는 종종 미미하며 종업원들은 고민하게 되고 냉소적이 된다.

"여기 또 다시 시작된다."

"이 달에 느끼는 새로운 맛!"

"내년에는 무엇이 초점이 될까?"

"우리는 변화를 위한 변화에 관여하고 있다."

프로그램들은 시간을 잡아먹고 있으며 이미 꽉 짜여진 계획에 압박을 더하여 조직 구성원들로 부터, 많은 환멸을 느끼게 한다. 그들은 옛 조직, 옛 문화, 및 옛 체제의 정치라는 맥락 속에서 적절한 수정없이 소개되어지기 때문에 조직에 효과적으로 영향을 미치지는 못한다. 모델 3 조직에 나타난 프로젝트 팀의 사례에서 처럼, 변화는 피상적이 되며, 운영상의 책임을 지닌 이들이 이와 같이 인식하게 된다.

간단한 예를 들어, 모델 1, 2, 또는 3 조직에서 "종업원 임파워먼트 프로그램"이 도입된 경우를 상상해 보자. "임파워먼트"의 한계는 보통 기존의 계층에 의해 부과된 한계에 봉착할 때, 빨리 느껴진다. 그들은 "상자 안에서 권한이 강화되어진다"라는 것을 얼른 느끼게 되며 냉소주의와 환멸이 곧 자리잡게 된다. 모델 1, 2, 그리고 3의 조직은 자신의 일에 더욱 관심을 지니고 주도권을 지닌 "권한이 강화된 간부" 지니기를 원하기 때문에 종종 수만 달러를 임파워먼트와 팀웍개발에 투자한다. 그러나 그들은 새로운 시도들이 융성하도록 "이를 악물고 견디지" 못하며, 그들의 기본적인 조직모델을 수정하지 못한다. 만약 그들이 관심을 옮겨, 예를 들면, 팀웍과 권한강화가 실제로 필요한 경우에 모델 5 또는 모델 6 의 시도들을 형성하기를 경주한다면, 그들은 훨씬 더 큰 효과를 주었을 것이다.

사슴사냥 은유의 힘은 사문화되고 사장되어 가는 조직개발 프로그램들을 둘러싸고 많은 대화와 경각심을 이끌어 내는 데에 도움을 줄 수 있을 것이다. 그 결과로써, 그것은 기본적인 문제에 대해 새로운 수단을 만들어 낼 수 있다. 즉, 대단위의 지출에도 불구하고, 확립된 조직 내에서의 힘들은 보통 새로운 시도들에 대해 반대하며 구식의 유형을 내세우게 한다. 이것은 조직 전체의 변화에 대한 접근을 새로이 형틀화 하게 할 수 있다. 그것은 에너지의 새로운 방향을 갖게 하고 프로그램의 생생한 본질을 개발하는 데 초점을 맞추어 그들이 단지 벽에 걸린 전리품과 같이 되게 하기 보다는 실제에 있어 살아있는 채로 보존되게 한다.

"빙산"

비슷한 수단이 "빙산"의 은유를 통해 만들어질 수 있다. 우리 모두가 아는 것처럼, 대부분의 빙산은 수면 밑에 있다. 우리의 조직들에 있어서도 마찬가지이다. 눈에 보이는 특성들은 숨겨진 힘의 모든 양식에 의해 지원되고 유지되어진다. 탐구를 위한 적절한 환경을 형성함으로써 그리고 사람들에게 그들 조직에 빙산과 같이 숨겨진 차원들을 규명하도록 요청함으로써, 일반적인 형식의 대화를 통해서는 밀어내지 못할 중요한 통찰력을 신속히 획득하도록 하는 것은 매우 놀랄만한 일이다.

〈표 7.8〉과 〈표 7.9〉는 스테레오타입과 5장에서 언급된 텔리서브와 관계해서 이 빙산의 은유를 사용한 예를 제시하고 있다. 각각의 경우에 있어, 큰 빙산은 제한하는 영향력으로서 또는 "표면 밑으로" 깔려있는 "미래의 장벽들"로서 존재하고 있다. 새로운 빙산은 상징적으로는 그 자체를 유지하는 어떠한 것도 갖고 있지 않으며, 2개의 조직이 움직여 갈 수 있는 유형을 나타낸다. 스테레오타입에서 〈표 7.8〉, 이것은 더욱 혁신적인 팀에 의해 움직여지는, 모델 5와 모델 6의 시도들을 통해 새로운 영역으로 모험하는 조직일 것이다. 물론, 도전은 옛날 빙산의 제약조건들을 완화시키고 새로운 것을 개발하기 위해 강한 기초를 형성하는 것이다.

조직변화와 관계한 문제들을 이러한 방식으로 이미지화하는 것은 개발에의 장애물을

■ 그림 7.8
스테레오타입에 의한
"빙하" 모습

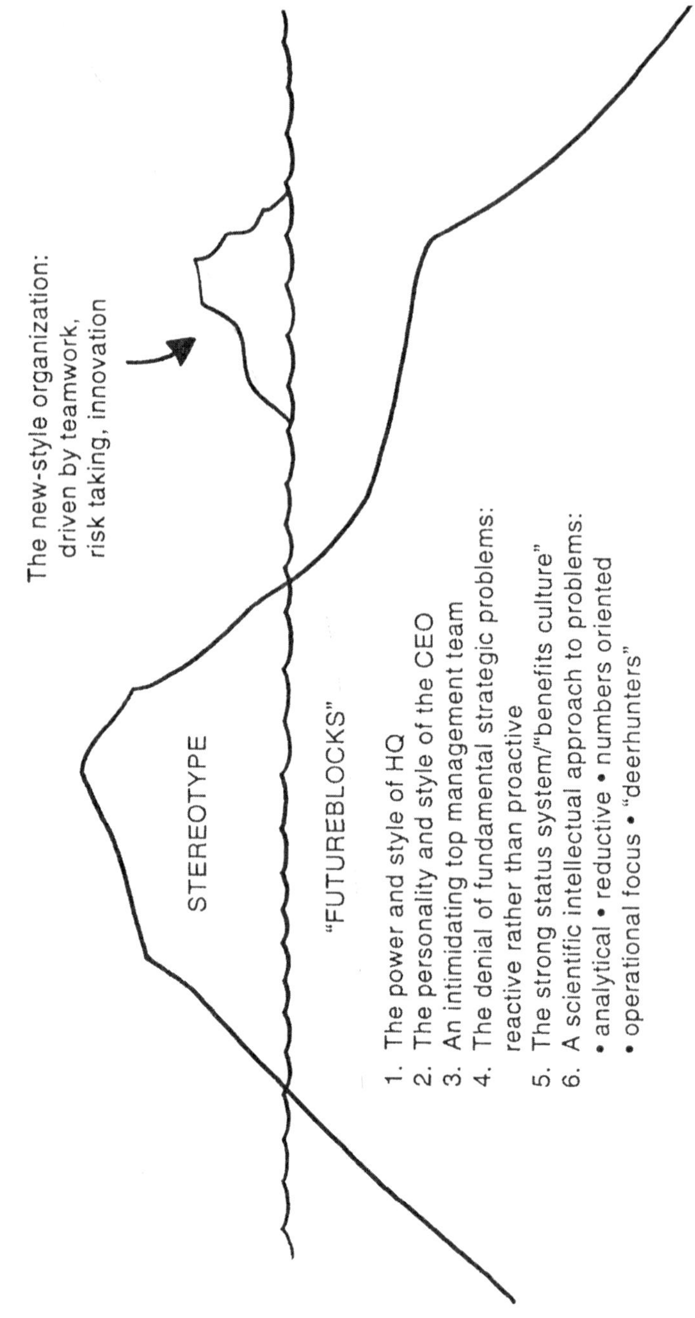

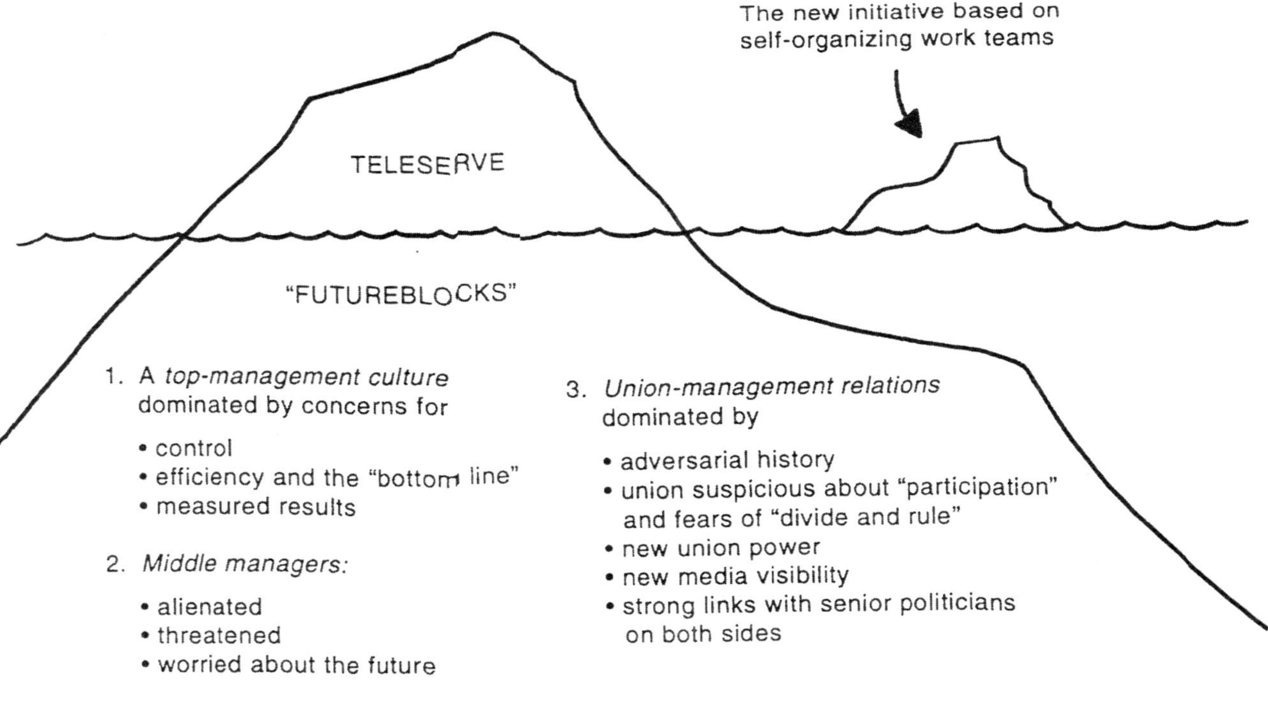

■ 그림 7.9

Teleserve에서의 "빙하" 모습

규명하는 강력한 도구를 제공한다. 오늘날, 대부분의 조직들은 그들이 되고자 하는 종류의 조직에 대해 좋은 아이디어를 가지고 있다. 문제는 어떻게 그곳에 도달하는가 하는 것이다. "빙산"은 이러한 문제들에 대한 대화를 이끌어 내는 단순하고도 직접적인 방법을 제공한다. 그것은 개인적이거나 또는 집단의 상황에서 간부들과 하는 진단을 위한 회합에서 사용되어질 수도 있다. "만 (灣)"의 경우에서 처럼, 비록 대부분의 사람들이 구체적인 방식으로 장애물들에 대해 생각해 보지는 않았지만, 장애물이 있을 것을 알고 있기 때문에 인사치례식 아이디를 제공할 수 있다. 사람들은 그들 조직의 빙산에 대해 자신의 개인적 이해를 반영하기 때문에 일반적 또는 구체적 본질에 대한 통찰력을 떠올린다.

"우리의 문화가 우리를 잡고 있다."

"실질적인 신뢰가 없다."

"네가 느끼는 것을 말하면, 네 목이 잘릴 것이다."

"최고경영자는 항상 그가 말하는 것을 의미하지 않는다."

"네 엉덩이를 가리는 것이 여기서는 가치가 있는 것이다."

이러한 반응들은, 특히 사람들의 의견이 통제하는 사람들의 의견과 공유되고 탐구되어질 때, 조직의 세세한 문제들을 드러내는 아주 좋은 방법을 제공하는 것이다. 한 간부에 의해 신선한 언어로 표현된 일련의 평범한 진리들은 수많은 이론들과 경영학 수업들보다 더한 반향과 힘을 창출해낼 수 있다! 그들은 변화에 대해 숨겨진 장애물과 그들의 제한적인 영향력을 제거해 낼 수 있는 무엇을 인식하고 제시할 수 있는 방법을 제시할 수 있다.

은유들과 이미지지화

앞서의 두 장과 마찬가지로, 이 장에서 나는 은유들이 조직문제의 진단에 있어 어떻게 중요한 역할을 할 수 있는가를 예시하려고 노력하였다. 스테레오타입을 배경으로 하여, 나는 조직 미래의 발전을 가로막는 잘 알려진 패턴들을 드러내려고 노력하였다. 종종, 이러한 장애물들은 구조적, 문화적, 정치적, 심리학적, 및 다른 힘들을 포함한다. 경영자, 변화 담당자, 경영상담가, 또는 조직으로 하여금 새로운 형식을 취하는 데 돕고자 하는 누구든 이런 저런 모습으로 이러한 장애물들을 접하게 될 것이다. 도전이 되는 것은 이러한 장애물들이 존재한다는 것을 알고 있고, 이러한 것들이 취할 수 있는 다양한 형태들을 인식하고, 이들을 대할 수 있는 방안을 찾느냐 하는 것이다. "만 (灣)", "모델 3", "사슴사냥" 및 조직의 "빙산" 들은 이러한 목적을 향해 나아갈 수 있게 하는 방법들을 제시한다.

우리 조직에 있어 접하게 되는 "미래의 장애물"들 중의 많은 것은 이러한 은유들을 하나 혹은 몇 개씩 사용함으로써 파악될 수 있다. "만(灣)"은 변화의 시기에 일반적인 조직의 병리를 규명한다. "모델 3"은 왜 이러한 "만(灣)"의 현상이 일어나며, 왜 그렇게도 많은 사람들이 비생산적인 팀 모임에 시간을 보내는가에 대한 설명을 제공한다. "사슴사냥"은 "모델 3"의 조직이 종종 사로잡혀있는 증후군을 묘사하고 있으며, "빙산"은 위에서 언급한 모든 증상들을 만들어 내는 숨겨진 장애물과 문제들을 규명하고 다루는 방법을 제공한다.

따라서, 이러한 은유들이 내가 다루고 있는 문제들과 대체적으로 일치하고, 더 나은 은유가 나오지 않는다는 가정 하에 나는 이러한 은유들을 대화를 이끌어 내는 한 방법으로써 사용한다. 만약 이들이 적절하다면, 이러한 은유들은 신선한 반응을 야기시켜, 탐구를 위한 많은 가치있는 통찰력과 경로들을 열어줄 것이다.

이러한 은유들을 제시하고 의논함에 있어, 나는 이들의 역할을 다양한 방법으로 특성화하였다. 모형, 거울, 전형, 패턴, 지렛대, 진단도구, 대화 시발자, 등등. 이러한 묘사를 하는 말들은 그 자체로는 물론 은유이지만, 이들을 사용함으로써 가지는 목적들을 잘 포착하고 있다. 나는 이러한 은유들을 사람들로 하여금 상황에 대한 그들의 이해를 재구성하여 "꽉 끼워져 있는" 문제를 신선한 방식으로 공략할 수 있도록 돕고자 한다. 이러한 은유들은 조직 및 경영이론이란 도구상자 속에서 중요한 역할을 하고 있다. 조직의 이미지 에서 탐구되어졌던 것과 같은 대략적인 개념적 은유들은 조직의 본질적인 특성을 분석하기 위해 필요한 것이며, 경영과 변화를 위한 전체적인 전략을 형성하기 위해 필요한 것이다. 그러나, 위에서 논의한 바와 같이 전환시키는 은유들은 특정한 문제들에 대한 세밀한 대책을 마련하는 데 종종 필요하다. 다음 5장들은 이러한 면의 이미지화가 실제화할 때 발생하는 더 많은 예시를 제공한다. 이러한 은유들은 어떻게 단순한 이미지가 기본적인 문제들을 파악하고 제시할 수 있는가 그리고 의미있는 변화를 위한 기회란 씨앗을 뿌릴 수 있는가에 대한 더 많은 증거들을 제공할 것이다.

8.

끓어서 소실됨(Boiling Dry)

앞서 여러 장에서, 나는 토론하고 질문하는 과정에서 자연적으로 나타나는 "순간의 은유들(metaphors of the moment)"을 통해 복잡한 조직의 문제점들을 포착하고 이를 처리하는 것이 가능할 수도 있다는 점을 언급했다.

이러한 은유적인 부분들은 현재 일어나고 있는 일과 수행해야할 필요가 있는 일에 대한 "내부 이론"(inside theories)을 제시해준다. 그러한 것들은 종종 추상적인 학문적 이론보다는 경영과 변화과정에 훨씬 더 많은 영향을 미칠 수 있으므로 가급적이면 자주 활용되는 것이 바람직하다.

본 장에서는, 이와 관련된 보다 진일보한 사례를 제시해 보기로 한다. 그 내용은 조직에 대한 홀로그래픽 접근법(holographic approach)을 시험하고 있는 한 병원의 고위 관리자들을 위한 묵상(retreat)에 관한 내용을 담고 있다. 이는 순간의 은유들이 어떻게 핵심난제들(challenges)을 포착하여 스태프들이 그 난제들의 과거행로와 미래행로에 대한 일관된 내용을 구성하는데 도움을 줄 수 있는지를 보여준다. 다시 말해, 이것의 목적은 영감적으로 나타날 수 있는 은유에 의해 어떻게 변화관리를 추진할 수 있는지에 대한 상세한 견해를 제공하고, 올바른 방향으로 그 과정을 이끌어가는 과정에서 관리자들과 변화 담당자들(change agents)이 직면하는 몇 가지 난관에 대한 진일보한 실례를 제공하고자 하는 것이다.

제1장에서, 나는 홀로그래픽 조직의 창출 가능성에 대해 기술했다. 기억하는 바와 같이, 그것은 모든 부분들 속에 전체가 내재되어 있는 조직에 대한 접근법을 개발하려는 시도를 내포하고 있다. 처음 보면, 그러한 아이디어는 생소하면서도 일면 모순적일 수 있다. 그러나 앞서 제안한 것처럼, 그것은 경영자를 위한 많은 의미있는 시사점을 내포하고 있다.

예를 들면, 사람들은 "전체"를 재생하게 해주는 특정한 기본패턴을 중심으로 홀로그래픽 조직을 설계할 수 있다. 제4장에서 언급했던 거미망 조직(spider-plant organization)은 좋은 예를 보여준다. 즉, 사람들은 준독립적인 "소형 조직들(mini-organizations)"로 운영되는 자율조직화된(self-organizing) 작업집단을 중심으로 홀로그래픽화된 사무실이나 공장을 만들어 낼 수 있다. 그 사무실과 공장들은 사실상, 세포의 구성원리(cellular principles)와 같은, 조직된 소형 공장과 소형 사무실의 집단이 된다. 즉, 사람들은 지속적으로 조직의 역량, 기능, 비전, 가치관 및 윤리를 만들어 내고 이를 지속적으로 창조하기 위해 모든 종업원들의 능력을 고취시키며 나아가 이를 개발할 수 있다. 그들은 제 6장에서 언급된 "민들레 씨"나 "거미"와 같은 의미가 되어 무엇을 하든지 간에 그 조직을 대표하고 그 조직의 가치관 등을 재생하게 될 것이다. 이는 본질적으로 팀워크의 개발과 기업문화의 개발에 초점을 맞추고 있는 많은 프로그램들이 지향하고 있는 부분이다.

기업들이 더 많은 유연성과 혁신의 여지를 창출하고 자율조직의 능력을 촉진하려고 노력함에 따라 조직에 대한 많은 홀로그래픽 접근법들은 매우 자연스럽게 부각되고 있다. 이것을 달성하기 위해 기업들은 관료적인 구조와 규칙보다는 오히려 공유된 비전, 가치 그리고 "문화"를 통한 조직화의 방법을 모색할 필요가 있다. 또한 그들은 팀들이 할당받은 과업을 처리하는데 있어 자기만의 독특한 의사소통과 통제의 패턴을 발전시킬 수 있도록 하기 위하여 구성원들이 다양하고 중복된 기능을 가지는 팀제 운영방식에 대한 개발을 모색할 필요가 있다.

이러한 접근법을 개발하고 있는 모든 조직에 대해 나는 상당한 관심을 가지고 있다. 그래서인지 미국의 한 중간급 규모의 병원에 있는 간호부서(Nursing Services) 책임자에게서 받은 전화 한통은 나로 하여금 아주 특별한 흥미를 유발시켰다. 그들은 고위 관리층을 대상으로 홀로그래픽 접근법을 시험하고 있는 중이었다. 대부분의 병원들이 관료화로 악명이 높기 때문에 이는 즉시 나의 구미를 당기게 했다.

지난 일년 동안, 그녀와 고위 관리층은 나의 저서인 「Images of Organization」에 서술된 홀로그래픽 원리들을 실행해왔다고 말하면서, 그녀는 간호부서 내의 40 내지 50여 명의 고위 스태프들을 상대로 하루반 가량의 일정으로 묵상 프로그램을 운영하는 데 그 원리들이 도움을 줄 수 있는지 궁금해했다. 그들은 이러한 프로그램의 개발단계에서 예기치 못한 어려움에 봉착했는데 그 상황을 상세히 검토해주길 원했다.

나는 그 프로젝트에 관심을 표명했으며, 그녀는 어떻게 자율조직의 "홀로그래픽화 설계"를 시험하려는 아이디어가 일년 전쯤에 도입되었는지를 계속해서 설명했다. 그것은 조직구조의 플랫화 즉, 계층축소와 스태프에 대한 권한부여를 통하여 보다 혁신적이고 반응적인 부서를 만들려는 수단으로 사용되고 있었다. 그녀는 그 아이디어를 최고참 동료 세 명과 처음으로 논의했으며, 고위직의 공석을 충원할 기회가 왔을 때 그 새로운 접근법을 시험하기로 결정했다. 단순히 관료적인 한 자리를 채우는 대신 그들은 그 자리를 공석으로 남겨두고 새로운 책임과 보고체계를 권장하기로 결심한 것이다. 공식적인 권한과 책임체계를 따르는 대신 40여명의 최고위급 관리자들로 하여금 스스로 생각하기에 도움을 줄 수 있을 것 같은 어느 누구에게라도 찾아감으로써 그간 형성되어져 있었던 그들 고유의 관계(connection)와 의사결정 패턴을 타파하도록 권유하였다. 그 주요 목적은 환경의 변화요구에 세부적인 부분까지도 바꿀 수 있는, 즉시 반응적이면서도 자율조직적인 부서의 창출이라는 비전을 중심으로 관리자들을 단결시키는 것이었다.

이의 촉진을 위해, 관리자들은 스스로를 상호간에 의지할 수 있는 자원(resources)으로 여기고 새로운 조직패턴의 창조를 가능케 하는 방향으로 격려되었다. 환자 최우선주의라는 핵심가치를 통한 조직화와 관리자들에게 이러한 식의 리더십지향의 귀감이 될 것을 권장하면서, 적절한 조직형태와 조직구조가 구축될 것이라는 희망을 가졌다. 그러한 구조는 미리 결정된 방식에 따라 강제되기 보다는 환자간호를 개선하려는 필요로부터 개발될 것으로 기대되었다. 그러한 접근법은 점진적으로 도입되었으나, 관리자의 역할에 있어서 관리자들에게 걱정, 스트레스 그리고 불확실성을 잉태한 채 도입되었다. 자율성, 권한위양, 자율조직 그리고 홀로그래픽 접근법이라는 아이디어는 널리 논의되었고, 여기에 관심을 보인 간부에 의해 지지를 받으면서 적절한 조치들이 취해졌다.

묵상의 역할은 진일보한 발전을 위한 발판을 공고히 마련하는 것이었다. 내가 공식적으로 강조하는 철칙은 "혼란스럽지 않게 차분히 자율, 협력, 혁신, 직무만족과 전문성의 개발을 촉진하는 방식으로 자율조직화 과정을 고양시키도록 학습환경을 조성하라."는 것이다.

표출된 사실의 이해 및 판독

전반적인 전개상황에 관하여 간단하게 두 번째 전화통화를 한 뒤 몇 주 후에 자가용으로 한시간 정도 걸리는 묵상센터로 가는 도중에, 간호부서의 책임자와 세명의 고참 동료들로부터 또 다른 "진전상황(update)"에 대한 내용을 듣고 나서야 하나의 일관된 내용이 떠오르기 시작하였다. 즉, 자율조직화 모델의 실행에 있어서는 적지 않은 진전을 이뤘으나 몇 가지 현실적인 문제점과 걱정거리도 있다는 것을 감지했다.

나는 그들의 말을 주의깊게 청취하고 문제점과 필요성이 확인된 최소한 다섯 가지 영역을 포착했다.

1. 간호부서의 "자율조직" 접근법을 병원의 다른 부서들의 지배적인 논리라고 할 수 있는 "상의하달식(top-down)"의 관료적인 스타일과 통합시키는 데 어려움이 있는 것같다.
2. 팀워크와 자율조직에 대한 현재의 접근법을 현실에 맞게 정제·개발할 필요성이 있다.
3. 언제, 어떤 식으로 그 "자율조직화" 접근법을 조직의 하위수준까지 실시하여 지금까지 구심점을 제공해왔던 40여명의 고위 관리자들 뿐만 아니라 간호부서의 다른 스태프들도 포함시켜야 할지에 대한 걱정이 있다.

4. 변화관리와 관련된 일반적인 문제점이 발견되는데, 특히 한 단계 더 높은 곳에서 일어나는 부서간의 관계에 있어서의 문제점이 있다.

5. 일어나고 있는 일에 대해 당사자들을 포함한 구성원들 상호간의 의사소통과 관련된 문제가 있다.

나는 그날 저녁 늦게 개최된 마지막 회의에서 이들 다섯가지 이슈들을 최고 관리층에 그대로 제시하고는, 어떤 형태로든 모든 이슈들이 거론된 후 그것들이 해결되는 방식으로 묵상을 운영할 것이라고 하였다.

그들은 묵상이 차후의 핵심 토론이슈를 명시하고 구성하기 위해 홀로그래픽 자율조직 및 새로운 관리스타일에 관한 아이디어와 관련해서 나의 통찰력을 돋보일 만한 발표

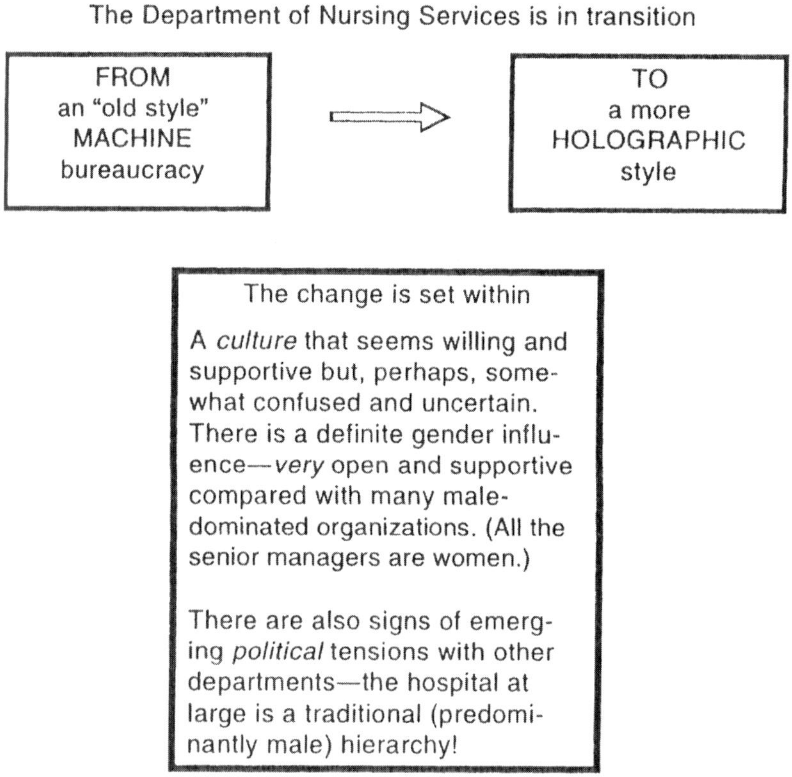

The Department of Nursing Services is in transition

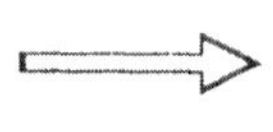

■ 그림 8.1

간호부서에 대한 초기의 이해 및 해석

와 함께 시작한다는 것을 조건으로 그 접근법에 만족해했다. 묵상에 대한 선결과제는 부서에서 발생되고 있는 일과 앞으로 대비해야할 일에 관하여 공유된 이해를 도출하는 것이었다.

처음의 전체적인 상황에 대한 나의 분석은 〈그림 8.1〉에 요약되어 있다. 그 부서는 준관료적인 조직으로부터 자율적인 조직 형태로 바뀌고 있었다. 적어도 최고관리층의 눈에는 그러한 전환(transition)을 달성하려는 확고한 의지가 빛나고 있었다. 실제로 그들은 무엇인가 혁신적이고 중요한 지상과제를 수행하고 있다는 열정, 흥분 그리고 감정을 상호 교감하고 있었다. 그러나 실질적인 문제는 이것이 전체 조직에서 얼마나 공유되느냐의 여부에 달려있었다.

자율조직화 모델로 전환시키려는 시도가 시작되면서부터 간호부서와 병원의 다른 부서간에 정치적 긴장이 나타나고 있음을 감지했다. 최고 경영진의 보고서에 따르면, 간호부서는 하나로 일치단결된 것처럼 보인다고 했으나, 나는 묵상이 그렇지 않을 수도 있음을 알고 있었다. 예를 들면, 묵상은 40여명 정도되는 관리자들 간의 의견불일치와 특정한 간호사집단이나 그들의 노조로부터의 잠재된 반발을 불러올 수도 있다. 그러나 당분간 나는 변화의 방향과 구체적인 실행에 대한 실질적인 도움을 제공해 달라는 간호부서의 요구와 보다 심도있는 발전을 위해 적절한 상황을 조성하는 데 도움이 될 "문화"에 대해 유익한 지도를 해달라는 고위 스태프의 요구를 따름에 따라 내게 부여된 과업구상에 한결 마음이 편안해짐을 느꼈다.

이러한 마음가짐으로, 나는 관리상에 있어서 나타나고 있는 최근의 몇 가지 전개상황에 대한 공식적인 발표를 하는 동시에 그 다음날 아침 묵상을 시작했다. 우리는 앞서 제7장에서 제시된 여섯 가지 모델에 기초한 상이한 스타일의 조직, 그들 각각에 적합한 환경, 보다 평면적인 "홀로그래픽" 조직에서 요구되는 관리스타일, 팀워크의 특성과 요건 그리고 변화에 대한 몇 가지 일반적인 장애물과 저항 등에 관해 논의했다. 나의 목적은 일반적으로 관리현장에서 발생하고 있는 일과 관련하여 간호부서의 현 위치를 보여주는 것과 관료조직으로부터 자율조직화 관리스타일로의 전환에서 주로 야기되는 몇 가지 특별한 도전과 어려움을 규명하는 것이었다. 나는 그들의 변화 아젠다(change agenda)가 직면할 수 있는 몇 가지 보이지 않는 힘(forces)을 규명하고 현재의 실상에 입각해서 우리의 토론을 진행하기 위하여 제 7장에서 언급된 빙산(iceberg)모델을 사용하였다.

그런 연후에야 묵상이 참가자들에게 공개되었다. 지금까지 들었던 것을 배경으로 변화과정에 대한 그들의 경험을 공유하고 그들이 좀 더 상세히 다루기를 원하는 이슈들을 규명하도록 권유되었다. 이슈에는 다음과 같은 것들이 포함되었다.

1. 간호부서의 스태프와 병원의 다른 부서들로부터의 "참입(buy-in)"의 유발방법 모색
2. 의사소통의 개선
3. 자율조직의 관행 개선
4. 추진력(momentum)의 유지
5. 성공사례의 이해와 학습
6. 새로운 팀제 조직에서의 핵심가치관을 명확히 하고 강조하는 것

이러한 토론으로부터 나타난 일반적인 내용은 내가 묵상을 시작하기 전에 받았던 간단한 보고내용(briefings)과 일맥상통하는 것이었다. 그들은 전통적인 권위체계 대신 "필요성"에 기초한 새로운 의사소통 형태를 창조하기 위하여 계층구조를 평면화하고 있었다. 그에 따라 구성원들에게는 새로운 책임감을 가지고 의사결정을 할 수 있는 권한이 부여되고 있었으며, 더불어 "팀문화"가 서서히 태동하고 있는 것 같이 보였다. 즉, 자율조직화 접근법이 확실히 뿌리를 내리고 있는 것이었다. 간호부서는 활력이 넘쳤고 서서히 개방적으로 변화되어 갔다. 간호부서 내의 "문화"는 믿기지 않을 정도로 지원적인 것 같았다. 이것은 당신들이 그간 생각해온 전형적인 남성지배적인 조직과는 천양지차가 아닌가! 즉, 간호사 직종의 가치관이 제대로 모습을 나타내고 있는 것이 아니었던가?

어쨌든, 적어도 내 개인적인 견해로는 그 분위기는 개방적이었고 동기유발적이라는 느낌을 받았다. 간호부서는 조직개발의 단계에 있었으며 착실히 진보하고 있었다. 그러므로 나는 오후에 있을 토론에서 다음 두 가지의 일반적인 "포괄적(umbrella) 이슈"하에 그 집단들이 위에서 언급한 의제들을 구성하는 것을 돕는데 전혀 부담감이 없었다. 두 가지의 일반적인 "포괄적(umbrella) 이슈"는 다음과 같은 것이었다.

(a) 그 부서의 가치관과 실제로 접하게 되는 자율조직의 난제들(challenges)과

(b) 새로운 경영 스타일을 조직의 나머지 부분과 융합시키는 것에 관한 문제

집단토론이 활발히 진행된 덕분에, 이들 의제와 관련된 수많은 이슈와 아이디어들이 제기되었다. 그 다음, 나머지 오후 시간은 그들이 가져다 줄 수 있는 시사점을 탐구하는 데 보냈다.

하루업무를 마무리할 무렵이 되면 홀로그래픽 접근법/자율조직 접근법으로 전환함에 있어서 직면하게 되는 도전과 어려움에 관한 많은 것들이 분명하게 설명되었지만, 무수히 많은 다른 의문점들도 제기되었다. 예를 들면, 다른 사람들의 참입(參入: buy-in)과 몰입의 유발에 관한 문제, 요구되는 기능(技能)개발에 관한 문제, 성공을 기초로 일을 추진하는 문제 그리고 자율조직 접근법의 한계점을 인정하면서 추진력을 유지하는 문제 등이 여전히 남아있는 난제들이었다.

이들 이슈들은 차트에 목록화되어 그 다음날 있을 토론에서 보다 심도있게 검토하기로 했다. 그날 저녁에 그날의 진행절차를 회고하면서 나는 수많은 상념에 사로잡혔다. 우려와 불안도 내재되었지만 새로운 스타일과 방향에 대해 지나치게 몰두를 하는 것 같았다. 나는 간호업무 관리자들의 진취적이고 헌신적인 태도에 감명을 받았다. 최고관리층은 간호 관리자들을 여기까지 이르도록 하는데 능숙한 솜씨를 발휘했다.

다른 한편으로, 나는 본능적으로 수많은 경고음을 감지하고 있었다. 묵상에 참가한 사람들은 대단히 유능한 것 같았는데, 그 가운데 다수가 보다 유연하고 자율조직적인 경영스타일로의 전환에 선천적으로 타고난 명수 같았다. 그러나 가끔씩 자율조직의 개념과 홀로그래픽 경영의 개념에 지나치게 몰두함으로써 그 이론이 방해물이 될 수도 있는 현실적인 위험이 있는 것 같았다. 예를 들면, 그들이 현재 어떻게 조직화되어 있는가와 관련하여 의사소통을 하는 데 있어 문제점에 관한 논의가 빈번해지고 있다는 사실에 나는 놀라지 않을 수 없었다. 그 문제점은 묵상센터로 가는 도중에 제기되었으며 집단토론과 차후보고에서도 얘기 되었다. 특히, 스태프들이 그 부서에 소속되지 않은 사람들, 특히 잠재적인 신입사원들에게 그 부서가 어떻게 운영되는지를 말해주면서 경험한 난관과 관련된 재미있는 한 일화를 나는 회상했다. 스태프들은 그들에게 그 부서의 실제적인 모

습을 말해줄 방법이 없는 것 같았다. 내부적으로는 현학적인 전문용어로 사용되는 홀로 그래픽화 조직과 자율조직의 의미가 외부인과는 공감될 수 없는 것이었다. 그래서 임시 변통적으로 그 부서는 "전통적인 부서와는 다르며" 관리자의 역할은 "전통적인 관리자-감독자의 역할은 아니다"는 등의 말만을 해야만 했다. 분명히 그러한 의사소통은 정보를 주고받는 쌍방 모두에게 불만족스러운 것으로 판단되었다. 고위 관리자 중의 한 명으로부터 들었던 그 일화는 그러한 문제가 폭넓게 공감되고 있음을 인정하는 것이었다.

그 문제는 그날 오후에 제기된 많은 이슈들에도 중요한 영향을 미칠 것 같았다. 그래서 나는 모든 관리자들이 그 부서의 과거, 현재 그리고 미래를 상상하도록 함으로서 묵상의 두 번째 날을 시작하는 것이 좋겠다고 생각했다. 나는 그들이 홀로그래픽 관리와 자율조직에 대한 세부적인 개념은 잠시 뒤로 접어 둔 채, 그들이 새로운 방식으로 그 이슈에 접근할 수 있는지 여부를 알아보길 원했다. "우리 이야기하기(telling our story)"의 문제는 현재 직면하고 있는 최고의 문제점인 것 같았다. 그들은 신규사원, 고위 의료진 스태프 그리고 다른 부서의 관료주의자들(bureaucrats)에게 자신들의 입장을 설명하는데 어려움을 겪고 있었다. 사람들은 그들의 스타일을 이해할 수 없었다. 잘해봐야 그들은 이방인 취급을 받았고, 최악의 경우 기존 질서의 파괴자로 간주되었다. 내 육감이 정확하다면, 그 문제점의 한 요소는 그들 스스로 자신들의 이야기에 대해 명확하지 못하다는 것이었다. 만약 우리가 이것에 대해 분명한 해답을 찾는다면, 내부적으로는 강력한 이해의 공감대를 형성하고 외부적으로는 그들 메시지의 핵심내용을 의사소통할 방법을 모색하는 것은 가능할 것이다. 이러한 과정을 겪으면서 우리는 전날에 그들이 제기한 많은 이슈들의 핵심을 찾아낼 비장의 무기를 가지게 될 것이다.

"우리 이야기하기"

그래서 나는 사람들에게 보다 작은 소그룹들로 나누도록 권유함으로써 묵상의 둘째 날을 시작하고서는 2장과 6장에서 논의된 형상화 방법론(imaging methodology)을 사용하는 실습법을 도입하였다. 각 개인은 간호부서의 2년 전 변화 이전의 "과거모습, 지금의 현재모습 그리고 앞으로 5년 후의 미래모습"을 대표하는 동물이나 그 외의 다른 이미지를 생각하도록 권유되었다. 그 다음 각 그룹들은 그들의 이미지에 대해 그리고 시간의 경과에 따른 그 부서의 변화를 그들이 어떻게 보았는지에 대해 토론할 것과 그들의 통찰결과를 차후에 전체 그룹에게 보고하도록 요구되었다.

〈그림 8.2〉는 그 결과를 요약한 것이다. 그 보고내용은 익살스럽고 생동감이 넘쳤다. 그들은 부서의 몇가지 기본적인 특징과 미래 조직에 대한 사람들의 염원을 포착해냈다. 보는 바와 같이, 그 이미지들은 믿을 수 없을 만큼 다양하지만, 그 부서는 혼란스럽고 불확실한 발달단계를 포착하여 그 단계 속에서 현재의 자기 위치를 발견하였다.

변화에 대한 점진적인 성격 뿐만 아니라 그 변화의 패턴에도 주목하라. 어떻게 유아기적 의존성이 상호의존적인 상태로 변모하는지, 어떻게 엘리자베스 여왕1세의 엄격함과 구두신은 여주인의 질서와 규율 그리고 공식적인 학교교실의 질서와 같은 규율이 비상하는 갈매기와 지진대에 서 있는 빌딩의 주인 및 자율적인 잼버리 대회와 같은 유연한 이미지로 전환되는지에 주목하라. 어떻게 올림픽 관람객의 소극성이 경기에 대한 통제로 전환되는지, 어떻게 갓 태어난 아기새가 독특한 능력을 소유한 어미새로 자라는지, 어떻게 선형의 열차와 뱀이 열려있고 자율조직적인 특성을 지닌 보다 복잡한 시스템으로 변하는지, 어떻게 전통적인 미국화가인 Norman Rockwell류의 그림이 자율조직적인 동판예술품(Etch-a-Sketch)으로 변하는지 주목하라.

확실히, 이러한 이미지화(imagery)의 함축성을 개발하기 위해서는 많은 방법들을 취했을 것이다. 촉진자로서 나의 목적은 이야기하기(storytelling) 유형을 권장하여 그 과정이 미래의 행동을 위한 실마리를 만들고 활성화시키는데 도움을 줄 것이라는 것을 알려주는 것이었다. 다양한 이미지속엔 일맥상통하는 것이 무수히 많았다. 모든 사람들은 말해지고 있는 것을 연상할 수 있었으며 유머를 통해 어려운 이슈들이 건설적으로 표현되었다. 그 과정이 제대로 되었을 때 나는 몇 개의 아주 잘 취사선택된 어구들이라고 여겨지는 몇 마디를 하였다.

나는 전환(transition)이라는 주제에 주목했다. 그 이미지들은 단지 7년간에 걸친

IMAGES OF NURSING SERVICES

Two Years Ago	Now	In Five Years' Time
1. Dependence: an adolescent thinking about "breaking curfew"	Independence: We have broken curfew and are now dealing with the consequences	Interdependence with the rest of the organization
2. A part of the court of the queen of England	The old woman who lived in the shoe	Sea gulls in flight
3. The old woman who lived in the shoe	A school of whales in a sea of sharks	Owners of the top floors of a building in an earthquake (in control but in a situation that is uncontrollable!)
4. A schoolroom with students and teachers	A camping trip (with fewer rules)	A jamboree
5. Spectators at the Olympics	In the race	Holding the stopwatch
6. A bird coming out of a shell	The bird trying to fly	An owl? or eagle? or crow? or vulture?
7. A train in motion, speeding, undirectional	Grand Central Station: organized chaos	A transportation system
8. A snake with its head leading and tail following	A pot of boiling water	A galaxy: ordered but undiscovered
9. Norman Rockwell	A fuzzy French impressionist	Etch-a-Sketch

것이었지만 주요한 변화들을 내포하고 있었다. 그것들은 그 부서가 겪어온 여정을 불확실하게나마 반영하고 있었다. 지금부터 5년 후의 새로운 역량 및 역동성을 생각해 볼 때 2년 전의 이미지속에 담겨진 규칙일변도의 일방적인 메시지에서의 전환에는 하나의 패턴이 존재했다. 현재는 혼동, 역경 그리고 경우에 따라서, 위험과 같은 특징을 가졌다.

나는 나의 개입이 이 후에 발생할 어떤 것을 형성하는데 아주 중요했다는 것을 알았다. 그러나 공유된 의미의 통합을 가능케 함으로써 하나의 틀을 제공하도록 하는 미래의 이미지에 대한 압도적인 수렴은 없었다. 그들의 전환에 관한 이야기를 하면서 사람들은 현재의 혼동과 불확실성이 결국에는 역량이라는 느낌으로 변화될 것이라는 생각에 만족하는 듯 했다. 그들은 구식의 관료주의적 모델을 멀리하고 보다 유동적인 상황을 향해 떠나는 여정에 흡족해하는 듯 했다. 현재의 혼동으로부터 그간 희망하던 역량 향상의 상태로 전환하는데 주된 관심이 있었던 것이다. 문제는 바로 "목적 달성"이었다. 그래서 나는 구성원들의 관심과 에너지를 결집시키는 하나의 방편으로 현재 상황에 대한 은유들 중에 하나를 선택하기로 결심했다.

나는 끓는 물의 주전자를 선택한 후 이 이미지로부터 떠오르는 심상(心象)을 도출해 냈다.

"끓는 물은 어떻게 됩니까 ?"

"물은 수증기로 증발됩니다."

"물은 끓어서 말라버립니다."

나의 요지는 다음과 같았다. 즉 "그것이 자율조직을 향한 현재의 이니셔티브와 관련해서도 일어날 것인가?"

그 부서에는 많은 조치가 취해졌다.

많은 흥분도 있었다.

그런데 그것이 어디를 향해 가고 있는가?

나는 이러한 핵심문제에 집중할 하나의 방편으로 끓는 물의 은유를 선택했다. 어떤 변화과정에서나, 사람들은 가끔 몰입이 충만하며 기대가 한껏 부풀어오르는 대단한 열정과 흥분의 절정에 도달한다. 그러나 너무 자주 이러한 열정은 쉽게 사라져버리는데, 왜냐하면 후속행위와 부단한 진전이 없다면 확신의 위기와 불안한 지원에 대한 위기가 종종 발생할 수 있기 때문이다. 그 결과 많은 사람들은 이전의 방식으로 원상복귀하게 된다. 그 상황에 대한 나의 분석에 따르면 이것이 간호부서가 직면한 주요한 위험이었다. 그들은 많은 것을 성취했고 진일보한 변화를 성취하기 위한 열정과 이해도 거기에 존재했다. 그러나 그것은 쉽게 물거품이 될 수도 있었다.

끓는 물의 이미지는 현 상황에서의 열정과 강점뿐만 아니라 함정까지도 포착하고 있었다. 그래서 나는 "끓어서 소실되는" 상태를 피하기 위해 그것이 진정한 가치를 최대한 발휘하도록 할 결심이었다. 만약 내가 이러한 위험을 부각시키기 위해서 그 은유를 사용할 수 있고, 끓어서 소실되는 것을 방지하기 위해 수행할 필요가 있는 일에 모든 구성원들의 역량을 집결시키게 만들 수 있다면, 나는 그 부서가 현재의 역경을 헤쳐나가는데 사용할 수 있는 구체적인 전략과 전술을 자각하도록 하는데 도울 수 있을 것이라고 생각했다. 그 과정은 또한 서서히 모습을 드러내는 그들의 이야기에 대한 세부사항을 완성하는 데도 일조할 것이다.

"끓어서 소실되는 것"에 대해 집중함으로써 우리들은 하룻밤 새도록 미결이었던 이슈들을 깨닫게 되었다. "참입(buy-in)"의 창출, 필요한 기능개발, 성공의 입지구축 그리고 타인들과의 의사소통의 문제점들은 틀림없이 주의를 요하는 문제였다. 그 은유는 현실감을 불러일으키는데 도움을 주었다. 즉, 지속적인 전환이 적절하게 관리되지 않는다면 모든 이러한 것들이 무용지물이 될 수도 있다는 인식이 자리잡게 되었다.

세부사항을 다루기 위해서, 이러한 이슈들을 중심으로 그룹이 조직되었고 그러한 토론과 연속되는 사후보고는 많은 관심을 야기했으며 진일보한 발전을 유발할 수 있는 많은 아이디어를 제공하였다. 묵상은 광범위한 형상화만이 아니라 현재 대두되는 이야기에 대한 세부사항들을 정말로 다루고 있었다. 그것은 실제적인 자율조직에 대한 몇몇 핵심이슈를 다루고 있었으며 진정한 힘을 형성하고 있었다.

그러나 그것이 너무 빠르게 진행되는 것인가? 나는 정말로 권한이 부여된 사람들의 집단과 상대하고 있다는 것을 느꼈다. 그들이 주전자의 물을 끓어서 소실시킬 리가 없었다. 어떻게 성과를 유지하고, 어떻게 그들이 그들의 이야기와 새로운 관리관행을 조직의 나머지 부분에 정착시킬 것인가에 관해 수많은 대화를 나누었다. 의사들, 관료주의자들 그리고 고위 관리자들의 문제점과 그들의 이해결여를 관리할 방법에 관한 논의도 있었다.

그러나 나는 간호부서의 장과 그녀의 고위직 동료 가운데 한 명이 눈에 띌 정도로 걱정을 하고 있음을 볼 수 있었다. 나는 그들이 그 과정이 지나치게 급속히 진행되어 통제범위를 벗어나 내가 회피하도록 요구받았던 혼란속으로 빠져버릴 수 있음을 우려하고 있다는 것을 감지했다. 고위 관리자들은 간호부서의 장과 그녀의 동료들이 있어주길 원하는 그들의 위치를 초월해가는 위험에 처해 있었던 것이다.

그들은 확실히 권한을 부여받았다.

그러나 그들이 너무 많은 권한을 부여 받은 것인가?

중간 휴식시간에 이러한 우려들이 간호부서 장과 그녀 옆에 앉은 고위 동료에 의해 나에게 전달되었다. 그녀는 약간의 유머를 곁들여 묵상의 주요 의도는 "변화를 전체 병원에 널리 확산시키는 것이 아니라 40여명의 관리자들로 구성된 하나의 집단으로서 우리 스스로에게 권한을 부여하는 것이었다"고 나에게 상기시켰다. 나 역시 내가 40명이 넘는 전직 간호사들로 구성된 집단을 상대하고 있다는 것을 상기했다. 묵상이 "우리는 우리 직장 내의 온정주의 시스템을 타파해야 한다"는 견해를 촉발시킬 수 있다는 두려움이 존재했다.

나는 그러한 잠재된 위험들을 경청했고 이를 보았기 때문에 그러한 상태를 저지하기로 결심했다. 나는 몇몇의 핵심인물들에게 참가자들 사이의 분위기를 감지하여 그들 역시 모든 것이 통제불능의 상태로 선회하고 있다고 느끼는지 여부를 판단하도록 언질을 주었다. 다행히도 고위 관리자들이 우려하는 것보다는 훨씬 더 안정적인 상태라는 것을 알았다. 진정한 열정과 흥분이 넘쳤으나 급진적인 광기는 없었다. 사람들은 자율조직에 대한 그들의 접근법을 의미있게 진척시키는 것이 가능하다고 진정으로 믿는 것 같았으며, 그들의 통제 하에 놓인 "그 이야기"를 창안하기 위해 가능한 모든 수단을 동원하려고 노력하고 있었다.

나 역시 그 상황에 매우 만족하고 있었다. 나는 예전에 다른 형태로 똑같은 현상을 경험했었다. 가끔, 내가 현재 진행하고 있는 것과 유사한 회의들에서 사람들은 가능성으로 인해 정말로 열광하게 된다. 그들은 권한을 부여받았음을 느끼는 것이다. 그들은 진실로 할 수 있는 데까지 성취하기를 원한다. 하지만 결과적으로 그 후원자들은 그것에 대해 불안해 한다. 왜냐하면 그들은 최종적으로 그 결과들을 정규의 작업환경에 다시 실현시켜야 하기 때문이다. 이것이 내가 고위 팀에서 보았던 것이다. 그들의 순조로운 작업이 어떤 식으로든 호사다마(好事多魔)가 되지 않을까 하는 진심어린 두려움이 생겨났다. 그들이 안전지대에 있는 것은 아니었다.

그래서 나는 간호부서 장에게 되돌아가서 그 과정이 만족스런 결말을 향해 진행중임을 그녀가 믿어줄 것을 간청했다. 나는 나에게 제안되었던 것처럼 "냉각용"어젠다(agenda)를 부여함으로써 그 상황을 봉쇄하는데 주력하기 보다는 오히려 그녀와 고위 동료들에게 자신들의 우려사항을 참석한 모든 구성원들과 공유할 준비가 되어있다면 계속되는 격론을 촉진시키도록 나를 믿어줄 것을 요청했다. 그들은 동의했다.

그 다음 회의를 시작하면서, 나는 대단히 직접적으로 그 이슈를 화두에 올리며 그 과정이 너무 급속히 진행되는지, 그래서 속도를 완화해야만 하는지 여부를 질문했다. 그리고 나서 간호부서 장에게 그녀의 견해를 피력하도록 자리를 마련해주었다. 그녀는 멋지게 일처리를 했는데, 적절한 유머와 함께 현재 직면한 모순을 짚어나갔다. 묵상은 모든 사람에게 권한을 부여하기 위해 의도된 것이었다. 그녀는 모든 사람들이 잘 해나가기를 기대했던 바로 그 사람이었다. 이제, 그녀는 그 일의 속도를 늦추고 싶어 했다.

그녀의 동료 역시 현실적인 필요에 초점을 맞춰 발언을 했다. 간호사들이 일해왔던 온정주의적 체제는 장기간 지속되어왔으므로 하룻밤에 그것이 척결되지는 않을 것이라고 말했다. 본질적으로, 그녀는 병원의 총체적인 변화를 도모하려는 열정으로 인해 의도하지 않게 스태프들이 기존 세력의 반감을 불러올 수 있음을 우려했다.

그 두 명의 발언과 청중의 반응은 진일보한 진전을 위한 멋진 분위기를 연출했다. 스태프들의 열정이 저하되지 않음은 물론 이제는 몇몇 위험과 우려에 대한 보다 충분한 인식을 하게 되었다.

이것을 기초로 일을 추진하기 위해서 나는 또 하나의 중대한 개입이 필요하다는 것을 알았다. 얼마 전, 관리자 가운데 한 명이 「오즈의 마법사」(Wizard of Oz)와 「노란 벽돌길」(Yellow Brick Road)에 대한 이야기를 상기시키면서 그것을 그 부서의 현 상태와 비교했다. 그녀는 그들이 엄청난 불확실성과 혼동을 간직한 채 「노란 벽돌길」 위에 서 있음을 지적했다. 그래서 나는 그 부서가 직면한 중대한 요건 중의 하나는 그 부서가 행하고자 노력하는 것에 관한 이야기를 의사소통하는 방법을 배워야 하는 것이라고 진단하고, 이를 위해 초기의 내 통찰력과 일맥상통하는 방식으로 은유를 사용하기로 결심했다. 초기의 이미지화 실습은 여기에 실질적으로 도움을 주지 못했다. 그것은 핵심적인 관심사를 규명하고 정열과 공감된 이해에 활력소를 제공하기 위한 활로를 개척해주었다. 그러나 중심적인 메시지를 의사소통해주는 전체적인 틀이 없었다.

「노란 벽돌길」의 이미지는 이러한 괴리(乖離)를 메워주는 것 같았다.

모든 난제에도 불구하고 「노란 벽돌길」은 현존하는 현실이었으며 또한 희망하는 미래를 시사하기도 했다. 대두하고 있는 이야기에 대한 보다 쉬운 이해를 위해서 그 은유를 사용할 수 있을까? 나는 이것을 해결할 하나의 방법은 앞에 제시된 선택 안 중 몇 가지를 다루는 것이라고 제안했다. 초기의 토론과 우려를 바탕으로 나는 가능한 한 그들의 어투를 사용하여 이들을 네 가지 선택안(options)으로 구성하였다.

1. 현재의 한도 내에서 자율조직화의 과정을 중지하거나 억제하라.
2. 그 과정을 통제된(controlled) 방식으로 그 부서의 다른 영역과 그리고 전체 병원에 "서서히 침투(trickle)"되거나 "확산(spill over)"되도록 하라.
3. 그 과정이 자유로이 전개되도록 통제 없이(uncontrolled) "확산" 시켜라.
4. 광범위한 "온정주의적(paternalistic)" 체제에 급진적인 개혁을 이룩하도록 노력하라.

나는 이러한 이슈들을 중심으로 집단을 형성하여 그들이 선호하는 시나리오의 관점에서 「노란벽돌길」의 이야기를 하도록 하려고 묵상을 권유했다. 그들은 무엇이 전개되는 것을 보고 싶어 할까?

아무도 그 과정을 중단하거나 억제하기를 원하지 않았다.

많은 관리자들은 "통제된 확산"의 시나리오로 일하길 원했고 그렇게 하기 위해 두 집단으로 나누었다.

전체 집단의 약 3분의 1이 "통제 없는" 시나리오를 선택했다.

하나의 소집단은 "급진적인 변화"의 가능성을 시험하고 싶어 했다.

그 집단들은 신속히 일에 착수했고 훌륭한 결과를 도출했다. 통제된 확산과 통제 없는 확산의 과정을 시험하는 세 집단들의 견해 간에 고도의 의견수렴이 있었다. 통제된 전략을 시험하는 두 집단은 자율조직화 접근법을 확산시키기 위해 거의 자연적으로 발생하는 기회를 형성하는데 대단한 잠재력을 보였다. 예를 들면, 역할모델링, 옹호활동(championing) 그리고 핵심가치관 공유 등을 통해서였다. 그들은 보다 전통적으로 관료화된 체제내에서 자율성(autonomy)이 부족한 결과 한꺼번에 직장을 떠나곤 하는 스태프 간호사들과 관련해서, 전 조직에 걸친 채용(recruitment)상의 문제점을 해결하기 위해 이러한 종류의 이니셔티브를 적용할 호기를 맞았다. 그들은 성공담을 이끌어내고 신중하고 능숙하게 다른 부서와의 관계를 조정하길 원했으며 과장이나 허풍 없이 그 부서들을 교육시켰다.

통제 없는 확산 시나리오를 시험하고 있는 집단은 유사한 아이디어를 착안했으나 전체 이야기는 보다 폭넓은 규모로 스태프에 대한 권한위양(empowerment)을 장려해야 한다고 주장했다. 그들은 자신들이 현재 수행중인 성공담을 계속 쌓아가고 싶었지만 새로운 권한부여의 기회를 촉진하고 추구하는 것을 훨씬 더 강조하기를 원했다.

급진적인 집단은 온정주의를 타파하기 위한 예상된 시나리오를 도출하지 못했다. 오히려, 그들은 환자와 환자간호(patient care)를 중심으로 하는 조직에 대한 새로운 접근법을 개발하는데 초점을 두었다. 그들은 전체시스템의 일차적인 간호제공자이며 간호직을 구심점으로 간주하며 고객서비스 지향을 채택함으로서 건강서비스(health service)에서 나타날 수 있는 많은 위기들을 해결할 기회를 찾아냈다. 그들은 혁신적이기 보다는 진화론적으로 의료서비스 조직과 현존하는 권력관계의 조직을 개편할 한 방편으로 간호직을 "환자에 대한 서비스"로 간주하기를 원했다. 그들은 하청계약을 중심으로 요구되는 서비스 네트워크를 구성하기 위한 수단으로 그 집단에 대해 내가 행한 초기의 발표와 이 책의 제 7 장에서 논의된 "모델 6(Model 6)"의 변형을 원용했다. 그것은 거의 모든 참석자가 감정이입을 할 수 있는 이야기인데, 왜냐하면 그것은 간호직에 관한 너무나 많은 핵심 가치관을 기반으로 만들어졌기 때문이다.

네 가지 이야기는 이렇게 상당히 보완적이었다. 앞의 세 가지는 어떻게 자율조직화의 과정이 매우 질서정연한 방법으로 진화될 수 있는지에 대한 분명한 비전을 제시했으며, 실제적인 전술을 다루었다. 네 번째 이야기는 모든 것을 미래의 건강관리체계(health care system)중 간호직의 활력소적인 역할에 근거해서 좀 더 영웅적이고 변형적인 맥락에 입각시키고 있었다. 더불어, 그들은 미래에 등장하게 될 것에 대한 흥미롭고 권한이양적인 비전을 만들었다.

이리하여 이야기하기 연습은 묵상하는 구성원들을 일치단결시키는데 도움을 주었다. 이제 도전은 명확해졌다. 즉 네 가지 발표안(presentations)에 제시된 아이디어에 입각하여 「노란벽돌길」을 따라가는 그들의 여정을 계속하는 것이었다. 자율조직의 이론과 개념에 대해 쓸데없이 걱정하기 보다는 그들의 이야기를 개발하고 의사소통을 계속해서 그들 스스로에게 권한을 부여하고, 공감된 이해와 공유된 경험을 유지하며, 또한 그 과정상에서 타인들이 그들의 탐구여행을 이해하고 거기에 동참하도록 도와주는 것이었다. 홀로그래픽 자율조직의 개념은 그 목적에 도움을 주었다. 그것은 광범위한 준거틀을 마련하였는데, 이를 통해 그들은 관료적인 유형에 대한 대안을 개발할 수 있었다. 그들은 기본적인 원리를 이해하였다. 이제 그들은 실습을 계속하여 공개할 필요가 있었다. 묵상이 계속되는 동안에, 우리는 수많은 아이디어와 전술을 논의했으며 이러한 논의를 통하여 앞의 사례 같은 것들이 일어날 수 있었다. 도전은 이들 아이디어를 이야기속에 통합시켜서 보다 더 환자 지향적인 접근법으로 전향하도록 노력하며, 만족스럽고 점진적인 방식으로 성공담과 소폭의 발전을 쌓아 가는 것이었다. 그들은 자신들의 "빙산"에 대해 숙고하고 직면할 장애물과 방해물에 맞서 싸워나갈 필요가 있었다. 만약 묵상에 참여한 모든 사람이 새로운 모델로의 전환을 일구어내는데 주어진 역할을 수행하면서 전진할 수 있다면, 그것은 확실히 실제로 나타날 것이다.

이야기하기는 묵상을 마무리하는 과업을 비교적 용이하게 만들었는데, 왜냐하면 전환을 성공시키기 위해 요구되는 비전, 아이디어, 창의성 그리고 전반적인 능력이 그 방안에 이미 존재하고 있는 것이 분명했기 때문이다. 그 집단은 권한이 부여된 집단이었다. 그 집단은 자율조직을 향한 이니셔티브를 더 한층 발전시킬 수 있는 능력과 경험을 보유한 대단히 유능한 여성들로 구성되어 있었다. 그들이 해야할 것은 그들이 이미 수행 중인 것의 진행경로를 따라가는 것이었다.

내가 직접 개입한 프로젝트와 관련해서는 그렇게 그 이야기는 끝난다. 묵상은 「노란 벽돌길」을 따라가는 하나의 계단이었다–즉, 실제적으로 구체적인 결과를 제공해주기 위하여 더 많은 열정과 행동을 요구하는 열정에 가득찬(high-energy) 회의가 바로 묵상이라고 할 수 있다. 떠나면서, 참석자들은 무엇이 필요한 것인지 확실히 이해할 것이며 그 과정이 성공할 것이라는 것을 나는 확신했다.

그러한 묵상 후 2년 동안 고위 관리자들로 구성된 핵심그룹이 자율조직화 접근법과 환자간호의 제공(delivery)에 대한 그것의 영향을 개선하는데 일조하는 많은 진보가 있었다. 그 과정을 지시적이고 중앙집권화된 방식으로 추진함으로써 라기 보다는 사람들이 좋은 기회를 경험하고 그 토대위에서 일하게 한 결과로서 새로운 이니셔티브가 (갑작스레) 발생하고 개발된 것이다. 리더십 집단 내에 있는 관리자들은 자율조직화 접근법을 그들의 책임영역 속으로까지 확대하여, 그 안에 포함된 다양한 간호사 집단과 다른 전문가들에게 그들 고유의 구체적인 운영방식을 개발하도록 허용했다. 그 결과, 사람들이 자율조직화의 철학을 수행하여야 할 다양한 과업과 부서 내에서 볼 수 있는 다양한 하부문화와 통합할 방법을 모색하고 있기 때문에 자율조직의 과정은 광범위한 모습으로, 상이한 속도로 개발되고 있는 중이다.

새로운 관리스타일은 진화하여 그 고유의 형태를 발견하도록 허용된다. 그러한 과정 전체에서 긍정적이고 겸허한(low-profile) 태도로 조직의 나머지 부분과 "이야기하기(telling the story)"를 의사소통하기 위한 모든 노력이 시도되었다. 그 결과, 간호부서의 구성원들은 이제 어디서든 유사한 조직변화를 꾀하는 것을 도와줄 수 있게 되었다.

간호부서 장은 다음과 같이 말한다. "간호직에 대한 우리의 오래된 편협된 견해는 사라지고 있으며 부서간의 경계선이 무너지기 시작했다. 우리는 우리의 모임(circle)에 더 많은 사람들을 초청하고 수용하며, 다른 사람들에게 권한을 부여하기 위해 더 많은 것을 하고 있다. 우리는 필요하다면 다른 부서로 책임을 이양하는 것 뿐만 아니라 공동으로 작업하는 것을 전혀 꺼리지 않는다. 우리는 우리가 모든 것을 책임져야만 한다고 느끼지 않는다. 사람들은 편안해하고 보다 더 확신이 있을 때 좀 더 개방적으로 되었다. 우리의 관심은 우리가 가졌던 초기의 불안감을 초월하여 이제 자율성(autonomy)을 촉진시키는 쪽으로 옮겨갔다. 하지만 이러한 가운데서도 문제점이 나타나는데, 여기서 우리의 주요문제는 스태프 중 몇몇이 가끔씩 우리의 창의성과 비전에 지나친 자긍심을 가짐으로써 매일 매일의 세부사항을 무시한다는 것이다. 권한위양과 자율성의 낭만에 빠진다는 것은 너무나 가슴설레는 일이다!

"우리의 지나온 과정을 반추해보면서, 나는 다음과 같은 것이 내가 지금 강조하고 싶어하는 핵심적인 것이라고 생각한다. 즉, 혼란의 회피는 물론이고, 당신은 사람들이 세부사항을 잊지 않고 있다는 것을 확신해야만 한다. 그러나 사람들은 분명히 더 많은 권한을 부여받고 더 개방적이게 된다. 나는 나와 함께 일하는 사람들의 능력과 잠재력을 믿어 의심치 않는다. 만약 당신이 그들에게 성공적인 자율성을 가지는데 있어 필요한 지식의 토대를 제공해 줄 수 있다면, 거의 뜻한바 데로 올바르게 일이 진행될 것이다."

맺는 글

이번 장과 앞의 여러 장에서, 나는 많은 우여곡절로 얽힌 나의 이미지여행에 당신을 동행자로 초대했다. 우리는 거미식물과 진달래 씨, 정치적 축구, 전략적 흰개미, 낙지, 만(gulfs), 빙산 그리고 끓는 물과 노란벽돌길에 대해 이야기 했다. 이것은 조직이론과 관리이론 등과는 매우 거리가 먼 것 같이 보인다.

그러나 나는 그것이 조직과 관리 이론이 추구하고자 하는 것에 대한 핵심을 나타내고 있다는 것을 믿는다. 대부분의 경우 조직이론은 이론가들의 은유(metaphors)를 바탕으로 구축된다. 그들은 종종 중요한 통찰력을 제공해 주지만 그러한 것들이 적용되는 상황과는 거리가 먼 추상화에 머무르는 위험을 가지고 있다. 또한 그러한 경향은 조직에서의 권한과 대화를 외부적 이론가–개입자(interventionist)의 관계로 전환시켜 버리기 때문에 일상적인 현실을 살아가는 사람들의 영역과는 동떨어지게 할 수도 있다.

여러 면에서, 이것은 앞서의 주요 논의 대상이었던 간호부서에서 발생했던 것이다. 조직에 대한 홀로그래픽 접근법을 창안하려는 아이디어는 그 부서를 위해 중요한 획기적 돌파구를 제공해 주었다. 그러나 내가 개입할 무렵에 그것은 방해가 되기 시작했다. 왜냐하면, 그것이 간호부서에서의 대화를 너무 이론적인 것으로 만들고 있었기 때문이었다. 그들은 이미 획득한 자율조직에 대한 잠재력을 고양시키고 개발하기 보다는 홀로그래픽 설계의 이론과 원리에 일치되게 자신들을 만들려 노력하고 있었다. 그러므로 나의 개입의 요체는 이론과 기법의 논의에 휘말려드는 것을 피하고 그들에게 자신들이 이미 하고 있던 것을 계속하도록 권한을 부여할 방법을 모색하는 것이었다.

이러한 통찰은 과거, 현재 그리고 미래의 이미지위주로 구성되는 '이야기하기' 방식으로 이전하려는 나의 결정을 설명해주었다. 그것은 또한 내가 두드러진 문제점이라고 보았던 것을 상징화하기 위하여 그들의 이미지화 회의〈그림 8.2〉를 통해 산출된 모든 다른 것들로부터 "끓는 물", 즉 "끓어서 소실되는 것"의 은유를 왜 선택했는지에 대해 설명해주었다. 그것은 또한 후에 이 문제점과 관련된 이슈가 탐구되었을 때, 왜 내가 이야기하기를 계속 발전시키기 위하여 '내것' 이라기 보다는 '그들의 것' 인 또 하나의 다른 영감적인 은유인「노란벽돌길」을 선택했는지에 대하여서도 설명해주었다.

이런 식으로, 지속적으로 상황을 이해 · 해석하고〈그림 8.1〉 가장 적절한 방식을 발견하려는 나의 시도에 의해서 내가 맡은 조정은 이뤄졌으며, 참가한 사람들의 욕구를 충족시키는 방식으로 묵상을 전개해나갔다. 〈그림 8.1〉의 이해 · 해석과 일치되는 나의 일관성 있는 해석은, 무엇보다도 내가 (변화의 문화적 차원에서) 실제적인 자율조직의 함의에 대한 이해의 공감대를 형성하기 위하여 간호부서에 권한을 부여할 방법과 보다 넓은 조직 내의 정치적 현실을 관리하기 위한 방법을 모색할 필요가 있다는 것이었다. 그들에게 "자신들의 이야기하기"를 하도록 했던 아이디어는 이것을 행하는 멋진 수단을 제공해 주는 것 같았는데, 왜냐하면 그들이 새로운 스타일의 조직과 관계되는 것에 대해 의사소통하는데 어려움을 경험하고 있다는 많은 징후를 내가 포착했기 때문이다. 나는 만약 그들이 다른 사람들에게 자신들이 현재 하고 있는 일을 설명할 수 없다면, 그들은 정말로 자신들 간에 충분히 공감된 이해를 가지지 못하게 될 것을 알았다. 그러므로 이야기하기 은유는 그것을 통해 내가 묵상의 그 나머지를 형성해나가는 근간이 되었다. 강인하고 확고한 문화를 지탱하는 공유된 의미의 개발에 도움을 줄 수 있는 그러한 종류의 경험 창출은 이상적인 것처럼 보였다.

"끓는 물"과 「노란벽돌길」의 이미지는 실제로 이러한 목표들을 달성하는데 도움을 줄 수 있는 사용하기 편리한 핵심적 도구들이었다. 그래서 나는 우리의 전진을 가능케해 줄 수 있는 수단으로서 그들을 차례대로 선택했다. 분명히, 그 당시에 나는 상세한 결과를 예견할 만한 수단이 없었다. 그러나 나는 '끓어서 소실됨'의 이미지가 묵상의 중심목표인 변화과정의 유지라는 핵심문제를 파헤칠 수 있다는 것을 알았다. 나는 「노란벽돌길」이 행복한 결말로 끝나는 여정(journey)에 있어서의 불확실성과 혼란을 파악하기 위한 좋은 수단임을 깨달았다.

그 은유들은 당면한 과제를 처리하기 위해 완벽한 것 같았기에 나는 그것들을 사용했고, 또한 그 흐름을 지속시켰다.

드러난 바와 같이, 모든 것이 통제불가능하게 될지도 모른다는 위기 조차도 어느 정도 기우라는 것이 입증되었는데 그것은 그 이슈를 규명할 완벽한 기회를 만들어 주었기 때문이었다. 만약 내가 뒤로 물러서서 그 과정의 속도를 늦추었더라면, 그 결정이 막 등장하고 있었던 권한부여의 상당부분을 짓밟아버렸을 지도 모른다. 그 위기에 대처하고 위기를 그 과정 내에 구현함으로써, 나는 간호부서가 직면할 선택안을 확인할 수 있었고 나아갈 하나의 방법에 대한 확실성과 몰입을 구축하는 데 도움을 줄 수 있었다.

앞의 여러 장에 걸쳐서 나오는 이야기들처럼, 간호부서의 이야기는 실제로 이미지의 핵심에 놓여있는 자유로운 흐름의 스타일을 상징한다. 그것은 직면할 수 있는 어떤 상황의 필요성에 공감하여 우리가 새로운 방식으로 진보해나가는 것을 도와줄 수 있는 창조적인 이미지와 아이디어를 발견하는데 일조하는, 일종의 마음의 태도로서의 이미지를 나타내고 있다.

이어서 나올 장들은 그 접근법이 실제적으로 어떻게 적용될 수 있는지에 대한 더 많은 예를 제공해준다.

9

팀웍의 이미지화
(Imaginizing Teamwork)

팀웍이란 무엇인가? 위 그림이 그것을 잘 보여준다고 생각하는가?

이장에서는 팀웍이 무엇인지를 구체적으로 생각하는데 도움이 되며 또 팀웍에 대해 우리가 당연한 것으로 받아들이고 있는 몇가지 이미지를 살펴보고, 경영현장에서 실제 팀웍을 개발하는데 도움이 될 몇 가지 새로운 아이디어를 제시하려고 한다.

팀에 관한 비유

"Jack, 자네는 팀플레이어가 아니야." 기업에서 이런 말은 매우 치욕적인 것으로 받아들여진다. 경영에서 팀웍이 신성시되고 있기 때문에 그런 비난은 규범적으로 큰 힘을 갖는다. 이 말에는 성실한 동료들처럼 Jack은 "자기 역할을 다해야 한다" 또는 "전체를 위해 헌신해야 한다"라는 의미가 담겨있다. 그렇다면 팀웍은 무엇을 의미하는가? 그리고 Jack은 어떤 점이 부족하여 팀플레이어로 평가받지 못하는가?

팀이란 원래 "가족이나 혈족" 또는 짐을 끌거나 일을 하는 소, 말, 개 등과 같은 동물 무리를 나타내는 말이었다. 현재 우리가 팀이라는 낱말을 그런 의미로 사용하고 있는가? Jack에게 가족의 일원과 같이 행동할 것을 요구하는 것인가? 아니면 쟁기를 끄는 소나 말처럼 행동하라는 것인가? 또는 운동경기에 참여하고 있는 선수처럼 행동할 것을 기대하는 것일까? 그렇다면 그 운동경기는 미식축구, 농구, 야구, 축구, 하키, 조정, 배구, 암벽등반, 줄다리기 중 어느 것인가?

Robert Keidel이 그의 저서 'Coporate Players'에서 밝힌 것처럼 각 경기가 갖고 있는 이미지는 선수, 코치, 감독의 역할 그리고 구체적인 경기진행 방식 등에 관해 매우 다른 의미를 담고 있다. 예를 들어 미식축구의 잘 짜여진 편제를 농구, 하키, 축구에서 필요할 때마다 거침없이 만들어지는 자기조직(free-flowing self-organization)과 비교

해 보라. 조정경기에서의 통일된 노젓기와 야구경기에서의 다양하고 분화된 역할체계를 비교해 볼 수도 있을 것이다. 이와 같이 운동경기 종목에 따라 팀웍의 의미는 크게 달라진다.

　미식축구와 조정경기는 강한 통제력을 유지하려는 관리적 "코치"에게 적합한 비유이다. 이런 종목에서 코치는 기본 전략을 구상하고, 구체적인 작전을 세워 지시하고, 주장이나 키잡이와 같은 제2인자를 통해 나머지 팀원들과 의사소통한다. 미식축구와 조정경기는 조직상황에서 권위주의적 리더의 팀웍모형과 관료제 조직을 가다듬는 새로운 방식을 설명하는데 적합하다. 만약 조직목표가 명확하고 변화가 거의 없으며 종업원들이 지시 명령을 잘 따른다면 이런 모형은 경영처방 개발에 효과적인 도움이 될 것이다. 그러나 미식축구와 조정경기에서 요구되는 팀웍을 강조한다면 축구나 농구 또는 배구 경기에서 볼 수 있는 유연한 자기조직화 때문에 거둘 수 있는 성과를 기대할 수 없을 것이다.

　목표달성을 위해 밀착되고 잘 조정된 구성원들의 노력이 요구되며 기본전략을 이해하고 강하게 동기유발된 구성원들이 있어야만 성공할 수 있다는 점에서 많은 스포츠 종목들이 미식축구와 유사한 핵심 특성이 갖고 있다. 경쟁에서 팀이 최고의 역량을 발휘하기 위해서는 선수들이 서로를 신뢰해야 한다. 그런데 각 선수의 역할이 자세히 나누어져 엄격하게 구분되는 미식축구와 선수들이 폭넓고 다양한 역할을 맡게되는 다른 경기종목을 비교해보자. 예컨대 축구, 농구, 배구경기에서는 선수들에게 많은 권한이 위임된다. 감독이나 "코치"는 선수선발, 체력훈련, 전반적인 전략개발, 선수들의 동기유발과 같은 일에 전념한다. 그리고 실전에서는 선수들에게 많은 책임과 의사결정권이 주어진다. 경기흐름에 따라 선수들에 의한 자발적이고 창의적이며 통찰력 있는 판단이 선수들에 의해 이루어질 가능성이 매우 높다.

럭비나 축구경기를 주로 보면서 자란 웨일즈 출신인 나는 미식축구가 원래 모습을 기계화하고 관료화시켜 나가는 과정을 흥미 있게 지켜보았다. 중간에 끊김 없이 공을 100 야드 전진시키는 과제는 10 야드씩 10번 전진시키는 과업으로 나뉘어졌다. 한번에 10 야드 전진이라는 목표를 분명히 나타내기 위해 경기장에는 선들이 그어져 있고, 플레이 결과는 매번 정확하게 측정된다. 공을 전진시키는 일은 단절적인 플레이로 나뉘어지고, 각 플레이는 구체적으로 계획되어 실행에 옮겨진다. 미식축구의 이 같은 변화는 과업연구와 과학적 관리법을 개발한 Frederick Taylor가 한 일과 비슷하다. 관료적 관리자들 사이에 보편적으로 활용되는 비유가 미식축구코치의 이미지라는 사실은 별로 놀랄 일이 아니다. 그런 비유를 통해 관료적 관리자들은 팀웍을 자신들이 편하게 여기는 관료적 운영과 일치되는 것으로 이미지화 한다.

따라서 스포츠에 비유하여 팀웍을 이해하려면 그 종목이 적절한지 한번 더 생각해 볼 필요가 있다. 복잡한 조직에서는 말할 것도 없고 비교적 단순한 조직에서도 다양한 유형의 팀웍이 요구된다. 어떤 영역에서는 조정경기에서와 같이 정해진 방향으로 동시에 진

■ 그림 9.1
다양한 팀웍형태

어떤 비유가 귀사의 팀 구축 노력을 설명하는데 적합하다고 생각하십니까?

	적절한 비유
조직 전체	
현재의 팀웍 유형과 질	
지향해야 할 팀웍	

행되는 노력이 필요하며, 미식축구 코치와 같은 강력한 리더십이 필요한 경우도 있다. 그리고 몇몇 스타 플레이어의 특출한 노력에 따라 성적이 좌우되는 야구팀 선수들간의 협동과 비슷한 팀웍이 요구되는 영역도 있다. 그리고 배구, 축구, 농구와 같이 자기조직화 특성이 요구되는 부분도 있으며, 암벽등반에서와 같이 개인의 위험을 감수할 수 있을 정도로 서로간에 강한 의존과 신뢰에 바탕을 둔 팀웍이 필요한 곳도 있다.

각 운동경기가 제시하는 팀웍 이미지는 실제 팀웍을 형성하기 위해 서로 다른 전략이 필요하다는 것을 시사하고 있다. 따라서 〈표 9.1〉에 제시된 것처럼 필요한 팀웍 유형과 그것을 형성하는 데 어떤 비유가 도움을 줄 수 있는지 체계적으로 생각해보는 것이 바람직하다.

그것이 이장의 핵심주제이며 팀웍을 이끌어내려는 많은 노력들이 실패한 이유를 밝히는데도 도움이 될 것이다. 많은 조직에서 팀웍을 강조하고 막대한 비용을 들여 개발하려 하지만 그 결과는 신통치 않다는 것이 현실이다. 실제로 많은 조직들이 팀웍을 통한 성과향상 가능성을 믿지 않고 있어 팀웍구축이 그저 공염불에 그치고 있는 실정이다. 팀웍을 이해하기 위해 사용되는 여러 비유들의 차이점과 잘못 적용되고 있는 비유를 살펴봄으로써 그 이유는 간단히 밝혀질 수 있다.

소를 사용하는 비유에 관해서는 더 이상 언급할 필요가 없다고 본다. 누가 소와 같이 강요당하길 원하겠는가? 그러나 스포츠를 사용한 비유가 부적절한 것으로 나타나면 상황은 흥미로워진다. 이런 상황이 벌어지는 중요한 원인 중 하나는 구성원들이 적합한 게임을 하지 않는 것은 물론이고 모두 같은 게임을 하는 것이 아니라는 것이다. 그리고 관리자들이 자신이 경험한 스포츠에서의 팀웍에 쉽게 빠져버리기 때문이기도 하다. 경기를 잘 하는 팀을 이끈다는 것은 즐거운 일이다. 또한 훌륭한 경기와 팀 그리고 코치에 관한 지식은 뛰어난 본보기나 구성원 행동관리지침을 제시하는데 도움이 된다.

그러나 그런 비유가 적용될 대상인 실제 공장이나 사무실은 TV 중계나 경기장에서 보는 큰 경기와 매우 다르다. 우선 큰 경기에서 찾아볼 수 있는 분위기가 없다. 그리고 가시화된 경쟁이 없거나 목표가 장황하고 불명확한 경우도 많다. 또한 정치적 갈등이 존재하며 구성원들의 관심은 뿔뿔이 흩어져 있다. 그리고 인력감축이 이루어질 때는 팀의 선수로 출장할 수 있을 지는 물론이고 그냥 팀 성원으로 남아있을 수 있을지도 장담할 수 없다. 따라서 팀 구성원들이 경기에 참여하길 원치 않는 경우도 있다는 것은 놀라운 사실이 아니다.

환상적인 경험과 목표달성을 약속할 수 있고, 무언가 의미 있는 일을 맡김으로써 활기찬 노력을 이끌어낼 수 있으며, 그 일은 최선을 다해 열심히 할만한 가치 있다는 사실을 제대로 전달할 수 있을 때 조직의 팀웍은 살아 움직이게 된다. 구급대가 생명을 구하거나, 조직이 처한 급박한 위기에 대처하는 등, 중요하고 의미 있는 승리를 위해 상대를 이기려는 노력에서 그런 예를 쉽게 찾아볼 수 있다.

스포츠의 팀웍과 매우 비슷한 상황이라면 그런 비유를 통해 조직의 팀웍을 활짝 피어나게 할 수 있을 것이다. 그러나 상황이 유사하지 않아 그런 비유가 잘 적용될 수 없음에도 불구하고 같은 비유를 통해 팀웍을 강조하는 것은 미사여구에 지나지 않으며, 냉소주의와 피상적인 복종만을 유발하고 마침내는 혼란을 초래하게 된다. 단기적으로는 성공한 팀도 장기적으로는 이런 상황에 처할 수 있다. 팀 구축 노력의 근간이 되는 팀 비유의 실무적 결함과 모순이 드러나면서 추진력을 잃게 되는 것이다.

어려운 상황에서의 팀웍 형성

단순히 팀웍을 요구하는 것은 소귀에 경 읽는 것과 다를 바가 없다는 것이 현실이다.

"자 우리 힘을 합쳐 잘 해봅시다" 식의 접근이 효과를 거둘 수 있는 단계는 이미 지났다. 대부분의 종업원들은 그런 요구를 심각하게 받아들일 정도로 순진하지 않다. 어려운 일을 하거나, 구성원들이 분열되어 있고 정치화된 경우나 다양성과 창의성이 필요한 상황에서는 더욱 그러하다. 팀웍에 대한 단순한 스포츠 비유는 지나치게 피상적이어서 효과를 거둘 수 없으며, 오히려 부자연스러울 정도로 높은 획일성과 응집력이 유도될 수도 있다.

이런 상황에서는 이미지화 능력을 새로운 방향으로 전환하는 것이 더 생산적일 수 있다. 그저 팀웍을 요구하거나, 숭고한 동기, 뛰어난 게임이나 플레이어 등의 미덕을 찬양하기보다는 실제상황에서 팀웍 구축을 저해하는 요인들에 관해 새로운 공감대를 형성하는 과정을 시작하는 것이 바람직하다. 또한 구성원들의 노력을 보다 활성화하고 조정하는 현실적 방법을 찾아내는 것이 훨씬 더 효과적이다.

조직의 문제를 찾아내고 어려운 상황에서 팀 문화를 일구어내기 위해 시각적 이미지화 방법을 활용한 영국의 경영자문가 Michael Walton의 연구를 통해 설명해보자. 그가 사용한 방법 중 하나는 구성원이나 집단이 그들이 처한 상황에 대해 개별적 또는 공유된 이미지를 만들어내고 그것의 공통점과 상이점을 새로운 방식으로 밝혀내는 것이다.

예를 들어 전형적인 팀 구축 과정에서 참가자들에게 자신이 속한 집단의 현재 상황을 이미지로 표현해보도록 하였다. 이미지, 느낌, 낱말, 그림, 색깔 등 가장 적절하다고 생각하는 수단을 모두 사용하여 자신의 견해를 자유스럽게 표현하도록 한 것이다. 그런 후에 3-4명으로 구성된 집단에서 각자의 견해를 공유하도록 하였으며, 그들의 생각을 집약해서 보여주는 그림이나 사진의 형태로 이미지를 제시하도록 하였다.

각 집단이 만들어낸 이미지를 제시하고 나면 나머지 참석자들이 보다 명확한 설명이나 추가 설명을 요구할 수 있도록 하였는데, 이때 그 내용에 대한 평가는 하지 못하도록 하였다. 이런 과정은 구성원들 모두가 현 상태에 대해 공감대를 형성하는데 도움을 준다. 전체 인원이 6-7명밖에 안되어도 작은 소집단으로 나누는 것이 바람직한데, 다양한 이미지가 제시됨으로써 전반적인 통찰력이나 이해를 증진시키는 촉진제가 될 수 있기 때문이다.

이런 과정이 끝나고 나면 "미래"에 대해서도 꼭 같은 과정이 진행되었다. 자신의 부서나 팀에서 구성원들간의 관계가 어떻게 되길 원하는지? 각자가 자신의 견해와 느낌을 밝히고 소집단으로 돌아가 각자의 견해를 공유하고 논의한 후 나름대로의 이미지를 만들고, 다시 전체적으로 종합하는 과정을 거치게 하였다.

각 집단별 발표가 끝나면 Michael은 그것들을 자세히 검토하여 공통점과 차이점을 찾아내고, 의문점을 제기하고, 제시된 이미지를 비교해보기도 하였다. 이런 과정을 통해 진정한 차이는 무엇이며 어떤 관심을 갖고있는지가 밝혀지며 미래에 대해 공유된 견해 또한 알아낼 수 있다. 대규모 에너지회사의 인사부서를 대상으로 이루어진 실제 사례를 살펴보자.

미식축구, 스키 타는 사람들, 로케트, 경주차

이 부서의 상황은 흔히 볼 수 있는 것이라고 할 수 있다. 인적자원관리 전반을 책임지고 있는 이 부서는 회사가 새로운 관리방식을 도입할 수 있도록 유도하는 책임을 부여받았다. 위에서 지시한 과업을 부하들이 얼마나 잘 하고 있는지를 감시하는 데만 힘을 쏟고있는 일선관리자들이 부하들을 도와주고, 지원하고, 동기유발시키며 코치하는 역할을 담당하도록 기업문화를 변화시키는 임무이다. 그러나 인사부서는 매우 혼란스러운 상태였다. 구성원들은 분열되어 있었고 업무량은 지나치게 많은 편이었다. 최근에 신입사원들이 배치되었으며 업무능력수준도 다양하였다. 그리고 협력은 역대 최하 상태였다.

이런 상황을 개선하기 위해 Michael Walton이 초빙되었다. 이틀 반이 소요되는 과정에 14명의 선임관리자들이 참가하여 부서의 역할과 책임을 검토하고 타부서와의 관계를 살펴보았다. 인사부의 현재 문화를 알아내고 그들이 지금 어디에 있으며 어디로 가고 싶은지를 규명하는 기초작업이 앞에서 설명한 이미지화 과정을 통해 진행되었다.

먼저 Michael이 진행방법을 간략히 설명한 다음, 7명씩 두 집단으로 나뉘어 현 상태나 미래 상태에 관한 이미지화가 이루어졌다. 한 집단은 〈그림 9.2〉와 같이 인사부의 현

■ 그림 9.2

머리, 몸통, 다리가 서로
떨어진 미식축구 선수

상태를 머리, 몸통, 다리가 서로 떨어진 미식축구선수로 표현했다. 각 신체 부위가 떨어
져 있을 뿐이지 선수는 튼튼하며 균형 잡힌 체격을 갖추고 있다. 건장하고 힘있어 보이
는 이미지는 전문적 능력을 갖춘 인사부의 확고한 기반을 나타낸다. 그러나 머리, 몸통,

다리가 서로 떨어져 있는 모습은 앞에서 언급한 것처럼 그 집단의 일체감이 부족하다는 사실을 보여주고 있다.

이런 그림이 제시되었을 때 처음에는 놀라움과 충격이 있었지만, 참가자들은 금방 수긍하고 자신들의 모습을 부끄럽게 생각하는 것 같았다. 그러나 서로 힘을 합쳐 일할 수 있는 방법을 찾기만 한다면 부서가 강해지고 영향력을 갖게 돼 더 많은 일을 할 수 있다는 것을 잘 알고 있었다.

그 집단은 현재 진행되고 있는 조직변화의 효과를 미식축구선수 주위에 그려진 그림을 통해 설명하였다. 새로운 경영스타일은 "눈보다 더 희게 세탁하라"라는 수수께끼 같은 구호와 함께 먹구름으로 표현되었다. 그 구호는 세탁기용 세제의 뛰어난 품질을 알리려는 광고문안으로, 이 부서에 냉소주의가 팽배해 있다는 것을 잘 보여주는 것이다. 최고경영자층이 그럴듯한 비전을 약속하였지만 구성원들은 그것을 단지 현실을 감추는 것에 불과한 것으로 받아들이고 있다. 구호나 지시로 새로운 문화가 만들어지는 것은 아니다. 그들은 최고경영자층이 정말 변화를 이끌어낼 것이라는 강한 몰입을 행동으로 보여주어야 한다고 생각했다. 그리고 협동의 중요성과 그것을 유도하기 위해 새로운 보상체계가 필요하다는 사실을 깨달아야 한다고 느끼고 있었다.

선수 그림 주위에 쓰여진 "짜투리 경영(scrap management)", "쓰레기 경영(crap management)", "전쟁포로(PAW)", "죽이기(ZAP)", "잔말 말고 시키는 대로 해(take that)" 등과 같은 문구는 이런 냉소주의가 얼마나 심각한지 잘 보여준다. 이런 구호들은 '뺏기 아니면 뺏기기' 식의 문화를 나타내는 것으로, 최고경영자가 새롭게 도입하려는 협동주의 문화와는 상충될 것이 뻔하다. 부서를 미식축구선수로 묘사한 아이디어가 전달하는 핵심적인 의미는 이 기업이 '싸워서 이겨라'라는 정신을 강조하는(macho) 조직이라는 것이다. 또한 현재의 스타일이 너무 강해 쉽게 바뀌지 않을 것이라고 생각하고 있으며, 따라서 인사부서에 주어진 새 과업을 매우 어려운 것으로 보고 있다는 것이다. 눈을 감고, 귀를 막고, "나는 내방식대로 할거야"라고 외치는 세 마리의 원숭이 그림에서 이 집단 구성원들의 또 다른 우려와 냉소주의를 찾아볼 수 있다.

다른 한 집단은 현재 상태를 〈그림 9.3〉과 같이 혼란스러운 스키강습소로 묘사하고

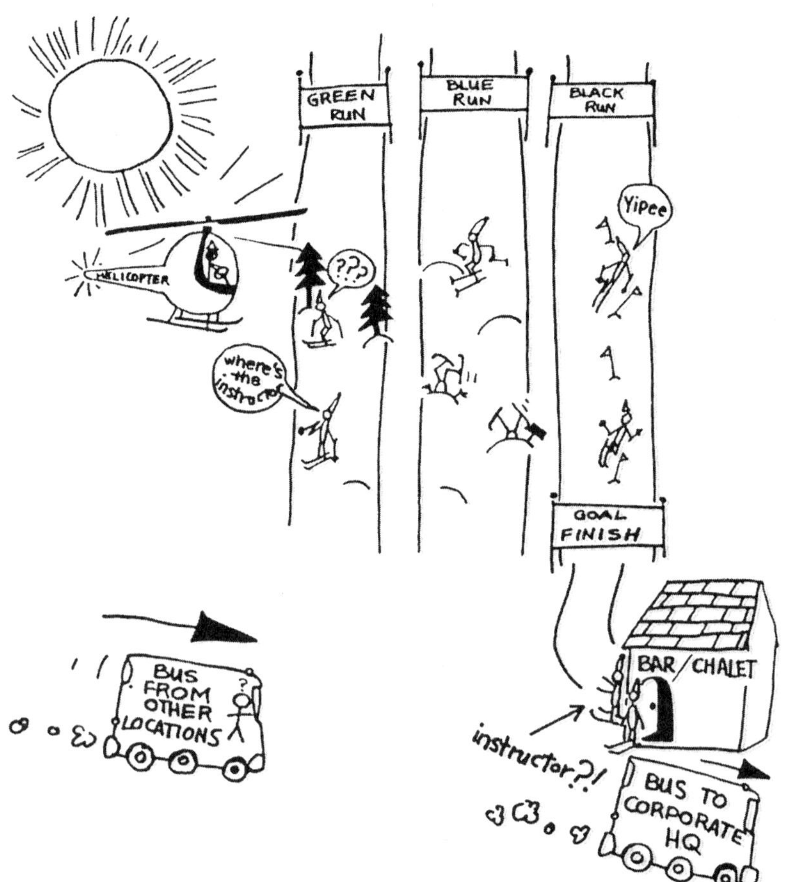

■ 그림 9.3
난장판이 된 스키강습소

있다. 난이도에 따라 초록색, 파란색, 검은색으로 구분된 3개의 스로프에 스키어들이 있
으며, 혼란스러운 정도도 조금씩 다르다. 초록색 스로프에 있는 초보자들은 곤란에 처해
도움을 요청하고 있으며, 파란색 스로프에 있는 사람들은 서로 부딪혀 눈 속에 쓰러져
있다. 검은색 스로프의 숙련자들은 급커브를 돌며 위험을 즐기면서 재미있게 시간을 보
내고 있다. 그런데 강사는 문제가 발생한 곳이나 도움이 필요한 곳이 아니라 산장의 술
집에 있다. 최근의 인력이동은 오가는 두 대의 버스로 묘사되었는데, 한 대는 다른 부서
에서 인사부로 이동해오는 사람들이, 다른 버스에는 본사로 옮기는 사람들이 타고 있다.

왼쪽 윗 부분에 태양이 그려져 있으며 부상자가 생기면 병원으로 옮기기 위해 헬리콥터가 선회하고 있다.

Michael Walton은 이 집단의 전반적인 정서는 최고경영자층에 대한 원망과 짜증이라고 진단했다. 최고경영자층이 자신들의 능력을 얕잡아보면서도 매우 어려운 일을 맡기고 또 그에 상응하는 지원을 하지 않고 있다는 감정을 표현한 것이다. 이런 생각은 스키 스로프의 상황과 스키 타는 사람들과 술집에서 즐기고 있는 강사의 서로 다른 관심을 통해 표현된 것이다. 걱정, 근심, 갈등으로 나타낼 수 있는 정서이다. 최고경영자들이 인사부 인력을 '신출내기' 또는 기껏해야 "중간정도의 숙련자"로 평가하지만 인사부가 다루기 어렵고 적대적인 분위기 속에서 새로운 문화를 개척하는 역할을 맡도록 요구하고 있다는 것이다.

첫 번째 집단이 강조한 '경쟁문화'와 '지원문화' 간의 대비가 두 번째 집단에서는 다른 형식으로 표현되었다. 새로운 문화개발에 필요한 지원을 최고경영자로부터 기대하기 어렵다는 생각을 나타내고 있다. 사람들이 서로 부딪히거나 가까스로 결승점까지 내려오는 동안 나몰라라 하고 술집에서 시간을 보내고 있는 코치가 최고경영자들에 비유되었다. 이 집단은 이런 상황에 처한 인사부의 난국을 헤쳐나가기 위해서는 전문성을 높이고 상호지원적으로 행동하는 것이 중요하다고 믿고 있다.

이 두 집단이 제시한 이미지는 현재 상태와 관련된 스트레스, 분열, 대립, 좌절과 앞으로의 과제에 관해 매우 유사한 견해를 내포하고 있으며, 명확하고 정확한 메시지와 함께 동일한 정서적 분위기를 표현하고 있다. 또한 이합집산 상태에 있는 자신들의 기술과 능력을 제대로 개발하여 통합하고, 최고경영자층으로부터 적절한 지원을 받는다면 인사부는 중요한 역할을 해낼 수 있다고 믿고 있다. 그러나 그 길은 험난하고 불확실한 것으로 생각하고 있다. 이미지화는 이렇듯 숨겨진 감정이나 불안감을 표출시키는데 도움을 주었다.

이런 감정이 충분히 표출되고 이슈가 명확하게 밝혀진 다음 이번에는 '미래'에 초점을 맞추었다. 개별적인 생각과 집단 토의를 거쳐 두 집단은 미래에 대해 〈그림 9.4〉와 〈그림 9.5〉와 같은 이미지를 제시하였다.

첫 번째 집단은 "인사부의 반전(Personnel Strike Back)"이라는 제목의 그림을 제시

■ 그림 9.4
"인사부의 반전"

했다. 매우 밝고 형광색으로 그려진 그림은 지상 관제본부(최고경영자층)로부터 적절히 지원 받는 로케트가 우주 속의 항성으로 묘사된 조직문제를 향해 발사된 모습을 보여주고 있어 전반적으로 긍정적인 느낌을 받을 수 있다. 관제본부 근처에는 울긋불긋한 꽃들도 피어있다. 로케트를 타고 있는 사람(인사부 직원을 상징)과 관제본부의 최고경영자는 자신에 찬 밝은 모습으로 조직의 문제에 함께 접근하고 있는 상황을 보여준다. 이 그림

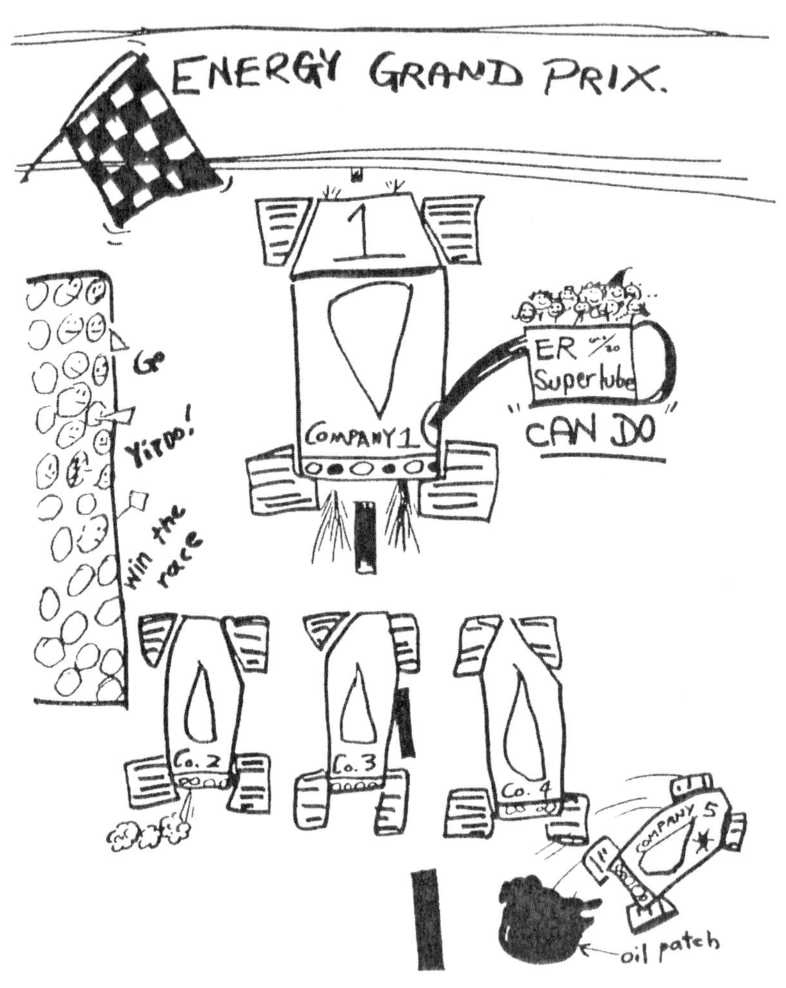

에서도 문제점은 발견되었는데, 골프가방을 타고 우주를 배회하고 있는 것으로 묘사된 본사조직의 일부가 그것이다. 그러나 이 집단은 전반적으로 낙관적인 정서를 갖고 있으며 통합되고 초점이 맞추어진 부서로 변화할 수 있다는 희망을 보여주고 있다.

바람직한 미래에 대한 두 번째 집단의 묘사 역시 매우 긍정적이다. 〈그림 9.5〉에 나타난 것처럼 두 번째 집단은 회사를 이제 막 끝난 "에너지 그랑프리" 자동차경주 대회에서 멋있고 강력하며 잘 정비된 차로 우승한 모습을 표현하고 있다. 인사부는 경주장 내 간이정비소로 비유되었고 부서원들은 경주차가 잘 달릴 수 있도록 윤활유를 주유하고 "해낼 수 있다"는 자신감을 심어주는 정비사들로 묘사되었다. 그들의 얼굴에는 웃음이 가득하며, 그 기업의 경쟁사들을 나타내는 다른 경주차를 제치고 결승점에 먼저 도착한 1번 경주차의 우승을 관람객들이 축하해주고 있다. 경쟁차들은 작고 볼품없이 표현되었으며 고장나 트랙 밖으로 밀려나가 있는 차도 한 대 볼 수 있다.

미래를 나타내는 이 두 이미지는 현재상태를 표현한 이미지에서는 전혀 찾아볼 수 없는 통합, 추진력, 방향감각, 협력 등을 강조하고 있다. 여전히 "뺏기 아니면 뺏기기" 식의 분위기와 현재 조직문화가 갖고 있는 문제들을 완전히 해결한 것은 아니지만 근본적으로 보다 밝고 긍정적이며 낙관적인 경향을 이들 이미지에서 찾아볼 수 있다.

이미지화를 통한 팀 구축 노력은 참가자들에게 의미있는 반응을 일으켰다. 핵심적인 문제를 들쳐 내고 사람들이 원하는 것을 생생하게 나타내 주었다. 불과 몇 시간만에 Michael은 냉소적이고 분열돼 있던 집단을 사로잡고 그들이 처한 상황의 어려움을 솔직하고 자유스럽게 이야기할 수 있도록 만들었다. Michael은 "그들은 분열되어 표류하고 있었으며 매우 어려운 과업을 부여받았다. 이미지를 만들어 표현하는 과정이 그들 앞에 벌어질 일들에 대해 강한 공감대를 형성시켰다. 유머가 분위기를 조금 부드럽게 만들었으며, 긍정적인 에너지를 끌어내 우리는 한 팀이고 어려움을 함께 극복할 수 있다는 생각을 만들어낸 것이다. 그것은 마치 자석을 사용해 여기저기 놓여져 있는 금속 크립을 한데 모으는 것과 같았다"라고 말했다.

이 과정을 통해 부서장이 부서원들과 가까워져 함께 앞으로의 과제를 해결할 수 있게 되었다. 그들 사이에 동일한 관점이 형성되었으며 강한 협력정신과 응집력을 갖추었다. 긍정적 에너지는 이 프로그램에 참가하지 않았던 사람들에게까지 확산되었다. 신입부서원들도 그런 에너지를 갖추게 됨에 따라 새로운 팀 문화가 이제 막 형성되기 시작했다. 이 프로그램에서의 경험이 인사부의 새로운 발전 계기가 된 것이다.

내부로부터의 팀웍 개발

앞의 예에서 인사부 부서원들이 선택한 대부분의 이미지는 스포츠와 밀접하게 연관되어 있다. 그러나 그것에 대한 해석을 살펴보면 나름대로 독특하다는 것을 알 수 있다. 미식축구나 스키는 아주 비슷한 이미지를 갖고 있다. 그러나 머리, 몸통, 다리가 서로 떨어진 미식축구선수와 난장판이 돼 버린 스키강습소를 누가 상상이나 할 수 있었겠는가? 이와 같이 상황과 당면한 문제를 매우 개성 있고 독특하게 이해하도록 유도하는 장점 때문에 이런 이미지화 과정은 단순히 상부로부터 일방적으로 강요되거나 밖으로 드러난 현실밖에 다루지 못하는 '기능개발 프로그램' 패키지를 통한 팀웍 개발보다 훨씬 효과적이다. Michael Walton의 사례에서 발견되었던 문제, 불신, 의견 차이는 다른 방법을 사용하게 되면 수면 아래로 숨어버릴 것이다. 그런 것들이 조직으로 하여금 활력을 잃게 만들고 정치활동과 냉소주의를 조장하며 때로는 부정적인 방식으로 분출되도록 이끄는 것이다. Walton이 고안한 방법은 그 회사의 인사부가 그런 부작용을 피할 수 있게 해주었으며, 실제 무엇인가를 성공적으로 해내는데 도움이 될 구체적 행동 지침을 만들어내게 하였다. 이 사례에 내포되어 있고 이 장을 통해 얻을 수 있는 메시지는 이미지화가 어려운 상황에서 팀웍을 개발하는데 많은 도움이 된다는 것이다. 물론 그런 과정이 요술 방망이와 같이 고질적인 어려움을 모두 없애준다고 보장할 수는 없을 것이다. 실제 상황은 그렇게 호락호락하지는 않다. 이미지화 과정이 잘 진행되었음에도 불구하고 그 인사부의 스탭들은 냉담하고 가까이하기 어려운 최고경영자들로부터 지원을 확보하는데 여전히 어려움을 겪고 있다. 그러나 핵심적인 이슈를 찾아내고 나름대로의 이해와 행동 방향을 개발해냄으로써 그들은 전진할 수 있었고 조금씩 부서의 문화를 바람직한 방향으로 변화시켜나갈 수 있었다. 그것이 바로 이미지화 접근이 갖고 있는 장점이다. 조직에서 일어나는 일들을 서술하는 통상적인 방식을 뛰어넘어 새로운 통찰력, 대화, 행동기회를 만들어내는데 도움을 줄 수 있다.

많은 조직에서 팀웍이 공식적인 팀 구축이라는 올가미에 걸려 있다. 공식적인 팀 구축은 여러 측면에서 볼 때 하나의 게임으로 변모될 수 있기 때문에 그런 방식으로 팀웍을 개발하려고 한다면 실패할 위험이 높다. 그런 상황에서는 다른 사람들에 의해 주어진 틀 속에 안주하게 하는 것이 아니라 구성원들 자신의 감정이나 경험을 통해 문제 및 과제에 대한 공감대를 이끌어내도록 이미지화 과정을 개발하는 것이 훨씬 좋은 방법이다.

다음 장에서 그런 과정에 대한 예를 좀더 살펴보기로 하자.

1O.

그림묘사의 힘

이미지화란 "새로운 공간을 만들어 내는 것"이다. 이 새로운 공간 속에서 새로운 사고방식, 새로운 통찰, 그리고 새로운 대화가 생겨나고 이로 인해 새로운 발상이 생겨난다. 이것이 본 책의 모든 장을 잇고 있는 중심 주제 중의 하나이다.

관리 유형, 조직 설계, 변화의 관리 및 촉진, 혹은 팀웍의 개발 등 다른 어떤 이슈에 있어서도 항상 강조되는 것은 사람들이 서로 다르게 행동하게 될 그 공간으로 깨고 들어 갈 수 있도록 해 주는 창의적 방안을 발견하는 것 이다.

앞 장에서는 현재와 미래상황을 그림을 그려보도록 함으로써 어떻게 이 것이 달성될 수 있는가를 보여주었다. 이 장에서도 계속 이러한 주제를 다루어 나갈 것이다.

"그림묘사의 위력"이 조직의 문화와 전반적 발전과정을 새로운 국면으로 바꾸어 놓는 계기를 마련 할 수도 있다는 사례도 함께 보여 줄 것이다.

가령 그림을 하나 그려주고 그것을 보고 당신의 조직을 생각해 보라는 요청을 받았다고 가정해 보자. 당신들은 이상한 짓을 다하라 한다고 생각할지도 모른다. 그러나 조금만 생각해보면 틀림없이 아주 재미있는 통찰을 해 내게 될 것이다.

예를 들어서 나에게 자신들의 조직을 잘 이해할 수 있게 해주는 새로운 이론을 찾게 해달라고 요청했던 한 인적자원관리자들의 반응을 간단한 사례로 소개 하고자 한다.

내가 요구르트 병을 하나 그려주고 이에 대한 그들의 반응을 물어보았는데, 다음은 그 내용을 간추린 것이다.

➡ **반응집단:**

> 우리조직이 요구르트?…
> 그건 문화야 .
> 재생되는 것이야.
> 효소와 같은 것이다.
> 숙성시키는데 시간이 걸리지.
> 신맛이 나요.
> 지겨운 것이에요.
> 좀 더 달게 해야 돼요.
> 여러 가지 맛이 있지요.
> 매우 원시적입니다.
> 그렇지만 바로 중산층이지요!
> 박테리아 덩어리지요
> 새로 만드는데 옛 문화를 약간 첨가하면 얼마 안가서 똑같이 된다.

➜ 상담자:

지금 여러분들이 얘기한 여러 가지 말 가운데 여러분들의 조직을 이해하는데 가장 중요한 것은 어느 것 입니까?

➜ 반응집단:

우리들에겐 모든 것을 똑같이 만들려는 경향이 있습니다.
신입사원들이 조직에 들어올 때, 여러분들이 그들도 기존의 직원들과 같다는 것을 알게 되기 전에 이미 그들이 빠른속도로 현 분위기에 적응 하고 있다는 사실에 놀라실 겁니다.

➜ 상담자:

이런 동화작용이 어떻게 일어나고 있습니까?

그룹은 기업문화가 매일 어떻게 만들어지는가에 대해 구체적인 토론을 계속 해 나갔다. 요구르트 속에 있는 박테리아의 기능과 기업 "박테리아"가 직원들을 기업클론(clone)으로 전환시키는 것과의 유사점을 비교했다, 그들은 이러한 박테리아의 비유적 표현으로 인해 어떻게 문제를 인식 해 나가야 되는지를 알게 되었고, 또 그 문제가 기회로 전환될 수 있음도 알게 되었다.

"어떻게 새로운 박테리아의 변종이 스스로 구축될 수 있는 기회를 마련할 것인가?"

"어떻게 상이한 하위문화를 개발할 것인가?"

그룹의 논의는 대단히 긍정적인 분위기를 형성했고 구체적인 전략, 전술을 논의하는 되는 토론의 장을 마련했으며 이를 통해 인적자원 관리자들은 조직문화에 긍정적이며 다양한 영향을 끼치게 되었다.

그래서, 4장에서의 스파이더 플랜트(spider plant; '자주달기씨깨비'로 불리우는 거미모양으로 생긴 식물)와 같이 낯설어 보이는 이미지가 구성원들로 하여금 조직을 전혀 새로운 시각에서 보고 얘기하도록 하는 일련의 창의적 토론의 장을 만들어 주었다.

그것은 새로운 아이디어가 발상이 될 수 있는 새로운 공간을 창출해 주었기 때문이다.

내가 우산, 빙산, 아교풀 병, 어항속의 물고기 등의 그림을 소개하면서 연습을 한 목적은 여기에 참여 한 그룹이 그 들 자신들의 이론가가 되도록 도와주기 위한 것이었다.

그들은 나더러 자기들과 함께 일하자고 요청해왔다. 왜냐하면 "새로운 이론"과 앞으로 유행이 될 아이디어들에 관해 내가 그들에게 들려줄 얘기가 많을 것 이라고 생각했기 때문이다.

우리들은 같이 이 문제에 대해 얘기를 나누었다. 그러나 내가 이 연습을 통해 그들에게 줄 수 있는 메시지는 그들 자신, 즉 그들의 경험과 상상력이 바로 자신들의 가장 중요한 자원이라는 것이다.

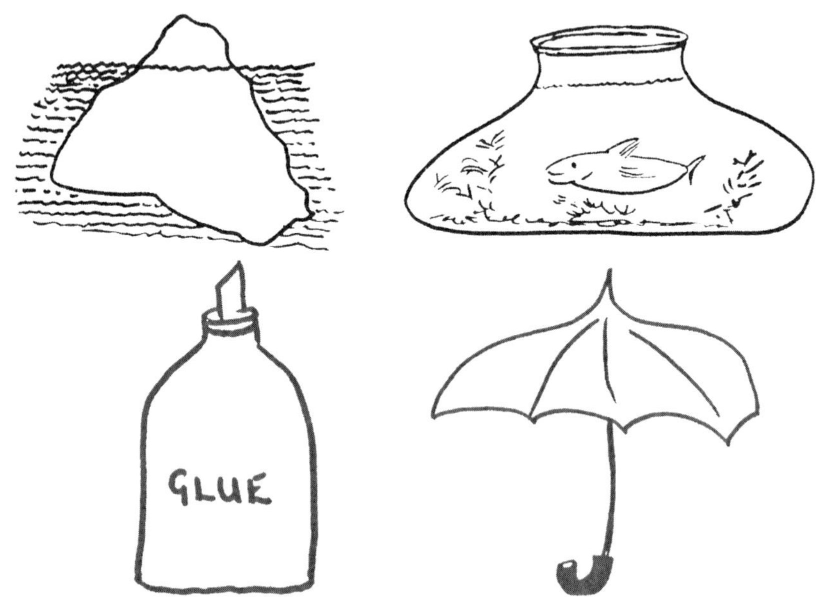

많은 경영자들이 자기들의 문제에 대한 해법을 밖에서 찾으려고 한다. 그들은 최신이론과 성공한 다른 조직에서 어떻게 하고 있는가를 찾고 있고 최신의 추세를 포착하려고 한다.

실제로는, 그들 자신과 동료들이 이미 활용되고 있을 수도 있고 또 당연히 활용해야할 방대한 통찰력과 경험들을 가지고 있다는 것을 인식한다면 자기 조직에 관해 그렇게 심각하게 생각 안하는 것이 좋다. 남은 과제는 이러한 통찰과 이해력을 어떻게 건설적인 방법으로 일깨워 내는 가이다.

앞의 여러 장에서 이렇게 되도록 해 주는 수단을 많이 제시했다. 조금씩 형식은 달라도 모두 구성원들이 자신과 그들 조직을 새롭게 볼 수 있도록 해주는 시각적 이미지를 창출해 주었던 것이다. 이것이 스파이더 플랜트, 전략적 흰 개미, 정치적 풋볼, "물방울", 요구르트, 빙산 등으로 논의된 여러 가지 구체적인 이미지에 흐르고 있는 메시지이다.

이들 모두가 기존의 개념과 사고방식으로부터 멀리 벗어나게 해 주었다. 이처럼 멀리 벗어 남으로써 참신한 시각이 떠오르게 되는 것이다.

이 모든 것에서 시각적 요소가 제일 중요하다. 왜냐하면 그것이야 말로 우리가 취급하고 있는 상황에 대한 새로운 그림을 그려 주기 때문이다.

내가 만일 "여러분의 조직을 요구르트로 보도록" 요구를 한다면, 여러분들은 지금까지 해온 정상적 사고의 틀과는 완전히 다른 틀 속으로 들어가지 않으면 안된다. 이 것이 창의적 가능성의 씨앗이가 되는 것이다.

본 장의 남은 부분에서, 사람들이 자신의 상황에 대한 그림을 그려 보도록 하는것은 참신한 이해력과 변화의 무한한 잠재력을 표출하도록 하는 것임을 보임으로써 이미지화의 이런 측면을 보다 더 자세하게 설명하도록 하겠다.

이미 9장에서 팀웍 개발을 논의할 때 이 접근을 소개하기 시작했다. 이제 나의 동료인 죠 아벅클(Joe Arbuckle)의 연구를 바탕으로 해서 사례를 하나 소개하고자 한다. 죠 아벅클은 유사한 방법으로 조직이 새로운 미래를 창출해 가도록 하는 전문컨설턴트이다.

"새로운 이야기"의 창출

죠 아벅클의 방법 중 하나는 구성원이 조직에 대해 "새로운 이야기"를 만들어내도록 도와주는 것이다. 조직마다 하나의 과거와 현재, 즉 그 조직의 "옛날이야기"에 고착되어 있다. 이것은 감옥과 같은 역할을 하여 미래를 과거에 가두어 놓는다. 죠 아벅클의 문제 접근법에서는 변화가 일어나고 있는지를 알기 위해서 사람들이 그 들의 옛 날 이야기에 대해 가지고 있는 이미지, 생각, 및 감정들을 표현 해 보도록 했다. 그리고는 이미지화 연습을 더 함으로써 사람들이 만들고자하는 새로운 이야기를 찾아내도록 해주고, 그 새로운 이야기가 현실화되는데 필요한 개인 및 조직의 능력을 개발하도록 해주었다.

이러한 접근법은 조직의 이미지를 새로 구축하고 변형시키는데 관심이 있는 최고경영층, 자신의 작업부서의 일을 다시 활성화 시키려는 중간 관리 층, 그리고 전체조직의 대표성 있는 관점을 제시하기위해 설계된 대각선 조직(diagonal slices)에도 적용될 수 있다. 자기의 부하 직원들과 새로운 관계를 가지고자하는 관리자에게도 적용될 수 있다. 죠 아벅클이 연간 매출액이 15억 달러가 넘는 한 소매기업에 적용 했던 내용을 사례로 들어보자.

그 기업은 종업원이 4000명이며, 400개의 소매점을 운영하고 있으며 사업전략의 대폭적인 변혁을 시도 하고 있었다.

이 조직을 "변혁조직"이라고 부르기로 하겠는데 이 변형조직은 아주 중요한 전환기에 있었다. 이 조직은 지난 몇 년 동안 창고의 연장으로서 유통망을 조직화하여 수익을 올렸고, 이제는 "시장중심적"이고 "고객 지향적" 운영에 관심을 두고 있었다.

새로운 사장의 주도하에 죠 아벅클은 전 회사를 통해 새로운 비전의식을 개발, 전파시켜 주도록 초청되었다. 사장은 자기의 스탭들이 미래의 새로운 가능성을 이해하고, 일일 업무를 관리 할 완전히 새로운 조직 형태를 구축하기를 기대 했다.

이러한 과정의 일환으로서, 두 번에 걸친 3일짜리 워크숍이 휴양처 환경에서 개최되었다. 각 워크숍에서 사장을 포함하여 최고경영층에서 조직의 말단에 이르기까지 각각 35명 다르게 구성된 집단이 참여했다. 궁극적으로 요구하는 바는 "시장 중심적 조직"을 만들도록 하는 것이었다. 죠 아벅클은 그 워크숍을 옛날이야기–새로운 이야기 형식으로 조직했다.

첫째날에는 현재의 사업개념, 현재의 조직양상, 참여한 스태프들의 일반적인 느낌이나 경험을 중심으로 "옛날이야기"를 이미지화하는데 보냈다. 둘째 날에는 다시 사업, 조직 및 그 구성원에 초점을 두면서 "새로운 이야기"의 비전을 만들어 내는데 시간을 보냈다.

셋째 날에는 사장이 좌장이 되어서 "미래의 창조"에 초점을 두면서 "새로운 이야기"를 현실화 시키는 방법을 모색하기 위한 시간을 보냈다.

다음 페이지에서 이 두 차례의 이벤트의 복합적 본질과 분위기를 이해하고 여기에서 부각된 중요한 아이디어를 설명하고자 한다.

적당한 소개의 절차와 워크숍의 목적을 설명 한 후에, 참여자로 하여금 사업을 보는 통상적인 시각으로부터 벗어나게 하도록 설계 된 연습으로부터 워크숍의 과정은 시작되었다.

그 워크숍에 참석한 사람들에게 각자 자기들의 소매점에 갔을 때와 주요 경쟁사의 점포에 갔을 때의 차이를 기술하도록 했다. 이 연습과정은 분명히 "공급자 및 창고 중심"(현재의 상황)과 "시장 중심"(경쟁사의 입장)과의 차이를 부각시키기 위한 것이었다. 참석자들에게 이 두 점포에서의 경험을 포착한 이미지를 나타내고 두 점포에서의 고객 및 고객의 감정을 색 연필로 그리도록 했다. 제시된 이미지들을 소집단에서 서로 나누어 보도록 해서 각 소집단의 관점을 가장 잘 표출한 것을 전체모임에서 발표하도록 했다.

반응은 활발했고 직접적이었다. 양쪽의 워크숍에서 고객들은 극도로 부정적인 "점포 내" 경험을 가지고 있는 것으로 나타났다.

예를 들면 집단이미지는 고객들이 "예. 아니오", "예. 아니오."의 반복된 대화를 하는 로버트 앞에 노출되어 있는 것으로 표현하고 있다. 고객들이 길게 줄을 서서 있는 그림도 있었다. 어떤 판매책임자는 고객에게 "꼼짝 마"하고는 권총을 흔들면서 "당신이 원하는 것이 무엇이오?"라고 말하는 것으로 그려져 있었다.

얼굴을 찡그리고 있는 것이 많았고, 정지신호도 있었다. 점포는 흑백으로 그려져 있었으며 모두 특색이 없이 보였다.

한편 경쟁자의 점포에서는 이미지가 보다 좋게 색칠해져 있었다: 웃는 얼굴과 판매원과 고객 사이에 친밀한 상호작용 등 전체적으로 더 통합되고 조화로운 경험을 나타내고 있었다.

이러한 이미지 그림이 주는 메시지는 명확하였다. 즉 고객이 우리들의 점포에서는 좋은 경험을 가지지 못하고 있고, 경쟁사가 우세하다는 것이다. 이와 같이 간단하면서 매우 설득력 있는 연습이 있은 후 그 워크숍의 주제가 되었던 변화의 필요성, 새로운 고객 및 시장지향성에 대해서 의심의 여지가 없었다. 중요 공급자와의 관계가 우리점포의 과거를 지배했던 것이다. 미래에는 고객과의 관계가 더욱 중요시 되어져야 할 필요가 있다.

거기에 참석 했던 사람은 누구나 알아야할 핵심사항이 있었다.

각 휴양소에서 그룹들이 그려낸 이미지들 사이에서 얻은 반향은 각 워크숍이 모색하고 있는 문제점들과 과제들에 대해 인식을 같이 하게 해 주었다는 것이다.

거기에서부터 참가자들은 그들의 현재의 조직과 그 속에서의 직원들의 역할을 좀더 가까이 보게 되었다.

매번의 연습마다 참가자들은 자신들이 본 이미지를 개발해서 그리도록 했고, 그것들을 소집단에서 나누어 본후 그 집단에서 전체모임으로 가져가는 데 가장 큰 지지를 얻은 이미지를 뽑도록 했다. 그러한 과정에 의해 많은 창의적 이미지가 나왔고, 그 대부분이 주의를 환기시키는 색채로 그려져 있었다. 예를 들면 현재의 조직 이미지는 다음과 같은 내용을 담고 있다.

· 회사의 제품을 등에 업고 나르는 초록색의 거북이(느린 업무처리를 상징화함)

· 구식 축음기(조직의 구식 형태 및 메시지의 상징화)

· 방향타 없이 서로 반대 방향으로 향하는 배(표류의 상징화)

· 불난 곳까지 미치지 못하는 호스를 가지고 있는 소방대원(기본
  적인 무능력의 상징화)

· 도구세트를 더듬거리고 있는 문어(다수의 갈등관계에 있는 작
  업장 요구의 상징화)

· 머리 없는 기수(현재의 저원가 생산성에 대한 강조가 인간의
  두뇌 활용을 제거하고 있음을 상징화)

· 꼭대기와 밑바탕에 사람이 있고, 중간에는 머리가 없는 병아리
  가 있는 피라미드(혼란과 기업핵심에 방향성이 결여됨을 상징화)

두 번의 워크숍에서 나타난 현 조직의 이미지는 이처럼 절대적으로 부정적인 것이었다.
현재 조직 속에 있는 직원의 역할에 대한 참여자의 이미지도 마찬가지였다.

그 연습에서 두 번째 단계를 발진시키기 위해, 죠 아벅클은 참여자 모든 사람에게 "조
직주제모임"에 데려올 인물을 그려 보도록 함으로써 창의적인 과정의 씨를 뿌렸다. 그
인물은 조직에서 잠시 동안 일 하도록 초대된 사람이다!.

해야 할 과제는 그 인물의 의상(옷)을 그리고 그 의상이 조직의 전반적 성과를 높이

는가 아니면 저해하는가를 그리도록 한 것이다.

여기에 그들의 이미지화에 나타난 몇몇 초대 인물들의 모습을 소개한다.

· 세 개의 다른 모자를 쓰고, 발목에 쇳덩이가 달린 체인을 끌고, 여러 다른 방향으로 끌리고 있는 앞 못 보는 사람

· 풋볼 헬맷을 쓰고, 농구공과 하키 스틱을 양 손에 쥐고, 한 발엔 스케이트, 다른 발엔 징이 달린 축구화를 신고 있는 만능 스포츠맨

· 독사

· 조각그림 맞추기 게임의 한 조각

· 묶인 채 익살을 덜며, 총명한 아이디어를 상징하는 전구를 가지고 있는 사람

· 한 사람이 소방수, 오케스트라 지휘자, 풋볼 심판인 사람

· 신의를 지키는 원탁의 기사

· 반은 성인이고 반은 악마인 사람("어떻게 처신해야 하는가"를 상징화)

일반적으로 이미지는 우리가 작업에서 경험하는 스트레스, 좌절, 그리고 과중한 업무 부담을 표출해 주고 있었다. 현 조직에 관한 이미지화의 사례에서와 같이 깊은 불만감도 나타내고 있었다.

이런 연습을 마치고, 죠 아벅클은 그 다음에 각 팀에게 그들이 그날 보고, 들은 것을 바탕으로 조직의 현실을 묘사하는 벽화를 그리도록 하였다.

그들을 초대하여 워크숍에서 그려진 모든 그림들을 훑어보도록 했다. 그 그림들을 지금 방 주위에 붙여두고 그 들의 소집단에서 그림에 담긴 함축적인 의미를 토론하도록 했다. 그리고 난 다음에 사업, 조직 그리고 그 구성원들의 현 상태에 대한 그 집단의 전반적인 관점을 나타내도록 했다. 12피트 3피트 크기의 이러한 "옛날이야기 벽화"는 그날 마지막에 전체모임에 제출되었다.

그 제출된 벽화들은 현재의 문제점에 대해 깊이있게 느낀 바를 담아낸 것으로서 모두 밝게 칠해진 영감을 주는 표현들이었다. 예를 들면, "봄 여행"이란 벽화는 조직을 철로 위에 있는 말이 끄는 수레가 막 터널을 통과하려는 것으로 나타냈다. 터널의 다른 편에서 트랙이 갈라지는데 한 갈래는 위험한 바위더미로 향하고, 다른 한 갈래는 아름다운 봄 장면으로 향하고 있었다.

"폭스바겐 칠하기"란 벽화는 회사를 1920년대부터 1990년에 이르기까지 몇 가지의 다른 색깔로 칠해진 "딱정벌레"형의 구식 폭스바겐 시리즈로 나타내고 있었다. 그 배경에는 조직의 주요 모습을 포착한 것으로, 생산성 팀과 서비스 팀의 줄다리기식 전쟁, 황량한 창고, 통제하는 공급자, 정지 표지판, 찡그린 얼굴, 새로운 아이디어를 차단하는 벽, 언제나 노란 불이 켜져 있는 신호들 등을 그려놓고 있었다.

조직을 "더듬거리는 문어"로 표현한 또 다른 벽화는 처음에는 즐거워하고, 그다음엔

혼란스러워 했다가 마지막엔 완전히 질려버리는 것으로 표현되어 있다. 또 다른 벽화는 다른 의상을 입고 있는(겉으로는 다르지만 그러나 모두 동굴에 사는 사람들임) 동굴 속에 사는 사람들의 역사를 그려 놓았다.

"범선"이란 벽화에서는 경쟁자는 앞서 달리고 있는데 자기 조직은 폭풍에 묶여있는 것으로 표현하고 있다. 돛은 찢겨져 있고, 배는 지뢰(환경으로부터 경쟁자의 위협)에 둘러싸여 있었다. 바람은 불어오고 선원은 탈출해 나가고 있었다. 머리 위에는 커다란 생산성 기구가 있는데 퓨즈가 녹아져 내리고 있어서 곧 터질 지경이다. 그러나 하늘 저편에는 낙관적인 무지개가 있는데 이는 조직의 가능성 있는 미래를 상징하고 있는 것이다.

"올림픽"이란 벽화는 현기업의 주요 특성을 포착하고 있는 이벤트들을 가진 조직 올림픽을 형상으로 나타내고 있다. 즉 종이로 만든 산을 뛰어넘으려는 사람을 형상으로 나타내고 있는 "종이 봉 높이뛰기", "줄 당기기", "벽돌 벽 뛰어들기", "무서운 표정짓기", "소방행사", "다윗과 골리앗 놀이", "잃어버린 영혼 놀이", "둥근 구멍에 사각막대기 박기 놀이"등이다. 이러한 유머는 조직의 여러 측면의 가슴속 깊이 파고 들었다.

"폭발직전"이라는 벽화에는 〈그림 10.1〉에서 나타난 바와 같이 만들어진 풍부한 이미지를 그려내기 위하여 다시 제작된 것이다. 앞에서 묘사되었던 벽화에서와 마찬가지로 색깔, 유머, 통찰력 등이 서로 엉켜져 조직의 옛 날 이야기를 설득력 있게 나타내고 있다.

〈그림 10.1〉에서 보는 바와 같이 벽화는 물방울을 부는 독사 그림이 있는 왼쪽에서 시작한다. 독사는 그날 앞서 있었던 주제모임에 등장했으며, 아담과 이브의 이야기 속에서의 "현실에 대한 공식적 질문자"를 상징한 것이다.

■ 그림 10.1
"폭발직전"

그러나 그 벽화에서는 독사에게 새로운 역할이 부여되었다. 현실을 의문시하고 해방자의 역할을 연출하는 대신에 독사는 찔려도 구멍이 저절로 아무는 거품방울을 불고 있다. 지금 그 거품 방울 속에 조직이 갇혀 있는 것이다.

첫 번째 거품방울에서 조직을 로봇 화 된 사람을 억류시키고 있는 상자로 나타내고 있다. 즉 특색도 없고, 상자 속에 갇혀서 주도력과 창의성이 없는 조직이다.

두 번째 거품방울은 세 개의 다른 모자, 즉 소방관 모자, 카우보이모자, 그리고 작업 안전모를 쓴 문어를 가두어 두고 있다. 이는 문어(조직속의 인간)에게 상이한 역할 및 요구를 부여한 것을 표현한 것이다.

문어가 붉은 색을 띠고 있는데 이는 분노와 좌절을 상징한 것이다. 문어가 성을 내고 좌절하고 있는 것은 일을 하는데 필요한 도구가 거품방울 바깥에 있기 때문이다! 문어는 거품방울을 뚫기 위해 최선을 다하고 있다. 촉수에 있는 바늘 하나를 벽 안쪽에서 쭉 밀어내고 있다. 그러나 거품방울은 터질 것 같지 않다.

다른 독사 한 마리가 문어가 하고 있는 짓을 보고 있다. 그러나 그 뱀은 귀 덮개를 하고 있다! 현실에 대한 공식적 질문자는 말하고 있는 것을 듣고 싶어 하지 않는다! 이제 독사는 문제점의 일부가 되어 버렸다. 바깥에서 거품방울을 터뜨리는 독사의 역할이 잘 수행되지 않는다.

세 번째 거품방울은 독사의 혓바닥을 가진 어릿광대를 가두어 두고 있다. 물론 그 어릿광대는 모든 벽화에 나타난 이미지를 통해 나타나고 있는 바와 같이 재치 있는 방법으로 근본적 진실을 전달하려 애를 쓴다. 그러나 비록 그가 독사에게 말하려 하고 있어도 독사가 듣게 할 수없다. 그 또한 바늘을 가지고 그 거품방울을 터뜨리려고 애를 쓰고 있지만 그 물방울은 터지지 않으려 한다.

네 번째 거품방울은 한손을 내밀며 알에서 부화되고 있는 달걀을 가두고 있다. 그러나 그 거품방울은 여전히 봉해져 있다. 달걀속의 새 생명은 질식할 위험에 있으며, 숨쉴 공기가 필요하다. 새로운 생명과 미래(조직을 위해)가 있기 위해선 거품방울은 터져야만 한다. 이제 거품방울 바깥에 바늘이 있다. 압박이 가해지고 있으며, 우리는 결과를 기대하면서있을 수밖에 없다.

이 벽화에 나타나있는 풍부한 암시와 사건의 연속성은 발표된 다른 벽화의 전형이 되고 있다. 각 그룹은 벽화를 만드는 과업을 가슴깊이 받아들였고 어릿광대 모양으로 근본적 진실을 보다 유쾌하고 다루기 쉬운 유머로 표출시키면서 그들 조직에 대한 근본적이고 도전적인 통찰을 보여 주었다.

이 모든 것 에서 죠 아벅클이 한 역할을 그들의 이야기하는 것을 용이하게 해주고 공통의 주제를 끌어내어 통합시키는 것이었다. 조직의 통상적 대화 형식을 비켜가면서, 시각적 이미지화와 이야기하기는 참신한 통찰력과 타력을 불러 일으켜 줄 기회를 창출해 주었다. 이러한 과정으로 사람들은 자기가 진실로 생각하고 느꼈던 바를 환기시킬 수 있고 근무 시에는 좀 체로 표현할 수 없었던 깊은 창의성을 퍼 낼 수 있는 것이다. 다시 말해, 이 과정은 변화를 위한 강력한 정강으로서의 활약을 하도록 공통의 문제에 대한 이해를 공유하도록 해 주었다.

각 워크숍의 둘째날은 "새로운 이야기의 창조"에 초점을 두었다. 죠 아벅클은 이번에는 미래를 염두에 두고 사업, 조직 및 그 구성원에 초점을 맞추면서 새로운 이미지화과정을 거쳐나갔다. 그날은 보다 시장중심적 조직을 창조하려는 사장의 목적에 맞추어 짜여져 있었다. 시장중심적 조직의 중요성을 이제는 모두가 알고 있었고, 이는 순전히 그 전날의 결과로 이해되었다.

또다시 이 이미지화과정을 통해 스텝들로부터 색색의 창의력이 풍부한 반응들이 나왔다.

현재의 황량하고, 밋밋하고, 근엄한 이미지 대신에 "경험하지 못한" 다채롭고, 동태적이며, 재미있고, 고무적인 소매점으로 대체시켜 놓은 그림 속에서 "새로운 사업"의 이미지가 포착되어 있었다.

제시된 이미지들은 옛날조직을 움직여 나갔던 보세창고정신이 아니라 디즈니 테마공원과 더 공통점을 가지고 있었다.

"새로운 조직"은 심장, 두뇌, 다리 및 우주선 등의 이미지속에서 포착되어 있다.

예를들면:

· 개념적 바탕은 물론 정서적, 통합적 바탕을 가지기 위해 성공적인 혁신이 얼마나 필요한 가를 보이기 위해 큰 회색 두뇌와 연결되어 있는 커다란 붉은 심장

· 결의, 결심, 팀의 기둥으로 떠 받쳐 있으면서 혁신적 아이디어를 기업목표와 연결시켜주고 있는 다리

· 조직의 다른 조각들을 함께 끌고 있는 고객

· 몇 년 동안 전해져 내려온 다시 칠한 폭스바겐 대신 훈련, 동기유발 그리고 새로운 기업문화의 연료로 채워진 우주선

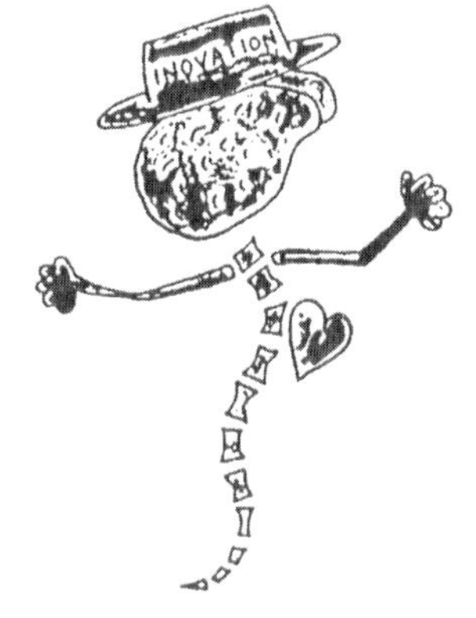

새로운 조직에서 요구되는 "구성원"의 이미지도 비슷한 주제를 보여주고 있다.

우즈의 마법사(Wizard of Oz)란 주제를 여러 가지로 변형시킨 것들은 인간은 전체이며 서로 연결되어 있다는 것을 형상화했다.

여러 가지 색깔로 나타낸 레고 인간은 서로 다르지만 여러 가지 조합으로 함께 결합시키면 다양한 형태를 창출해 낼 수 있음을 상징해 준다. 차별화되어 있으나 서로 교환해 쓸수 있는 레고세트의 부품들은 다양성의 힘과 새로운 형태의 조직과 자기조직의 가능성을 보여 주었다.

· 우주인

· 윈드서핑를 하는 사람

· 산에 오르는 사람들

· 미지의 개척자

· "관행에의 순응을 깨뜨리고", "잠재력을 발휘하고", 그리고 "실천 하도록" 하기위
해 손님 (스태프들) 들을 초청한 파티초청장

이처럼 풍부하고도 창의적 환경을 만들어 주는 이미지를 가지고 이제는 "새로운 이야기 벽화"를 창조하는 작업을 하도록 그룹이 편성되어졌다. 이 들이 해야 할 임무는 지나간 모든 것을 검토하여 미래기업을 만들어내기 위해 최선의 이미지와 아이디어를 통합시킨 그림이야기를 제작하는 것이었다.

이 과정에서 만들어진 벽화는 또 다시 인상 깊고, 다채로운 일단의 통찰력을 제시해 주었다. 예를 들면,

· 새로운 소매점 철학의 상징물로 장식된 우주항해

· "점포는 우리들의 무대": 경영을 예술 공연으로 본 극장형태로서의 새로운 사업 비젼

· 가슴과 두뇌가 지배하고, 진취적인 새로운 경영형태의 시각적 표출로 장식된 혁신적 인조직

· 일련의 울타리를 뛰어넘고 있는 말의 대열을 그린 벽화: 울타리가 커질수록 말도 커졌다. 이 벽화는 도전과 함께 성장하는 조직의 이미지를 전달하기 위하여 구상되었다. 벽화의 배경에는 우수한 말을 길러내는 조직의 능력을 상징화한 잘 꾸며진 외양간이 있었다.

이 벽화에서의 이미지는 옛날 그림에서 그려진 것 보다 훨씬 더 낙관적이고 힘을 주는 것이었다.

〈그림 10.2〉는 〈그림 10.1〉에서 "폭발직전"(그러나 터지지 못함) 주제에서 포착되었던 질식과 좌절의 이야기가 기업경쟁에 대해 낙관적이고 진취적인 "이것 잡아봐!"라는 도전적 이야기로 변화했음을 보여 준다. 모든 벽화들이 이런 식의 전반적인 변혁을 나타

■ 그림 10.2

"이것 잡아봐"

CATCH THIS!
FIELD MANAGEMENT
CLERICAL
TEMPS
REGULARS
HEAD OFFICE
EXECUTIVE

내고 낙관적인 새로운 미래로 움직여 나가는 조직의 가능성을 표현해 주었다.

"이것 잡아봐!"벽화는 〈그림 10.1〉에서 끝났던 부분인 왼쪽 하단부에서 시작한다. 거품방울, 부화되는 달걀, 그리고 옛날의 독사가 그려져 있다.

그러나 지금의 독사는 바늘을 가지고 있다. 귀 덮개는 사라지고, 그래서 거품방울을 찢고 있다. 그 속에는 달걀이 부화되었다. 새로운 삶이 위로 뻗어져 나가고 있다. 오렌지색, 붉은색, 푸른색의 레고 조각이 나란히 앉아있는데, 이는 앞에서의 토론에 나타났던 스태프의 다양하고 융통성 있는 이미지를 상징하고 있다. 그 위에서 나비가 고치를 떠나고 있는데, 이는 현 조직에서의 변혁을 상징한다. 더운 공기가 차 있는 기구가 더 높이 떠오른다. 레고인간이 이제는 새로운 모양으로 연결되어 바스켓 속에 앉아 있다. 그들 위의 기구 그 자체의 커다란 동기로서 고객 중심적 조직의 이미지를 발견하게 된다.

고객은 그 그룹들이 그날 일찍 토론했었던 이미지를 바탕으로 조직세계의 다른 부분들을 한데 그리고 있었다. 기구는 여러 가지 다른 색깔의 밧줄로서 바스켓에 연결되어 있는데 이 밧줄은 모두가 똑같이 중요하며 집행스태프, 본부, 상시 및 파트타임 스태프, 사무직 그리고 현장경영의 기여도를 나타내고 있다. 기구의 제일 꼭대기에는 창의적 인간을 상징하는 보라색 레고 인간이 있다. 이 레고 인간은 통찰의 불빛을 통해 새로운 스타일의 고객 지향적 소매점의 이미지로 연결되어 있는데, 이런 이미지는 사업에 새로운 시장 중심적 접근의 비전을 포착하기 위해 활용되어 온 것이다.

벽화의 오른쪽 꼭대기에는 야구글러브가 있다. 그래서 "이것 잡아봐!"라는 메시지를 보이고 있다. 이 벽화에서 나타나 있는 전체이야기는 지금까지는 현재의 이 조직이 뒤로 제치고 있었던 경쟁에 대한 하나의 중요한 도전의식을 던져주고 있다. 모든 새로운 이야기 벽화에서 뜻하는 것은 과거와 극단인 균열을 나타내는 미래를 개발하는 것이었다. 이미지화하는 과정은 스태프가 현실을 참신한 방향으로 보고, 표현하도록 하고, 미래로의 길을 열어나가기 위하여 자신들의 아이디어를 제안하도록 함으로써 변화를 위한 거대한 수단을 만들어 준다.

죠 아벅클은 워크숍에서 나온 다양한 통찰을 통합시켜 주었다. 즉 다양한 벽화들을 읽어서 그 연관성을 확고히 하고 그래서 변화과정이 구축될 수 있도록 가치 있는 기반을 마련해 주었던 것이다.

두 번째 날의 마지막에는 두개의 워크숍에서의 분위기가 대단히 긍정적이었다.

모두들 자기 자신들에 대해 대단히 만족해했고 또 그럴만한 이유가 있었다. 불과 이틀 만에 방대한 양의 창의적 아이디어를 불러내었던 것이다. 사람들이 피곤하고, 실망하며 좌절된 심적 상태에서 워크숍에 참여했지만 기회는 대단했던 것이었음을 보여 주었다.

그들 자신에 대해 매우 인상 깊게 된 이유가 다 있었다. 그들은 상점사무원, 회계담당자, 중간 관리 층 및 부사장들이었지 예술가나 이야기꾼이 아니었다. 그러나 그들은 자신들의 내부에서 예술성과 이야기하기를 만들어 냄으로써 앞날의 떠오르는 비전을 달구어 내었던 것이다. 더욱이 이것은 컨설팅보고서나 전략계획초록에 "멀찌감치" 있는 추상적인 비전이 아니라 상이한 형식의 표현을 통해 하나의 똑 같은 이야기를 암시하는 비전이었다. 개인적 경험, 개인적 느낌, 개인적 사고 그리고 순수한 대화를 통해 얻어진 산물인 비전이었다. 그들이 직접 소유하고 그들이 일부분으로 느끼는 비전이었다. 그 비전은 진실로 자기 자신들의 분신인 것이다. 옛날스타일의 이미지를 자유롭게 떨어버림에 있어서 그들은 자신들과 그들의 조직을 새로이 만드는 값진 기회를 만들었던 것이다.

이러한 배경과는 대조적으로 셋째 날은 죠 아벅클에게 비교적 쉬운 과업이 주어졌다. 과거의 성공은 새로운 이야기를 실제로 실현시키기 위해 필요한 행동의제를 개발하는데 새로운 에너지를 창출 해 준다.

이전의 이틀 동안의 주제를 지속하면서 사장은 지금의 현실을 변혁시킴으로써 "미래창조"의 구체적 아이디어를 개발하기위해 마련된 과정을 맡아서 이끌어가도록 하였다. 옛날 것을 고치는데 초점을 두는 대신에 새로운 것을 창조하는데 초점을 두었다.

해야 할 임무는 사업, 조직 및 그 구성원을 변혁시켜줄 큰 아이디어를 발견하는 것과 최대의 약속을 줄 수 있는 아이디어의 함축적 의미를 개발하는 것이다.

그날은 구체적 정책발의에 관한 활기찬 교환이 있었고, 이로 인해 변화의 발의가 구축될 수 있는 상세한 활동기반이 만들어졌다. 그 연구의 결과 사장은 새로운 조직을 만드는 설계의 원칙으로서 워크숍에서 나온 이미지와 아이디어를 활용하여 주요한 변화 발의 안을 공표하였다.

다시 칠한 폭스바겐 딱정벌레에서 미래형의 우주선에로의 전환을 경쟁에 대해 "이것 잡아봐!"식의도전을 하는 중심적 지도주제로 선택하였다.

소매점은 하이테크, 하이터치 고객경험을 창출하도록 재설계하였다. 경영자와 그들의 스태프들의 "무대 위 공연"을 지원하도록 회사가 그의 활용을 다시생각하고, 다시 초점을 맞출 것을 사장으로 하여금 독려토록 하면서 점포경영자를 "연극 감독자"로 비유한 것은 이 재설계를 현실화하는 수단으로서 채택된 것이다.

이를 달성하기위해 본부로부터 통제가 아니라 점포를 지원하도록 중앙조직 활동을 다시 다듬는 것이 지배적 주제가 되도록 하였다. 현재의 부사장과 그의 스태프들의 역할도 변하게 되어서 그들은 옛날식의 라인관리자가 아니라 생겨나는 점포망의 "자원파트너"로 되도록 하는데 결정적이기 때문에 인적자원담당의 새로운 부서장의 탐색이 시작되었다.

이러한 일들은 새로운 스타일의 종업원이 사업에 대한 새로운 고객 중심적 점포를 개발하는데 창의적 동반자로 평가를 받는다는 명확한 몰입 감을 일으키게했다.

자기조직화의 레고 인간, 환경에 신속하게 적응하는 윈드서퍼, "심장"의 보살핌과 "두뇌"의 창의성을 접속시키는 혁신자와 같은 종업원의 이미지를 도전의 중심적 방법으로 선택하였다.

이러한 방법으로, 새로이 나타나는 전략은 조직을 옛날식배열로 잡고 있는 자기 봉합적인 거품방울을 부수고, 생명을 증진시키는 공기를 불어넣어 주기위해 힘찬 "잽"을 먹이게 할 것을 모색하고 있다.

시각적 이미지화는 강력한 결과를 낳는다

죠 아벅클의 개입기법은 실천에 있어서 "그림묘사의 힘"을 멋지게 설명해준다.

그의 기법은 어떻게 인간이 자기들의 창의적 통찰을 톡톡 쳐내도록 격려를 해 줄 수 있는가를 보여준다.

그것은 또한 어떻게 창의적 통찰이 변화를 위한 전략으로 짜 넣어 지는가를 보여준다. 우리는 여기에 모든 조직의 각각에 널려있는 거대한 창의적 힘의 사례들을 가지고 있다.

제시된 이미지와 벽화를 보고 있노라면, 또 그들이 전달해오는 주제와 메시지를 곰곰이 생각해보고 있노라면, 그들이 보통의 일상적 인간집단에 의해서, 보통의 일상적 조직 속에서 만들어져 나온 것이라는 것을 쉽게 잊고 있다.

그들 동료가운데는 피카소도, 위대한 철학자도, 유명한 이야기하는 사람도 없다. 그들은 자기들이 느끼기에 그들 조직의 상태와 그 가능성에 관해 기본적인 진실이라고 생각하는 바를 의사소통하기위해 기본적 통찰과 이미지를 활용하는 보통사람인 것이다.

이 사례는 형상화의 위력과 가능성에 대해 말해주고 있다. 실제적으로 그것은 시각적 이미지화 형태가 어떻게 조직의 전통적 대화의 한계를 무너뜨리고 새로운 전개가 구축될 수 있는 새로운 공간 혹은 바탕을 창조하는가를 설명해준다.

- 방향타가 없는 보트
- 머리가 없는 기수(騎手)
- 결함 있는 호스를 가진 소방관
- 스스로 봉합되는 거품방울
- 다시 칠한 폭스바겐
- 우주선
- 레고 인간
- "이것 잡아봐!" 도전

이 사례에서 나타났던 이런저런 이미지는 조직이 할 수 있는 것에 대해 어떤 단어, 개념 및 이론보다도 더 큰소리로 말해준다.

그들은 특이하고, 개성적이며 영향력을 가지고 있다. 이 때문에 이런 유형의 과정이 조직변화를 효과적으로 동원해나가는 수단을 제공해 줄 수 있는 것이다.

11.

생동력있는 메시지 만들기

새로운 이미지, 새로운 통찰력, 그리고 새로운 이해는 성공적인 이미지를 창조하기 위한 발판을 제공한다. 그러나 새로운 행동은 그것을 현실화시킨다.

이 장은 이미지 창조의 "행동측면"을 특별히 강조한다. 어떻게 이미지와 은유의 주요 메시지가 "체험적이고" 단순히 말로만 전달되지 않는 새로운 경험을 창조하는 데 사용되어질 수 있는 지를 보여준다. 특히 이것은 사람들이 보통 냉소적이고 꾸미는 것을 싫어할 때 더 큰 영향력을 가질 수 있다. 이 장은 변화주도의 본질을 전달하는 공중입체영상적 메시지를 보낼 수 있는 행동에 특별히 관심을 둔다. 그리고 어떻게 "생동력있는 은유기법"이 경영관행 그리고 조직개발과 훈련경험을 형성하는 데 사용될 수 있는 지를 설명한다.

"생동력있는 은유"를 통한 경영

훌륭한 생각과 위대한 통찰력은 그 자체로는 보통 성과를 이루지 못한다. 우리들 대부분은 어떤 상황에 대한 이해를 새롭게 통찰한 경험을 가지지만 그것이 궁극적으로 성과로 이어지지 않는다. 우리가 몇 달 혹은 몇 년 후에 이러한 통찰을 다시 기억하게됨에 따라 우리는 정작 놀라게 된다. "그렇게 위대한 통찰이었는데 도대체 무엇 때문에 이런 꼴이란 말인가? 왜 그것이 행동으로 옮겨지지 않았던가?"

보다 앞선 혁신적 생각들 (initiatives)의 왜 실패하는가 하는 이유들을 설명하기란 쉽지가 않다. 때때로 이러한 혁신사고들은 기존 조직문화에 상충되고 따라서 정치적 저항세력을 동원시키는 결과를 초래한다. 또한 혁신사고는 "심리적 신경질"을 자극하고 이에 따른 엉뚱한 신경전에 휘말려 본래의 의의를 상실하게 된다. 때로는 그 혁신적 생각들은 적절한 이해의 부족과 몰입의 점차적인 감소로 소멸된다. 결과적으로 우리는 성과를 가로막는 "미래 장벽(Futureblock)" 증후군(syndrome) 이라 할 수 있는 변화과정의 한 변형을 당면하게 된다.

오래된 골프에 관한 명언이 있다. "장타는 과시이고. 단타는 돈이다."

이 명언은 우리가 이미지 창조과정, 그리고 모든 조직의 혁신적 생각들을 접근하는 방식에 관한 매우 중요한 메시지를 담고있다. 골프에서 드라이브는 전 게임에 걸쳐 가장 멀리보내는데 중요한 일타이다. 그것은 멋진 광경일 수 있다. 그러나 그것이 만약 페어웨이(안전지대)와 그린(목표구멍 인접지역)에 이어지는 다른 타순들이 형편없는 스트로크일 경우에는 가치가 없는 장타가 되어버린다. 이 골프은유는 조직의 많은 변화 프로젝트의 실패운명을 말해주고 있다. 이미지를 일깨우고 희망을 통찰하는 이러한 은유방식은 효과적이고 흥미로울 수 있다. 사람들은 이러한 방식이 가져다주는 가능성들과 이 방식들이 제시하는 독창성들에 매료되어 이것에 철저히 몰입하며 때로는 지나칠 정도로 되어버리기도 한다. 그러나 만약 이러한 통찰이 행동의 영역 안으로 끌어들여지지 않는다면 그래서 그 통찰이 실천에서 확고히 정착되기 위한 방법이 발견되지 않는다면 이러한 변화과정은 아무 쓸모가 없을 것이 되어버린다. 아니 어쩌면 그 결과는 더욱 나빠질 수 있다. 왜냐하면 어 떤 한 변화프로젝트를 성공적으로 완수하는 데 한번 실패하면 그 후 다른 일을 시작하기에 매우 어려울 수 있기 때문이다.

우리가 앞장의 내용들에서 제시된 새로운 통찰들을 검토해 보면 변화과정에서의 가장 큰 도전을 시도하는 것이 바로 이 행동측면이다.

"어떻게 내가 책임을 져야 할 그룹을 경영하는 데 있어서 "거미식물 모델"을 **실행**할 수 있는가?

"어떻게 우리가 유능한 정치적 관리자를 **채용**할 수 있는가?

"어떻게 우리가 조직의 방만함(blobbiness)을 **극복**할 수 있는가?"

"어떻게 우리가 조직의 주요 문제의 비등점(boiling dry)을 **방지**할 수 있는가?"

"어떻게 우리가 전략적 흰개미(strategic termite) 역할을 **실행**할 수 있는가?"

이러한 통찰들은 전진을 위한 굉장한 장타력을 발휘한다. 그러나 가벼운 단타로서 구멍에 공을 넣기 위한 도전은 여전히 존재한다. 내가 실행해 본 이미지 창조에서 볼 때 이미지 화의 과정을 능가하는 체험화의 방법을 찾아내는 것이 중요하다는 것을 알았다. 바로 그것이 내가 "미래장벽"의 여러 유형들에 그리고 연습과 도구들의 개발에 그렇게 흥미를 가져왔던 이유이다. 그러한 도구들은 앞에서 본 여러 가지 조직의 미래장벽의 유형들인 실천부재의 영역 ("the Gulf") 조직문제의 빙산일각 ("Iceberg") 조직개발의 실패 ("Deerhunting") 등의 은유적 이미지들에 기초하여 만들어진 것들이다. 그들은 변화를 위한 잠재적 장애물들을 제대로 우리가 인식하고 탐색하여 그들을 극복할 수 있는 방법을 찾는 데 도움을 준다.

아주 단순히 말하자면 여기에서 제시하는 메시지는 이것이다. 즉, "훌륭한 통찰들은 좋은 실천의 과정이 그 꼭 이어지게하라"

그러나 여기서 그 이상의 것이 이루어질 수 있다. 예를 들어, 문제에 대한 공중입체영상적 접근을 시작할 수 있고 사람이 전달하고자 하는 메시지를 실제활동을 통해 **체험**시킬 수 있는 "주요활동" "주요의사소통"들을 찾아 낼 수도 있다.

예를 들어 분권화된 조직에 이 조직이 더 자율적이고 자기-조직화하도록 임파워먼트를 부여하는 "거미식물"형 조직을 개발하는 경우를 보자. 이 때 관리적 통제수단인

적절한 "배탯줄"이 정의되는 시점이 언제인지를 결정하는 중요한 시기를 항상 마주하게 된다. 이것을 실행하기 위한 전통적 관료주의 방법은 중앙으로부터 배탯줄을 정하는 것이다. 따라서 모기업의 내부에서 수행되는 분권화된 단위 부서는 중앙에서 부과하는 관리적 변수들의 틀을 벗어나지 못한 채 운영될 수 밖에 없다. 이보다 정도가 더한 자기–조직화 접근은 4장에서 설명한 배탯줄 대화 ("cord dialogue")를 필요로 한다. 즉 여기에서 과정은 배탯줄이 상호합의 통해 정의되어 진다. 따라서 이렇게 정해진 배탯줄의 정의는 조직 전체를 변화 시키려는 노력에 권한을 부여하거나 혹은 그것을 파괴할 수 있는 "주요활동"으로 정의할 수 있다. 이러한 접근 방법에 따라 그것은 새로운 조직의 정신을 실제로 체험케 하거나 오히려 오래된 정신을 오히려 강화하는 데도 사용되어질 수도 있다.

"주요활동" "주요의사소통"은 입체사진의 특질을 가진다. 왜냐하면 비록 단순한 것처럼 보일지라도 그 사건은 전반적인 이니셔티브의 특징과 정신을 구체화하기 때문이다. 전체가 오히려 부문 안에 있게 되는 것이다 !

우리는 5장에서 논의된 Teleserve사의 사례에서 똑같은 현상을 보았다. 이러한 조직변화개입의 결과는 새로운 변화설계 이니셔티브를 위한 "공간"을 창조하는 경영층과 노동조합의 태세에 달려있었다. 그 공간은 흔히 예산절차, 권한인정, 관리통제, 및 단체교섭 등에 의해서 공식적으로 부과된 제약으로부터 벗어나게 한다. 경영층은 프로젝트를 위한 "새로운 공간"을 마련하는데 "주요 의사소통"을 실행하고, 여기에 부응하여 노동조합은 그들 자신에 의한 추가적인 "새로운 공간"을 만들어 반응한다. 이러한 의사소통은 조직의 전반적인 변화주도노력의 본질을 구체화한 것이다. 즉, 그것은 그 프로젝트가 종래 흔히 있어왔던 사업의 또 하나의 사례가 **아님**을 상징화함으로써 새로운 방향을 실제로 체험케 한 것이다.

8장의 Nursing Services 사례에서, 자기–조직화된 변화 주도를 유지하는 데 관여된 주요 활동의 하나는 병원의 한 부서에서 그 내부 및 여타 부서와의 의사소통을 개선하기 위한 구체적 전략으로서 "우리들의 이야기를 말하기"의 이미지를 사용하는 것이었다. 그것은 이론적으로는 매우 추상적이고 혼란스럽게 보여 질 수 있는 조직문제에 대한 새로운 접근법을 함께 잘 이해시켜주는 쉬우면서 위협적이지 않는 수단들을 제공한다.

6장의 Network 사회봉사조직의 경험에서, 문제는 위계상의 상위조직에서 볼 때 항상 지적되는 "통제상의 부적절한 방만함"을 극복하는 방법을 발견하는 것이었다. 불행히도 조직개발노력은 너무 늦어서 Network을 폐쇄하는 결정을 번복할 수 있는 어떠한 "주요 의사소통"도 발견할 수 없었다.

이러한 경험들을 통해 내가 전달하고자 하는 주요 메시지는 모든 변화 이니셔티브에서 볼 때 전체 프로젝트가 수행되고 있는 바로 그곳에서 결정적인 순간들이 생겨난다는 것이다. 만약 우리가 이것을 인식할 수 있고, 또 사람들이 궁극적으로 성취하기 위해서 노력하는 그 정신을 강화할 수 있는 입체사진적 활동 (전체적 의미를 체험적으로 전달하는 프로그램)을 발견해 내는 것이 얼마나 중요한가를 깨달을 수 있으면 변화노력의 성공 가능성은 크게 향상될 것이다.

이 아이디어는 우리가 이미지 창조의 과정을 행동 단계로 인도하는 방법들을 찾아내는데 매우 큰 관련성을 가진다. 그것은 또한 어떻게 경영관리자 혹은 조직개발전문가가 그들이 전달하기를 원하는 메시지를 실제로 체험시켜주는 행동에 기초한 프로그램을 설계하는 방법들을 발견할 수 있게 하는 기법들을 찾아내는데 많은 시사점들을 제공한다. 아래에 몇 가지 추가적인 예가 제시된다.

생동력있는 은유로서 메시지 행동

➡ 팩스(the fax)

대규모 한 제조회사의 사장은 전 회사를 통해 관리스타일에 관한 이미지를 재형성하는 데 열중해 있다. 전통적인 관리스타일은 조직을 매우 많이 통제하는 하향식(top-down)이었다. 사장이 원하는 것은 관리자가 스탭들을 지원하는 역할을 수행하는 상향식(bottom up) 조직이었다. 이를 위해 고위관리자들을 대상으로 한 새로운 관리유형의 세미나를 포함한 관리자개발 교육이 도입되었다. 세미나 기간 중 어느 아침에 사장은 참가자에게 그들의 욕구를 더 잘 충족시킬 수 있도록 하기 위해서 사장의 자신의 직무기술 내용 중에 마땅히 변화되어져야 하는 것이 무엇인지 제안을 요청하는 팩스를 보낸다. 사장은 세미나의 마지막 시간에 참석하여 참가자들로부터 직접 이에 대한 각자의 독창적인 생각을 듣고자 한다.

팩스는 "체험을 시켜주는 메시지"(lived message)이다. 그것은 이 회사에서 변화가 일어나기 위해서 무엇이 필요한지에 관한 은유이다. 그 사장은 관리와 조직유형이 변화되기를 원한다. 사장 스스로 시작하는 것보다 더 적절한 방법이 있는가? 사장 자신이 고위 직원들에게 스스로 마음을 여는 것보다 무엇이 더 적절할 수 있는가? 이러한 토의주제 관한 세미나에 참가한 관리자들과 함께 사장이 직접 세미나 직후 "실제시간(real time)"에 이것을 수행하는 것보다 무엇이 더 중요할 수 있는가?

요컨대, 그 팩스의 내용은 "당신은 세미나에서 얻은 아이디어를 여러분자신에게 적용하기 위해서 초대된 것이 아니다. 그러한 아이디어를 사장인 **나**에게 직접 적용하라 !"는 것이다.

은유로서 팩스는 변화가 긴급하고 "절실한" 것임을 깨닫게 하는 메시지의 의미를 전달하였다. 이 사장은 중역이 수행해야 할 필요가 있는 것을 모델화해서 보여주었다. 전사적인 의사소통은 변화가 성공적으로 전개되기 위한 강력한 동기유발상황을 창조하였다.

➜ 이동(The Move)

대규모 컴퓨터 회사의 지역 영업부장은 그의 판매 직원들간에 팀웍의 가치를 격려해 왔다. 회사는 주요 고객들과의 "파트너쉽"을 발전시키기 위해서 노력하고 있다. 결과는 평범하게 나타났다. 팀웍은 희망한다고 얻어지는 것은 아니었다. 영업부장은 직원이 오래된 관행에 얽매여 있는 것이 문제라고 생각했다. 따라서 팀웍개발에 관하여 어떤 조치를 발동하기를 결심했다.

영업부장의 사무실은 판매 팀과 다른 층에 위치해 있다. 그가 그의 책상에 앉았을 때 그는 팀원들과 공간적으로 먼 거리감을 느낄 수 있다. 따라서 그는 3주 동안 실험적으로 사무실 없이 일하여 보았다. 그가 이러한 사무실 없이 일하는 새로운 스타일에 어느 정도 편안함을 느꼈을 때 그는 판매 팀에 합류하게 되었다. 영업부장의 새로운 책상은 그의 판매 팀 직원들의 책상과 같은 층에 나란히 놓여졌다.

"이동"은 막강한 상징적 힘을 가진다. 이 이동은 팀 접근법에로의 변화는 진정한 의도이며, 단순히 일시적 유행이 아니며, 게다가 오래된 구조와 관행은 반드시 변화해야만 한다는 뜻을 웅변적으로 전달한다. 팩스의 경우처럼 이동은 판매노력의 미래 방향에 관한 살아있는 의미가 담겨진 체험적인 은유적 행동이다. 그것은 의사소통과 팀웍의 질을 개선하는데 성공하였으며 또한 다른 관리자들이 그 선례를 따를 만큼 조직의 중요한 구조조정을 착수케 하였다.

➡ 낙서판(graffiti boards)

미국의 어떤 거대한 집괴기업의 한 해외 자회사는 최고경영층의 큰 변화를 경험하고 있다. 그 자회사에서 오랜 기간 동안 근무하고 존경받아왔던 최고경영자가 퇴직하였고 미국 본사의 한 중역이 그 자리를 차지하였다. 게다가 3명의 부사장이 새로 발령되었고 그들 중 한 명은 미국에서부터 새로 파견된 비교적 잘 알려져 있지 않은 인물이었다.

그 회사는 새로운 경영 팀이 들어서면서 새 변화를 원할하게 창조하는데 매우 많은 관심을 가졌다. 그러나 시간이 지남에 따라 산하 다양한 사업부서장들 간의 유언비어들이 유포되었다.

"이 사람들은 어떤 인물들인가"

"그들이 무슨 지시를 할 것인가?"

이러한 질문들과 걱정들, 그리고 많은 사안들이 들끓고 있었다.

회사는 열린 대화의 철학을 고수하여 이러한 불안과 좌절을 공개적으로 다루고자 하였다.

그래서 그 단순한 해결책이 제시된다.

백지판 플립차트들을 마련하여 각 사업장의 부서장들 앞에 놓여진다. 그리고 그들은 어떠한 질문, 관심, 논평, 제안, 그리고 신입사원과 의사소통하기를 원하는 생각들을 기록하게 한다. 이러한 임시 낙서판이 그후 새로 부임한 중역들의 사무실로 운반되고 그들은 종업원이 무엇을 말하는 지를 듣고 볼 수 있다.

낙서판 논평은 지극히 솔직하다.

모든 쟁점들은 개방되어 있다.

모든 중역들은 종업원들이 어떤 입장에 있는 지를 안다.

새로운 중역들도 종업원들이 무엇을 말하고 있는지에 관한 시사점과 중요성을 반성하고 그에 대한 적절한 응답을 준비할 기회를 가진다.

그러나 가장 중요한 것은 이렇게 유언비어를 공개화하는 그 자체가 조직에 강력한 메시지를 전하는 것이 된다는 것이다. 즉, 우리 회사는 최고경영층이 바뀌었다. 그러나 우리 회사는 예전 같이 솔직하고 개방된 의사소통을 중시하는 조직이며 또 앞으로도 계속 그렇게 될 것이다 !

"낙서판"은 새로운 중역들에게 중요한 정보를 전달하였다. 그러나 그 낙서판은 또한 조직내부의 의사소통의 직소적 성격과 확고한 개방성을 체험시켜 준 "살아있는 은유"가 되었던 것이다. 낙서판 그 자체와 그 차트들을 물리적으로 한 사무실에서 다른 사무실로 이동하는 것은 그 낙서판의 각 페이지에 쓰여있는 내용만큼이나 큰소리로 그 뜻을 확실하게 전달해주었다.

이러한 모든 예에서 우리는 행동에 기초한 은유는 전체 의미를 체험하는 입체영상의 특질을 가지고 있다는 것을 발견할 수 있다. 각각의 은유는 현재 상황이 어디에 있고, 그것이 어디로 나아가야 할 필요가 있는 지에 관한 본질을 파악하여 "주요 의사소통"을 달성한다. 그들은 거대한 상징적 가치를 가지는 행동을 통해 관여된 사람들이 직면하는 "전반적" 딜레마를 포착하고 그것에 대처한다. 체험적 내용을 담은 살아있는 의사소통의 차원은 말로써 사용할 수 있는 단어의 의미를 훨씬 능가한다. 즉,

"여기에 나의 직무기술서가 있다. **그것을 바꾸어라.**"

"여기에 나의 책상이 있다. 나는 **당신과 함께있다.**"

"여기에 백지판이 있다. 당신이 말하려고 하는 것을 **기입하라.**"

종래 일반적인 유형인, 예를 들어 "경영에 관한 새로운 접근법의 필요", "팀웍에 관한 우리의 몰입을 강화할 필요", "솔직하고 개방된 의사소통의 중요성" 등에 관한 구어적

의사소통에 대조하여 여기서 보여주는 메시지 행동의 막강한 힘에 관하여 생각해 보자.

종종 관리자는 구어적 의사소통을 너무 지나치게 강조한다. 그들은 위에서 서술한 관리자들이 택한 접근법을 사용함으로써 한층 더 효과적일 수 있다. 즉, 그들이 단순히 실행될 필요가 있는 것을 **말하기보다** 전달하기를 원하는 주요 메시지를 상징화할 수 있는 어떤 방법들을 찾아내어 **그것들을 실행케** 하는 것이다.

이러한 도전은 실생활에 바람직한 변화를 일으키고 상징화시키는 "행동에 기초한 은유"를 통해 이미지화를 개발해 나가는데 중요한 개척분야를 제공한다. 이와 같이 은유들로서 행동이 얼마나 중요한 것인가에 관해 말하는 것은 다소 모순되는 것처럼 보인다. 아마 그 이유는 단지 우리들은 사고와 상상력의 영역을 은유와 동등시하기 때문이다. 그러나 우리가 새로운 통찰을 창조하기 위해서 이미지를 활용하는 것과 꼭 같은 방법으로 중요한 행동에 내재되는 상징화(symbolism)를 활용하게 되는 것을 또한 막을 이유는 절대로 없다. 능숙한 정치가는 이미 오래 전부터 의미의 새로운 영역들을 창조하기 위해서 중요한 **행동**을 상징적으로 사용하는 이러한 기술의 대가들이었다. 이와 같은 경우가 일반적으로 경영관리자들에게도 적용될 수 있다. 특히 변화를 관리하는 경영자에게는 더욱 그러하다. 여기서 우리가 꼭 따라야 할 명령(injunction)은 실행되어져야 할 일의 본질을 전달하기 위해서 생동감있는 공중입체영상적인 은유가 되는 중요한 행동들을 탐색해야 한다는 것이다.

훈련과 조직개발에 있어서 "생동력있는 메시지 만들기"

변화관리에 관한 나 자신의 경영자문활동에 위의 아이디어들을 적용했을 때, 나는 학습과정의 구조를 형성하는 데 은유들을 사용할 수 있겠다는 생각에 특별히 마음이 끌렸다. 따라서, 중요한 정보 혹은 메시지들을 고용인들에게 확실하게 전달할 수 있는 새로운 조직개발전략 혹은 학습경험을 설계해 달라는 자문요청을 받았을 때, 나는 종종 우리가 이러한 과업에 접근하도록 어떤 설계원칙을 제공하는 감동적인 이미지 혹은 은유를 찾아내려 하고있는 나 자신을 발견한다.

여기에서 목표는 메시지를 체험하도록 하는 것이다. 즉, 사람들이 알 필요가 있다고 생각하는 것을 단순히 **말하는** 것이 아니라 사람들에게 꼭 수행되어질 필요가 있는 일을 실제 **체험할** 수 있도록 경험을 창조함으로써 성공적 학습을 가능케 한다는 것이다.

이러한 몇 가지 실례들을 들어본다.

➡ 지각변동지대(Earthquake Zones)에 대처하기

한 제조업체의 사장은 변화하는 기업환경에 도전하기 위하여 직원들이 보다 "개방"되고 "적응"하기를 바라고 있었다. 이들을 위해 사장은 우선 직원들에게 일련의 좌담회나 세미나가 필요하다는 생각을 한다.

"체험적 메시지" 접근법을 채택함으로써 우리는 서로 상이한 원칙을 세운다. 직원들은 "지각변동지대"를 탐험하기 위해서 마련된 회의에 초대된다.

사회, 경제, 기술, 그리고 정치적 추세들이 세계 경제를 재편하는 과정을 간단히 개관한 후 그들은 조직을 변혁하거나 직장에서 해고될 수 있는 지각변동을 인식할 수 있도록 초대되었다. 마치 자동응답 시스템과 홈뱅킹이 금융서비스를 새롭게 형성시키고 팩스와 안내 서비스가 우편제도를 새롭게 발전시키고 있는 것처럼 말이다.

"지각변동 대처훈련"은 중요한 도전이 되고 생생하고 통찰력 있는 분석을 체험하도록 해준다. 직원들은 자신 주변세계의 혼동에 직면하게 된다. 그래서 새로운 기술과 "즉기납품(Just in Time)" 관리방식은 미래의 생산작업장을 어떻게 새롭게 구조조정하게 될 것인지, 정보 네트워크가 새로운 조직구조와 관리 스타일의 도래를 촉진시키는 지, 직장보건과 안전을 위한 법규제정들은 어떻게 작업장 경영의 새로운 철학을 요구할 것인지, 읽고 쓰는 능력의 차이와 문화적 다양성 문제들이 어떠한 방식으로 새로운 형태의 의사소통을 요구할 것인지, 그리고 새로운 경제적 추세변화가 어떻게 시장에 영향을 미치게 될 것인 지 등에 대하여 탐구하는 자세를 갖게되는 것이다. 이 직원들은 이러한 조직환경의 "지각변동 같은" 격변기와 관련된 문제점 및 사업성 기회 등을 면밀히 조사하며 그에 대한 회사의 대응책들을 마련하기 위해 아이디어와 전략을 모색한다.

직원들은 종래 방식처럼 최근의 경영자문에 대한 결과보고서를 읽거나, 일련의 세미나에 참석하거나, 다양한 주제에 관한 브리핑회의에서 보고들을 할 때 또는 스스로 이러한 과정에 몰두할 때 그러한 도전을 더욱 내면화한다. 그들은 다가오는 변화의 도전을 이해하고 그러한 격변이 초래하는 중대성을 "스스로" 절실하게 인정한다. 왜냐하면 그들이 바로 조직환경의 "지각변동"을 포착하고 그 결과들을 밝혀주는 주체들이기 때문이다.

이러한 과정에서 우리는 실로 놀랍게도 조직의 중간 혹은 하급 층에 속하는 평범한 종업원들이 과거에 어떠한 방식의 환경분석이나 전략계획 훈련을 받은 적이 없다고 하더라도 그들로부터 중요한 통찰력을 동원할 수 있는 방법이 무엇인지 알 수 있다. 만약 "지각변동 대처훈련"이 적절히 설계되고 실행되어서, 참석자들이 세상 전반에서 전개되어지는 상당한 변화에 대한 어떤 지침을 가지게 되면 그들은 조직이 어떻게 환경과 적절하게 관련되는 가를 간파하는데 남다른 탁월한 능력을 갖추게 된다. 지각변동에 대처하는 훈련을 은유적으로 체험함으로써 그들은 그 자신과 그들이 속한 조직이 환경변화에 대처해 나가는데 훨씬 더 나은 위치에 서게 되는 것이다.

➡ 변화 저지(Blocking Change)

한 통신회사의 어떤 중간 관리자그룹은 조직개발의 새로운 국면을 수행하기 위한 실행계획을 개발하는데 참여해 왔다. 그들은 계획입안의 전문가로서 경력과 평판을 가졌으나 계획을 실행에 옮길 때는 항상 그 노력이 저지 당해온 경력과 평판이 있다. 그들의 계획은 너무나 훌륭한 것이었으나 왕왕 실행에 옮기어지지 못하고 계획 자체로서 끝나게 되는 경우가 많았다.

그들의 변화노력 과정을 돕기 위해, 7장에서 토론된 "빙산분석기법"(iceberg analysis)를 수행하기로 결심하였다. 이들에게 그들 조직의 표면하부에 존재하는 힘으로서 그들이 계획을 실행에 옮기는 것을 방해할 수 있는 저지세력뿐만 아니라 그들이 도달하기를 바라는 조직의 종류와 관리 능력이 어떠한 것인지를 확인하도록 요청하였다.

그리고 나서 그들에게 주요 변화를 저지하는 세부적 계획을 개발하도록 하는 과제가 부여되었다. 실제로, 사람들 각자에게 바람직한 변화의 주요 측면을 곰곰히 생각하게 한 후 변화계획을 반드시 "실패"하게 만드는 6가지의 가장 효과적인 방법이 무엇인지를 답하도록 요청하였다. 이러한 훈련의 아이디어와 결과들이 그 후 보다 확대된 그룹내의 동료들간에 토론의 기초자료로 사용되어 졌다.

역설적으로 그들이 실패를 보장하기 위해서 무엇을 할 수 있는 가에 초점을 맞춤으로써 이 그룹은 성공을 보장하기 위해서 무엇을 수행할 필요가 있는 지를 종종 발견할 수 있다. 이러한 접근은 그 중간관리자 그룹이 변화를 저지하는데 얼마나 뛰어난 전문가인지에 대한 현실에 직면하여 은유적으로 그 현실을 "체험"하도록 강요한다. 이러한 훈련은 계획을 수립하고, 나아가 실행계획을 수립하는데 발휘되는 그들의 전문적 식견이 그들 자신의 문제들을 제대로 이해하는 바탕에서 나 온 것이며, 그러한 과정에서 현재 수행중인 계획업무를 다른 방식으로 추진시키는 기회를 만들어낸다는 사실을 우리에게 보여준다.

➡ 기업 극장(Corporate Theater)

소비재 분야에서 6개 사업부문들을 포괄하는 유럽의 한 다국적 기업은 그 회사의 전 사업부문에 걸쳐서 임명된 인적자원개발 수석고문 (senior HRD consultants)들이 그들의 내부 경영자문기량을 향상시키도록 돕고자 한다. 이를 위해 그들은 사용할 방법론을 적용할 장소(site)로서 그 기업의 한 회사를 선정하여 그곳에서 "생생한" 체험을 창조하려고 한다.

3일간의 워크샵 기간중 첫날 아침은 이러한 접근 방식을 탐색하면서 보낸다. 총 25명의 모든 고문들은 사전에 상당한 준비를 해왔었고 그래서 그 기간 동안에는 실용적인 세부 사항들에 초점을 맞춘다.

오후에는 그 기업의 회장이 워크샵에 참여하는데 그의 경영방식이 연구의 촛점이 될 것이다. 그는 최근의 기업역사를 간단히 피력하고 기업이 현재 당면한 문제와 도전, 그리고 관심사들 중의 일부를 언급한다. 그는 또한 이러한 문제들에 대하여 고문들의 분석

결과들을 듣기 위해 워크샵의 마지막 날에 그의 고위 중역 팀과 함께 다시 참여할 것을 알려둔다.

다음날 25명의 고문들은 그 장소에 도착한다. 고위 참모직원들도 스스로 이 장소에 참석하였다. 여기서 고문들은 어디든지 자유롭게 돌아다닐 수 있고 모든 부문의 관리자나 참모직원들과 대화를 나눌 것이다.

그날 오후에 그들은 배운 것들을 "정리"하고 토의하기 위해 다시 모인다. 여기에서 우리는 놀라운 것을 발견한다. 그 기업은 회장이 설명한 것처럼 장점들과 훌륭한 업적들을 가지고 있다. 그러나 또한 거기에는 주요 문제점들에 대한 내부적인 대화가 제약되어 있다는 점이다.

고문들이 그들의 결론들을 전개시킴에 따라 마지막날 그들의 보고서가 어려워질 것이란 사실은 점점 분명해진다. 회장은 회사의 업적을 상당히 자랑스럽게 여기기 때문에 그의 운영방식을 공개했다. 인적자원개발 고문들 중 한 사람의 표현에 의하면 그는 마치 어떤 사람들의 집에 저녁을 위해 초대받아 와서 그 집 벽지가 자기 마음에 들지 않는다고 말하고 있는 처지가 되어버린 것처럼 느껴진다는 것이다.

그 상황을 가지고 고문들이 씨름하면서 그들이 엄청난 한 가지의 딜레마에 봉착해 있다는 사실이 명백해졌다. 여기에 창조적인 접근이 필요했다. 만약 회장이 혼자 방문할 것이라면 일은 간단했을 것이다. 그러나 그는 경영진 전체를 끌어들이고 있지 않는가 !

그래서 내려진 한가지 결정은 은유적으로 그 "메시지를 실제 체험하게" 하자는 것이었다. 공식적인 보고서를 제출하는 것보다 그 고문들 중 6명이 그 기업의 주요 경쟁사의 최고 경영진회의를 역할 연기로 연출하고 이 과정에서 발견되는 주요 문제들의 의미를 전달하는 것이다. 이 모의회의를 위한 안건은 그 경쟁사로 하여금 현재 이 회사가 검토 중인 인수할 것인 지 결정하도록 하는 것이었다.

다음날 아침, 회장과 그의 최고 경영팀은 예정대로 행사장에 도달했고 워크숍에서 수행된 일들에 대한 요약 발표를 한 후 곧장 그 회의에서 역할연기를 연출하였다.

이 연출의 효과는 대단한 것이었다. 그 회장과 그의 경영팀들은 그 회사에 관한 주요 정보들을 엿들으면서 경쟁회사의 심장부 속을 빤히 들여다보는 셈이었다. 이것으로 전달하고자 하는 메시지는 정확히 급소를 찔렀다. 그들의 반응으로부터 경쟁사가 알고 있는 것이 정말 사실처럼 공감을 불러일으킨다는 것을 알 수 있었다. 이들 고문들이 그 연기에 삽입한 유머에 회장과 그의 경영팀은 미소를 띄우고, 주위를 둘러보고 서로에게 고개를 끄덕였으며, 진지하게 필기도하며 경청하고 있었다. 어떤 점에서, 이것은 역할연기가 아니었다. 바로 그 순간에 경쟁사가 말하고 행할지 모르는 내용들이 바로 그 연기내용이었기 때문이다.

모의 "경쟁사"의 경영자들은 "점잖은 내부인사"들이 좀처럼 말하지 않을 모든 주요한 것을 말할 수 있었다. 특히 그 기업의 참모직원들에 대해 언급되었을 때는 불쾌한 사실들임에도 불구하고 사장은 모의경쟁사의 경영진들이 전달한 메시지를 귀담아 "들을 수" 있었다. 이 역할 연기에 잇따라 열린 토론의 장은 생기가 넘치고 밀도있게 진행되었다. 그 기업의 회장과 그의 경영팀은 그 성과에 흡족해하며 기뻐하였다. 이러한 경험은 최고 경영자 팀을 위한 개발교육과 대화의 새로운 영역을 열어주었다.

➡ 네트워크 살리기 (Bring a network to life)

링크(Link)는 수백의 장애인들과 그의 가족들을 연결하는 비영리 봉사 네트워크이다. Link의 발전에 위기가 봉착하였다. 10년 동안 Link의 구성원들에게 지원자 역할을 하고 학교, 교육 위원회, 기업, 정부, 다양한 사회 서비스 조직들과 상호연계체계(network)를 갖추어 왔던 핵심 자원 봉사자들이 자신들의 조직에 대해 의욕쇄진(burnout)을 느낀 것이다. 그들은 지쳐있었고 나아가 Link에 과연 미래가 있을 것인가에 관해서도 걱정되었다. 공동체에 대한 명백한 공헌과 구성원들에 대한 지원에도 불구하고 중요한 질문들이 쇄도하였다. 과거 몇 년 동안에 걸쳐 Link는 특별한 필요에 봉사하는 몇몇 자매기관을 창조하고 파생시켰다. 그러므로 "Link가 계속 존재할 필요가 있을까?", "이것이 그 목적에 부합되는 봉사활동을 해왔는가?", "자매기관들이 혼자서 해 나갈 수 있을까?"

한해 전에 경영자문 팀들에 의해 그 조직의 본질과 요구 사항들의 전반적인 분석을 시행한 전략적인 검토가 수행되어져 왔지만 그것은 어떤 면에서 조직의 자원을 쓸데없이 낭비한 셈이었다. 연수회를 열어 그 결과물들을 토의하였으나 Link를 종식시키자는 생각이 너무나 확산되어 Link가 이미 유명무실한 존재가 되었다는 것을 느끼기 시작한 사람들이 많았다. 나중에 "Link사망 회의"로 불리어진 그 회의는 깊은 부정적 분위기로 빠져들면서 참가자들을 압도했다.

그러나 일부 골수분자들은 이 네트워크가 죽도록 내버려두는 것을 거부했다. 그들은 Link가 자매기관들을 함께 결속시키고 그들이 공통의 사명과 의견을 말하도록 하는데 중요한 역할을 하고 있다고 느꼈다. 이러한 결집기관이 없이는 "산하조직"들이 기반을 잃을 수 있다고 느꼈다. 그들은 현행의 역경을 극복할 수 있다면 발전을 위한 강한 잠재력의 존재를 인식하면서도 무력화된 상태에 봉착해 있었다. 그들은 돌파구로서 비영리 봉사 네트워크의 10주년 기념 행사를 고대하면서 새로운 원기를 불어넣어 줄 새로운 임원을 찾았다.

그들은 Link의 공헌력을 재확인하고 이를 소생시킬 생기있고 고조된 분위기의 창립 기념일 잔치를 계획했다.

초대장이 발송된 결과 단지 20명의 축하객이 참석했을 뿐이지만 현재의 빈사상태를 고려하면 좋은 결과였다.

모든 사람들은 원형으로 앉았다. 간단한 자기 소개가 있은 후 파티용 색테이프 (streamer) 두루말이 꾸러미들이 그 그룹의 중심에 놓였다. 그때 네트워크의 한 주축 멤버가 한 색 테이프를 풀게 한 다음 최근 몇 주 동안에 그 사람과 중요한 접촉을 가졌던 그 방의 다른 사람들에게 풀린 색 테이프를 잡도록 요청했다. 또 다른 한 사람에게는 다른 색 테이프를 사용하여 같은 방식으로 그렇게 하도록 하였다. 몇 분 안에 그들의 원은 각기 다른 색상을 가지고 있는 색 테이프의 선으로 서로 얽혀졌다. 다양한 색상의 색종이테이프는 여러 가지 유형의 상호작용을 강조하여 나타내기 위한 것이었다.

효과는 아주 놀랄만 한 것이었다.

단 10분이라는 즐거움으로 가득 찬 짧은 시간에, 네트워크의 실체가 모든 사람들의 눈앞에서 재현되었다. 모두가 거기서 보고 있었다.

"이것이 과연 죽어가고 있는 네트워크냐?"

오히려 그 곳에는 수 백의 상호 교류가 이루어지고 있었다.

아무리 네트워크의 죽음에 관해 말하는 이들이 있더라도 네트워크의 실체는 살아 있었다.

이것의 깊이와 생동성을 보여주기 위해 참여한 사람들은 자신의 색 테이프의 다른 쪽 끝에 있는 사람들에 관하여 그들의 느낌과 이야기를 공유하도록 하였다.

모든 사람들은 말했다. 사람들은 흐르는 눈물과 이야기들로 두 시간 이상이나 그들의 색 테이프를 잡고 있었다. 그들은 금방 체험한 역사의 실체를 발견했다. 서로 자축하고 Link를 경축했다. 그리고 그들이 다른 사람의 이야기를 들었을 때는, 새로운 통찰력과 새로운 영감을 조금씩 얻었고 새로운 친분관계를 열었다.

원형으로 둘러앉은 이들은 그들의 순수한 강점, 파워, 헌신, 그리고 잠재력이 바로 거기에 있다는 것을 보고 느꼈다. Link는 그들 눈앞에 살아 있었던 것이다. 그것은 추상적인 개념이 아니었다. 그것은 실속 없는 공허한 조직적 형태가 아니었다. 그것은 의무와 책임의 제도화된 기계적 시스템이 결코 아니었다. 그것은 공유된 사명의식과 에너지, 이해와 의무를 다함께 나누어 가진 진정한 의미의 공동체였다.

거기엔 결론도 없고, 행동계획도 없고, 해결책도 없었다. 단지 네트워크는 살아있는 실체라는 것에 대한 지식만이 있을 뿐이었다.

점심식사와 창립기념케이크를 나눈 후에 이제 관심은 연차 정기총회로 옮겨졌다. 그 총회는 어떤 총회보다 짧은 시간에 가장 긍정적인 Link 공동체를 경험하게 했다.

창립기념 잔치는 이 행사의 분수령이었다. 그것이 바로 Link의 역사에서 가장 활동적이고 생산적인 기간으로 Link가 발전될 수 있도록 새로운 에너지와 새로운 결의를 창조했던 것이다.

위에서 살펴본 지각변동, 변화저지, 경쟁사 역할연기, 그리고 파티용 테이프와 같은 모든 조직개발에 관한 개선노력들은 행동이 "살아있는 은유"들을 통해 체험적으로 형성되고 관리되는 것인지에 관한 실례를 제공한다. 각각의 실례에서 우리가 알 수 있는 것은 이들이 중점 메시지들과 통찰들의 의미를 제대로 전달하고자 은유적 체험을 중시한 조직개발노력을 구체화하기 위해 나름대로 시도를 했다는 것이다. 여기서 주요 목적은 추상적 형태의 메시지를 단순히 보거나 듣는 것보다 사람들이 직접 "메시지의 내용을 실제 체험하게"하는 데 도움을 주자는 것이다.

"우리조직에서 지각변동이 일어나고 있다."

"우리자신이 변화를 차단한다.—따라서 변화노력을 실제로 잘 수행할 수 있는 방법을 발견하자！"

"우리의 경쟁사는 우리조직이 안고 있는 실제 문제를 볼 수 있다."

"우리의 네트워크는 살아있고 건강하다."

위의 4가지 조직개발노력들은 실천효과를 창조하기 위해 마음에서 우러나고, 극적 효과를 가지며, 매우 시각적 은유를 사용한 체험적 메시지들로 설계되됐다는 것이다. 이들 이 장의 4가지 방법들은 전반 부분에서 토론한 "팩스", "이동" 그리고 "낙서판"과 함께 이미지화의 과정이 무제한적 형태로 치밀하게 설계된 조직개발노력의 프로그램를 위해 독창적 도구상자로 활용될 수 있는가를 설명한다. 여기서 명실한 메시지는 자신의 동료 관리자에게 주요 의사소통을 성공적으로 수행케하려는 라인 관리자든 아니면 독창적이고 영향력이 있는 학습과정의 개발을 추구하는 스탭 내지 인적자원개발 실무자든 그 누구에게라도 행동이 말보다 효과적일 수 있는 주요 학습 경험을 창출해내기 위해 반드시 여러 사람들의 마음을 울리는 은유들을 사용해야 한다는 것이다.

12.

제품과 서비스에 대한 재음미

앞 장에서는 조직과 경영의 본질 및 스타일을 재형성하기 위해 이미지화 과정을 어떻게 활용할 수 있을 지를 살펴보았다. 이제 한 단계 더 나아가, 기본적인 제품과 서비스를 재음미하기 위해 어떻게 이미지화 할 수 있을 지를 예시하고자 한다.

본 장의 대부분은 실습으로 구성되어 있다. 본 장은 질량, 공간 및 시간 사이의 관계들에 초점을 맞춤으로써 제품과 서비스를 어떻게 재구성할 수 있을 지를 생각해보기 위해, 여러분들을 아인슈타인의 은유 세계에 초대하고자 한다.

많은 제품과 서비스는 그것에 내재한 개념의 "포로"가 되기 마련이다. 대개 제품이나 서비스는 반짝이는 아이디어들에 의해 만들어진다. 그러나 보통 아이디어는 사고 방식을 형성하는 제약 요건이 되곤 한다. 그 결과, 그 제품과 서비스는 새로운 경쟁 위협을 받게 되고 한정된 준거 틀을 뛰어넘는 개발에 발목 잡히는 경우가 허다하다.

널리 알려진 몇 가지 예를 들면 다음과 같다.

· 시계에서 스왓치로

· 지프 (Zip)에서 벨크로 (Velcro)로

· 현금 등록기에서 정보 시스템으로

시계 산업은 1970년대에 시각을 알리는 기계에서 패션 상품으로 주목의 초점을 바꾸는 틀을 재구성 함으로써 크게 변모되었다. 많은 낡은 순수 전통 시계들은 더 통상화된 디지털 및 쿼츠 기술에 바탕한 새로운 일회용의 패션제품에 추격 당하였다.

지퍼, 단추 및 레이스도 벨크로형 제품에 의해 비슷한 도전을 받았다. 열매가시 접착 은유는 신제품 개발 저변에 깔린 틀의 재구성을 촉진하였다. 긴 풀밭을 걷고 난 후, 옷에 묻은 열매 가시를 제거하는 것이 얼마나 어려운지 우리 모두는 잘 알고 있다. 벨크로는 바로 "죔쇠들"도 그런 방법으로 만들 수 없을까?" 하는 의문에서 비롯되었다

기계식 현금 등록기 제조 회사들은 기본 제품을 컴퓨터화한 경쟁자들에 의해 심히 자극 받았다. 동네 모서리 상점에 가보면 그 변화를 금방 볼 수 있다. 현금 등록기는 이제 계산도 하고 세금 보고도 하고 재고 통제도 하며 판매 분석도 도와주는 통합 정보 시스템의 한 부분을 형성하고 있다. 이러한 발전으로 전통적인 "현금 등록기" 사업은 쇠퇴하게 되었다.

이 모든 것들은 이미지화의 핵심인 틀의 재구성이 얼마나 강력한 지를 예시하고 있다. 마치 앞서 논의한 거미 식물, 정치 축구, 빙산 및 증발되는 물의 이미지가 바로 상황에 대한 신선한 비전을 창조하고 전진을 위한 새로운 방법을 찾아내는 데 사용되었듯이, 앞서 예시한 발명에 내재한 새로운 이미지화는 신개발의 길을 열어주었다. 메스츄세츠 공과대학 (MIT)의 도날드 쉔 (Donald Schön) 교수는 혁신 연구에 비상한 관심을 가지고, 틀을 재구성하는 과정에서, 은유가 제공하는 역할을 최초로 인식한 학자 중 한 사람

이다. 유명한 사례 중 하나는, 합성 강모 (剛毛)로 만들어진 페인트솔의 성과를 개선하는데 관심을 가진 한 제품 개발 연구팀이 경험한 문제에 초점을 맞춘 것이다. 연구팀은 여러 가지 개선을 위해 노력하였지만, 어느 것도 제대로 작동되지 않았다. 그 때 어떤 연구원이 "페인트솔이 일종의 펌프!" 임을 깨달았다. 그의 통찰력이 연구팀으로 하여금 표면에 압력을 가함에 따라 강모 사이에 페인트가 어떻게 흐르며 솔이 구부러짐으로써 페인트가 흐르는 경로가 어떻게 정해지는 지에 초점을 맞추도록 유도하였다. 자연스럽게 펌핑하는 새 솔을 디자인함으로써 그 팀은 괄목할 정도로 성과를 향상시켰다.

- 펌프로서의 페인트솔
- "패션"으로서의 시계
- "끈끈하게 달라붙는 열매 가시"로서의 죔쇠
- "정보 시스템"으로서의 현금 등록기

이 제품들의 개발 과정은 한결같다. 새 준거 틀을 창조하기 위해 은유를 사용함으로써 수많은 혁신 가능성의 끈을 푼 것이다.

예를 들면, 캘리포니아에 기반을 둔 조그마한 항공 회사가 하늘을 나는 차를 개발하고 있다. 만약 성공하면, 이 차는 가정집 차고에서 수직으로 올라 시속 600 킬로미터 이상의 속도로 하늘을 날 수 있게 될 것이다. 이 새로운 종류의 항공기는 조종사가 종착지를 입력한 다음 컴퓨터의 조종에 따라 여행의 나머지를 즐기게끔 위성에 의해 통제될 것으로 개발자 폴 몰러 (Paul Moller)는 내다보고 있다.

몰러의 "하늘을 나는 차"는 조그마한 날개로 엄청난 속도를 내는 벌새 이미지에 영감을 받았다. 벌새는 곤충처럼 한 장소를 배회하고 뒤로도 날으며 고속으로 움직일 수 있다. 관건은 차를 하늘로 띄우는 데 필요한 에너지를 생산하기 위해 가능한 가볍고 효율적인 구조를 개발하는 방법을 찾아내는 일이다. 마그네슘만큼 가벼우면서도 철강만큼 강한 합성 물질을 사용하면 적어도 원형 (原型)상으로는 그의 프로젝트가 성공할 것이다.

흔한 열매 가시 이미지가 벨크로 발명자로 하여금 레이스, 지퍼 및 단추 대용의 방법을 발명하도록 도왔던 것과 마찬가지로, 벌새들이 몰러로 하여금 새로운 형태의 고속 수

송수단을 창조해내도록 인도할 지도 모른다.

본 장의 나머지 부분에서는 경영자들이 기본 제품과 서비스를 어떻게 지속적으로 재음미 할 수 있을 가를 예시하기 위해, 유형의 이미지화가 주는 함의점을 탐색해 보고자 한다. 이를 위해, 광범위한 예들을 들기 보다는 거의 모든 제품과 서비스에 적용될 수 있는 단일 은유화의 함의점을 탐색하고자 한다.

스탠리 데이비스 (Stanley Davis)의 저서 『미래 완료』 (Future Perfect)가 이 탐색의 초점을 맞추는데 영감을 준다. 이 책에서, 그는 뉴턴 세계로부터 아인슈타인 세계로 변하고 있는 세상이 의미하는 함의점들에 대해 도전적으로 사고하도록 제안하고 있다. 대부분의 조직은 뉴턴 원칙에 바탕을 두고 있다. 만약 이들이 보다 "아인슈타인"적이 되면 어떻게 될까? 물질, 질량, 공간 및 시간 사이의 관계를 재음미함으로써 재구성될 수 있을까?

데이비스는 그의 저서에서, 조직이 각 활동 측면들을 면밀히 검토하기 위해 틀의 재구성을 어떻게 활용할 수 있을 지에 대해 자극적인 설명을 제공하고 있다. 이를 위해, 그는 조직 세계에서 일어나는 많은 발전이 실제 어떻게 아인슈타인 관점에 가까이 다가가고 있는 지를 제시하고 있다. 제 1 장에 제시된 것처럼, 조직은 분권화되고 세계화되며 유연한 네트워킹 형태로 변함에 따라 시공을 뛰어넘어 물리적으로 해체 되거나 확산되고 있다. 과거에 조직은 특정 위치에 따라 정의되는 그 무엇이었다. 그러나 이제, 조직은 어디에나 있을 수 있다. 어떤 조직은 불필요한 기구를 통합, 각 활동의 하청 계약을 가상으로 맺는 "모형 6"을 이용함으로써 위치 자체가 필요 없게 되었다.

새로운 기술은 질량과 가촉성 (可觸性)을 강조하던 데서 정보로 초점을 옮기고 상호 연결성을 확산하는 세계를 창출함으로써 이 같은 발전을 촉진시키고 있다. 의미와 가치가 다양하게 창출되는 정보 경제 시대에 우리들은 살고 있다. 정보는 실제 질량이 없으므로 아인슈타인 관점에서 보면 흥미롭다. 그것은 확산되고 추상적이며 고도로 상대적이다. 그것은 절대 가치가 없고 단지 상황 가치만 있을 뿐이다. 예컨대, 파산에 직면한 주식 시장에서는, 오늘의 가장 가치 있는 정보도 내일 시장이 파산된다면 아무 쓸모가 없게 된다. 그레고리 베잇슨 (Gregory Bateson)이 여러 해 전에 관찰하였듯이, 정보는 실로 차이를 만드는 차이이다! 아인슈타인 세계에서는, 비정형적 본질의 보다 상징적 요소가 과연 무엇이 되겠는가? 현대에 있어서는, 아마도 부가 가치의 주요 자원인 정보가 바로 차이를 만드는 차이일 것이다!

만약 아인슈타인적 혁명을 도모하기 위해 여러분의 조직을 개방하고자 한다면, 데이비스는 시간, 공간 및 질량의 역할을 거의 모든 면에서 재음미하라고 충고하고 있다. 예시를 위해, 이 이미지를 제품과 서비스를 재음미하는데 본 장에서 다른 이미지를 어떻게 사용할 수 있을 지에 초점을 모아 보자. 아래의 목록을 점검해 보라.

➡ 시간에 대한 재고

여러분의 제품과 서비스에 시간이 어떻게 영향을 미치는가?

다음 각각에 대해 시간의 다양한 측면과 이의 함의점을 어떻게 재구성할 수 있을지 재음미해 보십시오.

- 제조 시간을?
- 서비스 시간을?
- 개발 시간을?
- 소비 시간을?
- 유휴 시간을?
- 속도를?
- 기타 측면들을?

   ____

   ____

   ____

➡ 공간에 대한 재음미

또한 다음의 제품과 서비스의 공간적 차원은 어떻게 재구성할 수 있을지 재음해 보십시오.

· 규모를?

· 형태를?

· 차원을?

· 장소를?

· 기타 차원들을?

———————————

———————————

———————————

➡ 질량에 대한 재음미

나이가 다음과 같은 제품 및 서비스의 압축, 접촉 및 "느낌"을 어떻게 재구성할 수 있을지 재음미해 보십시오.

· 농도

· 가촉성

· 느낌

· 가시성

· 기타 특성

———————————

———————————

———————————

데이비스가 시사한 바와 같이, 상기 목록에 초점을 맞추어 점검함으로써 많은 조직과 산업은 획기적으로 진보하여 왔다.

몇 가지 예를 들면 다음과 같다.

시간에 대한 재음미

즉시 경영 (JIT)과 전반적 작업 재편과 같이, 생산 과정에서 시간을 중시함으로써 이루어졌음에 주목하라. 자동차를 만드는데 며칠 대신에 이제 몇 시간이 걸리고, 책을 출판하는데 몇 달 대신에 몇 주 내지 며칠밖에 걸리지 않는다. 가장 짧은 경로를 통해 생산자와 소비자를 즉각 연결하는 제조 시스템으로 이행하고 있다.

서비스 부문에서도 마찬가지 경향이 진행되고 있음에 주목하라. 전자 레인지, 패스트 푸드, 폴라로이드 카메라, 1시간 내 사진 현상, 1시간 내 안경 맞춤, 즉석 구두 수선, 30분 내 피자 배달, 즉석 비행기 예약, 은행에서의 직접 차입, 그리고 보험 클레임에 대한 부분적 자동 배상이 그러하다.

- 예컨대 휴가용 주택, 일괄 임대 및 컴퓨터 시간 공유를 통해, 그리고 "모델 6" 하청을 통해 유휴 시간을 얼마나 줄일 수 있는 지에 주목하라. 많은 하이테크 섹터에서 신제품을 개발하여 그것을 시장에 내놓는 속도와 관련, 어떻게 경쟁적 우위가 도모되고 있는지 주목하라.
- 텔레비전, 금융 및 소매업과 같은 다양한 섹터들에서 전개되고 있는 "24시간 서비스" 철학에 주목하라.

단 하나의 시간에 대한 획기적 진보가 조직에게는 큰 차이를 유발할 것이다! 때론 별로 힘들이지 않고 좋은 아이디어를 떠올릴수 있지만, 어떤 때는 좋은 아이디어를 생각해 내기 위해 애를 많이 써야한다.

가능한 사고 과정의 확장 예 하나로 가솔린의 경우를 생각해보자.

이 제품에 관한 시간을 여러분은 어떻게 재음미하고 재구성 할 것인가?

가솔린 생산과 주유소까지의 배달의 로지스틱스를 합리화함으로써 가솔린 제조 및 서비스 시간을 단축하고 비용 절감을 도모할 수 있을 것이다. 아마 신용 카드로 로봇이 주유하도록 하는 셀프 서비스 시스템을 합리화 할 수도 있을 것이다. 심지어 주유하기 위해 차안에서 기다리는 동안 로봇이 세차까지 할 수도 있을 것이다!

시간 절약을 보다 더 생각해보자.

소비자들의 시간을 어떻게 보다 더 절약할 수 있을까?

그것은 아마도 주유소까지 소비자들이 오는 시간을 줄이는 방법인데, 어떻게 그것이 가능할까?

"여러분이 근무하는 동안 차를 모아 세차하는" 밸럿 (valet) 가솔린 서비스일까? 슈퍼마켓, 편의점, 또는 운전자들이 시간을 보내는 다른 장소에 주유소를 옮길까? 아니면 가솔린을 직장이나 자택으로 배달하는 방법을 찾아낼까?

이상적인 해결책은 소비자의 추가 비용 부담 없이 시간이나 노력을 들이지 않고 "주유"하는 방법일 것이다.

벨럿 가솔린이 해결책일 지 모르나, 이 방법은 규모의 경제가 없는 한, 추가 서비스 때문에 가격이 비싸질 지 모른다. 때문에 사무실 주차장에서 모든 차를 서비스하는 계약을 체결하는 것을 가능할 것이 아닌가!

아니면, 아마 "자택 서비스" 아이디어를 찾아보는 것이 더 좋은 해결책이 될 지도 모른다.

만약 소비자가 집을 떠나기 전에 주유할 수 있다면 어떻겠는가?

처음에는 이것이 보관상의 문제 때문에 비실용적이라고 생각될 수 있으나, 천연 가스의 경우 이미 집에 타목적으로 가스가 바로 들어오고 있다면 그렇지만도 않을 것이다.

하지만 그것은 가스 산업 밖의 문제이다.

맞는 말이다!

가솔린 회사들보다는 천연 가스 회사들에게 서비스 배달상의 장기적인 경쟁적 우위가 더 있을 지 모른다. 그렇다면 아마도 천연 가스 회사들이 자동차 소비자들을 끌어안기 위해 사업 지평을 확대해야 할 것이다.

그러나 만약 대체 연료의 하나로 천연 가스를 거론한다면, 태양 에너지는 어떠할까? 차가 야외에 있는 한, 주차나 주행하는 동안 하루에 최소 12시간 태양 에너지를 채워 넣을 수 있기 때문이다.

아마도 먼 미래에는 차들이 전혀 가스를 필요로 하지 않을 수도있다. 비록 태양 베터

리와 충전은 질량을 갖고 공간을 차지하지만, 태양 에너지는 그렇지 않지 않은! 가솔린 회사들은 이같은 미래를 현실화하기 위해 아마 자동차 제조업체들과 다시 제휴하는 것을 고려해야만 할 것이다.

이상의 예들은 단지 "시간"적 관점에서 "가솔린"을 재구성하는 것이, 제품과 서비스의 개발을 어떻게 새로이 하고 새로운 방향을 잡는데 여러 가지 통찰력을 제공 할 수 있는 지를 예시한 것에 불과하다. 그 중 중요하면서도 현실적 적용가능성이 있는 통찰력이 하나라도 있다면, 그것은 극적인 영향력을 발휘할 수 있을 것이다.

공간에 대한 재음미

공간을 재음미함으로써도 시간의 경우와 비슷한 획기적 진보를 창출할 수 있는데, 다음과 같다.

· 형태의 주 영향 요인인 디자인이 어떻게 모든 제품과 서비스의 주요 특성이 되는지에 주목하라. 소비자들은 점차 우아하고 적합한 것을 요구한다. 그들은 부여된 과업 수행을 위해 꼭 필요한 제품과 개인적 요구에 꼭 맞는 맞춤형 서비스를 원한다. 생산자가 원하는 것을 소비자에게 제공하는 시대는 급격히 사라지고 있다. 주문은 보험과 재정 서비스, 피자, 화장품 및 기타 많은 제품과 서비스 섹터에 널리 퍼져 있다.

· 이제 제품이 어떻게 축소되고 있는지에 주목하라. 컴퓨터, 라디오, 화학 제품, 시계 및 난로든 또는 계산기든 10년 전에 비해 부피가 주는 충격은 더 크다. 두터운 수표책과 현금뭉치는 얄팍한 신용카드에 그 자리를 내어주고 있다. 포장은 점점 더 간편해지고 있다.

· 서비스 섹터에서는 소비자에게 할당된 물리적, 심리적 공간이 확대되고 있다. 즉 더 넓어지고, 더 편안하고, 지각적 충격을 더 주며, 소비자 욕구를 더 충족시키고 있다.

· 스테레오 텔레비, 홀로그래픽 광고, 다용도 비디오 디스플레이 터미널, 다목적 스크루 드라이버, 그리고 은행 계정의 처리와 사용 대금의 지급, 보험 부담금의 제공, 여행자수표의 구매와 할인 및 심지어 지하철 통행료까지 지급하는 "스마트 카드"처럼, 제품이 어떻게 다원화되고 있는 지에 주목하라. 제품과 서비스는 많은 역할을 동시에 수행하고 잠재적으로 발생 가능한 많은 경우를 처리하는 추세로 나아가고 있다.

· 셀 방식의 전화, 연금 (年金), 피자, 가건물, 은행 서비스 및 워크맨과 같이, 제품과 서비스가 어떻게 더욱 휴대화되고 있는 지에 주목하라. 제품과 서비스는 지역적, 세계적 이동성을 높임으로써 경쟁적 우위를 차지할 수 있다. 공장조차도 소비자 가까이에 지어지고 있는, 즉시 제조의 발달로 공급자가 소비자 주거지에 제조창을 짓는 것은 흔히 있는 일이다.

공간적 특성이 시사하는 함의점이 어떻게 전개되는지에 관한 하나의 확대 예시로 경영 대학 교육의 경우를 생각해 보자.

공간적 차원에서 어떻게 재구성할 수 있을까?

우선 위치에 관한 아이디어에서 출발, 다음으로 형태, 규모 및 차원의 이슈로 넘어가 보자.

경영 대학은 통상 위치가 중요한다. 그러나 반드시 그럴 이유가 없다. 교육을 학생들에게 맡김으로써 분권화와 위치 개념의 파괴를 모두 도모할 수 있기 때문이다.

· 학생을 찾아다니는 교수?

· "사내" MBA 프로그램?

· 학생 집단에 따라 시내 각 다른 지역에서 만나는 하이테크 버스내의 이동 교실? 시내의 한 편리한 주차장 공간을 세냄으로써 중역 MBA 요구에 맞출 수도 있다. 심지어 점심 시간을 이용해 수업하는 것도 가능하지 않는가! 또한 동문들을 위한 특별 세미나나 프로그램 운영을 위해 그들이 원하는 바로 그 장소에 있을 수도 있지 않는가!

예를 들면, 기초 도구와 기술 관련 지식을 개발하게 하는 연습 문제처럼 교육 프로그램중 대화를 필요로 하지 않는 요소들을 학생이 집으로 가져가도록 허용하는 비디오나

오디오 테이프를 개발할 수 있다. 아주 뛰어난 교수의 강의를 비디오 테이프에 담아 누구나 그것을 활용하게함으로써 강의를 "복제"할 수 있는 것이다.

동일 아이디어를 전세계 교수 요원들에게 보급할 수 있다. 세계 수준의 교수와 경영자를 목표로 아이디어를 테이프에 담고 프로그램 핵심에 포함시켜라. 학생이 아이디어를 읽는 대신 생동감 넘치도록 꾸며라. 이를 위해 생방송 회의의 호출을 다른 차원으로 첨가할 수 있다.

경영 교육의 공간적 재음미를 통해 원거리 학습 망은 커다란 기회를 창출한다. 세계적으로 훌륭한 경영 프로그램을 만들기 위해 기술적 탁월성을 활용할 수 있다. "모델 6" 배급 체계를 이용하거나 프렌차이징 모형을 좀 변형함으로서, 앞서 예시한 개발 중 많은 것을 현실화시키고 프로그램을 전달하는 지방 기관에게 서비스를 제공할 수 있다.

원거리 학습 망이 이미 가동됨에 따라, 국가적 교육 프로그램 구축을 위해 같은 원리 활용할 수 있게 되었다. 다양한 지역 센터에서 학생과 교수를 연결시키기 위해 화상 회의, 동영상 회의, 펙스 및 항공 수송과 같은 신기술을 활용할 수 있다. 이러한 종류의 확충된 전달 체계는 외부 지향적이며 프로그램을 비주거화하려는 권위 있는 경영 대학에게 엄청난 기회를 제공한다.

가능한 변형은 끝이 없다. 일단 "경영대학은 위치가 중요하다"라는 개념을 깨려고 노력한다면, 새로운 선택의 여지는 끝이 없다.

이상의 논의는 물리적 공간에 관한 아이디어에 초점을 맞추었다. 그러나 이는 지적(知的) 공간을 재구성하는 아이디어 탐색을 위해서도 가능하다.

누가 교과과정을 지배하는가? 교수인가, 학생인가, 기업의 요구인가, 아니면 보다 넓은 사회적 요구인가? 많은 경영 대학에서는 지적 공간을 학문적으로 정의되어 있는바, 학문적 선입견에 사로잡힌 대학 교수에 의해 지적 공간이 형성되어 있다. 어떤 학교는, 다른 것은 제외된 채, 실무와 기술만이 강조되는 기업 지배적 공간이 되고 있다. 지적 공간에 대한 총체적 개념은 확실히 여러모로 검토, 도전 및 재구성될 수 있다. 광범한 사회적 요구는 물론 다양한 이해 관계자들의 이해 충족을 위해 지적 공간은 경영 교육의 영역을 재정의하는 데 사용될 수 있다.

이상과 같은 위치와 공간에 대한 논의는 이미 경영 교육의 형태, 규모, 디자인 및 여타 차원들에 관한 제반 이슈들을 제기토록 하고 있다. 내용을 재구성하고, 스타일을 재구성하고, 배달 메카니즘을 재구성하라. 프로그램을 압축하거나, 확장하거나, 토막지우거나, 모듈화함으로써 시간적 차원을 재구성하라. 가능한 한 많이 학생들에게 자신의 개인적 프로그램을 짜도록 허용하고 내용과 선호하는 학습 방법을 선택하게 끔 주문화하라.

상기 이슈들은 무엇으로 경영 교육 프로그램을 구성할 것인가를 근본적으로 재음미하게 한다. 그들은 또한 공간 개념에 대한 체계적인 공략이 많은 개발 잠재 요소를 어떻게 이끌어낼 지도 보여준다. 전망컨대, 앞으로는 과거 수십년간 해온 패턴으로 경영교육을 제공하지는 않을 것이 분명하다. 새로운 기술 시대는 총체적 교육 과정의 변형을 보장하는 새 능력을 창출하고 있다. 아인슈타인 은유는 매우 직접적이고 포괄적인 방법으로, 상당수 기회를 포착하는 훌륭한 수단을 제공한다.

질량에 대한 재음미

다음의 몇가지 방법으로 제품과 서비스가 물리적으로 변형되는 다음 몇가지 방법들이 있다.

· 질량은 제 자리를 정보에게 내어주고 있다. 제품은 점차 작아지고 보다 지능적이며 복잡성, 설계, 지식 및 정보 면에서 풍성해지고 있다. 예컨대, 전자 펜에 의해 가동되는 호주머니 크기의 컴퓨터는 스스로 문제를 인식하고, 필요한 경우 수리공을 부르기 위해 모뎀을 활용한다. 유전 공학적으로 처리된 씨앗은 곤충과 질병을 이겨내는 능력을 갖고 있다. 새로운 정보가 입력되어 있으므로 화초에 뿌려진 화학물질과 다른 합성물을 감소시킨다. 정보 기반 산업인 유전 공학은 전통적 질량 기반의 화학 산업을 대체하고 있다!

이 모든 예들에서 고려된 것은 제품 크기보다는 정보이다.

· 제품은 보다 응집적이고 농축적이 되어가고 있다. 화학 제품의 경우, 극소량이 대량을 대체할 수 있는 "그램 화학"(gram chemistry)이 등장하고 있다. 은행 카드는 여러 가지 기능을 수행한다. 철강, 도자기 및 자동차 와이퍼를 생각해 보라. 같은 무게와 부피로 힘은 보다 더 강력해졌다.

· 제품의 가촉성은 변하고 수명은 보다 더 짧아지고 있다. "필름 없는" 카메라, 좋은 식당의 "경험"과 "분위기"와 "맛", 은행이나 보험 회사의 안전에 대한 "감각", 그리고 새로운 휴가 장소나 나이트 클럽의 "평판"이 그러하다. 많은 기업은 만질 수 없는 것을 판매한다. 사람들은 공중에 뜬 질을 보고 물건을 구매하고 있다. 가촉성을 재음미하는 기업은 바람직한 요소를 강조하고 바람직하지 않은 요소를 감소시킴으로써, 주요 경쟁적 우위를 획득하고 있다.

· 비슷한 맥락에서 가시성과 비가시성 (非可視性)도 중요해지고 있다. 어떤 산업과 서비스에서는 실물보다 더 크고 강력한 것처럼 보이는 것이 중요하다. 자동차 회사는 "공간이 넓은" 준 컴펙트형 차 이미지를 창출하기 위하여 열심히 노력하고 있다! 정보 매체와 스포츠 스타는 초특급 영웅으로 판촉된다. 한 편으로 제품이나 서비스의 다른 면모들을 격하시키면서 다른 한 편으로는 바람직한 면모들을 부각시키기 위해 광고와 디자인을 결합한다. 어떤 경우에는 가시성이 자산이지만, 다른 경우에는 방해 요소이다. 미디어 스타, 학생, 경영자, 또는 외과 의사에게는 비가시적이고 튀지 않는 것이 매우 값질 수 있다.

따라서 질량을 재음미하기 위해 시작할 수 있는 방법은 여러 가지가 있다! 확장 예시로 질량과 도서 출판 사이의 관계를 살펴보자.

"최근 양서를 들은 적이 있습니까?"

녹음 테이프를 광고하는 이 표어는 핵심적 도전심을 사로잡는다. 책은 녹음 테이프 형태로, 컴퓨터 디스크 형태로, 텔레비전 영상으로, 그리고 원거리 접근용 전자 보관 형식으로 비물질화될 수 있다.

사람들은 기존 방식의 책을 필요로 하지 않는다. 참고 도서, 편람, 교과서, 인명록이나 전화 번호부, 그리고 요리 책 같은 저서는 흔히 귀중한 공간을 차지하나 그 책을 통째로 읽는 경우는 드물다. 만약 독자가 필요로 하는 정보가 전자적으로 접근 가능하다면, 정보 시스템에 연결된 모뎀으로 대체된 도서를 쉽게 예견할 수 있는 일이다. 잘 알려진 바와 같이, 이제 도서 출판업은 정보 기술업의 한 부분이 되어가고 있으며, 단순히 종이와 인쇄매체만의 세계가 아닌 전자와 시청각 매체의 세계를 끌어안아야 한다. 미래에는 만약 "독자"가 어떤 주제를 알고 싶으면, 필요 사실을 제공할 정보망에 접근하여 손가락 끝으로 퀴세 로렌 (Quiche Lorraine)을 위한 다섯 가지 견본 요리 비방을 출력하거나, 중소기업의 대차대조표 작성 지침을 출력하거나 아이작 아시모프 (Issac Asimov)의 공상과학 단편소설을 출력해 낼 것이다.

흥미롭게도 이 새로운 가능성은 또한, 전통적인 형태의 제품 틈새를 찾아내는 데 도움을 줄 것이다. 아주 세심히 읽어야 할 책과 촉감이나 관계성이나 유형적 접근이 중시되는 책에 주의가 집중되고 있다. 침대에서 읽이나 소설, 커피 테이블서적, 전시함의 서적 및 대기실의 장식용 장서, 그리고 개인 서명이 새겨진 선물용 도서가 그러하다.

가시성, 촉감, 바탕, 접촉 및 독자와의 개인적 공명 (共鳴)에 초점을 맞추면 통찰력이 생긴다. 촉감과 느낌을 어떻게 높이며 냄새까지 맡을 수 있게 할 것인가? 물성의 본질과 질 때문에 책들을 어떻게 친근감 주는 물리적 가공품들로 개발할 수 있을까?

이상의 논의는 단지 그것이 주요 파격적 진보나 새로운 아이디어를 창출해낼 수 있는 일단의 사고를 어떻게 열어 줄 수 있는가를 보여주는 예시에 불과하다. 이 확장 예시에 담긴 얼마나 많은 새로운 기회가 의문의 전통적 산업이나 서비스 영역밖에 있는 지에 주목하라. 아인슈타인 은유는 신개발들에 초점을 맞추게끔 도와주고, 변화의 필요와 기회에 대해 전통적 사고 방식을 뛰어넘기 위한 도전 수단을 제공한다. 모든 은유들처럼, 아인슈타인 은유는 조직이 제품과 서비스의 개발을 위한 특수 기회와 아이디어를 규명토록함은 물론, 새로운 사업분야에 대해 창의적으로 사고하도록 도와준다. 비결은 실제 구축 가능한 사고의 씨앗을 제공하는 통찰력을 찾는 일이다.

냄새나는 책, 그것은 실현 가능성 있는 발명품처럼 생각되지 않는다.

그러나 그 누가 그걸 알겠는가 ?

13.

만약 당신이 망치만 갖고 있다면…

이미지화는 조직과 경영자가 개인적, 조직적 및 사회적 변화 과정에 기여할 수 있는 접근법을 제공한다. 앞 장에서 제시한 바와 같이, 이미지화는 우리들이

- 상황을 신선한 관점에서 이해하고 접근하며
- 새로운 조직화의 방법을 발견하며
- 이해를 공유하는 새로운 패턴을 창조하며
- 개인적 권한 위양을 확대하며
- 지속적인 자기조직화 능력을 개발하도록 도와준다.

본 장에서는, 뒤에 나올 이론적 부록과 함께, 이 접근법을 광범한 관점에서 자리매김하는 것과 경영에 대한 보다 창의적인 접근법을 개발함에 있어 이미지화의 활용을 촉진하는 것을 탐구하고자 한다.

인간과 곤충 사회에서 언어와 의사소통의 역할을 논하면서, 루이스 토마스 (Lewis Thomas)는 스팩스 (Sphex)라 불리우는 말벌에 관한 흥미로운 이야기를 들려주고 있다. 산란기에 말벌은 모충 (母蟲)을 찾기 위해 날아다닌다. 일단 모충을 발견하면, 말벌은 급속히 내리 덮쳐 마비시킨 뒤 자기 둥지 입구로 가져간다. 말벌은 그 모충을 바로 "현관 입구"에 두고, 모든 것이 제대로 정돈되었는지 점검하기 위해 둥지 안으로 들어간다. 그리고 나서는 그 모충을 안으로 옮기기 위해 나온다. 그러나 만약 말벌이 안에 있는 동안 그 모충이 조금이라도 옮겨져 있으면, 말벌의 잘 관리된 행동은 그만 한계를 드러내게 된다. 즉, 말벌은 그 모충을 찾아 현관 입구에다 두고 모든 둥지 점검 과정을 다시 할 것이다. 만약 그 모충이 두번째로 옮겨지면, 꼭 같은 절차를 꼭 같은 방법으로 반복할 것이다. 만약 여러분이 원한다면, 말벌이 둥지로 간 사이에 모충을 계속 옮김으로써 말벌이 무심한 행동을 끝없이 반복하게 할 수 있다.

토마스는 이 이야기를 인간 지능의 특성 및 인간 세계의 개척과 이해를 도와주는 언어의 역할을 반추하는 재료로 활용하고 있다. 말벌은 다른 어떠한 방법도 상상해낼 수 없기 때문에 비생산적인 활동 유형에 사로잡히게 된다. 반면, 우리 인간은 훨씬 더 신축적인 능력을 지니고 있다. 새롭거나 모호하거나 모순적인 상황을 접하면, 우리는 의미 탐색을 강화하는 능력을 갖고 있다. 뉘앙스를 처리하는 능력을 제공하는 언어의 결과로, 우리는 자신이 발견하는 상황을 반추할 수 있다. 우리는 문제 상황에서 의미를 찾고 새로운 방법으로 행동하기 위해 기회를 창출한다. 토마스가 얘기한 것처럼, 인간 언어의 위대함 중 하나는 우리가 현상에 고착되는 것을 방지해 준다는 점이다.

이 책의 결론을 이끌어내기 위한 한 방법으로, 필자는 말벌의 이미지를 활용하기로 결심하였다. 말벌의 이미지가 현대 조직과 경영 세계가 직면한 많은 문제와 도전을 포착하고 있다고 느끼기 때문이다. 우리는 인간으로서 창의적인 생각과 행동을 위한 놀라운 재능을 갖고 있다. 우리는 엄청난 일을 하기 위해 이 재능을 활용할 수 있는 능력을 갖고 있다. 그러나 우리는 너무나도 자주 그렇지 못하다. 많은 경우, 당연시되는 사고 방식에 사로잡혀 있고 당면 문제와 상황을 다루기에 부적절한 행동을 하고 있다. 그리하여 우리는 말벌같이 되어가고 있다. 은유를 바꾸자면, 우리의 사고 방식은 망치가 되어가고 있는데, 그러면 모든 문제는 못이 된다.

이미지화는 딜레마를 다루는 한 방법이다. 이미 앞 장에서 살펴본 바와 같이, 이미지화는 우리가 신선한 안목으로 자신과 상황을 파악하고 상상적이며 혁신적인 사고와 행동을 위해 재능을 가동, 활용할 수 있도록 촉진한다. 이미지화는 우리가 자신을 발견하고 신선한 행동이 일어나게끔 하는 새로운 이해를 자아내게 함으로써, 우리를 상황에 대한 숙련된 "독자"나 "통역자"가 될 수 있도록 독려한다.

이 책 전체를 통하여, 필자는 이 접근법이 어떻게 경영 스타일, 조직 설계, 계획 및 변화 방법, 그리고 기본 제품과 서비스에 대한 새로운 사고 방식을 개발하는데 도움을 줄 수 있는 지를 보였다. 그리고 이를 실제로 예시하였다. 필자는 상황을 새로운 방법으로 구성하고 또 재구성하는데 도움을 주는 이미지의 활용을 통하여 어떻게 이미지화가 발휘될 수 있는 지를 보여주었다. 필자는 문제 상황을 이해하고 해결하는 수단으로 의식되는 창의적 "순간 은유"를 통해 어떻게 이미지화가 생길 수 있는 지를 보여주었다. 필자는 당면 문제들과 도전들을 설명하기 위해, 사람들이 창의적 은유들을 개발하는 이미지 과정을 통해서나 그들의 관점에 관해 의사소통하는 모습을 그림으로써 이미지화가 어떻게 체계적으로 개발될 수 있는 지를 보여주었다. 필자는 이 과정이 얼마나 촉각적이고 직관적이며 통찰력과 피부로 와닿는 감정에 의해 통제되는 지, 또 매체가 내용이 되는 "생생한 은유"를 통해 이 과정이 어떻게 행위로 형성되고 실행될 수 있는 지를 보여주었다. 그리고 이 모든 것을 보여줌에 있어, 필자는 이같은 이미지화가 우리 모두가 다각도로 지니고 있는 천부적 능력임을 강조하고자 노력하였다.

이 책을 쓰게된 주된 이유 중 하나는, 경영 현장에서 절실히 필요한 창의성이 넘쳐나도록 상상적이고 혁신적인 사고 능력을 경영 활동의 중심에 어떻게 놓을 수 있을 지를 보여주기 위함이다. 조직 변화 분야를 연구하면서, 필자는 개발 여지가 있는 창의적 가능성과 전개 가능한 발전에 대한 놀라움을 금해 본 적이 없다. 그것은 매일 조직에 근무하는 사람들의 개인적, 집단적 마음속에 대기하고 있다. 그러나 통상 그것은 뒤로 밀려나 보다 좁은 기술적 관심사에 의해 대치되고 있는데, 이 기술적 관심사는 그간 조직에서 형성되어온 사고의 많은 부분에 내재한 기계 시대의 특성이다. 강조한 바와 같이, 우리는 이제 뉴턴 세계의 안정성이 아인슈타인의 유동성과 상대성에게 자리를 내어준 새로운 시대에 살고 있다. 이러한 세계에서 도전이란 "조직화되는" 것보다는 자기조직화하는 능력을 개발하는 것 즉, 변화의 흐름에 따를 수 있는 조직화 유형들을 개발하는 것이다. 이미지화 과정은 이 과업에 접근하기 위한 이상적 수단을 제공한다.

실제 접근법을 제시함에 있어, 필자는 경영자와 변화 담당자의 역할에 초점을 맞추었고 필자가 관여하였던 변화 프로젝트들에 관한 이야기를 들려주고자하였다. 실제 관여한 바를 보여줄 수 있도록, 필자는 여러분을 바로 과정 내부로 데려가고자 노력하였다. 필자는 또한, 관점이 다수의 상이한 목적을 위해 서비스할 수 있음과, 제시된 이야기와 사례가 그 관점의 활용 방법에 관한 단순한 예시임을 강조하고자 노력하였다.

가장 궁극적인 의미에서, 이 책의 이야기와 사례들은 이미지화 과정을 여러분 자신의 것으로 만들도록 초대하고 있다. 여러분이 회장 혹은 공장 근로자이든, 관리자 혹은 노동운동가이든, 그리고 청소년 클럽의 지도자 혹은 컴퓨터 디자이너이든 간에 초대되기 마찬가지이다. 그것은 관심 상황의 구성과 재구성을 위해 이 책에서 제시된 이야기와 아이디어를 창의력 발휘와 이미지화 스타일 개발을 위한 자원으로 취하는 것이다. 여러분은 전략에 관한 거미-화초 접근법이나 "흰개미" 접근법에서 나온 특정 아이디어를 취하기를 원할 지 모른다. 여러분은 참모가 만든 은유를 통해 "거울 속을 들여다 봄"으로써 여러분의 경영 스타일을 재고하도록 고무될 지 모른다. 또는 질량, 공간 및 시간 사이의 관계를 재고하거나 여러분의 마음속에 떠오르는 다른 어떤 창의적 이미지를 통해, 여러분 회사의 제품과 서비스를 개발하기를 원할 지 모른다. 만약 그렇다면, 어느 것이나 다 좋다. 그러나 특정 통찰을 취할 때, 중요한 것은 가장 근본적인 것을 지속적으로 이미지화하는 능력을 우리 모두 갖고 있다는 사실을 인식하는 일이다. 이 초대는 이미지화 과정을 여러분 자신의 것으로 만드는 일이기 때문이다.

어떤 면에서, 필자가 지금까지 기술한 접근법은 지속적으로 보충되고 일신될 수 있는 경영 및 여타 상황에 접근하기 위한 창의적 연장통을 우리에게 제공한다. 그것은 우리의 개인적, 집단적 지능에 의해 제공되는 생성적 (生成的) 연장통 즉, 당면한 문제와 도전에 대한 주요 통찰력을 갖게 하고 조직화된 주도권 행사를 위해 우리가 기본적 공유 의미를 창출하는데 자주 사용될 수 있는 "연장통"이다. 그것은 망치가 필요하면 망치를 사용하고, 그렇지 않으면 보다 적절한 다른 연장을 개발하도록 우리를 독려하는 연장통이다.

이미지화로의 초대는 도날드 쉔 (Donald Schön)이 말하는 "배려 깊은 실무자"가 되게끔 한다는 바, 배려 깊은 실무자는 이미지와 가정 (假定)이 어떻게 주위 세계에서 우리가 "보고" 행하는 법을 형성하는 지를 인식하고, 이것을 보다 정보적이고 생산적인 방법으로 활동하도록 가동시킬 수 있는 사람이다. 이 초대는 우리를 효과적인 "독자들"와 상황 해석자가 되게 함으로써 보다 효과적인 "저자"가 되게끔 한다.

실제 접근법을 기술함에 있어, 필자는 강점과 한계점을 강조하면서 가능하면 현실적으로 서술하려고 노력하였다. 앞서 강조하였듯이, 이미지화는 보다 창의적으로 경영하고 보다 창의적으로 상황을 형성하는 방법들을 찾는데 도움을 줄 수 있는 아이디어와 기술을 제공한다. 그러나 그것은 단순 처방으로 환원될 수는 없으며, 더 더욱 요술지팡이가 아니다. 만약 적대적 권력 구조를 만나거나 현상 타파를 제한하는 낡은 가치관과 "문화"적 상황에서 해석되면, 창의적 통찰력과 획기적 아이디어는 자주 문제에 부딪치게 된다. 만약 "끝까지 수행하지" 못하거나 아이디어 실천에 필요한 공유 이해도 제어에 실패하면, 가장 창의적이고 강력한 이미지화 활동은 아무데서도 일어날 수 없다.

이는 변화 추구에 관심이 있는 사람이라면 누구나 직면하는 엄연한 현실이며, 그것들은 쉽게 제거되지 않는다. 특히 중요한 것은, 제 6 장과 제 7 장에서 제시하려고 노력하였듯이, 창의적이며 파격적 진보를 이룰 수 있는 이상주의는 변화를 어렵고 힘들게 만드는 기업문화와 정치적 상황에 기반을 두어야 하는 현실주의에 의해 언제나 자주 방해받고 있다는 사실을 인식하는 일이다. 성공은 통상 불완전에 대항하여 얻어지는 법이다. 헐리우드 영화같이 매번 행복으로 장식되는 것을 보장해 주는 요술 지팡이나 만능 약이 있으면 좋겠지만, 현실의 변화 담당자가 잘 알듯이, 헐리우드식 마감은 은막과 실제 성공담을 그럴싸하고 지나치게 단순화시킨 대중적 경영 서적이 담당할 몫이다.

이미지화는 권한 위양과 가능성을 현실화하는 기술에 관한 것이다. 그러나 이미지화는 또한, 현실주의 및 주요 변화 장애물들의 제거의 필요성에 관한 것이다. 성공적으로 이미지화하기 위해서는 이 두 가지 관점을 모두 염두에 둘 필요가 있다.

필자는 변화하는 세계에서 관리 문제를 다루는 것, 그리고 자기조직화하고 변화의 흐름에 따르는 경영 스타일과 조직설계 개발 문제를 다루는 것을 이 책의 초점으로 선택하였다. 여러 관점에서 볼 때, 이는 현 시점에서 경영 프론티어를 정의하는 것이다. 정보 기술의 발달과 세계 경제의 재편성은 낡은 생각이 해결하지 못한 미증유의 도전을 창출하고 있다. 우리는 새로운 사고 방법과 새로운 행동 양식을 필요로 한다. 우리는 우리가 필요로 하는 새로운 이미지에 바탕한 새로운 공유 이해 방식을 필요로 한다. 이미지화의 개념과 실천이 이러한 목적을 달성하기 위한 강력한 수단을 제공할 것으로 필자는 믿는다.

그러나 이미 지적한 바와 마찬가지로, 필자는 우리가 궁극적으로 당면해야만 하는 보다 광범위한 도전을 인식하고 있다. 경영 저술가들이 강력히 주장하고 있듯이, 현대 경제에서는 이 책의 첫 쪽에서 언급된 모든 특성을 포함하는 신속하고 신축적이며 적응적인 조직이 개발될 필요가 있다. 현대 경제는 "자기조직화"하고, "혼돈 속에 생존"하고, "보다 창의적"이고, "기업가정신을 육성"하며, "질을 중시"할 수 있는 조직을 필요로 한다. 이는 급격히 변화하는 세계에서 조직이 생존하기 위한 기본 조건들이다. 그러나 새로운 세계적 제휴와 재제휴가 일어나고 그것이 여러 방법으로 진행됨에 따라, 새로운 조류를 창출하고 있는 사회에 대한, 그리고 기업계와 지구촌 사이의 보다 광범위한 관계에 대한 몇몇 기본적인 의문은 여전히 남는다.

오늘날 기업 리더가 직면하는 도전 가운데에는 딜레마가 확연히 드러나고 있다. 세계 경제의 변화 때문에 인원을 감축하고 기구를 축소하고 있으며, 저임금과 저환경 · 노동 규제의 이점을 획득하기 위해 공장을 제 3 세계 국가에 재배치하고 있다. 그런 과정에서 전통적 도시 중심지들을 쇠퇴시키고 실업 수준을 높이고 양극화된 사회를 만들며 환경 파괴를 영구화하고 있다. 반드시 자녀들이 원하는 세계만 구축하고 있는 것은 아니다. 그러나 선택의 여지가 없다고 느끼기 때문에 계속 그렇게 하고 있다. 인원을 감축하고 공장을 재배치하며 시스템 논리를 따르는 것이 조직 생존의 유일한 방법인 것처럼 생각하기 때문에 그렇게 해야만 한다. 필자가 지적하고 싶은 것은, 총체적인 세계 경제가 스스로 추진력을 지닌 행동 논리에 얽매여 있는 듯하다는 점이다. 그러나 만약 우리가 내

막을 좀 더 파고들면, 관료조직 세계가 기계적인 원리에 의해 형성되어 있는 것과 꼭 마찬가지로, 세계 경제도 묵시적이고 의문시조차 되지 않는 이미지에 의해 이미지화되고 구성되어 있음을 발견할 수 있다.

예시를 위해, 세계적 경쟁에 관한 은유에 담긴 영향력을 살펴보자. 기업과 국가는 승자와 패자가 있고, 궁극적인 목적은 승자 편이 되거나 아니면 적어도 수긍이 갈 정도의 결과로 끝나야 한다는 정교한 세계적 경쟁 게임 이미지에 사로잡혀 있는 듯하다. 말하자면 경쟁적 승패 관계가 지배적인 경향을 띠고 있다. 새로운 경쟁에 대처하기 위해 팀을 합치고 새로운 형태를 취한다. 그 팀은 한 때 국내 운동장에서 경기하였으나, 이제 국제적인 경기를 한다. 정부는 심판과 규칙 제정자 행세를 하며 게임을 만들고 또 다시 만들려고 한다. 그들은 어느 한 팀이나 팀 집단이 너무 강해질 것 같거나 부당한 혜택을 받을 것 같으면 매우 신경을 쓴다. 그들은 대등한 경기장을 만들려고 노력한다.

필자의 논의는 예시 이상을 겨냥하고 있지 않다. 필자는 시대 정신을 포착할 것 같은 은유에 초점을 맞추었다. 우리 신속하고 신축적이며, 적응적이고 자기조직화하는 조직을 요구하는 "게임을 하고" 있다. 그런데, 우리는 게임의 규칙에 충분히 주목하고 있는가? 그것은 꼭 해야만 하는 게임인가? 그것은 우리가 보고자 하는 유형의 세계를 형성하는 최상의 방법인가?

은유로서의 세계적 경쟁은 경쟁적 단절과 공격의 중요성은 강조하지만, 전통, 지역사회, 이웃, 삶의 질, 균형된 경제, 사회적 민감성, 그리고 생태적 이슈 등과 관련된 가치의 중요성은 격하시킨다. 다른 모든 은유처럼, 이 은유도 한 세트의 통찰력을 창출하기 위해 다른 것을 말살하기 때문에 이해를 편향되게 한다. 은유는 여러 관점에서 지배층의 이념에 고양되며, 모든 이념들처럼 좁은 시야를 형성하는 경향이 있다. 산업혁명 발생시에는 기계적 은유가 그러하였듯이, 지금 우리는 사회적, 경제적 및 생태적 경관의 일방적 변형을 창출하기 위해서나 보다 균형된 이미지화를 도모하기 위해서 은유의 허용을 사회적으로 선택하고 있다.

이는 우리 앞에 놓인 궁극적 도전인 것 같다. 그것은 세계 수준으로 이미지화하는데 대한 도전으로, 쉽지는 않을 것이다. 그러나 세계화가 진행됨에 따라, 흥미롭게도 우리는 이미 많은 기본적 가정에 대해 의문을 품어 오고 있다. 이를테면, 한 때 신성시되던 국가가 정체성의 중요성에 대해 의문을 던지는 "국경 없는 세계"의 이미지에 대해 우리는 이야기하기 시작하고 있다. 어디에서나 동시적으로 존재하는 세계적 기업과 조직의 등장은 국가, 정부 및 기업간의 관계를 재고토록 요구하고 있다. 새로운 형태의 조직이 권력 기반을 옮기고 있기 때문에, 국가는 이제 더 이상 과거 산업 시대에서 그러하였던 것처럼 경제를 통제할 수 없다. 또한 환경의 지속적인 파괴, 세계적인 온난화, 그리고 오존층의 고갈과 더불어 지구도 하고 싶은 말을 갖게 되었다.

이 모든 조건은 새로운 이미지화 형태가 번성할 수 있는 새로운 상황을 만들어 내고 있다. 특히 토마스 베리 (Thomas Berry)와 다른 생태 철학자들이 제시한 것처럼, 인간에 관한 한 이제 진화는 "마음 가짐"과 사고 방식에 달려 있기 때문에, 자연에 대한 반역은 가능성과 상황의 긴급성을 새로이 왜곡시킬 것 같다. 우리는 조직을 형성하는 기본적인 아이디어와 관계를 재이미지화하여야 한다. 그러나 보다 근본적으로, 우리는 세계적인 관계와 우리 자신들 사이의 관계를 재이미지화하고 재구성하여야 한다. 도전은 새로운 현실을 타개하는데 도움을 줄 수 있는 새로운 이미지와 비전을 찾아내는 일이다. 필자는 바로 이것이 우리의 개인적이며 집단적 이미지화가 궁극적으로 다루어야할 참된 미개척 분야로 믿는다.

부록A

훈련 뒤에 있는 이론

지금까지 각 장에서는 마음의 훈련을 통한 이미지화의 다양한 모습들을 제시하였다. 이제 이론적 근거를 중점적으로 살펴보도록 하자.

우선, 접근법을 만들어 준 중심 아이디어들에 대해 참고가 될만한 이야기들을 소개하고자 한다. 각종 이미지와 은유들이 현실의 사회적 구성에 있어 이바지하는 역할을 살펴본 후, 개인적 임파워먼트의 한 형태와 변화에의 접근방법으로서 보다 구체적으로 이미지화 원리를 살펴보고자 한다.

몇 가지 철학적 배경

20세기가 진전되면서 언어와 이미지, 아이디어들이 사회 현실과 세상을 이해하는 방식을 얼마나 변화시키고 있는지 파악하는데 많은 관심이 모아지고 있다. 이들 관심의 기원은 고대 그리스 시대에까지 거슬러 올라간다. 하지만 실제 두드러지게 나타나기 시작한 것은 단지 지난 80년 내지는 90년 동안의 일이었다.

이러한 관심이 증대된 전환점을 정확히 지적하기란 어렵다. 하지만 과학과 철학에 있어 19세기를 마무리하는 시점에사 나타난 모든 새로운 변화가 어떤 중요한 역할을 하고 있다. 전기와 전자기학에 대한 관심이 증대되었고, 아원자 세계에 대한 과학적 발견과 인간학에 있어서도 무의식 세계의 발견과 현상학에 대한 관심의 증대가 더불어 일어난 셈이다. 비록 겉보기에는 일상세계가 견고하면서도 현실적이고 잘 정돈된 것처럼 보이지만, 과거 전통적 방식으로는 설명할 수 없는 매우 복잡한 구조와 힘에 의해 만들어져 있다는 것이 증명되고 있다.

현실이란 짐작하던 것과는 다른 것이었다.

예술세계에서도 엄격한 구상주의학파가 퇴조하고 인상주의, 입체주의, 사물의 숨겨진 구조를 묘사하고자 하는 새로운 학파들이 등장하는 시대적 변화가 일어났다. 피카소의 작품이 가장 명확한 본보기인 셈이다.

이러한 발전을 입증하는 유행이나 변화가 지식체계의 뿌리들을 흔들어 버리면서 온 사방으로 확산되어 갔다. 예를 들면, 과학에 있어 전통적인 뉴톤의 확정적 세계관이 아인쉬타인의 상대성 이론으로 대체되면서 물리세계에서는 Werner Heisenberg(1958), Neils Bohr(1958a, 1958b)와 같은 과학자들이 상대성 이론을 받아들여 아무리 과학적으로 잘 설계된 실험일지라도 실험자가 지니고 있는 가정과 관점에 따라 달라질 수 있음을 보여 주었다. 만일 실험자가 빛을 입자로 여긴다면, 이미 빛은 입자가 되어 버린다. 마찬가지로 실험자가 빛을 파동으로 여기고 실험을 한다면, 빛은 이미 파동 자체가 되어 버리는 것이다. 이후 1970년에 Thomas Kuhn이 이러한 아이디어를 공식화하였듯이, 과학자의 의식구조나 페러다임은 과학적 지식의 본성을 결정하는 중요한 역할을 한다. 19세기에 있어 과학은 객관적 지식을 만드는 토대를 제공한 것으로 보였다. 그러나 20세기가 되면서 객관성을 중시하는 과학조차도 사회적으로 인정되는 지식의 유형만을 만들어 내는 것으로 드러났고, 과학적으로 "참"인 것은 어떤 일련의 가정들이 따라붙는 경우에만 오직 "참"이 될 수 있음이 밝혀지고 있다.

인문과학에서도 마찬가지의 생각들이 나타나고 있다. 예컨대, 언어와 현실과의 관계를 보자. Wittgenstein(1922)의 "회화이론(picture theory)"에서 나타난 초기 견해를 보면, 현실이 인간에게 언어를 만들어 주었다는 것이다. 즉, 우리들 단어와 이미지, 아이디어들은 우리들 바깥에 있는 세계를 반영하고 표현이라는 것이다. 그런데 새로운 관점에서 보면 이러한 생각이 완전히 뒤바뀐다. 즉, 단어와 이미지, 아이디어들이 현실을 중립적으로 반영하고 있는 것이 아니라, 우리 인간들이 이들 단어와 이미지, 아이디어를 사용하여 오히려 현실을 만들어 나간다는 것이다. 이들 관점은 후기 Wittgenstein(1958)의 작품에서 잘 나타나고 있으며, Derrida(1978), Gadamer(1975,1976)과 Rorty(1979, 1985) 같은 철학자들의 입에서 빈번하게 오르내리고 있다. 이들은 주관과 객관 사이를 명확하게 구분할 수 없다는 것을 강조한다. 그리고 언어와 현실은 우리들 삶의 세계에 포함되어 있는 한 부분이라는 것이다. 그리고 이들을 통해 인간과 현실이 동시에 만들어진다고 주장한다. 예컨대, Wittgenstein의 후기 작품을 보면 언어와 행동이 어떻게 뒤섞여 있고, 언어와 행동을 통해 인간이 빠져들고 있는 일종의 "언어 게임"을 어떻게 연출하고 있으며, 어떤 방식으로 현실을 이해하며 경험하고 있고, 이들 게임 자체에 깊숙이 파묻혀 있는 구성개념, 행동 및 과정들을 통해 인간이 자신의 세계를 얼마나 변화시키고 있는가를 알 수 있다. 그의 관점에서 보면, 우리는 언어를 더 큰 활동이나 삶의 형태에 속하는 하나의 구성요소로 여기며 살고 있다. 이는 Heideegger가 말한 것처럼 "우리가 말하고 있는 언어만큼이나 언어가 우리를 말하고 있다"는 표현과도 같다.

언어를 사용하여 인간이 현실을 어떻게 구성하고 만들어 나가고 있는가에 초점을 맞추면 매우 많은 시사점을 간파할 수 있다. 왜냐면 Jacques Derrida와 같은 철학자가 밝히고 있듯이, 인간은 언어를 사용함으로써 현실이란 사회적 의미의 그물망을 바탕으로 하고 있다는 것이 증명되었고, 이들 그물망이 비록 부서지기 쉽고 오랜 동안 지속되지 않는다 하더라도 매우 복잡하게 얽혀있는 것이 사실이기 때문이다.

예컨대 우리가 언어를 사용하여 의미를 구성하는 과정을 살펴보자. 단어는 문자 그대로 명확하면서도 정확하다. 단어는 이미지, 아이디어와 공유된 의미를 가진다. 그러나 과정이 이처럼 간단할 것일까? Derrida(1978)와 그의 추종자(예를들면, Cooper 1989)들이 설명하고 있는 바와 같이, 문어체와 사회적 의미에서의 언어는 결코 명확하지 않다. 의미와 행동은 늘상 외부 환경과 말하는 시점에 의해 달라진다. 낮이라는 단어가 밤과의 관계 속에서 어떤 형태를 얻는 것처럼, 검정색이라는 단어는 하얀색이라는 단어의 개념과 의미의 관계에서 그 의의를 지닌다. 심지어 우리가 가장 단순한 의미조차도 정확하게 파악하고 이해하려고 한다면 모든 종류의 암묵적 지식을 이끌어 내야 할 것이며, 일시적이고 역설적이면서도 늘상 부서져 사라져 버릴 듯한 사회적 구성 및 해석상의 복잡한 행동과도 연관시켜야만 하는 것이다. 실제로 우리가 살고 있는 세상은 우리가 경험하고 빠져 들어있는 우리 자신 및 삶의 확장형태인 것처럼 보인다.

객관적 세계의 특성이 무엇이든지 간에 그들은 늘상 주관으로만 알려져 있고 경험되어 왔다는 이러한 모든 아이디어들은 일반 사회구성주의학파의 기본으로 되어 있어 매우 광범위하게 영향을 미치고 있다. 인간이란 자신의 현실을 구성하고 만들며 조작하기 위해서 능동적인 역할을 하고자 한다(Berger and Luckmann 1966; Gadamer 19745, 1976; Gergen 1982, 1985; Weick 1979). 그러나 이러한 관점 자체는 재미있는 역설을 제기한다. 왜냐면 인간은 원래 자신들 세계에서 지각하고 구성하며 행동하는 능동적 주체자로 인식되는 반면에, 자신 스스로가 선택하지 않은 환경에서 역시 그렇게 행동하기 때문이다. 예를 들면, Michel Foucault(1973, 1980)같은 철학자가 설명하는 바와 같이, 매일매일 생활을 가꾸어 나가는 언어, 일상, 이야기들 속에는 많은 종류의 권력 관계가 숨어 있다는 것이다. 사람들의 현실관은 언어와 역사, 계급, 문화 및 성별 체험과 관련된 의식적 및 무의식적 사회 구성체에 의해서 영향을 받는다. 이들은 종종 결정적 영향을 미치는데 인간으로 하여금 그들 자신이 아무런 통제도 할 수 없는 어떤 굉장한 힘에 의해 속박되어 있다는 느낌을 갖도록 만든다. 결과적으로 우리 세계를 움직이고 만드는 능력을 가지고 있음에도 불구하고, 현재 존재하고 있는 사회적 현실 구성을 파괴하기란 어려우며, 인간은 단지 수동적인 "목소리"를 갖게 되어 자신들의 사회적 상황들을 반영해 말하고 있는 것에 지나지 않는다.

이러한 역설은 사회-구성주의 운동의 발전에 있어 적어도 두 가지 방향으로 분리해 생각할 수 있는 재미있는 구석이 있다. 하나는 자신들이 알든지 모르든지 간에 인간은 새로운 이미지, 아이디어와 세계관을 "현실화"하는 개인적이고 집합적인 활동을 영위함으로써 자신들과 자신들 세계를 변화시키는 잠재능력을 가지고 있다는 점이다. 다른 하나는 원칙적으로 사실이긴 하지만, 세계는 권력관계의 매우 심오한 구조로 인해 자신들 스스로의 논리에 의존하는 경향이 있다는 점이다. 전자의 관점은 인간으로 하여금 새로운 개인 및 집합적 활동을 통해 무한한 잠재능력을 발휘할 수 있음을 발견하고 파악하도록 자극하는 반면에, 후자는 내재하고 있는 권력관계를 중요하게 다루는 것에서부터 시작하여 우리 세계를 결정짓는 사회적 구성을 스스로 바꿀 수 있다는 아이디어에 바탕을 두고 있다.

이미지화와 현실의 사회적 구성

사회현실을 이해하고 변화시키는 접근법으로서의 이미지화는 사회구성주의학파의 사상에 속하며 그들의 접근방식을 따르고 있다. 인간의 인식과 지식은 무한히 변형 가능할만한 잠재력을 가지고 있으며, 인간이 자신과 세상에 대해 갖고 있는 이미지와 아이디어들을 통해 현실을 어떻게 펼쳐 나갈 것인가에 근본적으로 영향을 미치고 있다는 생각에 기초하고 있다. 현실의 사회적 구성이란 어떤 깊은 권력관계 속에 숨겨져 있다는 것을 강조 다른 저술가들과 마찬가지로, 나 또한 우리가 하고 있는 인프라스트럭쳐를 만드는데 어떤 집단이나 개인들이 다른 사람들보다 더 많은 권력을 쥐고 있다는 가정과 묵시적인 스토리에 따라 결정된 삶의 무대에서 살고 있다는 것을 믿는다. 이렇듯 깊숙한 권력관계를 알고 있다는 것은 고무적이다. 그러나 우리가 살고 있는 세상이 우리가 제어할 수 없는 어떤 힘에 의해 결정된다는 이미지는 일반적으로 널리 퍼져 있다. 이러한 사실이 자기만족과 공허감을 만들어 내기도 한다.

그래서 내 책에서는 가급적 중간적이고 긍정적인 자세를 견지하고자 했다. 인간의식의 자유로운 잠재력을 강조한 Paolo Freire(1970)같은 교육자의 주장에 따라, 나는 인간이 자신의 세계를 창조하고 결정하며 새로운 어떤 것이든 해낼 능력을 가지고 있다고 믿는다. 권력이론가들이 가정하듯이, 인간은 자신들의 현실을 실현하는 문화적 신념과 사회적 실제 속에 사로 잡혀 있다. 인간은 종종 일상 현실의 구조와 경험을 결과적으로 결정해 버리는 아이디어, 태도, 가정들과 다른 어떤 사회적 구성개념들을 잊기도 한다. 그럼에도 불구하고 인간은 의식과 이해의 새로운 장에 끼어들 수 있는 잠재력을 항상 가지고 있다. 나는 이것이 개인과 사회의 변화를 이끄는 기본적 원천이라고 믿고 있으며, 이것이 곧 나의 이미지화 접근법의 전제조건이다. 비록 어렵긴 하지만 변화는 개인에서부터 시작한다고 믿는다. 만약 세상을 바꾸고 싶다면 인간은 자신들에서부터 시작해야만 한다. 그리고 이러한 개인의 변화를 주요 다수의 사람들이 같은 방향으로 믿기만 한다면 이것이 사회적 변화로 이어지는 것이다.

기본적 관점은 Lyall Watson(1979)가 창안한 소위 "100번째 원숭이 신드롬"에서 찾아볼 수 있다. 이야기는 일본에서 좀 떨어진 섬에 사는 원숭이들에게 전에 전혀 먹어본 경험이 없었던 달콤한 고구마라는 새로운 음식을 갖다주는 것에서 시작한다. 고구마는 모래 속에 빠뜨려져 있었고 속은 맛이 있지만 먹기에는 별로 내키지 않는 음식이었다. 그런데 어느날 한 원숭이가 고구마를 먹기 전에 씻는 것이 발견되었다. 점차 이 과정이 알려지고, 매일 많은 원숭이들이 고구마를 씻기 시작했다. 그러자 어떤 임계점(상징적으로 100번째 원숭이)에 도달했을 때, 이웃하는 섬에 사는 원숭이들을 포함한 모든 원숭이가 고구마를 씻는 과정에 익숙해져 있었다. 인간 사회에서의 사회적인 변화도 똑같은 특성을 갖는다. 공감가는 아이디어나 새로운 실행이 받아들여지면 전체 행동 분야가 변화되는 것이다.

변화 방법으로서의 이미지화는 우리들 각자와 모두에게 있는 이해력과 변형력의 잠재력을 일깨워 줄 수 있다. 그것은 당연한 것으로 여기던 생각을 뒤흔들어 놓고, 이런 과정에서 새로운 방식으로 행동하도록 우리의 능력을 개방시키고 확장시켜 준다. 이렇듯 이미지화는 가능성이라는 것과 자신과 자신들의 현실을 새로운 방식으로 발견하고 결정하도록 도와주는 수단을 제공하는 반면, 권력이라는 현실세계에는 민감하게 반응한다. 그러나 현실세계가 전혀 변하지 않으리라고 느껴지진 않는다. 나는 이 책을 통해 우리 현실세계를 구성한 우리의 개인 및 집합적 의식을 어떻게 증대시킬 것인가와 우리가 어떻게 개인과 집합적인 이미지화들을 변화의 원천으로 길들일 수 있는가에 대해 주고자 하였다. 나는 이러한 기본적 아이디어를 조직이론과 경영이론 분야에 적용시켜 보면서 기본 철학은 일상생활 대부분의 단면에 적용할 수 있다고 믿는다.

이미지와 은유들의 중요성

변화에 관한 사회구성주의자들의 접근법에 내가 관심을 갖게 된 배경은 세계관의 차이가 조직과 경영을 이해하는데 얼마나 많은 영향을 미치는가에 대해 Gibson Burrel과 함께 수행했던 연구에서부터 출발했다(Burrell and Morgan, 1979). 이 연구에서 얻은 중요한 시사점은 사회과학자들은, 일상생활을 영위하는 보통 사람들과 마찬가지로, 자신들의 관점과 가정에 사로잡혀 있는 경향이 있다는 점이다. 결과적으로 사회를 부분에 의존하는 방식으로 구성하여 이해하고 해석하면서, 흥미있는 통찰력을 만들어 내긴 하지만 다른 사람들의 시야로는 보지 못하도록 방해하고야 만다. 그것은 마치 빛이 파동이냐 아니면 입자인가 하는 오랜 논쟁거리와 같다. 이것은 내가 통찰력을 찾고자 노력하는 과정에서 이론적인 관점의 차이가 연구 분야를 얼마나 넓혀줄 수 있으며, 사람들로 하여금 현재 이슈를 얼마나 깊이 이해하도록 도와줄 수 있는가를 알아보는 데 흥미를 갖도록 했다.

이렇게 함으로써 사회과학자들이 조직과 경영 분야에서 자신들의 이론과 관점들을 어떻게 구성하고 있는가에 대해 좀 더 알아볼 수 있었다(Morgan, 1980, 1983a). 그리고 연구영역을 결정하고, 현실을 사회적으로 구성하는 데 있어 이미지와 은유가 어떤 역할을 하는지 알게 되었다. 내가 경험한 바에 의하면, 은유란 단지 문장을 빛나게 하거나 장식하기 위한 문학적인 언어학적 도구가 아니라는 점을 다른 연구자와 마찬가지로 알게 되었다. 우리는 은유라는 원초적 수단을 가지고 세상과의 관계성을 이끌어 내는 셈이다 (예를 들면, Beown 1977; Lakoff and Johnson 1980; Morgan 1980, 1983a, 1983b; Ortony 1979; Sch n 1963, 1979; White 1978의 주장을 보면 알 수 있다). 은유는 언어와 더불어, 의미를 구성하고 치장하고, 모든 종류의 이론과 지식을 개발할 때 어떤 모양을 만들어 내는 영향력을 가진다.

말하자면, 어린 아이가 달을 처음 보고서 "풍선"이라고 말하는 것이나, 동물원에서 호랑이를 보고 "고양이"이라고 말하는 것을 생각해보라. 어린 아이는 친숙하게 경험한 요소들(풍선과 고양이)을 이용해서 처음 보는 것(달과 호랑이)들을 이해하는 데 은유를 활용한다. 이들 과정은 의미란 것이 어떻게 만들어 지는지 그 뿌리를 보여준다. 즉, 우리가 언어를 어떻게 개발하는 가에서부터 형식적 지식을 어떻게 생각해 내고, 개발하는가를 보여주는 셈이다. 언어는 어떤 한 영역의 의미와 관련된 개념들이 다른 영역으로까지 은유적으로 확장되면서 개발된다. 조직(organization)이라는 단어의 역사를 생각해 보자. 이 단어는 고대 그리스 올가논(organon)에서 유래되었다. 이 때는 조직이 기구나 도구로써 "일할 때 가지고 하는 어떤 물건"이라는 의미를 갖고 있었다. 점차적으로 올가논이라는 단어 사용이 은유적으로 악기나 외과수술용 기구와 동식물의 신체 기관 의미로까지 확대되었다. 그래서 영어 단어로보면 organ, organize, organization으로 되었다. 조직화하다(organize)라는 단어는 조직 구성요소(organs)를 하나의 체계적인 형태로 연결하는 것을 의미하게 되었고, 조직(organization)이라는 단어는 구성요소들을 어떤 다른 목적을 달성하기 위해 모인 집합체를 의미하게 된 것이다. 일단의 사람들의 집단을 조직이라고 묘사하게 된 것은 산업혁명 출현과 기계장치 도래 시기에 이르러 일반화 되었다. 조직은 기계처럼 합리적으로 디자인되고 관리된 도구들을 지칭하게 되었고, 인간과 기계의 구성요소들이 예측가능한 방식으로 관리될 수 있다는 의미를 갖게 되었다.

이러한 과정은 일상지식의 개발과 과학이론에서도 발견된다. 지식은 은유가 확장된 하나의 영역으로 출현되고 개발된다. 예를 들어 뉴톤에게 있어 세상은 천체의 한 기계와

도 같은 것이었다. 상대성 이론을 제안한 아인쉬타인의 혁신적 사고는 세상이란 어떤 파동을 타는 것과 같다는 상상에서 만들어 진 것이다. 이렇듯 이미지는 세상을 새로운 방식으로 바라다 볼 수 있도록 해주고, 좀더 축소된 과정을 통해 세밀하게 연구함으로써 이미지를 이끄는 암시를 세밀하게 만들어 낼 수 있다(Morgan 1983a, 1983b; White 1978).

은유가 우리가 세상을 이해하는데 도와주는 주된 역할을 한다는 점은 불행히도 모호하게 되었다. 사람들은 현실이라는 단어가 실제 그런 것보다는 훨씬 현실적이고 명확한 의미의 영역 속에 살고 있는 것처럼 믿고 있다. 이러한 현상은 과학에 있어서도 마찬가지이다. 과학적 지식이란 "진실"을 찾아서 제공해 주는 것처럼 보인다. 그러나 이러한 과정을 좀 더 세심하게 들여다보면, 과학이란 단지 흥미있고 쓸모가 있는 은유적인 관점을 제공하고, 세상을 바라보고는 데 있어 재미있고 유용한 방법을 제공하는 것에 지나지 않는다는 것을 누구나 알 수 있다. 이렇게 함으로써 은유는 과학적 실험에서처럼 세상에서 행동하게 하고 무언가 예측가능한 결과를 만들어 주는 것처럼 보인다. 그러나 해석상 그리고 의미상 광범위한 내용들은 실험과 지식이 만들어져 있는 언어적 그리고 다른 면에서는 사회적으로 구성된 어떤 프레임에 근거를 두고 있다.

이러한 생각은 과학사회에서 논쟁거리가 되고 통용되지 않는다. 왜냐하면 과학은 문자 그대로 새로운 어떤 문자로 표현된 사실을 포함해야 한다는 생각을 간과하고 있기 때문이다(예를 들면 Pinder and Bourgeois 1982; Tsoukas 1991). 실제로 은유적 지식은 문자로 표현된 지식과는 종종 구분되고 있다. 은유란 창조적 이미지화 영역에 속하는 것으로 보인다. 문자로 표현된다는 것은 현실적이고 참인 것이며, 실증적으로 명확하게 일치하는 어떤 것을 말한다. 그러나 만약 우리가 문자로 표현한다는 바로 그 개념을 좀더 자세히 살펴보면, 그것 자체가 하나의 은유라는 점을 발견하게 된다. 이 단어는 글자 또는 문장이라는 이미지를 바탕으로 이해하게되고, 글자를 읽을 수 있다거나 또는 박식하다거나 하는 의미와 연결되어 있다. 이러한 연결성은 문자의(letteral)라는 단어로 보면 더욱 명확해진다. 문자로 표현되는 사실이라는 아이디어를 끄집어냄으로써 과학자들은 지식에 있어 비은유적 영역이 있다는 생각을 실제로 만들고 있는 셈이다. 그러나 그것 자체가 은유적 아이디어에 지나지 않는데, 이런 식으로 우리들의 현실 이해는 실제로 그럴 수 있는 것보다는 전혀 실제가 아니라는 것을 알려고 노력하고 있는 셈이다.

이 모든 것이 말장난처럼 보일 지도 모른다. 하지만 좀더 깊이 들여다보면, 지식의 본질에 관한 기본적인 이슈와 관계된다. 18세기 초엽 아일랜드 철학자인 George Berkeley가 말했듯이 객관성이란 관찰되어지는 대상의 영역만큼이나 관찰자 영역에도 상당부분 포함된다. 여기에서 논의하고 있는 이슈들의 핵심은 바로 이것이다.

객관적이거나 글자 그대로 진실인 지식은 지식의 대상만을 지나치게 강조하고 있으며, 관찰자가 지닌 패러다임, 관점, 가정들, 언어게임과 준거체계를 충분히 강조하고 있진 않다. 좀더 나은 균형을 위해 지금 우리가 할 일은 모든 지식이란 해석하는 과정의 산물이라는 점을 인식하는 것이다. 따라서 지식이 만들어 지는 과정을 생각하는데 쓰일 새로운 은유들이 필요하다. 또한 딱딱하고 글자로 된, 근본적이고 객관적인 진실이 필요하다는데 주안점을 두기 보다 지식이 암묵적이거나 모호한 어떤 대화와 대담, 관계로부터 만들어 지고, 인간의 관심과 그들이 사는 세상 사이에 벌어지는 상호관계에서 지식이 어떻게 만들어져 나오는가를 좀더 역동적으로 이해할 필요가 있다(bernstein 1983; Checkland 1981; Checkland and Scholes 1990; Gergen 1982; Morgan 1983a; Rorty 1979, 1985). 지식을 객관적이고 잘 알려진 "어떤 것"이라고 이해하는 대신에 "알고 있는 자"가 개발한 어떤 능력과 잠재력이라고 볼 필요가 있다. 그러므로 나는 조직과 경영이라는 세계를 은유적으로 "읽고" "쓰는" 과정이라는 관점에서 나는 이미지화에 흥미를 갖는다. 앎의 방식과 행동하는 방식으로서의 이미지화를 통해 사회 생활을 영위하는 "일상 지식인"과 "일상 작가"의 힘을 향상시키고자 한다.

조직의 이미지

이러한 과정을 탐구하는 첫 시도는 나의 책 조직이미지(Images of Organization,

1986)에서 이미 소개되었다. 이 책에서 나는 조직이론에 대한 은유적인 바탕을 제안하였고, 서로 다른 관점들이 어떻게 서로 다른 통찰력을 이끌어 내는가를 보여 주었다. 요약하면, "만약 무엇이라면 ?(what if…?)" 으로 된 일련의 질문들을 보여주었다:

만약 조직을 기계들로 생각하면 어떨까?

만약 조직을 유기체로 생각하면 어떨까?

만약 조직을 두뇌로 생각하면 어떨까?

만약 조직을 문화로 생각하면 어떨까?

만약 조직을 정치적 체제로 생각하면 어떨까?

만약 조직을 심리적 감옥으로 생각하면 어떨까?

만약 조직을 유동체와 변형이라고 생각하면 어떨까?

만약 조직을 지배 도구로 생각하면 어떨까?

각각의 관점에서 시사점을 보여 준 것처럼, 각각의 경우가 갖고 있는 본연의 장점과 한계들을 설명하면서, 이들이 상호 보완적이고 경쟁적인 통찰력을 어떻게 제공할 수 있는 가를 보여 주었다. 예를 들어, 조직에 대한 기계론적 관점은 조직을 구조와 역할 기술 간 관계로 보는 것이고, 문화적 관점은 조직이 공유 의미에 얼마나 의존하고 있는가를 의미한다. 심리적 감옥이라는 은유는 관심과 권력놀이 등등이 충돌함으로써 이러한 특성들이 종종 어떻게 변화되는가를 보여준다. 이러듯 서로 다른 모든 관점들은 자연과 조직 생활의 서로 다른 양상의 의미들을 "읽어 내는" 뿐만 아니라, 서로 다른 은유의 결합과 숨겨진 뜻이 실제 조직을 설계하고 관리하는데 특별한 아이디어를 제공한다는 것을 보여 주었다. 비록 그 책에서는 이러한 메시지를 증명하기 위해서 여덟가지 포괄적인 은유적 프레임웍을 사용할 수 있다는 것을 보여주는 것에 그치고 있지만, 조직은 궁극적으로 사고하고 행동하는 방법에 의존하고 있고, 이러한 과정을 좀 더 충실하게 만드는 이미지와 은유에는 기본적으로 아무런 제한이 없다는 아이디어를 개발하게 되었다.

이 모든 것을 통한 나의 목적은 조직 세계에 관심을 두고 있는 관리자들뿐만 아니라 다른 사람들이 자신들이 부닥치는 현실을 좀더 효과적으로 이해하고 바꾸고자 하는데 얼마나 더욱 효과적일 수 있는가를 보여 주고자 함이다. 모든 답안을 제공할 수 있는 단 하나의 이론이나 은유, 종합 혹은 관점이란 존재하지 않는다는 것을 본서를 통해 독자들이 깨닫기를 원하기 때문에 하나의 탁월한 은유나 이론적 관점만을 주장하는 것을 피하는데 온 힘을 기울였다. 따라서 이 책을 활용함으로써 조직의 본질에 대해 많은 시사점을 제공받을 수 있는데, 그 어떤 이론도 조직을 바라보고 생각하는 가장 최선의 방법은 아니라는 것이다. 조직이란 무엇인가에 대해 강압적인 주장을 내세우기보다 이미 알려진 사실이 아니라 알고자 하는 사람들-즉, 우리들 각자와 모두에게 해석의 문제를 던져주고자 함이다. 전장에서 서술한 바와 같이 우리가 맞닥뜨리고 있는 상황들에 대해 스스로 이해하고 해석하도록 우리 자신을 이론가로 유도하고 격려하고자 함이다.

이러한 점에서 조직의 이미지라는 책은 조직과 경영에 관한 대다수 저서들과 다르다. 대개 저서들은 조직을 이해하고 관리하는 특정 이론들을 제공한다거나 아니면 다른 특정 영역에 걸쳐 시사점을 제공할 수 있는 통합된 프레임웍을 개발하고자 한다. 이렇게 함으로써 어떤 특정 관점으로만 조직을 이해하도록 만든다. 반면 누가 주장했던지 간에 어떤 특별한 관점으로만 제한되어 있기 때문에 나의 접근법은 우리가 직면한 상황을 바라보고 이해하며 해석하여 읽어내는 기술에 있어 길들여진다는 점을 극복해야만 한다는 데 있다.

여러 면에서 조직생활을 이해하는데 포스터모던 접근법이라고 알려진 방법과 아무래도 유사하다. 포스트모던 운동은 지난 몇 십년내에 가장 강력하고도 인상적으로 전개되어온 운동이다. 이 운동은 어떤 특정 관점의 우월성으로 인해 고조되면서도 다른 것은 무시했던 이유로 인해 항상 문제시되고 불완전했던 사회현상에 관해 총체적이면서도 영향력 있는 진정한 해석을 찾아 낼 것을 제안한다. 때때로 그것이 제시되어 어떤 특정 이론이나 관점으로 인해 아이디어나 통찰력을 갖고 있다는 것은 항상 무엇인가가 빠져 있다는 것을 말하기도 한다. 즉, 이것은 통찰력 있는 아이디어와 관점들이 강압적으로 만들어지고 있다는 의미이다. 어떤 것을 해석하고 설명하고자 하는 사람들에게 특히 과학과 인문학에 있어 어떤 중요하고 영향력 있는 설명을 이끌어 내어야만 하는 경우 이로 인해 대부분 문제가 발생한다.

거의 대부분의 경우 포스트모더니즘은 저술방식과 사회적 과정의 비판을 통해 어떤한 관점을 다른 관점으로 고양시키는 것만으로 유도되어 왔다. 전통적으로 이것은 "정상적"이고 자명한 것으로 간주되던 것들을 뒤집어 "정상성"이라고 하는 본성 자체가 문제점이 있음을 명확하게 지적한다. 이런 비판적 태도는 우리들로 하여금 편견이 있고 무지한 소치들이 우리를 뒤따라 다니고 있어 보는 방법까지도 억압하고 있으며, 사람들로 하여금 많은 "설명들"이 어떻게 특정 관점만을 추종하고 수용하도록 만드는가를 알게 해준다(예를 들면, Berman 1988; Calas와 Smiricich 1988; Cooper 1989; Cooper와 Burrell 1988; Harvey 1989; Linstead와 Grafton Small 1992; Martin 1990; Reed와 Hughes 1992를 참조하라).

그러나 내가 볼 때 포스트모더니즘 관점이 나타날 수 있었던 데는 다른 이유가 있는 것 같다. 이는 즉 편파성, 불완전성 및 왜곡이 세상을 어떻게 보고 이해하는가를 설명하는 데 다반사로 영향을 미치고 있음을 인식함으로써, 뒤틀린 지식의 본질을 명료하게 인식하고 다룰 수 있도록 세상을 이론화하고 설명할 수 있는 새로운 방법을 개발할 필요를 느꼈기 때문일 것이다.

조직의 이미지라는 저서에서 내가 조직과 경영을 이해하고자 접근했던 방법도 바로 이러한 일에 중점을 두고 있다. 이러한 점은 바로 이 책에서도 마찬가지인데, 이미지화 과정을 개발하고자 하는 나의 일반적인 시도에 잘 나타나 있다. 즉, 이미지화 과정을 통해 사람들이 이해하고 행동하는데 있어 매우 상대적이고 개방적이면서도 진화론적인 해석 프레임웍을 만드는 이론화 방법과 사회 변화에 대한 새로운 접근방법을 보여 주고자 한 것이다. 사람들로 하여금 보고 생각하고 이론화하는 방법들을 개발케함으로써 자신들이 다루어야 할 세상 자체가 고도로 상대적이고 역설적이며 자주 변화하는 특성을 갖고 있다는 점을 이해하고 이를 관리할 수 있는 능력을 개발토록하는 것이 그 목적이다.

많은 조직 및 경영이론들은 실제 과학에서 조차 과거 기계론적 세계관으로 고정된 이론들과 선형기법을 찾아내고 이해하고 실험하는 기술을 찾는 것에 주력해왔다. 포스트모더니즘적 세계관은 흥미롭게도 신과학 측면과 보조를 같이 하고 있는데, 질서와 무질서의 카오스적이고 역설적이며 변화하는 본성(예를 들면, Gleick 1987; Hampden-Turner 1990; Jantsch 1980; Nonaka 1988; Prigogine과 Stengers 1984; Quinn 1990; Smith와 Berg 1987년도 저서들을 참조하라)을 강조하고 있다. 여기에는 조직과 경영에 관한 이론과 실무에서 좀더 유동적인 형태를 용인하는 접근방식이 필요하다.

이것이 이미지화에 대한 나의 접근법을 통해 달성하고자 하는 바이다. 조직 이미지에서 밝힌 기본적 방법론을 통해 경영과 경영이론은 상대적이고 자기조직화적인 접근을 만들어 오늘날 우리 스스로 발견한 아인쉬타인 세계관에 적응할 수 있는 시사점을 제공해준다.

창의적 경영기법으로서 이미지화

세부적으로 말하면, 이 책은 이미지들이 어디에서 떠오르며, 여러분들로 하여금 스스로 이론가가 되도록 안내함으로써 일상 현실에서 부닥치게 되는 의미를 계속해서 구축하고 해체할 수 있도록 이미지와 은유들을 이용하는 것에서부터 시작한다. 절대적 프레임으로 조직현실을 읽어 내고 작성하는데 은유를 사용함으로써 고도로 개인화된 방법으로 조직을 이해할 수 있도록 해준다. 조직의 현실을 "쓰여진" 동시에 "읽는", "살아있는 텍스트"같은 종류로서 이미지처럼 다루고 있다. 어떤 장(5장에서 8장까지)에서는 특별히 "현실 속에서 읽는" 것을 보여주고, 이미지들 속에서 소개된 주제들을 개발하는 방법, 혁신적으로 "읽는 법"이라는 것이 혁신적으로 "쓰는 법"에 기초할 수 있다는 것을 보여주는데 치중하고 있다. 다른 장들, 특히 2장에서 4장까지와 9장에서 12장까지는 풍부한 상상력으로 생각하고 행동함으로써 어떻게 새로운 조직현실들을 저술하고 기록할 수 있는가에 대해 중점을 두고 있다. 이 책 전체를 통해 여러분 자신이 현실에서의 주제를 통해 스스로 저자인 동시에 독자이며, 이론가가 될 수 있고, 이를 위해 은유라는 원리를 사용하는데 제한이 없음을 보여주고 있다. 조직의 전통적인 개념이 상상력이라는 과정을 통해 얼마나 급격히 바뀌어 질 수 있는지, 그리고 이러한 과정에서 새로운 이미지와 은유들을 이용함으로써 의미 공유에 있어 흥미를 유발하고 활기를 불러일으키는 양상으로 바뀔 수 있다. 이를 통해 우리의 창조적 사고, 해석 및 통찰력이라는 힘을 자유로이 해방시킴으로써 창조적 행동의 가능성을 넓힐 수 있는 것이다.

구체적으로 현실적 관점에서 보면, 이들 장에서 표현된 이미지화 과정은 몇 가지 핵심 원칙 위에서 만들어져 있다. 이들 원칙을 세 가지 제목으로 아래에 설명하고자 한다.

1. "읽기"와 "쓰기" 방법간의 상호연결성
2. 이미지들을 "거울"과 "창문"으로 활용하는 방법
3. 개인 임파워먼트로서의 이미지화

➡ 읽기와 쓰기간 상호연결성

이 책의 다양한 부분에서 이미 나는 읽기와 쓰기라는 아이디어를 조직생활을 해석하고 가꾸는 도전적 시도로서의 은유로 사용해 왔다. 이는 위에서 지적한 바와 같이 현실의 주된 은유로서 살아있는 어떤 것들에 뿌리를 두고 있다.

맨 처음 볼 때는 이미지가 매우 매혹적으로 보인다. 그러나 이미지에 대해 곰곰이 생각해 보면 언어와 이미지, 아이디어 및 행동들은 우리가 매일 생활에서 동시에 사용하는 것들이다. 이것은 책이라는 것이 단어를 사용하여 의미를 고치고 전달하는 것과 마찬가지인 셈이다. 책이든 삶이든지 간에 독자들이 다음 차례가 되어 스스로 의미를 만들어 낸다. 그들 스스로 그 내용에 효과적으로 살을 덧붙이는 것이다. 이런 식으로 인생 전부가 읽기와 쓰기를 동시에 하면서 새롭고 다양한 의미의 패턴을 만들어 내는 살아 숨쉬는 실시간 프로세스로 보일 수 있는 것이다.

이런 은유적 틀은 해석 기법을 주전공으로 하는 사회이론상 해석학파의 바탕이 되고 있다(예를 들면, Boland 1989; Gadamer 1975, 1976; Hollinger 1985; Rorty 1979, 1985; Shotter 1990; Turner 1983). 개인이면서 동시에 사회집단 구성원인 우리가 지니고 있는 가치관, 가정, 세계관, 관심과 관점들로 결정된 일상 현실에 대해 독자와 저자로서 우리 모두는 제한된 경계선을 가지고 있다. 그래서 우리의 읽기와 쓰기라는 것은 부분적이고 한 쪽에 치우친 경향이 있으며, 우리가 살고 있는 계층, 성, 문화 및 매일 매일의 상황에 부합하는 모든 종류의 의식적 무의식적인 사회적 구성개념이 반영된 현실 속에서만 살아가도록 우리는 제한받고 있다. 해석학적 관점은 현실의 이러한 사회적 구성에 깔려있는 끝없는 순환관계들을 파악하는데 초점을 맞추고 있다.

조직생활을 읽고 쓰는 나의 이론도 약간 다른 방식이긴 하지만 바로 이런 핵심적인 아이디어에 바탕을 두고 있다. 원래 목적 또한 조직의 다차원적인 본성을 탐험하는 방법으로서 은유를 개발하는 것이다. 이를 통해 새로운 통찰력과 행동 가능성을 만드는데 사용될 수 있는 은유가 어떻게 경계선들을 이끌어 내는지를 보여주고자 한다. Richard Boland(1989)는 나의 접근방식을 바로 이 관점에서 신랄하게 비판하고 있다. 단순히 보면, 진단을 위한 읽기와 얘기 줄거리를 개발한 나의 방법은 서로 다른 은유들을 현실의 서로 다른 측면들에 초점을 두어 이끌어내는 프레임으로 사용하고 있다고 할 수 있다. 예컨대 텔레서브(5장의 그림 5.1, 5.2), 네트워크(6장의 그림 6.1, 6.3), 그리고 스테레오타입(7장의 그림 7.1, 7.2)에 관한 읽기로 돌아가 보자. 여기서는 내가 많은 여지를 남겨두어 상황에 대한 해석을 끌어 낼 수 있도록 얼마나 노력했는가를 알게 될 것이다. 그리고 내가 따랐던 핵심 단서와 기호를 파악해서 다양한 통찰력을 평가하고 통합하는 얘기 줄거리를 찾아냄으로써 상황 전체를 이해할 수 있다. 위 사례에서 떠오르는 얘기 줄거리들은 "읽을거리"를 진보적으로 개발하는 것을 말하며, 전체 상황을 이해하는데 보탬이 되는 순간들의 새로운 이미지나 은유를 통해 종종 파악하게 된다.

예컨대 텔레서브(5장)에서 나의 진단을 위한 읽기는 〈그림 5.1〉에서 예시한 다수의 차원에서부터 〈그림 5.2〉에서 초점이 되었던 지배 은유들과 정치적, 문화적 측면간 상호연결성, "우리는 정치적 풋볼이라는 게임에 빠져있다"는 줄거리까지 개발되었다.

어떤 주어진 상황에서도 다수의 믿을만한 읽기와 얘기 줄거리를 만들어 내는 것은 항상 가능하다. 왜냐하면 읽기는 오로지 현실의 나열이며 읽는 이들의 견해와 주어지는 관점에 따라 달라지기 때문이다(Gadamer 1975, 1976; Habermas 1972). 떠오르는 분석과 얘기 줄거리들은 수사학 형태인데 이를 통해 저자와 독자들은 이해를 하면서 관심을 갖게 되고, 상황을 손쉽게 파악할 수 있다.

예컨대 중간에 5장에서 7장까지 내가 말했던 읽기들은 조직의 이미지라는 저서에서 분석도구로 개발했던 프레임웍을 활용하여 만든 것들이며, 내가 다루었던 뉘앙스를 찾아내는 나의 능력 (또는 무능력) 덕택에 만들어진 것들이다. 결국 내가 만든 얘기 줄거리들은 내가 다루어야만 했던 문제의 본질과 중재 역할로 인해 달라지게 되었다. 예컨대 텔레서브 사례(5장)의 맨 마지막에서 말한 바와 같이 이러한 중재라는 본질과 결과는 만약 그 문제가 "노동"이나 "성"이라는 관점에서 달랐다면 아마 매우 딴판이었을 것이다. 또한 서로 다른 견해를 만들어 내면서 다른 읽기와 얘기 줄거리로 이어지면서 다른 관심을 갖고 행동하는 전략으로 마음 속에 서로 다른 목적을 갖게 할 것이다. 그러므로 책에서 내가 강조하고자 한 것은 이미지화라는 과정이 서로 다르고 실제로는 상충되는 관심으로 되어 있다는 점이다. 이미지화 활용하는 관점이나 견해가 무엇이냐에 따라 결정된다.

이미지화의 기본적 상대성에 관한 이러한 관점은 이미 이전에 만들어 진 지식에서의 "기초적" 대 "회화적" 접근법에 관한 포인트까지 거슬러 연결된다. 기초적 관점은 권위주의적으로 바라보면서 상황을 "이것이 바로 그 길이다"라고 해석하게 만든다. 반면에 이미지화는 어떤 주어진 상황이라 할지라도 많은 차원과 다중 의미를 동시에 지니고 있다는 역설을 가능케 하고, 이렇게 함으로써 해석 내용상 의미성을 얻게 된다. 이들 중 어떤 것도 절대적이거나 "사실"이어야 할 필요가 없다. 해석자로서 그리고 부닥치는 현실을 구성하는 사람으로서 많은 선택권이 있다는 것을 인식해야 한다. 그리고 빛을 파동으로서 아니면 입자로서 연구하는 과학자들과 마찬가지로 우리는 모든 측면을 동시에 연구할 수 없다는 사실 또한 인식해야 한다. 우리는 처해진 상황에 대해서 얘기하고 대화함으로써 의미 있는 지식을 "현실성 있게 만들어야 하며" 이러한 지식을 갖고서 우리가 바뀌든지 아니면 각 개인에게 의미심장한 방식으로 만들어 마음대로 행동할 수 있도록 해주어야 한다. 어떤 상황에서 절대적 의미나 "진실"을 찾아 헤매는 사람들을 반드시 만족시켜야 할 필요는 없다. 그러나 인간 조건의 본질이 무엇이어야 한다는 것만은 확실히 파악해야 한다. 즉, 인간으로서 지금까지 우리는 세상을 알기 위해 제한적이고, 편파적이며 개인적으로만 의미심장한 어떤 방식들을 가지고 있을 뿐이다.

이런 식으로 본다면 우리는 Donald Scho1983)이 묘사했던 "읽기"와 지식창출의 과정을 "반성 훈련"으로 보는 것이 좋겠다. 이를 통해 모든 종류의 가정들과 관점들로 만들어 낸 한 숙련자의 산물로 보아야 한다. 이미지화는 우리로 하여금 "반성 훈련" 형태로 우리가 다루어야만 할 상황을 능숙하게 해석하는 사람이 되도록 만들어 준다. 짜맞추고 다시 짜맞추는 자질을 개발해서 똑같은 상황을 다르게도 보도록 해주며, 여전히 다수 의미에 대해서 개방적이고 유연할 수 있도록 만들고, 새로운 통찰력을 배양함으로써 똑같은 상황도 많은 다른 것을 의미할 수 있다는 역설에 대해 불편감을 느끼지 않도록 해준다. 또한 우리가 다루어야 할 상황을 이해하는데 반성적이며, 창의적이고 확대하도록 해준다. 반성할 줄 아는 실무자라면 이미지, 아이디어, 이론, 프레임, 은유가 얼마만큼 자신의 실제를 못보도록 이끌어 가고 있는지 인식해야 하고, 어떻게 그들이 새로운 가능성을 만들어 내는 데 사용될 수 있는지 알고 있어야 한다.

그리고 나 자신 스스로 반성 훈련한다는 점에서 이 책에서 이미지화라는 개념은 그 자체가 하나의 은유이기 때문에 장점과 한계점을 원초적으로 갖고 있다는 점을 인정해야만 한다. 이미지화와 조직이라는 개념을 연결하기 위해서는 조직화를 광범위한 창의적 사고로 열어젖혀야 한다. 이는 기계적 사상을 개발하는데 절대적으로 필요했던 축소주의 형태와는 반대된다. 창의적 가능성에 초점을 맞추고 강조해야 하는 것이다. 그러나 동시에 비판 또한 제기될 터인데, 현재 존재하는 권력관계의 중요성을 얼버무리고 경시할 수 있으며, 다음 페이지에서 논의될 사항이긴 하지만, 사상과 행동 양자 모두의 패턴에 있어 깊이 있는 구조적 엄격성의 일부를 과소평가하게 될지도 모른다. 그래서 다른 것보다는 현실의 어떤 단면들을 지나치게 중시한다는 점에 있어 모든 은유와 사실상의 모든 페러다임과 개념, 이해방식들의 종말을 고하게 될지도 모른다.

이러한 점에서 나는 이미지화라는 나의 접근법을 소개하는데 있어 새로운 행동들이 어떤 방식으로 의미상 새로운 영역을 만들어 내는데 활용될 수 있는가를 설명하려 했다기 보다 새로운 이미지가 새로운 현실을 만드는데 많은 도움이 될 수 있다는 점을 강조하고자 한다. 이점은 내가 이 책을 집필해 온 특별한 지평의 한계점들 중 하나다. 12장이 예외이긴 하지만, 더 많은 논의가 그 점에 관해 제기될 수 있을 것이다.

➜ "거울과 창문을 제공하는 이미지"

어떤 점에서 이미지화 프로세스는 짜맞추고 다시 짜맞추는 기술과도 같다(Schön 1963, 1979; Watzlawick, Weakland, and Fisch 1974). 새로운 관점에서 상황을 펼쳐 보이고 창의적 행동 가능성을 열어 젖히는데 이미지, 은유, 읽기 및 얘기거리들을 사용한다. 그러나 이 프로세스에는 다른 차원이 존재하는데, 시스템의 정체성 감각과 변화하는 능력간 관련성에 대한 이론이 여기에 해당한다. 좀더 구체적으로 말하자면, 사람과 조직은 그들 자신 스스로가 사로잡혀 있는 이미지에 둘러싸여 있고, 진정으로 변화하기 위해서는 어떤 방식으로든지 이러한 자아-이미지를 간파하고 이에 도전하는 능력이 있어야 한다는 원칙 위에서 이미지화가 이루어진다는 것이다. 이전 장의 프로세스에서는, 이미지와 은유가 사람과 집단이 그 자신과 자신들의 상황을 신선한 관점에서 바라보도록 "거울"로써 사용될 수 있는지, 그리고 자기반성과 변화의 기회를 만들어 내는지를 보았다.

나는 프로세스를 얘기할 때 "거울"과 "창문"으로 말하기를 좋아한다. 만약에 어떤 사람이 거울을 바라보고 새로운 방식으로 자신을 들여다 볼 수만 있다면 거울은 창문이 된다. 왜냐면 그 사람은 거울을 통해 나머지 세상을 신선한 관점에서 들여다 볼 수 있기 때문이다. 또는 이전에 말했던 것처럼 심상이라는 관점에서 새로운 행동을 할 수 있는 기회를 만드는 새로운 "지평"을 거울이 열어주기 때문이다.

그래서 텔레서브 사례(5장)에서는 "정치적 축구게임"이라는 이미지를 사용해서 인적자원관리팀이 새로운 시각에서 자신을 들여다봄으로써 새로운 방향의 필요성을 발견할 수 있음을 보여 주었다. 네트웍(6장)과 간호 서비스(8장)에서는, 현재 조직을 묘사하는 스탭부서를 구축하는 방법과 동물적 심상을 통해 나타난 그 문제점들을 활용함으로써 인습에 사로잡히지 않고서 문제 및 상황을 들여다보고 표현할 수 있었다. 2장에서 4장까지 나는 관리스타일과 조직구조, 변화에 대한 접근방법에 대해 생각하는 방식에 있어 이와 비슷한 지렛대를 만들려고 시도했다.

전반적 목표가 정상적으로 들여다보는 방식을 방해함으로써 그들이 무엇을 보고 있으며, 무엇을 해야하는지에 대해 사람들이 건설적 질문을 하도록 만든다. 이러한 활동에 있어 은유를 사용하는 것이 특별히 효과가 높다는 점을 발견하였는데, 왜냐면 은유를 사용함으로써 보수적인 사고방식과 거리와 공간을 만들어 주기 때문이다. 인간은 이 공간에서 자유롭게 생각하고 창의적으로 행동할 수 있다. 새로운 이해력이나 새로운 정체감을 자유롭게 해방시키는 활발한 역할을 한다. 왜냐면 오래된 것을 가지고 새로운 것을 만들 수 없기 때문이다.

내가 은유적 심상을 추출해 내고 사용하는 프로세스의 몇몇 측면은 다음 몇 가지 점에서 특히 중요할 것으로 보인다.

1. 그림 A.1에서 보는 바와 같이 은유는 항상 역설과 모순이라는 의미를 가지고 있다. 그 이유는 은유를 사용하면 자신들이나 주변 환경은 분명히 거짓이라는 식으로 사람들이 항상 생각하도록 만들기 때문이다.

   "나의 관리자는 여우다."

   "나는 전략적인 흰개미다."

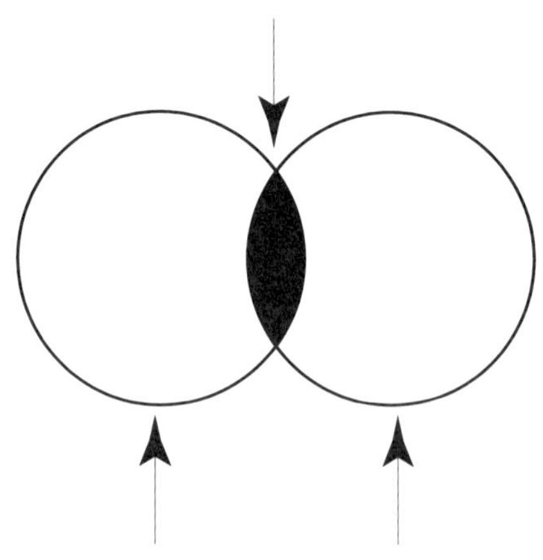

은유를 결합한 의미 :
여우같은 관리자 측면 : 그의 교활하고 간교하고 교묘하고 부드러운 이미지를 보라.
그러나 :
그 관리자가 검은 색깔의 코, 깃털, 네 발이나 꼬리가 없다는 점을 무시하라.

"우리는 거미식물 조직이다."

"우리는 정치적 축구게임을 하고 있다."

"우리는 노란벽돌 위에 서있다."

은유는 유사점과 차이점이라는 패턴에서 움직일 때 제대로 작용한다. 은유를 사용하는 사람은 차이점을 무시하면서 동시에 유사점을 불러일으키고자 한다. 은유는 항상 정상적인 대화의 한계를 무너뜨리는 "건설적인 거짓말"을 만들어 낸다. 이것이 변화할 수 있는 여유를 만드는데 결정적인 역할을 한다.

2. 은유는 사용하는 사람들이 의미를 찾아내고 만들어 나갈 필요가 있다. 은유를 사용하는 그들이 관리자와 여우간 유사성을 찾아내야만 한다. 그리고 거미식물의 적합성을 찾아내, 이미지가 적합한 통찰력을 만들어 내도록 명확한 방도를 찾아야 한다. 이렇게 함으로써 보수적 이해로부터 거리와 공간을 만들어 통찰력의 주인이 되어야 한다. 은유의 의미에 어떠한 것도 자명한 것은 없다. 의미란 받아들이는 사람들에 의해서 만들어져야 한다. 그러므로 의미란 즉각적이고 개인적인 것이지 동떨어져 있거나 추상적인 것이 아니다.

3. 은유는 기본적인 통찰력에 가깝게 "진짜로 들리고", "심금을 울리고", "공명할" 때에만 영향을 미친다. 억지로 은유가 효력을 발휘하도록 할 수는 없다. 왜냐면 모두가 별로 알찬 내용이 없다고 인식하게 되면 곧 그러한 프로세스가 공허한 의례절차로 되어버리기 때문이다. 그 과정은 그래서 자기규제적인 특성을 지닌다. 에너지와 참여를 만들어 내기 위해서는 공명과 믿음이 존재해야만 한다. 다른 사람이 통상 잘 알려져 있는 어떤 다른 은유를 만들어 낼 때는(예컨대, 6장에서 샤롯의 거미라든가, 민들레 씨, 네트웍의 초신성같은 것), 누구나 매우 공감하고 있는 통찰력을 다루고 있다는 것을 알게 된다.

4. 변화 프로젝트에서 참여자들에 의해 만들어진 은유가 외부에서 만들어진 은유보다는 종종 더 효과가 있다. 왜냐하면 이들 은유는 자신들이 직접 가지고 있는 것이며 즉각적인 의미를 지니고 있기 때문이다. 그러나 어떤 과정에서는 다른 사람이

보지 못하는 통찰력을 밝혀주는 은유라든가 관점에서부터 멀어진 중요한 통찰력을 다시 찾아내 종합해 주는 공명되는 은유를 찾는데 촉진자가 결정적 역할을 행할 수 있다. 어떤 경우든 공명이 중요하다. 은유라는 것은 힘이 되어야 하고 "확고 부동해야" 한다.

5. 외부로부터 은유가 소개되어 졌을 때, 사람들이 스스로 의미를 찾고 다듬어 나가는 것은 중요하다. 은유가 시사하는 바가 상세하게 알려져 있는 경우에 은유가 지닌 호소력은 종종 사라진다. 은유가 빈번한 논의를 불러 일으켜 그 의미와 중요성이 대화로써 부각되어야 한다. 즉, 공명되는 의미란 부여되는 것이 아니라, 일깨워져야 하는 것이다.

6. 은유가 주는 통찰력이 갖는 일시적 특성은 지나칠 정도로 진지하게 받아들여지거나 명료하게 확정될 수 없다는 점이다. 이 말은 전개과정에서 자기조직화하고 진화해 가는 능력을 갖고 있다는 점에서 개방적 이해 방식을 만드는 데 도움이 된다는 이점이 있다는 것이다.

이러한 원칙을 되새겨 보면, 은유적인 이미지는 사람들로 하여금 자신과 주변을 새로운 방식으로 들여다보도록 도와주는 강력한 도구가 될 수 있으며, 결과적으로 세상을 다소나마 다른 방식으로 보고 행동할 수 있도록 해준다. 이러한 과정은 존재하는 것과 이를 이해하는 잠재 가능성간에 긴장을 만들어 내고, 새로운 것이 떠오를 여지를 만들어 준다. 그러나 이전 몇 개의 장에서 언급한 바와 같이, 적당한 정도 이해를 공유하지 않고서도 만들어낸 통찰력을 바탕으로 행동하겠다는 의지력이 없다면 새로운 이미지가 새로운 행동으로 이어지진 않는다.

내 생각에 이점이 개발을 위한 중요한 프론티어를 규정한다. 변화이론을 서술하고 있는 사람들(예컨대, Argyris & Sch n 1974; Watzlawick 등 1974)은 내용 자체는 변동이 없는 피상적인 변화(소위 단일고리 학습과 1차적 변화)와 내용 자체 또한 바뀐 변화(소위 이중고리 학습과 2차적 변화)를 중요하게 구분하고 있다. 이러한 사실은 이미지화를 훈련하는데 있어 시사점을 제공하는데, 이는 어떻게 사람이 실질적 충격없이도 수백가지의 새로운 통찰들을 이끌어 낼 수 있는지를 밝혀주기 때문이다. 이미지화를 통한 시도는 사람들로 하여금 피상적이기보다는 실질적으로 내용을 다시 짜맞추도록 해주는 통찰을 만들어 준다. 이는 타이타닉호의 갑판의자를 어떻게 재배치할 것인가와 같은 오래된 문제이다! 누구나 피상적으로 많은 변화를 만드는 인상을 창조할 수도 있다. 그러나 밑바닥 수준에서 보면 중요한 어떤 것도 실제로 변화되지 않을 수 있다.

이러한 이슈가 우리로 하여금 지평선을 바꾸는 이미지화의 역할에 대해 이전에 언급했던 바로 그 포인트로 되돌아가게 한다. 지평선이 내용을 규정한다. 이미지화라는 시도의 도움를 통해 사람들은 자신들의 내용을 모양지우는 지평선을 보고 이해할 수 있고, 자신들의 한계를 평가하여, 필요하다면 다른 지평선들을 펼쳐 볼 수 있게 한다. 아니면 다시금 은유를 바꾸어서 세상에 대한 새로운 창문을 열어 젖히도록 시도하고, 새로운 방식의 행동을 하는 바탕이 될 수 있도록 바라보는 새로운 방식을 창조하게 한다.

➡ 개인적 임파워먼트로서의 이미지화

대규모 변혁이나 변화는 개발이 "백번째 원숭이"라고 표현되는 결정적인 다수를 획득한 경우에 발생하는 경향이 있다. 그러나 그 프로세스는 때로 좀더 정상 수준에서 개인 혹은 작은 수의 사람들이 주도권을 잡고 시작한다.

바로 여기에서 이미지화가 시작되어야 한다고 나는 믿는다.

이미지화는 우리들 자신의 힘으로 시작되고, 보다 넓은 의미에서 보면, 우리들이 주변의 세상을 다시 생각하고 다시 만들 수 있는 힘을 결집하도록 해준다. 조직구조와 마음의 구조가 지닌 엄격함과 탄력성이라는 배경에 비하면, 그리고 우주가 현재 직면하고 있는 거대한 사회 문제에 비하면 이 힘은 바람 속에 내뱉어지는 미미한 외침처럼 보일지 모른다. 그러나 카오스 이론과 자기조직화 이론 같은 현대이론들은 물론 이러한 것들은 내뱉을수록 어떤 차이를 만들 수 있다. 이것이 결정적인 다수와 관련된 문제인 것이다.

우리 모두는 아마 개인이나 집단들이 단지 자신들 삶을 짓누르는 힘에 의해 역전된 프로세스를 찾아 내기 위해 이미지화하고 새로운 현실 위에서 행동하고자 애쓰는 상황들을 경험한 적이 있다. 우리 모두는 아마 라이벌 주주들에 골과 분란이 너무도 깊어 관계한 사람들이 앞으로 공유하는 길을 찾기보다 전선을 지키는 것이 오히려 나을 수도 있는 그런 상황들을 경험한 적이 있다. 우리 모두는 운이 좋아 극적인 역전을 일궈낸 성공한 개인과 공동체 그리고 조직체에 관한 스토리들을, 아마 세계경제 속에서 통제할 수 없는 변화로 인한 결과와 같이 다소 축소된 스토리들을 읽은 적이 있다. 이것들이 바로 우리가 다루어야 했던 사회경제적 내용의 거칠고 지나치게 현실적인 어떤 단면이다. 그들은 "타이타닉"이라는 하부구조 속에서 일어나는 일이 무엇이며, 때로는 뒤엎어버릴 것 같은 것이 무엇인지를 말해 준다.

하지만 우리가 수많은 문제더미 속에 빠져 있더라도 우리의 무기력함은 곧 자기충족적 예언이 되어 버린다. 사람에게는 어떤 처지에 놓이더라도 자신들 스스로 아무런 통제력이 없다고 느끼는 그런 프로세스나 상황 속에 둘러싸인 자신을 발견할 수 있다. 고용인들은 종종 관리자들의 관점과 편견, 관심사로 인해 제약받고 있음을 느낀다. 반대로 관리자들은 조직의 문화와 그들 스스로 부여한 기대에 따라 제약받고 있음을 느끼게 된다. 다시 또 더 높은 계층의 관리자들은 이사회 명령이라든가 주가분석 보고서와 전반적 기업정책 같은 것에 둘러 싸여 있음을 알게 된다. 최고경영자나 이사회 의장조차도 자신이 다루어야 하는 글로벌 변화의 힘에 부닥쳐 경제적 환경을 재편해야만 하는 경우 자신이 무력함을 발견한다. 이런 사고방식으로 논리적인 접근을 우리중 어느 누구도 현실적으로 중요한 일을 해낼 진정한 힘을 갖고 있지 못하다는 것을 발견하게 된다.

그러나 우리는 한다!

그리고 그것이 바로 이미지화의 핵심적 도전이 개인적 임파워먼트라는 이슈와 연결되는 이유다.

의심할 것도 없이 글로벌 경제의 구조와 논리를 결정하는 힘에는 뿌리깊은 구조들이 존재한다. 이러한 구조들은 문화나 이데올로기, 그리고 사회적 훈련에 있어서도 모든 종류의 침전된 패턴에 사로잡혀 변화하는데 필요한 능력을 억압당하고 있다. 거시적 글로벌 세력들의 힘이 막대한 충격력을 갖고서 우리들 세상에 다가올 때 우리는 어쩔 도리가 없고 무력감을 불러일으킨다. 실제로 주요 국가들의 리더라 할지라도 때로 어떤 것을 만들어 낼만한 힘을 갖고 있지 못하며, 어쩔 수 없이 도도한 물결을 타고 헤엄쳐 나갈 수밖에 없다는 것을 느낀다.

그것이 개인이나 개인의 변화능력 수준으로까지 이미지화를 끌고 내려와야만 하는 이유다. 왜냐하면 변화란 바로 개인의 문제이기 때문이다! 개인들은 집단을 형성할 수 있고, 집단들은 사회적 운동으로 발전할 수 있다. 그러나 그 프로세스는 개인들의 참여와 행동으로 시작되고 마무리되게 되어 있다. 어떤 사람이 저작거리 보통 사람들과 달리 대기업 최고경영자라면 확실히 큰 차이가 있긴 하다. 그러나 참여한 개인 바로 그 사람이 움직여야 한다.

이러한 점에서 나는 이미지화란 마음 자세를 말하며, 사람들은 스스로 개별 이론가가 되어, 자신들이 실현하고 싶은 현실을 직접 쓰는 능동적 역할을 해야 한다고 생각한다. 내가 믿기로는 우리들은 이러한 천부적인 이미지화 능력을 갖고 있기 때문에 현대 사회와 조직에서 대두되는 몇몇 중대 문제들과 씨름하는데 익숙한 것이다. 이제 우리는 산업화 시대의 기계적 사고로 얼룩진 개발의 연장선 끝에 와있기 때문에 어떤 대안을 필요로 한다. 우리 자신과 우리 사회, 지상에 있는 우리의 관계들을 새롭게 만드는데 보탬이 될 만한 새로운 은유들이 필요한 것이다.

요컨대, 말하면, 우리는 이전에 전혀 해보지 못한 이미지화를 할 필요가 있다!

부록 B

연구방법에 관한 소고

   이 부록의 목적은 여러분들로 하여금 "화면 뒤편으로" 안내해 이 책을 이끌고 있는 연구 철학과 구체적인 방법들을 인식할 수 있도록 하는데 있다. 이미지화가 조직 및 경영이론에 어떤 연구접근법으로서 그리고 방법론으로서 장차 공헌할 가망성이 있다고 관심을 두고 있는 독자들에게 흥미가 있을 것이다.

   나의 접근법을 설정하기 위해 다음과 같은 인용구를 상기해 주길 바란다.

   먼저, Marshall McLuhan(1978)은

   우리가 당면한 새로운 환경은 초기효과와 촉각의 감각을 유발하는 것으로 시각적이라기보다는, 전자적이고 공진적인 것이다. 새로운 감각 세계는 사물을 있는 그대로의 실제 모습에 맞추기보다 배경에서의 전경에 대한 패턴 인식으로 자연스럽게 연결시키는 경향이 있다.

   두 번째로, Kurt Lewin(1949)은

   학자가 주어진 지식수준의 한계를 뛰어넘고자 한다면, 다음 세대에 주가 될 진보의 기본으로 후에 판명될 방법이나 개념들이 받고 있는 비과학적이고 비논리적이라는 방법론적 터부를 통상 깨뜨려야 한다.

   이러한 관점은 나의 연구철학에 있어 중요한 요소가 되었다. McLuhan의 주장에 따르면, 통찰력과 지식을 산출할 수 있는 새로운 길을 요청하고 있는 새로운 환경에 우리가 살고 있다는 것이다. 그리고 Lewin의 주장에 따라, 이러한 목적을 향해서 나아가고자 한다면 특정 방법론적 터부들을 무너뜨려야만 한다고 나는 생각한다.

지금까지 각 장에서 보여준 대부분 사례 연구들은 이미지화 훈련을 개발하기 위해 시도한 결과로서 도출된 행동-학습 스타일 연구의 산물들이다. 이곳 방법론 소고에서 나는 기본적인 원칙과 함께 산출된 아이디어와 지식들의 현상에 대해 서술하고자 한다.

행동학습

행동-학습 연구접근법은 연구과정이란 두 개의 목적을 가질 수 있다는 생각을 전제로 하고 있다. 두 개의 목적이란 (a)유용한 연구 지식을 산출하고자 하는 것과 (b)과정을 활용함으로써 연구에 참여한 사람들로 하여금 그들 상황에 대한 좀더 깊이 있는 이해를 도와줄 수 있다는 점이다. 단어 자체를 보면 행동과 학습을 연결하고 있다는 점, 연구에 참여하고 있는 모든 사람들이 실제로 연구를 수행하는 동안에 학습되어지는 것을 알 수 있다. 그렇게 보면 아카데믹한 관찰자에 가까운 사람들보다는 이론개발과 실제를 결합하는데 관심이 많고, 어떤 직접적인 참여와 문제해결 활동을 통해 조직에 대한 이해의 폭을 넓히고자 하는 나 자신과 같은 사람들에게 이상적 연구스타일이라는 것을 알 수 있다. 이러한 접근법은 문제지향적인 상황일 때 대부분 자주 활용되어지는데, 연구자들이 문제나 이슈들의 체제를 발견하고, 새로운 어떤 시사점들을 찾아내야만 하는 그러한 상황을 말한다.

해가 갈수록 이 접근법은 폭넓게 적용되고 있다. 예를 들면,

1. 개인과 집단의 학습 프로세스를 개발하는데 사용되어 왔다. 즉, 관리자들이 같이 모여서 각자의 문제들을 한꺼번에 묶는 경영교육 및 문제해결에 대한 Revans(1982)의 접근법이 여기에 해당한다. 서로 다른 관점에서 보면 공통의 문제를 해결할 수 있고, 프로세스에서 모두가 자신의 문제해결 능력을 개선해 나갈 수 있다는 것이 이렇게 학습 여건을 만드는 목적이다.

2. 개인과 집단을 기준으로 프로세스상 제기되는 조직변화 및 조직개발에 대한 어떤 시사점을 제공하는데 활용되어 왔다. 개인 및 조직 학습을 개발하는 Argyris & Schon(1978)의 접근법과 행동연구에 대한 "Tavistock-style"(Baburoglu &

Ravn 1992; Susman 1983; Susman & Evered 1978; Trist 1976, 1982)이 여기에 해당한다.

3. 단일 조직의 경계를 벗어난 수준까지 확대되고 조직간 관심과 행동이 요구되는 복잡하면서도 동시에 "도메인 수준"의 문제 클러스터에 관한 어떤 시사점을 찾아내는데 활용되어 왔다. 예컨대 탐색-회합 방법론(Emery & Emery 1976; Morley & Ramirez 1983; Morley & Wright 1989; Trist 1982, 1985; Williams 1982)이 이러한 문제를 해결한다.

4. "참여 연구"와 "참가 행동연구" 방식(Elden & Levin 1991; Fals-Borda 1987; Freire1970; Hall 1981; Harries-Jones 1991; Whyte 1989, 1991)을 통해서도 이러한 접근법은 개발되어 왔다. 이들 연구방식은 그룹 셋팅에서 사용되어 왔으며 참여하고 있는 사람들로 하여금 힘을 갖도록 함으로써 현실을 더욱 잘 이해할 수 있도록 설계되었고, 변화를 위한 전략을 개발할 수 있도록 설계되었다. 이 책에서는 사회행동주위와 사회 변화를 위한 도구로 사용되고 있으며, 특히 불리한 입장에 있는 집단들의 관심사를 운용하는데 활용되고 있다.

연구방법론으로서 "행동학습"은 소위 "행동연구"(Lewin 1948, 1951; 등)나 "행동과학"(Argyris, Putman & Smith 1985)이라 일컬어지는 분야와 관련이 높다. 이들 세 가지 접근법은 이론과 실제를 연결시켜 지식을 현실 세계속의 실무를 바탕으로 하면서 이들 실제로부터 추출한 행동이 될 수 있도록 만드는 방법을 모색할려는 실용주의자 전통을 기반으로 하고 있다. 이들 현실 세계는 과학적 실험실 속에서 만들어진 것이라던지 축소된 조사방법을 통해 형성된 세계와는 다른 것이다. 이러한 전통은 북미에 있는 John Dewey(1929, 1933), Kurt Lewin(1948, 1951), Chris Argyris(1985)와 영국의 Tavistock 연구소 (Trist 1976, 1982; Trist & Murray 1990) 멤버들에 의해 전적으로 개발되어 왔다.

Lewin의 고전에서 "행동연구"와 "행동과학"은 이미 설명되어 활용되고 있는 바, Argyris, Schon, Susman, Evered 등에 의해 과학적 플레임웍 안에서 이론과 실제를 통합하는 것을 상당부분 강조하고 있다. 예를 들면, Chris Argyris와 그의 동료들은 행동과학의 가장 중요한 특징으로 세 가지를 제시하였다. (1) 하나의 이론에 편입될수 있는 실증적으로 불확정적인 명제 (2) 인간의 활동내용에 포함될 수 있는 지식 (3) 현재 존재하고 있는 것을 밝힘과 동시에 기본적 변화를 알려 주는 현상에 대한 여러 가지 대안들이 사회 행위자들이 자유로이 선택한 가치의 관점에서 이루어졌다. 이들 행동과학은 실제과학을 개발하는 것이다. 목적은 Argyris 등에 의하면 이론과 지식이 유용해야 하며 타당해야 하고 현실을 설명해 주어야 하고 우리가 어떻게 변해야 하는지에 대한 정보를 제공해 주어야 한다는 것이다.

행동연구의 느슨한 형태는 문제해결 접근법으로 더 많이 적용되어 왔고, 연구와 이론 구축보다 행동을 종종 강조하고 있다. 문제의 가능한 해결책으로서 행동은 실증적 검증과 정교화하기 쉬운 가설의 형태로 다루어져 왔다. 문제해결을 위한 성공적인 방안을 강구하고 사례연구를 확산시킴으로써 경험을 학습하고 비슷한 상황에서 그 방법을 적용할 수 있도록 하는 것이 이러한 접근법의 목적이다.

행동학습에서의 나의 스타일은 이러한 두 접근법 사이 어딘가에 있다. 이것은 Argyris와 그의 동료들이 주창하고 있는 행동과학의 경험적 접근방법보다 덜 체계적이고 덜 "과학적"이다. 차후에 설명하겠지만, 마음 내키는 대로 진행함에 따라서 항상 주의깊게 통제할 수는 없기 때문이다. 또한 주된 목적은 세상에 대한 합당한 묘사를 만들어 내는 것이 아니라 소위 "일반화할 수 있는 통찰력"을 창조할만한 중재 설명이나 "스토리"를 만듦으로써 강조점을 두고 있는 중재과정과 핵심적인 조직역학들, 이슈들, 문제들에 대해 더 많은 이해를 적절하게 이끌어 내는 것이다.

구체적으로 말하면, 내 연구에서의 설명이나 "이야기들"은 (a) 이미지화 훈련과정에 유용한 지식을 제공하고 다른 조건에서 어떻게 활용할 수 있는가를 보여주고, (b) 조직변화 프로세스를 안내하는 방법으로서 이미지화의 역할과 기여도와 관련된 유용한 지식을 제공하고, (c) 관여자의 역할 그리고 성공이나 실패에 영향을 미치는 전략과 전술들의 역할에 대한 통찰력을 갖게 하고, (d) 사람들이 자신의 상황들, 그리고 사람들이 보고 싶어하는 변화된 것에 관한 개인적 이미지들이나 이론들을 창조해 내는 능력이 있다는 점에 관한 통찰력을 갖게 하며, 그리고 (e) 조직의 주된 패턴과 병리현상들을 이해함으로써 어디서든 이와 유사한 상황을 관리할 수 있도록 도움을 주고자 한다.

나로서는 "행동학습"의 형태로서 연구 접근방법을 설명하는 것이 가장 익숙한데, 그 이유는 노력의 본질을 묘사하는 것이 바로 이미지이기 때문이다. 이러한 연구는 나의 입장에서도 그렇고 마찬가지로 고객집단에서도 사람들로 하여금 자신들의 문제들을 더 잘 이해하도록 하여 나아가 적절한 행동들을 주도하는데 도움을 줄 목적으로 학습을 이끌어 내는 형태로 수행되었다.

모든 행동연구와 행동학습 프로세스가 "아웃사이더"들에 의해 주도되는 것과 마찬가지로 그 프로세스는 여러 상충관계와 균형들을 필요로 한다. 예컨대, 한 쪽에서는 "멋진 연구결과"에 대한 요구가 있고, 다른 쪽에서는 "실무적 유용성"에 대한 요구가 있어 이들이 종종 충돌하는 것과 같다. 또한 "문제"와 상황 그리고 잠재적인 해결책들에 대한 학습 프로세스와 정의가 연구자에 의해서 주도되는지 아니면 관계된 개인이나 집단에 의해서인지, 아니면 이들 조합에 의해 주도될 것인지 어떤지에 대한 딜레마가 존재한다. 행동학습의 어떤 유형들에서는 연구자들이 강한 통제력을 가질 수 있으며, 상당한 정도로 그 과정에 영향을 미칠 수 있다. 다른 유형들에서는 대다수 파트너십 관계가 타격받을 수 있다. 예를 들면, 참여 연구의 어떤 유형의 경우(예를 들면, Elden과 Levin, 1991의 경우) "공동학습"이라는 민주적인 과정을 만드는 데 상당부분 강조하는 참여연구에서 연구자의 견해나 설계가 그 과정에 적합치 못한 영향을 미치지 못하도록 상세하게 과정을 규정하기도 한다. 이러한 접근법을 적용하는 사례에서 연구는 참여자들을 완벽하게 통제하고, 연구자–촉진자들이 그 과정에 완전히 집중함으로써 연구내용에 영향을 주는 어떤 공헌도 하지 못하도록 한다.

이전 장에서 묘사한 사례연구를 통해 밝혀지겠지만, 나의 접근방법은 프로세스와 내용 모두에 영향을 끼치는 적극적인 촉진 역할에 바탕을 두고 구축되었다. 그러나 학습이란 어떤 상황에서 만들어지는 것이 아니라 어떤 협동적인 형태 속에서 나오는 것이라는 것을 나는 확실히 인식하고 있다. 내가 행동학습 프로세스에 참여하는 동안, 나는 나의 목표와 관점들이 얼마나 프로세스를 결정하게 되는지에 대해 파악하고자 노력하고, 참여자들이 가능한 한 그 내용의 많은 부분을 결정하도록 균형을 유지하기 위해 애쓴다. 부록 A에서 논의한 것처럼, 나의 훈련을 이끌어 가는 원리 중 하나가 바로 사람들이 나에게 말하는 바로 그 "거울"이며, 모든 기회를 활용해 나 자신의 것 보다는 자신들의 아이디어와 이미지들을 통해 작업하도록 이끄는 것이다. 그러나 이것이 나로 하여금 필요한 경우에도 내용을 결정하는 적극적인 역할을 못하도록 하는 것은 아니다. 특히 새로운 이니시어티브가 나타날 수 있도록 결정적 재구성을 만들어 내고자 애쓰는 경우가 그렇다. 예컨대, 5장에서 "정치 축구게임"이라는 이미지를 사용한 것을 생각해 보라. 내가 끼어든 목적은 사람들로 하여금 상황에 대해 자기 자신 개인들의 이론과 통찰력을 개발하도록 도와주기 위함이다. 그렇게 함으로써 그들이 선택하기만 하면 새로운 행동 속으로 빠져들도록 임파워먼트 될 수 있게 되었다. 나는 문제 속에 끼어드는 것으로 마무리한 후에 그와 유사한 파괴 현상들이 성취될 수 있도록 모델링 프로세스를 통해 임파워먼트 영역을 또한 드높이려고 한다. 달리 말하면, 중간형태는 메시지의 부분이며, 행동학습 과정에 참여함으로써 그들은 미래 언젠가 그들 자신이 프로세스를 어떻게 활용할 수 있는지에 대한 통찰력을 얻을 수 있다.

실행 방법

이전 장들 대부분에서 말한 것과 마찬가지로, 나의 행동학습 이니시어티브는 대개 문제 상황 때문에 도와달라는 초청을 받을 때 시작된다. 맨 처음에는 어떤 종류의 행동으로 이어지게 될 자료수집 과정과 개입에서부터 프로젝트는 동시에 이루어진다. 프로젝트가 시작되는 그런 시점에 나는 어디로 가야 할 것인가 또는 어떤 특정한 방법이나 기술을 사용해야 할 것인가와 같은 분명한 아이디어를 절대적으로 갖고 있지는 않다. 나의 접근방법은 "적극적인 청취자"와 관찰자로서의 역할을 채택하는 것이다. 나는 판단은 최소한으로 하고 가능하면 많은 상황의 내용을 최대한 흡수할 수 있는 "하나의 스펀지"나 "압지"가 된다.

➜ 기본 제안서(basic protocol)

연구의 제안서라는 의미에서 보면, 대부분 나의 연구 활동들은 Morgan과 Smircich(1980)와 Smircich(1983)가 말한 원리들을 따라 느슨하지만 민족학에 준하는 연구 스타일을 적용하는 것으로 하고 있다. 편의를 위해 그리고 분명한 제안서를 만드는 방도로서 나는 내가 하고 있는 일을 다음과 같은 다섯 가지 명령문들을 이용해서 생각한다.

1. 안으로 들어가라.
2. 배우는 자의 역할을 받아 들여라.
3. 경계선을 그려라.
4. (상황에 대해 떠오를만한 "읽기"를 만들 수 있는) 핵심 주제와 해석을 정의하라.
5. 확인하고, 반박하고, 전반적으로 재구성하라.

어떻게 생각하면 이러한 명령들을 연구 프로세스 다섯 단계로 여길 수도 있지만, 실제로는 반복되고, 중복되기도 한다.

첫째 포인트는 민족학 연구자가 어떤 상황의 안으로 들어가서 그 상황의 자체 의미로 가능하면 이해하려고 할 때 사용하는 기본 규칙이다. 내가 그렇게 하기를 좋아하는 연구자는 상황을 "스스로 말할 수 있도록" 만드는 어떤 방법을 찾아 내야 한다. 누구든지 가능하면 적게 영향을 미치면서 가능한 많은 자료들을 산출해 내는 방법을 찾아야 한다.

둘째 포인트가 강조하는 것은 연구자는 전문가라기보다 배우는 사람 입장에서 상황에 들어가야 한다는 것이다. 전통적 학술 연구자와는 다르게 모든 가설들을 남겨두도록 애써야 하고, 상황이 "말하는" 것에 따라 새로운 통찰들이 떠오를 수 있도록 여지를 만들어 두기 위해 판단을 미루어야 한다 (물론 이렇게 하기가 어려운데 이 점에 대해서는 아래에서 보다 상세하게 서술하겠다).

세 번째 포인트는 문서화 프로세스를 설명한다. 민족학 연구자는 들은 내용, 일어난 일, 그 상황에서의 경험을 상세하게 서술하려고 애쓴다. 이들 데이타는 끄집어 낼 수 있는 핵심 주제와 해석들을 정의함(네 번째 포인트)으로써 무슨 일이 일어나고 있는지에 대해 떠올릴만한 "읽기"를 개발하는 원자료를 제공한다. 이들은 연구 프로세스를 전개하면서 어떤 연속적인 기준에서 검증되고 재구성된다(다섯 번째 포인트).

이런 식으로 내가 맞닥뜨리고 있는 대부분의 상황들을 이해할 수 있도록 문서화하고 개발하고자 애를 쓰면서, 적절하게 끼어들게끔 구조화하고 안내하도록 읽기를 활용한다. 이미 말한 바와 같이, 이상적인 상황은 연구자들이 자신들의 영향을 최소화할 수 있는 그런 상황이며, 그렇게 함으로써 가능하면 상황 그 자체 의미를 이해할 수 있다. 최종목적은 참여자의 단어, 개념, 이미지, 아이디어, 이론들에 전반적으로 바탕을 둔 이해와 해석을 만들어 내는 것(Glaser와 Strauss 1967)이며, 그 상황 안에서부터 산출된 행동들을 바꾸기 위함이다. 이것이 문제가 될 수도 있는데, 특히 행동학습 과정이 시간 제한, 새로이 떠오른 위험들, 사람의 무능력으로 인해 프로젝트에 심각한 시간적인 장애물이 초래되어 제한요소로 부과된 경우가 그렇다. 비록 연구자가 "내부로 들어가고자" 애쓰고, 배우는 자로서의 역할을 받아들이며 상황이 "스스로 말하도록" 노력한다 하더라도 섬광과 같은 통찰과 포괄적 해석이 필수불가결하게 마음에 떠올라야 한다. 비록 이미 검증해야 할 가설로 결정된 것이 없다 할지라도 연구자만 동시에 촉진자라면 반드시 연구에 필요한 준거체계를 가져와야 하고 일어나는 것에 대한 폭넓은 아이디어나 "읽기"를 형성해야 한다.

이상의 문제점을 풀기 위해 세 종류의 데이터들 사이에 약간은 조작적이긴 하지만 구분할 수 있는 논점을 개발했다.

첫 번째 데이터는 소위 상황에 대한 객관적 사실이라고 말할 수 있다. 예를 들면, 역사 자료, 종업원 수, 재무상태, 특정 사건들, 장비, 벽지, 회의에서 하는 행동과 언급된 말이 그것이다. 내가 "소위 객관적 사실"이라고 말하는 이유는 "사실"은 사회적으로 형성된 것이기 때문이다. 그러나 어떤 상황에서도 상황과 그 역사를 이해하는데 적당하다고 다소나마 모두가 동의할 만한 상세한 자료는 항상 있다.

두 번째 데이터는 위에서 말한 것과 달리 현실에 관한 모든 사회적 구성물들을 말한다. 대화와 인터뷰를 통해 수집된 데이터가 그것이다. 그리고 상황에 대해서 사람들이 말하는 것이며, 다른 사람에 대해 사람들이 말하는 것이고, 일어나고 있는 일을 사람들이 어떻게 해석하는가에 대해서 사람들이 말하는 것이다. 이것은 조직의 일상적인 현실이 만들어 지는 것에 대한 통상적 의미를 말한다. 이는 또한 현실 상황이 연구자들에게 어떻게 구성되는가를 또한 보여 준다. 서로 다른 사람은 상황에 대해 각기 다른 구성물과 해석을 갖는다. 그리고 이들이 무엇인가에 대한 풍부한 그림을 그리는 것이 중요하다. 왜냐하면 연구자가 다루고 있는 "현실"에 대해 그들은 다양한 측면에서의 단면을 정의하기 때문이다.

세 번째 데이터 종류는 현실에 대해 연구자들이 갖고 있는 사회적 구성물을 말한다. 이들은 "경계선을 그리는(세 번째 포인트)" 방법에 영향을 미친다. 이것은 연구자들이 지닌 선택적 지각, 필터링 등 다른 오류 과정으로 인해 발생한다. 그리고 연구로부터 도출될 핵심 주제와 해석을 정의하는(네 번째 포인트) 데 영향을 준다. 이들은 연구자가 상황을 읽는 기초가 된다. 그리고 사례 연구에서 언급한 것처럼 궁극적으로는 그 상황과 관련하여 어떻게 이해하고 행동하는가를 만들어 준다.

이미 말한 바와 같이 데이터를 세 가지 종류로 구분한 것이 약간 조작적이긴 하지만, 이는 연구자의 편견과 기존의 정착된 해석을 최소로 줄이는데 도움되는 강력한 도구가 될 수 있다. 예를 들면 나 자신의 훈련에서 나는 가능하면 모든 첫 번째 종류와 두 번째 종류의 데이터를 소화시키고자 애쓰고 있다. 나는 관찰하고 듣고 복사본을 뜬다. 나는 가능하면 풍부한 양을 확보하고자 애쓴다. 내가 어떤 상황에서 기록을 할 수 없는 경우, 나는 상황이든, 만남이든, 인터뷰든, 대화든 가능하면 정확하게 재구성하기 위해, 좀더 검증할 필요가 있는 대화를 회상하고, 사건을 설명하며, 내용들을 상세하게 기록한다. 나 자신의 해석(세 번째 데이터)을 기록하는 때는 어디서 그리고 언제 그러한 아이디어가 나왔는지를 정확히 보여줄 정도로 조심스럽게 기록한다. 아마 두 번째 종류의 데이터를 마무리하면서 또는 기록하는 도중에 떠오르는 생각이나 아이디어가 그 대상이다. 내가 그렇게 풍부하게 상황을 묘사하는 목적은 나 자신의 생각과 해석들에 대한 정확한 기록을 보게 되면 전체 개입 프로세스에 내가 영향을 미치는 것을 알아볼 수 있도록 하기 위함이다. 이렇게 함으로써 나는 상황에 대한 나의 견해와 다른 사람의 해석들을 할 수 있고, 이런 저런 방향으로 영향력을 언제 행사할 것인가, 그리고 왜 하는가를 이해하는데 도움이 된다.

이전 장들에서 나의 프로젝트에 대해 말했던 이야기들은 이러한 데이터 베이스 종류를 근거로 그려내고 있다. 한편에서는 첫 번째와 두 번째 데이터 사이의 상호역할을 보여 주고, 다른 편에는 세 번째 데이터 "진단적 읽기"가 뒤섞여 있는 이야기인 셈이다. 이미 보여준 바와 같이 프로젝트로부터 도출되는 읽기들은 사건들이 밝혀짐에 따라 많은 모습과 형태들로 나타날 수 있다.

➡ 수집된 자료의 특성에서 본 몇 가지 자격요건

이러한 접근법을 내가 "민족학에 준하는" 연구로 언급한 적이 있다. 그 이유는 가능하면 완전히 그리고 풍부하게 맞닥뜨리는 상황들을 자료화하고 이해하도록 애쓰는 반면, 순수 민족학이 근거로 하는(Geertz 1973) 만큼의 "방대한 묘사들"을 항상 만들어 낼 수 없기 때문이다. 민족학 연구자들은 때로 행동기반 연구자들에 비해 낮은 수준의 많은 자료들을 수용한다. 그 이유는 면담이나 참여관찰을 할 때 상황에 끼어들거나 촉진하거나 만들어 나가야 할 기대감이나 압박감이 덜하기 때문이다. 행동 학습자는 두 개의 서로 다른 모자를 한꺼번에 써야 한다. 하나는 연구목적을 위해서, 다른 하나는 참여자들로 하여금 적절한 학습 환경을 만들어 낼 목적을 위해서 필요하다.

이런 제약들 때문에 행동학습자들에 의해 산출된 데이터는 종종 민족학자들의 그것보다 훨씬 세련되지 못하다. 비록 녹음 기록방식과 팀 연구가 여기서 말하고 있는 문제를 더 많이 발생시키긴 하지만 말이다. 내 연구가 Chris Argyris와 동료들의 "행동과학"과 다르다고 이전에 주장했던 이유들 중 하나가 바로 이것이다. 기본적으로 행동과학은 세상에 대해서 유용하고도 타당한 설명을 만들어 내고자 하는 목적이 없다는 점에서 그렇다. 행동과학은 다른 종류의 일반화 가능한 지식을 찾으려 한다.

➡ 산출된 지식의 일반화 가능성

전통 과학에서는 한편으로는 관찰자로서의 과학자와 다른 편에서의 연구대상 상황을 구분하고 있다. 전통 과학은 연구대상 상황에 대한 정확성과 대표성이 있으며 반복가능한 지식을 탐구하는 것을 기초로 구축되어 왔다. 여기서의 탐구란 다른 상황을 이해할 정도로 확장가능한 어떤 하나의 상황 속에 존재하고 있는 일반화 가능한 법칙과 규칙성, 관련성, 사실들을 찾는 것이다.

민족학과 행동학습에서 발견되는 것과 같은 연구 보다 해석적 형태가 이러한 유형의 지식을 찾아낼 필요는 없다. 그리고 비록 그렇게 한다고 하더라도 그러한 일반화 가능성을 요구할 수는 없다. 왜냐하면 방법의 본질상 때로 제한을 받고있기 때문인데, 이는 매우 작은 수의 주제를 연구한다든가, 종종 오직 하나의 개인이나 집단, 조직과 함께 작업을 하기도 하기 때문이다.

지식에 접근하는 이러한 방법의 중요성과 가치를 이해한다면, 일반화할 가능성과 접근법에 관한 전반적인 이슈를 색다른 방법으로 재정립해야 한다. 나는 이것을 다음의 용어들로 생각해 보는 것을 좋아한다. 전통 과학의 초점과 우선권은 "법칙"과 "규칙성", "관련성", "사실"들을 일반화하는데 있는 반면, 민족학과 행동기초 접근법들은 다른 곳에서 유사한 패턴을 이해하는데 타당할지 모르는 한 상황 패턴에 통찰을 일반화하고자 애쓴다는 점이다.

그래서 나의 행동학습 연구 접근방법에서의 주된 목적은 다른 데서의 상황과 실증적 일관성을 주장할 목적으로 "사물이 존재하는 현상"에 대한 일련의 사실들과 명제들을 만들어 내고자 하는 것이 아니다. 오히려, 독자들로 하여금 상황에 대한 어떤 경험을 습득하도록 하고 내재하고 있는 패턴과 프로세스를 이해하도록 하는 방식으로 상황에 대한 풍부한 짜임새를 갖도록 하는 것이다. 이를 통해 독자들이 다른 환경에 처한 유사한 상황들을 이해하는데 적합할지도 모르는 핵심적인 통찰이나 배움을 사용할 수도 있도록 하기 위함이다. 엄밀히 말하자면, 내 연구 결과로 산출되는 이야기들을 통해 두 가지 형태의 일반화 가능성을 만들어 낼 수가 있다. (1) 나의 사례 연구에서 밝혀진 사건과 문제의 패턴을 감지할 수 있는 일반화 가능한 통찰들 (2) 어디서든 유사한 문제나 상황들을 붙잡을 수 있는 일반화 가능한 전략과 전술들이 그것이다.

일반화의 첫 번째 형태는 연구보고서를 읽는 독자들로 하여금 대상 현상을 이해하는데 도움을 주기 위해 한 집단이나 조직 또는 하위문화를 심층 연구하는 민족학 연구자에 의해 산출된 것과 유사하다. 여기서 일반화 가능성은 동일한 집단이나 다른 환경에서의 집단을 이해 할 때 활용할 수 있는 통찰력을 습득하는 독자들의 능력에 달려 있다. 소위 내가 말하는 "아하! 그렇군요 경험"을 만드는 것이다. "아하! 그렇군요란 어떤 집단 X에 대해 나의 문제와 관련사건에 있어 나에게 도움이 될 수 있는 흥미로운 통찰"을 말한다. 그래서 5장의 텔레서브, 6장의 네트워크, 7장 스테레오 타입, 8장의 간호 서비스에 대한 나의 이야기를 읽는 독자들은 이들 사례를 통해 밝혀진 패턴을 통해 또다른 관련 상황을 보고 이해할 수 있게 될 것이다. 그렇게 함에 있어서 독자들은 민족학 연구 스타일이 만들고자 애쓰는 일반화 가능한 통찰들과 이해한 것들을 버려야 한다. 그러나 기억할 것은 독자들 스스로 구성해 낸 사례에 대한 공명과 적절성에 일반화 가능성이 결정된다는 점이다. 즉, 보다 전통적인 사회과학 연구에서 보이는 것처럼 직접적으로 어떤 실증적 일치성에 대한 직접적 요구나 주장은 없다는 것이다.

일반화의 두 번째 형태–문제 해결기법이나 학습과정을 개발하는데 기여할 수 있는 전략과 전술은 대부분 행동학습 의제의 목표가 된다. 이는 행동학습의 목적으로서 사람들로 하여금 지속적인 관점에서 자신들의 일상 활동에 짜넣을 수 있는 적절한 학습과정을 경험하고 볼 수 있는 기회를 만들어 주는 것이다. 그래서 내가 관여한 모든 이야기들은 실제로 이미지화 과정의 모델이 됨을 보여주고자 하였다. 이를 통해 독자들은 그 접근법을 그들 자신이 개발하고 사용할 수 있다. 이미지화 과정이 어떻게 된 것인가에 대한 개인적인 설명을 그렇게 상세하게 한 것도 바로 이런 이유에서였다.

그래서 나의 연구 이야기들에서 읽었던 것처럼, 내가 여러 개의 메시지를 한꺼번에 섞어가면서 보여 준 것은 나의 연구경험을 더 일반화 가능하도록 하기 위해 무진 애를 쓰고 있다는 것을 말한다. 예컨대 이미지화 과정의 메시지들, 묘사된 조직적 사건들의 패턴에 관한 메시지들, 그것들을 다루는 가능한 방식에 대한 메시지들, 새로운 조직설계의 형태를 어떻게 만들어 낼 것인가에 대한 메시지들, 어떻게 관리 스타일을 다시 만들어 낼 것인가에 대한 메시지들 등이 그것이다. 각각의 연구 이야기는 서로 다른 많은 방식으로 읽혀질 수도 있으며, 이야기들이 제공할 일반화 종류는 독자인 여러분에게 달려 있다. 마치 다른 상황에서도 동일한 패턴을 이용해 이해하고 활동하는 준거 포인트로서 여러분이 활용하고 해석하는 것과 같다.

정확히 말한다면, 일반화 가능성이란 "이야기" 그 자체에 있는 것이 아니다. 과학문헌에서 때로 일련의 일반화된 사실과 관계들을 발견하는 것처럼 독자들의 마음에 만들어지는 공명을 이야기가 만들어 준다. 조직연구의 전통적 접근방법에서 찾아 볼 수 있는 종류의 지식과 통찰과는 매우 다른 종류의 그것들을 전달하고자 한다. 따라서 전통적 용어로 판단해서는 안된다. 사실, 나는 과학보다는 예술과 문학을 통해 개발되어지는 것과 매우 흡사한 지식들이 산출되는 것을 본다. 그림, 작품이나 역사 소설이 "독자"나 "관객"에게 어떤 형태의 의미감을 불러일으키는 것처럼, 나의 연구들이 폭넓고 다양한 상황에서 아이디어들과 개인적 반응을 불러일으키고 공명하기를 희망한다. 궁극적으로 이것이 내 연구가 만들어 내는 "아하! 그렇군요"의 공명을 의미한다. 예를 들면:

"아하! 나는 이 패턴을 알고 있어… 우리 조직에서도 "대륙붕"을 경험한 적이 있어."

"아하! 거미식물! 아마 우리 이사진들이 학교경영을 할 때 교육계의 새로운 시도로 가능할거야."

"아하… 내가 바로 전략적 흰개미야! 내가 하고 있는 일과 왜 일하는지를 다룰 때 그 이미지를 활용해서 더 잘 할수 있을거야."가 여기에 해당한다.

나의 행동학습 접근법의 연구 측면은 "아하! 그렇군요." 경험을 독자들로 하여금 내 이야기를 통해 만들어 줄 일반화 가능한 이해력과 통찰력을 창조하기 위해 애쓰고 있다. 이는 마치 나의 개입이 프로젝트에 직접 관여한 참가자들이 이해력과 통찰력을 갖도록 애쓰는 것과 마찬가지다.

➜ 타당성과 "공명"

나의 연구에서 산출된 지식의 현황과 일반화 가능성에 대한 이상의 논의는 이어지는 해석들의 타당성과 행동학습 프로젝트로부터 이끌어 낼 수 있는 결론들과 관련된 이슈로 연결된다. 이것은 자신의 주관적인 경험 한계를 극복하기를 원하고, 좀더 광범위한 조건에서 참고가 되는 상황과 관련해 떠오르는 주제들, 해석들, 이해력, 그리고 전체적인 읽기의 타당성을 검증하기를 바라는 어떤 연구자에게도 관심사가 될 것이 틀림없다. 나의 연구 제안서의 다섯 가지 포인트를 통해 이것을 고려하고자 애썼으며, 이렇게 함으로써 프로젝트 과정에 걸쳐 확증과 반박 그리고 재구성을 모색하는 것이 중요함을 강조하고자 한다.

이것은 모든 훌륭한 과학적 연구의 핵심적인 특징이다. 연구자가 실험적 방법이든, 조사연구든, 아니면 민족학적 연구방법을 사용하든 상관하지 않는다. 예를 들면, 훌륭한 민족학 연구는 연구에서 밝혀진 통찰과 해석, 결론들이 가능하면 많은 방식으로 검증될 수 있는 것이어야 한다(Lincoln과 Guba 1985). 이는 행동관련 연구방법에서도 마찬가지인 셈이다. 그러나 민족학 연구에서처럼 전통 과학에서 사용되는 검증법이 달성할 수 있는 범위에는 한계가 있다.

예컨대, 민족학과 행동 연구로부터 산출된 지식은 언제나 상황을 기초로 한다는 점을 인식해야 한다. 따라서 전체적이거나 폭넓은 관점의 타당성을 주장하는 것은 항상 문제를 일으킬 수 있다. 예를 들어, 그러한 연구 프로젝트에서 "어떤 상황의 진실된 본질"이라는 것은 사람들의 지각과 해석에 의해서만 증명될 수 있다. 이때 그들의 관점은 해석에 이르는 관심사와 편견의 특정 영역에 따라 언제나 결정되고 근거한다. 따라서 어떤 상황에 대한 정확한 서술이나 해석이 만들어 졌다거나, 적절한 결론이 유도되었다는 것을 검증하고자 한다면 관여한 측에 의해 서로 다른 방식으로 한 사람의 견해가 입증되어야 할 것이다. 여기에는 일치를 명령하는 단 하나의 "타당한" 해석이란 없어야 할 것이다. 그래서 민족학과 행동연구 상황에서의 타당성은 어떤 흥미로운 의미를 갖는다. 전통 과학에서의 타당성이란 사실과 신뢰성을 의미한다. 민족학과 행동연구에서는 "사실"과 "신뢰성"이란 상대적인 것이다.

민족학과 행동연구 측면에서 "일반화 가능성"의 의미와 중요성에 대해 우리가 다시 생각해 보아야 했던 것처럼 "타당성" 개념 또한 마찬가지다.

이것이 논의되고 실행되었지만, 보고 생각하고 실행했던 것이 폭넓은 타당성을 지니고 있음을 확인하기 위해 어떤 상황에 대해 자신이 지니고 있는 이해력의 한계점을 뛰어넘으려고 민족학과 행동연구자들이 애쓰고 있다는 점은 매우 중요하다.

이것을 실행할 수 있는 가장 분명한 길은 연구 참여자와 공동 연구자들이 토론을 통해 계속해서 시험하고 검증하며 가능하며, 마지막으로 이끌어낸 서술 묘사와 결론들에 대한 반응들을 찾아냄으로써 가능케 할 수 있다. 그러나 행동 학습 프로젝트 과정에는 누군가가 담당한 어떤 역할 때문에 이것이 문제가 될 수 있다. 그 사람은 연구자로서 상황에 참여한다. 그러나 어떤 순간에는 그 사람의 주된 책임이 "행동 학습자"로 참여하는 것이며, 효과적 학습 환경을 만들 필요가 있는지도 모른다. 이로 인해 많은 충돌이 발생할 수 있다. 왜냐하면 일어나고 있는 일에 대한 "세 번째 종류"의 해석과 "읽기"를 끌어내면서 그 세팅에 직접 관여하고 있는 다른 사람들과 적어도 바로 그 순간에 그것들을 공유하고 입증하는 것이 가능하지 않거나 생산적이지 못할 수도 있다. 그런 해석은 촉진자로서 그 사람의 개입을 결정하고 따라서 좀더 순수한 연구 계획이 필요할 정도로 증명할 방법이 없을 수도 있다. 민족학적 참여 관찰자는 여기서 잇점이 있는데, 적은 영향을 미치면서 구체적인 질문을 한다거나 어떤 이슈에 대해 보다 분명한 정의를 함으로써 "사실을 증명해 주는" 것이 가능할 수도 있다는 점에서 그렇다. 그러나 누군가 집단 프로세스를 이끌거나 촉진한다면 그러한 사실 증명들이 개발되는 분위기나 순간을 파괴할 것이다. 연구 계획이 행동 계획을 왜곡할지도 모른다.

이 문제를 해결하기 위해서 나는 느슨하고 간접적 형태의 입증을 이끌어 줄 다양한 전술들을 개발해왔다. 나는 이들을 "공명"을 시험하는 것으로 여긴다. 여기서 공명이란 도출된 어떤 상황의 본질과 "조화되거나" "밀접한" 정도를 말한다. 또한 우리가 취급하는 상황 속에서 부정적이든 긍정적이든 이미지와 해석 그리고 행동이 어떤 종류의 "반향" 또는 반응을 "울리고" 만드는 정도를 말한다. 행동학습 프로세스에 참여하는 사람이라면 누구라도 비록 종이위에 보이기 때문에 애매하긴 하지만 공명이라는 살아있는 현실을 재빨리 배우게 된다. 왜냐면 일어나고 있는 일에 대해 공명된 해석을 만들지 못하고 적합한 반응과 행동을 찾아내지 못한다면, 같이 일하는 집단 구성원들과 의미있는 접촉을 하면서 머물러 있을 수 없기 때문이다. 에너지, 관심, 그리고 열정은 곧 사라지고 영향력, 통제력 그리고 신뢰성은 곧 잃어버린다. 집단 속에서의 에너지, 분노, 거부감, 외적 갈등과 관련된 패턴들과 같은 경험이 행동학습의 촉진자인 동시에 연구자로서 어디에 위치해야 하는가에 관한 타당성을 밝혀주는 중요한 원천으로 활용될 수 있다.

그러나 어려운 것은 여기에 분명한 어떤 가이드 라인이 없으며, 전형적인 상황은 연속적이고 직관적인 기준 위에서 타당성과 "공명"을 시험해야만 한다는 것이다.

변화 개입에 관한 나의 사례 연구(5장에서 8장)에서 보여 주었던 바와 같이 개입 초기 단계에서부터 완전무결한 상황이란 존재하지 않는다. 개입자는 오랜 역사를 가진 현재 상황에 종종 뛰어 든다. 브리핑이란 종종 치우치게 된다. 상황을 이해하기 위해서는 개입자가 "양파껍질 벗기기"를 배워야 하고, 보다 전향적으로 깊이 있는 이해 수준까지 도달해야 한다. 나는 이미 사례연구에서 이러한 것을 보여주었다. 새로운 정보가 나타나거나 통찰과 사건들이 뒤섞여 상황이 중요하게 재구성됨에 따라 하나의 상황 읽기가 다른 읽기로 어떻게 이르는가를 보여주었다. 공명된 읽기나 해석을 찾으려는 이러한 프로세스에는 연구자의 개방적이고 진화하는 태도가 필요하다. 새로운 정보나 통찰이 생길 때, 혹은 프로세스가 전개될 때 어떤 주어진 정보나 기회 중 무엇이라도 사용하여 밝혀진 "이야기"를 입증하거나 재구성할 준비를 해야 한다. 이것이 바로 내가 나의 접근방법을 묘사하는 "거울에 비춰보기", "읽기" 또는 "상황과 대화하기"라는 그런 은유들을 사용하는 이유다. 이런 연구에 필요한 개방적인 학습 자세를 그들이 전달해 주기 때문이다.

공명된 이미지, "읽기", 해석들 그리고 결론들이 참여한 사람들의 "심금을 울린다" 어떤 반응을 산출한다. 그들이 "소유자"가 된다. 그들이 격렬히 거절당한다. 어떤 의미와 시사점 그리고 더 깊이 있는 해석을 불러일으켜 관심의 초점이 된다. 집단의 에너지를 끌어내거나 고갈시킨다. 고개를 끄덕이거나 악수를 한다. 눈이 휘둥그래진다. 후속 대화가 활발해진다. 어떤 사람이 이런 종류의 심금을 언제 울리는지, 그리고 행동학습이 궁극적으로 찾고자 하는 새로운 이해와 행동 기회들을 제공하는 매우 "타당한" 통찰을 언제 해결하는지를 우리는 배워서 알게 된다.

이런 종류의 공명은 어떤 프로젝트와 어떤 사람의 해석이 어떻게 개발되는가를 판단할 수 있는 중요한 기준척도를 제공해 줄 수 있다. 그러나 공명을 넘어 본다든가 아니면 그것이 없음을 알아야 할 때가 있다. 이는 7장에서 논의한 "빙산" 이미지로 돌아가 보면 수면 아래쪽에 수많은 이슈들이 놓여 있을 것이기 때문이다. 어떤 이슈를 둘러싼 공명과 흥분이 주의를 다른 데로 돌리는 역할을 하기도 하고, 좀더 문제가 되는 이슈로부터 관심을 돌리는 일을 하기도 한다.

이런 일이 발생하는 상황을 예로 들면, 7장에서 논의한 "대륙붕" 현상으로 돌아가 고려해 볼 수 있다. 스테레오 타입 같은 조직에서 "대륙붕"을 만들어 내는 프로세스가 그것을 다루는 이니셔티브를 제거해 버릴 것이다. 만일 당신이 그러한 상황에 놓인 행동학습에 개입해야 한다면, 연구자이자 개입자로써 당신 자신이 만든 어떤 "읽기"를 발견하게 될 것이고, 적어도 안전한 방식으로 가장 많이 관여한 사람들과 같이 직접 입증할 수는 없지만 매우 정확한 것이라고 믿을런지도 모른다.

예를 들어 최고경영자팀이 조직의 다른 부서에 팀의 내부문제를 투사할려고 하는 아이디어를 시험한다고 해보라! 어떤 사람은 최고경영자팀이 낮은 계층의 하위조직에서 재생산한 행위 유형의 형태로 상당한 숫자의 증거자료를 제출할 수 있을 것이다. 이 사람의 동료 연구자들 또한 그 해석에 완전히 동의할지도 모른다. 그러나 그 의견을 어떻게 시험할 것이며 대부분 참여자들의 반응을 얻어 낼 것인가? 물론 최고경영자팀은 이러한 종류의 설명들을 듣고 싶어 하지 않을 것이다.

이런 상황에서 연구자는 잘 알려져 있지 않은 해석들에 매달려 그것들을 시험할 수 있는 간접 수단을 찾아 낼 필요가 있을 것이다. 직접적인 형태로 타당성을 검증하는 것은 많은 해로운 결과를 낳게 된다. 특히 문제를 대부분 인식하고 있지 못하거나 조직의 포도송이(비공식 채널)를 통해 유출되고 의사 전달되는 경우가 그렇다.

해석하고 타당성을 검증하는 전체 프로세스가 윤리적 지뢰밭인 것으로 판명될 수도 있다. 개입자이면서 연구자인 이와 입장에서는 풍부한 창의성이 필요하다. 숨겨진 편에서 보면 만들어 질 수 있거나 만들어야 하는 해석이나 개입을 보기가 때때로 정말 쉬운 일이다. 그러나 프로젝트가 진행되는 실시간에서는 앞 뒤 가리지 않고 의사결정이 내려지기도 하고, 나무는 보지만 숲을 보기는 어려울 수도 있다. 행동학습 연구자가 이러한 문제를 대비할 수 있는 유일한 방법은 그가 하고 있는 모든 일에 윤리적 입장을 견지하는 것이다. 이슈를 완전히 이해하겠다는 몰입을 갖고 달려들어야 하고 자신이 가담한 프로젝트에 관해 동의한 계약서를 실현하는데 필요한 일이면 무엇이든지 하겠다는 용기를 가져야 한다.

글을 마치면서

이 프로젝트에서 무슨 일이 일어나고 있는지 내가 어떻게 이해할 수 있을까?

진행하면서 나의 해석들을 어떻게 입증할 수 있을까?

건설적인 태도로 나의 통찰들을 어떻게 보여줄 수 있을까?

윤리적이고도 상황을 형태 지우는데 있어 경쟁이 되는 관심을 존중하는 방식으로 기본 계약서를 어떻게 실현할 수 있을까?

이 상황으로부터 다른 사람들에게 일반화될 수 있는 통찰과 아이디어는 무엇일까?

내가 가담한 프로젝트로부터 나와 다른 사람들이 무엇을 배울 수 있을까?

이상의 것들은 나의 연구 접근법을 이끌고 있는 암묵적 질문들이다. 이상에서 내가 지적했던 바와 같이 실시간 결정을 내려야만 하고, 연구와 행동 목표 사이에 충돌할 수 있는 세세한 균형 때문에 긴장과 흥분이 종종 있다.

이미 보여준 바와 같이 행동학습 스타일의 연구에 관한 체계적인 원칙들이 존재한다. 그러나 그 접근법을 어떤 단순 양식으로 줄일 수는 없다. 오히려 그것은 참여하고 있는 상황에 대해 긴밀한 접촉을 유지하는데 도움이 되는 연구자의 마음가짐과 일련의 자질에 의해 좌우된다. 개입자이면서 연구자로서 근본적으로 필요한 것 중 하나는 개방적 태도로 완전히 빠져 들 수 있어야 하고, 잘 정리된 연구 결과물을 만들어 내며 빠른 시간 내 상황에 실무적인 기여를 할 수 있는 이중목적의 계약에 이바지할 수 있어야 한다는 것이다. 내가 위에서 언급했던 원칙들은 이런 종류의 연구를 시작하는데 흥미를 갖는 사람이라면 누구에게나 유용한 오리엔테이션이 되고, 필요한 인식론적 특성을 설명하는데 도움이 되기를 바란다.

연구 방법론에 대한 본 부록은 두 개의 인용문을 연결하는 것에서 시작했다. 하나는 Marshall McLuhan, 다른 하나는 Kurt Lewin의 문장이다. 그리고 이렇게 끝을 맺고 싶다.

McLuhan의 요점은 우리의 전자문화는 "시각에서부터 통찰로"라는 인식의 새로운 이동으로 인해 수반된다. 대표성, 매칭, 목표의식을 강조하는 것으로부터 "공명" 내용상의 의미는 패턴인식으로 지어진 어떤 것을 강조한다. 이러한 문화 이동은 추상 예술의 탄생을 의미하고, 사물에 대한 인식론, 민족학, 그리고 풍성한 구조를 강조하고 있다. 사회과학에서도 똑같은 이동이 진행중인 바, 연구에 있어 인식론과 민족학과 행동기초 접근법이 가장 대표적인 방법으로 떠오르고 있다. 내가 보여주려고 했던 것처럼 행동학습으로의 접근방법 논리와 연습을 이해하기 위해서는 우리가 지식을 어떻게 보고, 지식이 산출되는 프로토콜을 어떻게 보아야 할 것인가에 대한 새로운 구조화가 필요하다. 비록 방법론적 금기를 깨는 것으로 인해 "비논리적이다"거나 "비과학적이다"라고 비난받을 지라도, 나는 주어진 지식적 한계 수준을 뛰어넘는 것이 Lewin이 말한 바의 본질이라고 나는 여긴다. 전통 사회과학은 관찰과 대표성, 검증이라는 원칙을 토대로 하고 있다. 행동학습은 참여, 혁신적 감각과 공명이라는 원칙을 토대로 한다. 지식을 산출하는 방식은 서로 다르지만, 중요한 통찰력의 미래를 약속한다는 점에서는 같다고 할 수 있다.

▶ 역자소개 ◀

· 김정원 (강원대학교 경영대학 교수, Oklahoma State University 박사)
· 권중생 (경일대학교 경영학과 교수, 경북대학교 박사)
· 서재현 (경기대학교 경영학부 교수, Georgia State University 박사)
· 서정해 (경북대학교 경영학부 교수, 히토츠바시 대학교 박사)
· 문계완 (경북대학교 경영학부 교수, 남 일리노이대 박사)
· 이지우 (계명대학교 경영대학 교수, University of Alabama 박사)
· 최만기 (계명대학교 경영대학 교수, New York University 박사)
· 김영재 (동국대학교 경영학과 교수, 경북대학교 박사)
· 김태형 (안동대학교 경영학과 교수, 경북대학교 박사)
· 서균석 (안동대학교 경영학과 교수, 건국대학교 박사)
· 박동수 (영남대학교 상경대학 교수, University of Minnesota 박사)
· 배성현 (영남대학교 상경대학 교수, 경북대학교 박사)
· 서인덕 (영남대학교 상경대학 교수, 서울대학교 박사)
· 이재훈 (영남대학교 상경대학 교수, Cornell University 박사)

창조경영

2005년 8월 10일 초판1쇄 인쇄
2005년 8월 15일 초판1쇄 발행

저 자 Gareth Morgan
역 자 김정원 · 권중생 · 서재현 · 서정해 · 문계완 · 이지우 · 최만기
         김영재 · 김태형 · 서균석 · 박동수 · 배성현 · 서인덕 · 이재훈
펴낸이 임 순 재
펴낸곳 ○ 한올출판사
         등록 제11-403호
         121 - 849
주 소 서울특별시 마포구 성산동 133-3 한올빌딩 3층
전 화 (02)376-4298(대표)
팩 스 (02)302-8073
정 가 17,000원

홈페이지 www.hanol.co.kr
e - mail hanol@hanol.co.kr

저자와의
협의하에
인지생략